阅读中被照亮

THE ROAD TO POWER

权力之路

36面透视美国政治

储殷 著

北京大学出版社
PEKING UNIVERSITY PRESS

序

储殷教授是一位学富五车、人情练达的新派学者。他醉心曲高和寡的学术研究，但也非常善于用睿智而生动的语言来表达自己对小到人情世故、大到国际事务的观察和思考。读他的皇皇巨著《权力之路》，我不仅被他知识点爆棚的流畅而又深刻的文风所吸引，更被他呕心沥血通过对美国政治历史的研究进而探索美国的国家灵魂这样的“智者的良心”所感动。

读《权力之路》，我个人感觉特色有三：

一是文字新鲜、文风新颖。比如他的“如果说中国是一个伪装成国家的文明，那么美国则更像是一个伪装成国家的公司”“政治就是一门特殊的生意”等观点，我们可以讨论或者商榷这样的判断，但是他的敏锐和学术想象力确实在国内的美国研究学者中独具特色。如果说我们读到的很多有关美国的著作是传统的写实油画，他的这部新作倒颇似尝试打破陈规叙事的印象派画作，时间或可证明，对于大众来说，能够化繁为简的轻松阅读真的是一种享受，也许这也是未来学术作品大众化、碎片化的必然趋势。

二是视角独特、研究有所创新。比如他在谈到美国立国之初烟草业的兴起、“从黑人、女人到彩虹：走向身份政治的平权运动”，凡此种种信手拈来的事实评述，让人不仅了解到美国国家成长的内生逻辑，更感受到他的学术“才美外现”的激情和澎湃。我个人非常喜欢他关于“美国是如何成为兵民一体的尚武社会”的相关论述，因为他结合美国“从地方民兵到帝国军队”的军事发展历史，为我们展现了“阴影里的庞然大物：美国的情报力量”和“美国警察的困惑”，甚至还有对“暴力也是生意：美国的私人暴力产业”这样的精彩观察，读完可以对“多面相的美国”的国家个性理解更加深刻。我对他给予读者的信息内生欢喜，欣赏他有这样的学术创新能力。

三是他苦心孤诣试图通过这样一部新派美国研究学术著作传递出来的“要读懂美国”的重要信息。很多人对美国不了解，有些人更不屑于了解。无论怎样解读，这个对全球包括中国在内发展有着巨大影响力的“善霸”或“恶霸”国家，其本身的国家历程是非常值得国人重视的。在知识碎片化、娱乐化的社会风气影响下，在中美关系时常紧张、中美误解和曲解不断加深甚至难以正常相互理解的困难时刻，储殷教授以自己思维的灵动和为中国的美国研究拾遗补阙、探索未知的勤奋，让我们看到了一种睥睨人云亦云、崇尚求知求真的鲜明个性。这是他“出世入世”特立独行的学术标志，也是这部著作真正的“文魂”所在。

即便是不太关心国事世事潮起潮落的凡夫俗子，读他的这部新书，也会产生想了解美国、知晓中美关系未来趋势的冲动。

孙　哲

自序

在这个人人都是国际问题专家的时代，我们这些做国际问题研究的人，经常陷入难以言说的惶恐与困惑。因为复杂、晦涩的学术叙述，总是难抵互联网上简单粗暴的声声暴喝。在这个喧嚣的时代，国际关系既是严肃的，又是娱乐的；既是政策的，又是流量的。

读书人真的是很难。因为他们通常上不能影响政策，下不能取悦大众。

我就是这深感无力的人群中的一员。

做了论文民工多年，终于做成了教授。但仔细想想，很多的论文，其实都是基于发表数量的需要，迫于考核的敷衍。一路疲于奔命地追逐，终于成了教授，却好像没有那么喜悦，反而多少有些失落。就好像费尽心机，终于得到了一个宝箱，打开一看却是空的。

本书的写作其实很大程度上是为了对自己有一个交代，借此谈谈我关于美国的一些浅见。

说浅见不是谦虚，而是当我体会过王缉思、孙哲、达巍、刁大鹏、赵明昊这样的老中青学者群的美国研究之后，对于自己能力的客观评价。我从来没有雄心，做一番突出贡献，本书只是对自己在国际关系学院期间，十年讲授《美国政府与政治》的一个总结与梳理。不过，对于对美国感兴趣而又缺乏足够深入了解的读者而言，本书还是很不错的，有不少内容，希望能够对你有所启发。美国一直是中国人最重视的国家，也几乎是中国人一直最不了解的国家。中国民间社会对美国的这样一种既重视又误解的状态，其实让人非常不安。因为只有真正地了解对手，我们才能正确地应对来自对手的挑战。

本书的最终成形，必须感谢浙江外国语学院马晓霖教授、王冲教授的鼓励与帮助，也必须感谢孙哲教授、达巍教授、王栋教授、施展教授的指导、批评与指正。同样，在写作的过程中我也得到了包刚升教授、张飞岸教授、黄日涵教授以及老朋友胡锡进老师的支持与肯定。

尽管我现在已经离开了国际关系学院，但我仍然时时感谢老领导刘慧书记、陶坚院长、李文良主任、杨建英主任对我的维护与提携，并从来没有忘记和许可、羌建新、王标、于强、华峰、纪宇、茂昌、菁菁等老朋友畅谈学术的惬意时光。

最后，我要感谢我的导师张鸣先生，祝愿他身体健康，还要感谢我的父母与妻儿，尤其是我的妻子，是她的宽容才让我做出了许多勇敢而任性的决定。

是的，不管是学术还是人生，都要勇敢而任性。

储　般

2024年于藻园

目　录

Contents

第四部分 政党与竞选：不对称的两党制

第五部分 美国的总统选举：通往最高权力之路

第六部分 作为社会运动的总统选举：宗教、种族、性别与社会运动

第七部分 美国的暴力机器：军队、情报、警察与私人武装

第八部分 走向大国竞争的中美关系

第一部分

美国的国家历程：从大孤岛到全球帝国

我们真正的政策是避开与外界任何部分的永久联盟。

——华盛顿《告别词》

如果说，中国是一个伪装成国家的文明，那么美国则更像是一个伪装成国家的公司，与那些具有强烈的地域属性、民族属性、文化属性的民族国家不同，美国从来不是一个简单意义上的国家，它是资本主义全球化的产物，它在商业之上生长成为独特的社会，并最终几乎成了资本主义全球化本身的帝国。与全世界大多数经历了漫长先民历史积累而形成的国家不同，美国是一个在商业利益驱动下形成的国家，它在开端的时候不过是十几个几乎与母国市场单线联系的殖民地公司、领主领地与业主自治领地的合称，然后随着交通的连接、市场的整合、思想的融合、战争的强化逐渐发育成为一个具有共同利益的国家，继而又通过一场惨烈的内战完成了国内市场的整合，实现了国家的快速崛起，并利用欧洲国家之间的恶性竞争，先是垄断美洲的市场，继而走向世界，最后再经历了“一战”“二战”、冷战的胜利后，成为一个掌握全球霸权的国家。对于许多中国人来讲，我们理解国际政治，经常情不自禁地陷入先生存再发展、先扫一屋再扫天下的思维惯性。我们习惯了先办好自己的事，再去管大家的事；我们倾向于认为，先韬光养晦发展自己，到了时候再去奋发有为改变世界。我们有这个想法很正常，这是因为中国是一个国内历史远比所谓的世界历史更为重要，甚至悠久的国家。在西方人所谓的世界历史还没有开始的时候，中国人就萌生了延续至今的文明。中国的规模与地缘环境让我们的国内事务天然具有了天下的含义，而天下本就是一个类似甚至超越了西方语境中世界的概念。但是对于美国而言，虽然它在地理上似乎具备某种关起门来发展自己的独特优势，但自殖民地时期开始，它就是全球化进程塑造出来的产物。它不仅充分利用了各个全球殖民帝国之间的矛盾获得了独立，而且还充分利用了欧洲列强毁灭性的相互恶斗的机遇来发展壮大自己，并最终利用“二战”这一千载难逢的机会，塑造了自己主导的世界格局。

第一章　美国的起源

五月花号契约的背后——商业、移民与战争

谈起美国的建国历程，总会有人谈起五月花号的契约：在波涛汹涌的大西洋上，一群逃避宗教迫害的清教徒，为了未来的自由社会庄严订立契约。这个场景的确充满了神圣的意味，它也因此成了美国的国家神话。但事实是，在五月花号之前，北美洲就早已被开发，而创设马萨诸塞殖民地的五月花移民也只是北美诸多开拓者之一，而且正是这群为逃避宗教迫害而远走的清教徒，制造了美国历史上最血腥的宗教迫害。五月花号的故事也许反映了美国的 DNA 链条中的清教片段，但是它忽略了美国的建立最主要的推动力量与其说是宗教，不如说是两方面因素共同作用的结果：一方面是北美大陆的内在因素，比如商业、移民与民兵的发展；另一方面则是欧洲列强争夺财富、殖民地、帝国荣耀的外在因素。并且，在北美殖民地开拓的初期，起主要作用的是外在因素。尽管今天许多人都认为，一个国家的经济力量决定了它的国家力量，但在 15—16 世纪资本主义萌芽阶段，更常见的现象是一个国家的国家力量决定了它的经济力量。在那个时候，还没有今天的全球化，工商业的资本家们还没有像今天这样成为某种跨国的力量，还不够强大的他们仍然要依附于国家的羽翼之下。在那个时代，各个国家流行的是重商主义，它要求国家用暴力来打开市场、垄断市场，甚至在允许的情况下可以直接掠夺财富。在这方面最成功的当然是西班牙人，一艘艘自新大陆满载黄金而归的西班牙大帆船，让英国人和法国人又妒又恨。

新大陆的发现与西班牙人的崛起　在奥斯曼土耳其攻占君士坦丁堡并将其改名为伊斯坦布尔之后，阿拉伯人和与其关系密切的意大利商人垄断了利润丰厚的欧亚商路。这让欧洲的一些航海强国试图在大西洋上找到

一条通往亚洲的道路。伴随着航海术的发展以及冒险家的开拓，哥伦布在1492年到达了圣萨尔瓦多，并随后发现了古巴、海地，但随后的佛罗伦萨航海家阿美里戈·维斯普奇（Amerigo Vespucci）发现，这片土地显然不是哥伦布一直希望抵达的印度或日本，而是一个全新的大陆。这个大陆就被称为America。1521年，西班牙人科尔特斯征服了墨西哥的阿兹特克王朝，1532年，皮萨罗征服秘鲁的印加王朝（印加王朝的抵抗一直持续到1571年），西班牙人征服带来的源源不断的黄金让欧洲人大为兴奋，也让更多的欧洲人试图在北美洲寻找下一个充满黄金、等待征服的印第安人王国。但是结果并不令人兴奋，北美洲虽然有广袤荒凉的大片土地，但并没有值得掠夺的王国与财富。

在西班牙黄金的刺激下，英法两国也开始了对北美的探险，但是北美洲富庶的南部已经被西班牙人捷足先登了，剩下的地方虽然有广袤的荒野，但是人口稀薄，更没有黄金。法国人很早就来到了北美，但直到1608年他们才建立魁北克港，虽然控制了密西西比河上游和五大湖区，但主要是建立人口较少的皮毛贸易点与军事要塞。广袤的土地、稀少的人口以及缺乏贵重金属的现实，让北美殖民地只能走上垦殖的道路，而这恰恰为欧洲过剩的人口、饱受迫害的异教徒们提供了一个新的世界。在这个新的世界里，不仅有大有可为的广阔空间，而且因为其缺乏黄金与资源，也让欧洲旧世界的统治者们意兴阑珊，只肯进行最低限度的统治，也因此留给了当地社会最大限度的自由。

一、美国是一个民族创造的国家吗？
不，它是一群公司创造的国家。

相比法国人，英国人最初出现在北美的原因是来挣快钱：咱找不到印第安人抢黄金，咱直接抢西班牙人的黄金不是更省事儿？像德拉克这样的英国海盗最后就把主意打在了西班牙大帆船身上，这样抢来抢去最后直接导致了西班牙无敌舰队和英国的大决战。但做海盗毕竟是个高危行业，要想来得长久，最好还是自己能够找到黄金。所以一些英国冒险者们在1606年就开始了对北美大陆的殖民。今天谈到美国的历史，很多人经常从五月花号开始谈起，但实际上，五月花号上的清教徒在美国建国的很长一段时期中，仅仅是北美殖民者中的一部分，甚至不是最主要的那部分。对于最早到达北美洲的英国移民而言，其实他们更想模仿征服了阿兹特克和印加帝国的西班牙人，找到并征服某个富裕的土著人的王国，然后掠夺黄金，但是他们实在没有西班牙人的好运气。当时的北美洲不仅找不到黄金，甚至不适合大规模人口居住，北美洲的印第安人从来没有发展出如阿兹特克、印加那样大规模的人口和农耕社会。这让最早拿到特许状的弗吉尼亚公司与普利茅斯公司吃尽了苦头，普利茅斯公司根本没有坚持下去，而弗吉尼亚公司满怀黄金梦的144名商人、工匠、士兵、冒险家们，1607年刚刚在英国的第一个北美洲殖民地詹姆斯市欢呼登陆，就发现他们不仅没办法找到梦寐以求的金子，还要面临挣扎求生的困境。这些人几乎一直生活在饥寒交迫之中，最后只有38人活到了1608年。1620年上岸的五月花号上的124人，过了10年才发展到300人，可谓是惨淡经营。这并不是说，这些来自英国的殖民者就不会种地，而是在当时北美大陆的大西洋沿岸，尤其是英国人最早登陆的大西洋沿岸东北部和哈德逊河流域，土地贫瘠且多为森林，气候潮湿，欧洲人习惯的农耕生活几乎无法开展。早期的殖民者只能靠在森林打猎与海滩上收集贝类苦苦维持。这种困难直到白人从印第安人那里学会了种植当地农作物才得以缓解。

这些农作物是什么呢？就是玉米和烟草。玉米用来维持温饱，烟草则成为殖民地最重要的经济作物，甚至一度作为货币流通。烟草最重要的意义在于它不像小麦、玉米等农作物具有农业社会的自给自足的意义；相反，它从一开始就意味着，这些几百人的远离欧洲大陆的殖民地，从来都没有离开过欧洲的商业体系。殖民者虽然看似与亚洲农民一样，以种地为生，但他们不是自给自足的自然经济的农民，而是以土地来进行生意的农场主。这些新大陆上的农场，虽然距离欧洲有万里之遥，却从来不是孤立的，而是资本主义全球贸易中的一分子。在1617年，弗吉尼亚向英国出口的烟草就已经达到了2万磅，到1620年上升为6万磅，到1627年达到了50万磅。而随着来自英国的投资与移民劳工，乃至进口奴隶的不断增加，在1668年，整个切萨皮克地区成了名副其实的烟草海岸，对英国的出口量达到了1500万磅。而到了独立战争前，出口量则达到了1亿磅。

烟草在美国的历史 在美国的历史中，烟草和棉花无疑是最重要的两项农作物，甚至可以说它们直接与美国的国运相联系。不夸张地说，烟草绝对算是美国的开国功臣。其实烟草这种经济作物本身就是美洲特产，它本来一直被印第安人用来治疗各种疾病，例如感冒、头痛、牙痛、脓疮溃烂，因为它的麻醉功能，印第安人把它称为万能药。不过可能是因为土烟太呛的原因，普通印第安人并不吸烟，而是吃烟，烟草是用来嚼的。只有天赋异禀、比较耐呛的神职人员，才会在宗教仪式上使用燃烧吸烟方式，大概是因为被烟熏得五迷三道，颇有降神附体的感觉。这大概和现代烟民抽多了之后的醉烟状态类似。许多人用来显示绅士风度的烟斗（比如夏洛克·福尔摩斯），其实都是当年印第安人用来请神的法器。

据说最早的欧洲烟民是哥伦布船队中的两名船员，他们用棕榈叶或车前草叶，将干燥扭曲的烟草叶卷起来抽。结果一发不可收拾，吸食烟草的习惯从船员传播到各个港口旁边的酒馆和妓院之中，接着再从底层的下里巴人传到上层的贵族绅士，最后让烟草迅速成为全世界的一门大生意。其实，烟草的盛行完全可以理解，在那个时代，底层劳动人民，尤其是船员，生活极其枯燥、疲惫，烟草可以让他们抗饿解渴，还可以驱除疲劳恢复体力、麻醉大脑让精神得到放松。在1600年左右，烟草就进入了中国，到了崇祯年间，吸烟甚至已经成为一种潮流。在当时，主流的吸烟方式是吸食烟草，这还是很贵的，很多穷人无法承担这个费用，就买一些烟草碎末来过瘾，再后来，这些烟草碎末就逐渐发展成了今天的卷烟。

英国对于北美的殖民，在最初的一百年里几乎没有什么通盘的规划，基本上就是东一榔头、西一棒子地摸着石头过河。不管是公司的殖民地、贵族的封地还是业主们的自治领，本质都是新大陆上的生意，即便是宗教味最重的新英格兰地区，生意都是最重要的动机之一。1628 年成立的新英格兰公司，一方面由于其清教徒属性，自然要“弘扬耶稣基督的福音”，所有公司成员都致力于纯洁英国教会的运动；另一方面，挣钱也是很重要的。在 41 个为该公司提供资金的人当中，至少有 25 个是商人，这些新教徒们来到新大陆不仅是寻求天堂，而且是寻求利润。北美殖民地的发展，说白了就是公司、领主、社团和国王谈好分成比例，申请一个特许权，招些人搞几艘船，去一个看上去还行的地方，上岸、开干，干不下去的灰溜溜地走人甚至丢了性命，干成了的，把小村落变成小集市，小集市变成大市镇，慢慢扩散最后成了殖民地（比如美国最早的殖民就是从弗吉尼亚公司与普利茅斯公司拿到詹姆斯一世的特许权开始）。从 1607 年到 1732 年，英国殖民者陆陆续续在北美大陆建立过一共十多个殖民地，又经过合并最后剩下 10 个，基本上可以分为南北两个板块：南方是以切萨皮克湾地区的弗吉尼亚为代表的种植园经济带，北方则是以美国东北部分的马萨诸塞为代表的新英格兰地区。

南部切萨皮克湾诸州	北方新英格兰地区诸州
弗吉尼亚：弗吉尼亚公司创设（1607）	马萨诸塞：马萨诸塞湾公司创设（1620）
马里兰：巴尔的摩勋爵领主封地（1632）	康涅狄格：托马斯·胡克牧师创设自治殖民地（1639）
北卡罗来纳：八大业主封地（1662）	罗得岛：罗杰·威廉斯牧师创设自治殖民地（1636）
南卡罗来纳：八大业主封地（1662）	新罕布什尔：约翰·梅森封地（1629）
佐治亚：信托人局封地（1732）	

除了这几个州外，还有 3 个殖民地，包括 1620 年的普利茅斯、1641 年的缅因、1638 年的纽黑文，后来，普利茅斯、缅因被马萨诸塞合并（缅因州于独立战争后单独建州），纽黑文与康涅狄克合并。

早期北美殖民地来历可以说是五花八门，能不能生存下来也是各显神通，有宗教移民试图建立人间天堂的尝试，有殖民公司试图发现黄金的探险，有贵族领主试图对欧洲领主封建庄园的复制，这些尝试都在北美洲这块全新的土地上经历了考验进化。其中，最有意思的其实是佐治亚州，它是信托人局的封地，相比于其他的北美殖民地，它建立的动机尤为特殊，它不是为了谋取商业利益或是建立异端家园，而是为了改造流浪者、懒汉、债务囚犯的社会工程。它的创始人认为，如果有一块纯洁的土地，有严格的管理和良好的计划，那么英国社会的一些底层贫民的劣根性将能够得到改善。可以讲，佐治亚殖民地应该是当时那个时代最大规模的乌托邦之一。

TIPS

佐治亚州的故事 美国史学家一般把佐治亚称为慈善殖民地。这显然是殖民地中非常特殊的一个。当年在英国本土，债务囚犯问题十分严重，为了给债务囚犯找一个重新开始的地方，詹姆斯·爱德华·奥格尔索普就提出学习罗马帝国把破产农民送去边疆屯垦一样，去美洲专门建立一块以慈善为目的的殖民地。在佐治亚的实验中，充满了政府对于美好生活的规划，禁酒、均田地、配发物资、禁止奴隶制、鼓励种桑养蚕，但可惜的是，这种乌托邦式的规划与佐治亚州的实际情况严重不符，也难以调动缺乏自主权的移民的主动性。最后佐治亚尽管自然条件不错，却成了北美十三州最穷的地方。

那北美十三州的另外四个州是哪里来的呢？是英国人从荷兰人手里抢来的。1652 年英军大败荷兰，将荷兰人的新阿姆斯特丹变成了 New York，也就是今天的纽约，随后又设置了新泽西和宾夕法尼亚，最后在 1704 年又从宾夕法尼亚分出了特拉华州。在北美最早的殖民过程中，不同的殖民者落脚的地方不一样，面临的自然条件不一样，其展开贸易的方式也不一样，这种不同的经济基础最后也带来了不同的社会结构。比如上南部地区的弗吉尼亚、马里兰大量出口烟草，下南部地区的卡罗来纳、佛罗里达、佐治亚大量出口稻米和靛蓝。整个南部经济主要为面向英国乃至欧洲出口的种植园经济。而这种南方的种植园经济表现出 3 个重要的特点：1）它需要大量的劳动力，这最终带来了南方的奴隶制。当种植园经济由于出口市场的急速扩大而急需大量劳动力，而来自欧洲的移民和白人契约奴隶无法满足需要的时候，进口黑人奴隶就成了必然的选择。就这样，南方的种植园经济的发展，最终让南方成为蓄奴州，最后甚至形成了臭名昭著的三角贸易。

2) 它对土地肥力消耗很大，因此种植园经济必须不断扩大规模，获得更多的土地。这意味着南方蓄奴州同样表现出强烈的扩张主义倾向，这种扩张最终导致了与北方同样急切获得土地的自由民发生不可避免的冲突。这其实是美国内战的根本原因。

3）它具有很强的自给自足性，在经济上它与美国的其他地区，尤其是未来快速扩大的中部、西部地区缺乏联系，而这些中部、西部地区由于农产品大量销往北方，最终与北方形成了坚实的同盟。

美国的奴隶贸易　虽然欧洲人可耻的黑奴贸易可以追溯到15世纪，但是直到15世纪末，黑奴贸易的规模都很小。据统计，从1457—1460年期间，每年只有七八百名黑人被运入葡萄牙国土。这是因为，欧洲人关心的是黄金、香料、象牙，贩卖奴隶只是一种获利不大的“副业”。15世纪中叶的欧洲并不缺乏劳动力，黑奴主要用于宫廷显贵、富商地主的家务劳动，只有极少数黑人奴隶用于银矿开采。但是新大陆尤其是西印度群岛甘蔗园的开发，让美洲对黑奴的需求大量增长。这主要是因为，土著印第安人基本上被灭绝，而当地气候炎热，白人劳工、囚犯、奴隶无法适应，死亡率太高，更耐热的黑奴几乎成了唯一选择。西方殖民者在掳掠贩卖非洲黑人的过程中，逐渐形成了“三角贸易”方式进行奴隶贩卖。西方贩奴船多是从欧洲或北美的港口出发，满载着在非洲交换奴隶的欧洲工业品，如枪支、火药、纺织品、甜酒、金属棒、日用杂货等，在非洲海岸把奴隶载在船上，横渡大西洋，运往美洲奴隶市场——西印度群岛、巴西、北美殖民地南方各州等处，再从美洲装回蔗糖、棉花、烟草以及各种矿产品原料，经过大西洋返回欧洲或北美殖民地北方各州，因为贩奴船在大西洋中所走的航线是欧洲—非洲—美洲或是美洲—欧洲—非洲三角航程，因此被称为三角贸易。每一次“三角贸易航程”，大约需要半年时间。在整个航程中，奴隶贩子可以做三次买卖，贩卖不同的货物，取得百分之几百到百分之几千的利润。在这种三角贸易中，奴隶制度构成了真正的发展基础。非洲和美洲市场不仅从多方面促进工场手工业的繁荣，而且促进了银行、保险、交通运输等各业的兴起，从而推动了许多处于三角贸易路线上的欧美城市的兴起。英国的利物浦，在17世纪末仍是个微不足道的小镇，一年的船税只有15英镑，而随着奴隶贸易的兴旺，1785年利物浦的关税年收入已达648000英镑。以奴隶贸易和奴隶劳动为基础的非洲和美洲市场激发了巨大的需求，从而促进了工场手工业的蓬勃发展，并终于成为工业革命的直接动因。正如亚当·斯密所说，由于新的美洲市场的开辟，就有机会实行新的分工和提供新的技术，而在以前通商范围狭隘、大部分产品缺少市场的时候，这是绝不会有的。

在南方种植园经济兴盛的同时，自然禀赋远不如南方的北方新英格兰地区则走上了另外一条道路。与土地肥沃、气候温暖湿润的南方相比，北方的清教徒们的生存环境要恶劣许多，但穷则思变的他们充分利用海洋鱼类资源丰富和在贸易线路上处于欧洲与南方航路中转站的有利因素，走出了一条制造业与商业化之路。一方面，新英格兰商人逐渐垄断了北美地区的捕鱼业与航运业，而兴旺发达的捕鱼业与航运业又刺激了造船业；另一方面，航运业的发达，又让新英格兰形成了强大的贸易团体。新英格兰商人不仅积极与纽芬兰、长岛和切萨皮克地区进行沿海贸易，而且与西印度群岛建立了密切的贸易关系。他们将自己生产的朗姆酒、面粉卖给西印度群岛的甘蔗园，获得可以在伦敦流通的货物或现金，然后再从英国购买商品贩卖到南方各州。这种商业与工业上的优势，不仅逐渐让新英格兰地区的商人拥有了更强大的经济力量，而且让他们始终处于利益网络的中心位置，从而更容易与其他地区保持联盟关系。这种联盟关系让他们在对抗英国的时候获得了南方的支持，在对抗南方的时候获得了中西部地区的支持。相比种植园经济的南方，中部地区的贵格教派与北部更为接近。一方面，中部地区有纽约和费城这样的商业中心与港口，可以让他们通过参与欧洲—北方—南方的转运争取利润；另一方面，中部地区有大量荷兰、德国、瑞典移民的家庭农场，他们的农耕经验非常丰富，这让他们的农业在北美殖民地中优势很大，他们的蔬菜、水果、小麦、牛奶、面粉、啤酒和牲畜在市场上也有很强的竞争力。

新英格兰制造业的兴起　从某种意义上来说，经济的发展正如生态系统一样，某一个领域的兴起往往带动其他相关领域的发展。尽管英国对于殖民地制造业的发展一直力图予以限制，但是一系列因素的叠加，最终让新英格兰地区的制造业不断做大做强，并最终成为美国工业化的基础。新英格兰地区首先兴起的是捕鱼业，这带动了鱼产品加工业，并衍生出了需要更多资本、更高造船技术、更先进管理经验的捕鲸业。捕鲸业又推动了造船业的兴起，造船业的兴起又带动了木材加工业、钢铁工业与航运业的发展，而航运业的发展以及随之而来的对外贸易又带动了船舶储备品、酿酒业、纺织业的发展。

二、为何美国土地、宗教制度与拉美如此不同？

因为美国缺人。

拉丁美洲有句话路人皆知：上帝太远，美国太近。今天的人们的确有时候会奇怪，同样是西方殖民新大陆的产物，为什么今天的美国、加拿大与墨西哥以南的拉丁美洲会存在如此巨大的差异？这当然可以用西班牙、葡萄牙与英国的殖民方式存在重大区别来解释，但最重要的有两个理由。一个是新大陆并不存在严重的安全问题，欧洲中世纪的封建制度其实是建立在中央政权无法防御外敌骚扰基础上的一种应激反应，虽然印第安人骁勇善战，但英国移民的民兵传统、火器水平，足以让他们可以不借助武装贵族的力量而实现自我保护。不是美国没有贵族，事实上北美殖民地有大量的贵族领地，而是贵族从来没有如欧洲那样被人民需要，也从来不曾具有过在欧洲社会中的巨大优势。第二个理由更容易理解，那就是北美十三州一直缺乏人口，北美洲的印第安人人口稀少且作风彪悍，英国殖民者在北美洲无法像西班牙人在墨西哥一样通过奴役当地人民来简单复制欧洲的封建制度。从本质上来说，封建制度是通过控制土地，继而控制人口的方式来维持，但北美从一开始就不同于地贵人贱的欧洲，它的特点是地贱而人贵，控制大片土地而没有人口开发是毫无意义的。

虽然美国的南方诸州倒是可以和殖民巴西的葡萄牙人一样，用大量的黑奴来解决劳动力的问题，从而建立种植园经济（事实上他们也这么做了），但自始至终，这种引入奴隶的模式是无法适用在不适合规模种植的北方地区与中部地区的。所以，如何吸引来自欧洲的移民就成了北美殖民地发展的关键。早期的北美殖民地不是没有想过复制欧洲的封建制度和宗教迫害，但是一旦殖民当局试图这么做，那么这个地方就不会有人来。所以即便是对白人契约奴隶，地主们也得许诺以合同期满后的自由与土地。对于来自欧洲社会的破产的农民，渴望发财的商人、匠人、冒险者，以及试图找寻信仰之地的异端们，殖民地的领主与总督们必须学会变通，必须满足移民们对拥有自己土地与信仰的要求，而这也是在北美殖民地出现迥然不同于欧洲的土地制度和宗教自由的根本原因。

坦率而言，在北美殖民初期，英国的殖民地当局从来没有想过给予移民土地。然而现实是，当时大多数白人都是"契约奴隶"，其比例可能占总数的70%以上，在弗吉尼亚甚至达到了80%。这些"契约奴隶"的官方说法是indenture servant，这是一种具有强烈农奴制色彩的劳务合同。说它不是奴隶制，因为它部分地承认"契约奴隶"的人身自由，并约定了劳动期限和劳动报酬，它承认劳工的法律地位，劳工也可以控告主人，这一点与对待黑奴实在是人与非人的区别；说它类似于奴隶制，是因为在契约期间，主人的确可以处置契约奴隶的人身自由，主人可以转让契约奴，并可以追捕逃亡的契约奴。但是除了部分流浪者、罪犯的契约奴之外，相当部分的"契约奴"都是带着期待自愿为奴的，他们签约为奴的原因主要是难以支付昂贵的移民费用。尤其像新英格兰地区，契约奴很少有罪犯与流浪者，相反他们多是身世清白、勤劳节俭、具有一定手艺的与主人家同一教会的兄弟。对于这样的群体，如果没有丰厚的回报，显然是无法让他们漂洋过海的。

对于缺乏现金但拥有广袤荒地的殖民公司而言，这个回报无疑就是土地。比如封建性最强的弗吉尼亚公司，最初只肯给予移民封建意义上的自由永佃权，但是由于人口长期不足，而且无法在分红期限到来之时支付移民现金报酬，最后也只能在土地制度上进行变通，在短短十几年内，从允许移民以租种者的身份从公司租种3英亩的土地自己耕种，逐渐变为按每股50英亩的标准分配给股东和服役已满的移民，再变为任何支付250人移民费用的个人或团体，均可在公司管辖范围内且无人居住的地区另获一片250英亩的土地。最终，土地成为一种人头权（Need rights）。弗吉尼亚公司几乎完全放弃了欧洲的地主—佃户的模式，以极低的价格将土地分配给新老移民。弗吉尼亚的"人头权"制度迅速为马里兰、卡罗来纳、纽约等州采纳。在新英格兰地区，由于新教移民的社团属性，人头权制度演化为村镇授地制度，这个制度首先以村镇为单位获得土地，然后在村集体中根据社员身份进行二次分配。

1616年之前自费移居弗吉尼亚的"老移民"可获得100英亩土地。如果是公司股东，还可额外购买100英亩
1616年之前由公司付费迁来的移民在劳动7年以后可以得到100英亩土地
1616年以后自费迁来的人均可获得50英亩土地
1616年以后由公司付费迁来的移民，为公司服役7年后可获得50英亩土地
所有商人，只要他们继续从事商业贸易活动，可获得一栋房屋及4英亩土地
所有支付了运输费用的移民，每人可以获得50英亩土地

对于当时的弗吉尼亚公司，用土地来换移民是非常合适的一笔买卖，因为他们拥有广袤的土地，却缺乏足够的人口与现金。然而这项权宜之计，却对北美殖民地乃至其后的美国产生了深远的影响。因为正是这种获取自由土地的希望，成了后来以大批破产农民为主的移民的最重要动机。但是这种"人头权"的设计也促成了两个结果：

其一是现有土地分完之后，后来者在殖民公司和后来的殖民地当局的宏观调控之下，要获得土地就只能向边疆进发，这引发了白人与印第安人你死我活的生存斗争。事实上也正是这种不断获取土地的动力，让北美殖民地乃至建国早期的美国表现出强烈的扩张性，这种对于土地的扩张性直到美国完成了工业化，大大缓解了过剩人口的压力，并找到了获取财富的更有效方式之后才得到了缓和。

其二，随着土地存量的减少，种植园的规模化经营与人头权带来的分地趋势之间开始存在越来越大的矛盾，这最终导致南方各州为了保持种植园经济，开始逐渐用不能分地的黑奴取代白人契约奴隶。南方对于新土地的获取逐渐表现为种植园经济的扩大，而非北方的小农场主、自由民的扩大。随着美国不断获得新的土地，这两股力量对于新土地的争夺日益激烈，而这种争夺最终导致了美国的内战。

契约奴隶大致可以分为四类　一是多来自英国和爱尔兰的自愿契约奴隶。他们愿意迁移，但无力支付路费，由公司付费。二是“半自愿契约奴隶”，这有点类似于转包，就是没钱付费，也没有找到公司签约，所以先与船运公司签约，等到达殖民地后再由船运公司把他们卖出去。三是非自愿契约奴隶，类似于流放，主要是罪犯、流浪汉和造反的苏格兰人与爱尔兰人。四是以德国移民为主的赎身工。他们与多为单身汉的英国移民不同，往往是拖儿带女一大家子人，因此往往无力支付全部路费，所以他们通常与船运公司约定，到达殖民地后在两周内偿清欠费，否则船主可以根据所欠债务折算出服务年限，把家里的子女卖出去做赎身工，家里攒够了钱就可以把子女赎回来。

除了部分罪犯、流浪汉和叛乱者之外，大部分移民的动机都是逃离，有逃离贫困和战乱的，也有逃离宗教迫害的。一谈到宗教迫害，人们几乎就想当然地想到“五月花号”的传说，这几乎已经成为美国的立国神话了，在这个故事里美国就是清教徒为了宗教自由而建立起来的国家。然而问题在于，美国的历史实在太短，清教徒的神话还不足以替代历史。事实是，一方面，清教徒只是最初登陆北美的诸多教派之一，在弗吉尼亚、马里兰等南方州，圣公会（英国的国教）与天主教都有着强大的影响力；另一方面，清教徒追求的宗教自由，只是他们自己的宗教自由，当异端有机会成为主流的时候，他们迫害起其他异端来，从来也没有什么宽容。马萨诸塞甚至经历过长期的神权政治。最后必须指出的是，清教以及更广义的新教，虽然相比于天主教来说更解放了人，但并不是所有人都被解放了，得到解放的往往是男性家长，而他的妻子、子女的处境相比于天主教社会还有所恶化。因为新教将对圣经的解释权从教廷转移到了普通人的手中，所以新教社会的家庭不仅仅是一个生产单位，同时也成了一个宗教单位。在新教社会的家庭中，父亲不仅具有家长的地位，还具有宗教地位，这让父权不仅摆脱了天主教社会中教权的制约，而且得到了神权的加持。在新教社会中，父权与神权得到了统一，这让父亲在家中的权力得到了巨大提升，也让他对妻子和儿女的压迫能力有了巨大提升。在今天，很多人谈到新教的时候，总会引用马克斯·韦伯在其著作《新教伦理与资本主义精神》中的观点，认为新教伦理让人更加勤劳、节俭、向往财富，这当然没有错，但这种论断其实掩盖了一个事实，那就是家庭制度与生产效率的关系。与其说天主教家庭比新教家庭更加懒惰，不如说新教家庭的权力结构更有利于家长榨取家庭成员的劳动力。这种强家长负责制与包产到户的土地制度相结合，其实是新教社会能够快速积累社会财富最主要的原因。

第二章 美国宗教的自由竞争

无国教的美国？有国教的美国？

美国是一个政教分离的国家，不立国教是其基本的立国原则，但是另一方面，美国又是一个带有强烈宗教色彩的国家，它的大部分国民都是基督徒，并且在很长一段历史里，它的大部分国民都是清教徒。那么问题来了，为什么清教徒就能够在北美殖民地做大做强呢？

首先，革命总在敌人统治的薄弱地带发生。英国向北美移民后，圣公会教徒大多定居在南部殖民地，并把英国的国教复制了过来。但相比于逃避宗教迫害而来的清教徒，他们的宗教狂热简直不值一提，更重要的是代表主流价值观的官方教会——安立甘宗在此地实行主教代理制度，缺乏实际权力的代理主教们根本无法有效监督教会。在北美殖民地初期，英国圣公会在殖民地一直没有驻地主教(Resident Bishop)，致使其组织建设工作受到了极大影响，任何想授命圣职、正式担任神父职位的人，都必须去英国完成这个仪式，这一来一回，脱离群众就成为必然。尤其是到了后期，随着移民越来越多，土地越来越少，安立甘宗早期凭借国教地位获得的土地更是成为众矢之的，最后的结果是1802年安立甘宗的大本营弗吉尼亚通过了《教会附属地法案》，宣布教会附属土地属于公共财产，说白了就是老百姓一哄而上把安立甘宗的土地给充公了。

其次，英国国教的制度与北美殖民地的现实严重不符。欧洲各国的国教，基本都是建立在教区制度的基础上，说白了就是属地管理，你是哪个教区的人，就去哪个教区的教堂。然后一个教区再派个主教，这样就把体系给搭起来了。这种制度设计，其实和欧洲当时的封建领主制度是很搭的。很多大贵族家庭，大儿子继承贵族头衔，小儿子就去当个教区主教，最后红与黑一搭配，就把这方水土这方人管得服服帖帖的。但是北美殖民地的情况就完全不同了，地很多，人很少，而且流动性很强。这种画地为牢的教区制度，就完全跟不上移民社会的脚步了。相比较而言，各种从欧洲逃来的异端，就没有这种执政党的负担了，他们的传教肯定是以人为本，而不是画地为牢，什么长老宗、浸礼宗、卫理教公会，都是巡回传教，哪人多去哪里，虽然没有官方支持，但密切联系群众，所以后来居上、做大做强也很正常。

从某种意义上来讲，欧洲与美国教会的最大不同，就在于美国教会的群众色彩更重。这是一个缺乏政教合一传统、人口流动很大、底层平民素质不高的新社会对旧社会宗教文化的最大改变。去过美国教堂的人，会发现很多美国教堂没有欧洲教堂里那种学理性的讨论，动不动就是音乐走起，靠热情取胜。这个特点其实在殖民地时期就种下了。尤其是到了"大觉醒时代"，追着老百姓走，哪儿人多去哪儿，老百姓关心什么讲什么，老百姓喜欢什么讲什么，巡回布道、以情动人，基本上成了美国各大宗教派系的发展趋势。北美殖民地的宗教越来越成为不同于欧洲的独特文化的孵化器，而这其实也偷偷地为美国独立战争打下了群众基础。

最后也是最重要的，北美殖民地之所以成为异端的乐园，主要还是太缺人了。一个地方如果连罪犯、流浪汉都需要，就不会对异端太挑剔了。更何况，清教徒往往还拖家带口（早期殖民地非常缺女人）、勤劳节俭、具备熟练的生产技能，实在是对殖民地的发展太重要了。大多数殖民公司都是来做生意的，既然是生意嘛，哪怕这些清教徒怪一点、非主流一点，只要能够解决迫切需要，也不是不可容忍的。其实在北美殖民地的宗教政策中，有一个有趣的现象，那就是中部的纽约、宾夕法尼亚、罗得岛这样的地方信仰最自由；封建味道最重的弗吉尼亚、马里兰这样的地方虽然不承认宗教自由，但是对异端相当宽容，形成了事实上的宗教多元；而恰恰是为了逃避宗教迫害而来的清教徒建立的马萨诸塞，最不自由，甚至一度建立了神权政体，并对其他异端大加宗教迫害。那么为什么后来这种神权统治会结束呢？一方面是纯洁的生活终于让老百姓忍无可忍，一方面是对异端的迫害最终升级为对清教徒内部不同意见者的迫害，导致了清教徒的分裂，最重要的其实是王室为了加强对这些海外异端的管理，曾在1686年以后短期收回了马萨诸塞，并重新推广英国国教。这让清教徒痛定思痛，团结能够团结的力量以对抗更强大的外敌。后来在"大觉醒时代"，由于英国实施了宗教宽容，并将政策写进了新的特许权中，马萨诸塞的清教徒们最终被迫接受了强加的宗教宽容。说句题外话，虽然美国的建国历史经常被描述为追求自由的殖民地人民对封建殖民母国的反抗，但无论是从对奴隶的人道、对印第安人的仁慈还是对异端的宽容来说，英国人都比这些进步的美国人文明很多。

北美殖民地的主要宗教派别：
安立甘宗：16 世纪英国宗教改革最终确立安立甘宗为国教（安立甘宗在美国也叫圣公会）。1534 年通过的《至尊法案》，在法律上确立了国王的世俗权力和宗教权力，“国王与其子嗣继承者是安立甘教会（英格兰教会）的最高首脑”，“享有纠正异端、革除流弊之权力”。安立甘宗强调尊重《圣经》及教会传统，具有新教的基本信仰，但又保留了大量天主教传统的教义、礼仪和组织制度，是欧洲宗教改革运动各派新教中最保守的一派。
清教徒：英国的清教徒其实就是新教加尔文宗在英格兰、苏格兰的信徒。所谓清教，其实指的是他们的态度，他们觉得英国的宗教改革不彻底，觉得英国王室和天主教暧昧不清、藕断丝连，因此一直主张把革命进行到底，清教的清字不仅有纯洁的意思，更带有清理门户的颠覆意图。清教徒又分两派，长老会态度比较温和，代表大贵族、上层利益，强调长老的作用，有一定的贵族色彩；分离派（公理会）则激进得多，它要求教会独立，教会由成员共同管理，具有强烈的共和色彩。
浸礼派：又称再洗礼教派，是欧洲宗教改革时期产生的新宗教派别，与路德宗和加尔文宗有所不同，但仍被视为新教的一支。其重要特征在于，它认为当时其他教派流行的婴儿洗礼无效，浸礼派认为婴儿尚未有信仰意识，要等到长大成人信仰了上帝后再接受洗礼，原先接受过教会洗礼的信徒也要重新接受洗礼，所以他们又被称为再洗礼教派。他们与路德宗和加尔文宗主张的个人救赎、因信称义不同，其神学侧重点在于继承光大耶稣基督的“天国”观念，要求在人间建立依照基督教导的新社会。浸礼派的一大特点是反对任何形式的战争，采用非暴力抵抗原则远离世俗之争，主张政教分离，教徒在教会生活中一律平等。
贵格派：又称教友会派。贵格派发源于英国，中心思想包含两点，“第一点是恢复早期基督教的单纯浑厚的精神；第二点是提高人性，发挥人们内心具备的灵性，来和上帝的精神接近”。贵格派的特点是没有成文的信经、教义，反对设立牧师，无圣礼与节日，宣称教会和《圣经》都不是绝对权威，在宗教生活和社会生活中，信徒可直接依靠圣灵的启示，具有某种神秘主义色彩。因为贵格会教徒主张“圣灵”存在于每个人的内心，并引导他们行动，确信末日审判即将来临，他们的这些主张往往被其他教派视为异端邪说，他们虽然被视为清教徒的某个分支，但是却遭到了清教徒主流的公理会的残酷镇压，可谓异端中的异端。不过，正是因为贵格派的传教难以在男人为主的公共场合进行，所以他们往往另辟蹊径，

（续表）

北美殖民地的主要宗教派别：
在家庭妇女的聚会上进行传教。也正因为此，贵格派是清教徒中对待女性最为友好的分支，他们的观念也反映了女性对于世界的看法，比如他们主张男女平等，声称教徒是兄弟姐妹的关系，反对战争，主张宗教宽容。后来美国最早的女权主义者多从贵格派而来。
天主教：尽管北美殖民地是英国人的天下，不管是安立甘宗还是清教徒都仇视天主教徒（清教徒之所以成为异端是因为他们觉得安立甘宗反天主教还不够彻底），但有趣的是北美殖民地从一开始就有天主教的存在。这是因为被查理一世授予马里兰封地的卡尔弗特领主，本人是一名天主教徒。他把马里兰作为在英国饱受迫害的天主教徒的避难所。在马里兰，天主教徒可以出任官职，而这是他们在北美大陆任何其他殖民地上都不可能被允许的。

宗教迫害的历史 美国的历史与宗教迫害密切相关，它既包括英国对清教徒的迫害，也包括清教徒在北美殖民地对其他教派的迫害。让我们先从英国对清教徒的迫害说起，这可真是说来话长。话说英国以前也是天主教国家，在亨利八世上台以后才发生了宗教改革。那么为什么要发生宗教改革呢？倒不是说亨利八世的思想出了问题，而是三个实实在在的利益问题：其一，英国越来越追求其独立的国家利益，而它的主要威胁是天主教的捍卫者西班牙与法国。从某种意义而言，这就像伊朗必然不会和奥斯曼土耳其选择一个教派一样。政治站位不同，信仰也自然要改旗易帜。其二，是加强王权，就要钱、要地、要人，教会是块大肥肉。欧洲的宗教改革本质上就是王权和教权的斗争。其三，则是私人的原因，那就是亨利八世想离婚。他的原配是西班牙公主凯瑟琳，给他生了个女儿玛丽，他既担心将来女儿嫁人把家业当嫁妆了，又和天主教发烧友凯瑟琳感情不和、三观不合，所以他想离婚，但是天主教不让离婚。最后，亨利八世干脆一不做二不休，索性和天主教世界硬脱钩了。1534年英国搞了个《至尊法案》，宣布国王是英国教会唯一的、至高无上的领袖，拥有纠正错误、镇压异端和处理教会事务的一切权力，同时还宣布禁止与罗马教廷的一切往来。但脱钩这个事吧，毕竟是出于利益而不是信念，所以英国这个宗教改革就不

像苦大仇深的德意志那样坚决。英国王室也始终留着不少天主教的血脉，所以一不留神就有国王试图走老路。不管是亨利八世后面的“血腥玛丽”，还是被砍头的查理一世、复辟又被搞掉的詹姆斯二世，英国国王试图把信仰再改回来的还真不少。直到光荣革命以后，这事儿才消停。虽然英国王室的信仰是投机的，但是英国的很多国民则激进得多，他们一直觉得，英国的宗教变革还不到位，在童贞女王伊丽莎白时期，他们坚决和机会主义的安立甘国教斗争到底。本来伊丽莎白女王还是比较宽容的，但这帮人越搞越大，直接要求废除安立甘教会的主教制，要搞长老会，这实际上是要用地方贵族来掏空国王的政教合一。这一下，伊丽莎白就不能忍了，加上1588年英国海军击败了西班牙的“无敌舰队”，也不担心国内局势不稳定了，所以她干脆重拳出击，颁布了《三十九条信纲》，强迫英国人只能信奉安立甘宗，逮捕和处死了一批清教徒。本来清教徒还指望伊丽莎白之后的詹姆斯一世能够改变这种高压，因为詹姆斯一世来自深受长老会影响的苏格兰，但哪里想到屁股决定脑袋，安立甘宗是国王独揽政教大权，长老会则要求地方贵族长老控制教会，只要国王不是傻子都知道该怎么选。所以詹姆斯一世一到英格兰就宣称“没有主教就没有国王”，安立甘宗的基本内容不容讨论，应坚持一个仪式、一个教义、一个戒律，搞得比伊丽莎白还狠。清教徒的大逃亡也就从此开始。

然而，一旦异端成为主流，他们搞起宗教迫害来也毫不手软。在北美洲逐渐做大的清教徒迫害起其他宗派来一点也不逊色于他们曾经痛恨的英国国王。五月花号上的清教徒建立的马萨诸塞殖民地在最初搞的是政教合一的神权政治，其他宗教主张都不能传播。马萨诸塞在很长一段时间不允许外人长期居住，不允许老百姓有任何娱乐，对异端驱逐、鞭挞、割耳、绞死，各种严刑峻法毫不逊于欧洲，尤其对待贵格教派，他们表现得极其残暴。值得一提的是，清教徒比较有特色的地方是他们热衷发动群众抓女巫。最有名的是1692年塞勒姆发生的清教徒屠杀异教徒的血案，20名无辜平民被诬陷以巫术蛊惑邻居罪而惨遭迫害。其实马萨诸塞之所以流行抓女巫，主要原因无非两个：其一是妇女地位低下，最容易被迫害，而且清教徒社会对于女性的压迫尤其严酷，沉重的劳动、枯燥的生活、严格的管束让女性很容易出现精神错乱的症状，这在当时即被当作女巫的证据；其二是邻居之间争水争地，矛盾日益激化，但是清教徒社会又要求大家保持兄弟之爱，所以人性的恶毒就以检举女巫这种“最正义”的形式爆发。

第三章 美国好战的基因

美国是如何成为兵民一体的尚武社会的？

相比于欧洲社会，美国社会一个非常引人注目的特点就是男子汉气概。尽管这个国家在 LGBT 的道路上越走越远，但是相比于东亚社会搔首弄姿的“小鲜肉”，好莱坞的男明星们仍然充满了男人味与牛仔味。美国社会具有一种迥然不同于其他发达社会的暴力属性，这一点让人很难不拿它与罗马做联想。罗马人长期以来被当作希腊文明的继承者，可实际上罗马人拥有完全不同于希腊的文化基因。罗马人对荣耀、暴力的迷恋，以及通过公民军队传统塑造的暴力传统，是与希腊人截然不同的。尤其是当罗马逐渐成为全球帝国，当公民军队逐渐成为帝国军队的时候，这种文化上的差异就更大了。希腊人也许在前期是罗马人的老师，但在后期不过是罗马人的俘虏。

当然，言归正传，我们继续谈美国。其实看看北美殖民地初期的地图，会很容易发现，美国原本是一个不大的国家，它也曾经历过剧烈的领土扩张时期，那么问题来了，为什么美国会在建国初期如此具有扩张性？

答案在于，美国社会是一个尚武的、兵民一体的民兵社会。北美殖民地表现出了极强的扩张性。它在发展壮大的过程当中，无情地吞噬了曾经与之为邻的印第安人的家园以及周边法国、西班牙、荷兰控制的大片殖民地，而在这个过程当中，英军固然出力甚多，但作为一个在陆军上有先天不足的国家，它其实很难长时间驻留在北美大陆，事实上这片大陆也对英军任何长期的驻留都保持着高度的警惕。那么支撑殖民地不断扩大的主要力量是何方神圣呢？那就是北美民兵。虽然在战斗技艺上来说，他们远不能和古代希腊、罗马的公民军队相提并论，但在机动灵活、野蛮好斗上却绝不逊色。北美的殖民者中虽然不乏贵格教派那样的和平主义者，但是总体而言却具有强烈的武装属性。这种属性来自三个方面：

其一，殖民者始终在与敌对势力对抗，而且敌人力量不强，殖民者可以依靠自己战而胜之。一方面，早期的英国移民所到之处充满冲突与危险，他们要面对形形色色的美洲印第安部落、欧洲敌国及敌国移民的威胁，还要面临各色海盗、土匪的掠夺与侵扰。虽然英国君主准许他们到北美定居，但并不准备派军队保护他们。因此，为了自保，民兵制成为必然选择，而英国当局其实也在有意识地推动这一制度，以弥补自己的兵力不足。在弗吉尼亚的第一批移民中就有军人对移民进行军事训练。直到18世纪60年代，民兵制度一直是殖民地唯一的军事制度。另一方面，其竞争对手的军事水平还不够强，北美殖民者依靠民兵已经足够碾压。北美殖民者最主要的对手是印第安人与其他欧洲列强的殖民者，但印第安人在火器水平上明显落后，虽然初期凭借游击战术让殖民者吃尽苦头，但随着白人在防御中学会了游击战，白人在火炮、骑兵与火器上的优势就让他们占据了绝对优势。而其他法、西、荷移民不仅在人数上明显不足，而且在民兵组织与训练上水平不够，主要依靠少量的正规军来防卫自身，这让英国移民可以通过从印第安人那里学来的机动灵活的游击战来战而胜之。

其二，民兵虽然在正规战中不如职业军队，但它更便宜，更适合地域广大、交通不便、战争强度不大、殖民地财政困难的现实情况。欧洲的军事革命是建立在政府财政能力增强、政府官僚体系成熟、战争长期化规模化的基础之上的。任何试图以庞大的正规军去驻守北美大陆的企图都会带来政府财政的破产。事实上，不仅北美殖民地政府无法承担这一费用，英国人之所以让美国人赢下了独立战争，也是因为后勤的困难和巨大的财政负担。其实人类社会大多数殖民地解放的原因，都不是殖民者打不过了，而是殖民者打不起了。

这种全民皆兵的民兵体制成了塑造美国民族的重要力量。每到操练日，散落在各个村落的民兵集中训练，本身就是一个将一盘散沙凝聚起来的过程。由于经常参与欧洲各帝国北美殖民地之间的战争，这对形成北美洲的共同体意识极为重要。以至于很多人认为，如果没有英法七年战争催生了美利坚民族，就不会有美国的独立战争。更重要的是，民兵的地方性与新教属性，让他们对英国天然具有警惕与抗拒。当英国人试图用常规军控制北美殖民地的时候，双方的兵戎相见也就不可避免。

民兵加上新教，结合商业的动机和对土地的贪婪，让英国移民成了北美大陆上最有战斗力的武装集团，从而可以不断开疆辟土，但它也让美国社会具备了暴力的DNA，一方面，直到今天，美国的民兵都是世界上最强大的民间武装力量，美国预备役仍是以民兵制为基础，包括国民警卫队和联邦后备队两大部分，是常备军的蓄水池；另一方面，民兵制度所要求的“壁炉旁边一杆枪”，也形成了美国无法禁绝的平民持枪传统。

英国的民兵传统 “手握武器、应召服役”是英国的军事传统。到11世纪初，英格兰民兵已发展成为选民军（select fyrd）和大民军（great fyrd）两类。前者比较精锐，是国王在海内外征战的主要兵源，后者则类似于治安军，主要用于本土防御、镇压叛乱。和用职业雇佣军人替代民兵的欧陆国家不同，英国的军队专业化进程相对滞后，这不仅是因为英国人口少、国家穷，很难维持规模巨大的职业军队，而且也是因为英国最出色的兵种是来自乡绅阶层的长弓手与轻骑兵，直到内战和克伦威尔时期，英国的民兵才基本让位于半职业化军队。到光荣革命之后，英国的正规军才真正完全替代了英国的民兵。

其三，在北美殖民地时期乃至建国初期，美国是一个农业国家，土地，尤其是可耕作的土地是这个国家所要争取的最重要利益。其实美国独立战争的一大根源就是在英法七年战争结束以后，英国人根据与法国人和印第安人的和平协议，放弃了在北美大陆西进的企图，而这让希望西进获得土地的北美殖民者们深感被英帝国所背叛。在美国建国初期，无论是北部的自由民、西部的民兵还是南部的蓄奴种植园主，他们的共同诉求就是不断获得土地，所以美国表现出了一种自下而上的强烈的扩张性。然而，当美国在内战之后通过战争彻底解决了东北部工商业集团与南方种植园阶层的矛盾，并奠定了工商业集团的重要地位之后，美国对于吞并领土的热情就出现了一定程度的下降，因为它将注意力主要转移到了促进贸易之上。它开始担心吞并领土尤其是加拿大的领土，会恶化它与英国的关系，从而严重影响它在全球贸易体系中的利益。

第四章　美国的独立

从最忠诚的爱国者到最决绝的叛乱者

美国的独立战争经常被描述为一场新大陆人民争取自由、独立的伟大革命，经常被理解为美国独特的政治文化、宗教传统和追求自由的民族特性带来的必然结果。但如果你在1775年莱克星顿枪响前的15年去北美殖民地看一看，你会发现哪里有什么革命的影子，那个时候北美的小镇里到处都是激昂的爱国群众，爱国歌曲在各处唱响，宗教布道上都是上帝保佑英王的祈祷，新大陆的民兵们与上万英军并肩作战，不怕牺牲、勇猛杀敌。美国的国父华盛顿那个时候还是一名为英国奋力而战的英雄。那么为什么短短十几年后，这些当年的爱国者突然都成了叛国者呢？将这一切都归结于美国人热爱自由的天性，实在有些胜利者书写历史的味道。

其实独立战争的根本原因在于，当法国人和印第安人成为英国谋求世界霸权和美国人谋求土地的共同敌人时，当英国对殖民霸权的争夺和北美殖民地的扩张具有一致性时，北美殖民地的人民就是最忠诚的爱国者。在西班牙王位继承战、奥地利王位继承战以及英法七年战争中，北美殖民者总是和英军并肩作战，英国赢得霸权，北美殖民者获得土地，但是在1763年英法签订《巴黎和约》结束七年战争后，这种双赢的模式却没有延续下去。这是因为，在《巴黎和约》中，为了结束战争，避免过度刺激法国和印第安人，也为了避免新英格兰新教徒与新获得的天主教徒聚居的加拿大之间爆发冲突，英国禁止北美移民在阿巴拉契亚山以西建立新的居民点。这意味着为英国人打了七年之久仗的北美民兵们所期待的印第安人、加拿大天主教徒的土地沦为了泡影。虽然从英帝国的角度来看，这样的妥协对于维持英国北美地区的稳定是合理的，但对于急需扩大土地的北美殖民者们尤其是广泛参与土地投机的弗吉尼亚种植园主们，则是令人怒不可遏的背叛，这里面可是包含了华盛顿、杰斐逊和麦迪逊这样的政治与军事精英。也正是从这一刻开始，英国的殖民霸权与北美殖民地的扩张需要背道而驰，对英王的忠诚迅速转化为满腔怨愤。

另一个重要的原因则是英国试图加强对北美殖民地的控制，这意味着驻军与征税。这又极大地得罪了新英格兰地区的清教徒与工商业者。一方面，对于曾经亲身经历过英国军队镇压的清教徒来说，法国和印第安人是威胁，英国军队同样也是威胁。正如1747年瑞典人彼得·卡尔姆在考察美国后所说，唯一能够阻止殖民地独立的是法国等强敌的威胁，殖民地对英国的忠诚离不开这些威胁的存在。另一方面，征税又成为引爆英国与殖民地冲突的爆点。老实讲，从英帝国的角度来讲，征税不仅是必要的，而且是仁慈的。在七年战争结束时，英国国债已经高达1.35亿英镑，还需为北美防务每年支出20万英镑，这笔钱总得有个出处。北美殖民地不仅享受到了英帝国军队的保护，而且还在战争期间通过后勤补给大发横财，现在交税为帝国分忧十分合理，总不能帝国借债打仗，殖民地一毛不拔。更何况，税负也不算重。激起公愤的《糖税法》（1764年4月）、《印花税法》（1765年3月）、《汤森税法》（1767年6月）、《茶叶法》（1770年1月）、《茶叶条例》（1773年5月）等诸多税法，其实都算是轻税。比如《汤森税法》实际摊派下来只有人均4便士，《印花税》只有半便士到20先令，其实对北美人民并没有构成实际负担；而《糖税法》实际上是将糖浆、糖蜜输入殖民地的关税从每磅6便士调低到了3便士。激起波士顿倾茶事件的《茶叶法》的初衷只是为了通过关税壁垒，打击荷兰茶叶，让茶叶严重积压的英属东印度公司垄断北美殖民地的茶叶贸易，从而摆脱困境。由于东印度公司在茶叶出口后享受百分之百的退税政策，只需向殖民地海关缴纳3便士的茶叶税，它运销到北美殖民地的茶叶价格肯定比以前要低，甚至比荷兰走私的茶叶还要便宜。

既然税负并不重，那么为什么税制的改革会成为英美分道扬镳的导火索呢？这是因为税制的改变，往往可以分为外部税和内部税两种。在近现代的国家演化过程中，外部税的改革往往是出于国家拓展财源的需要，而内部税的改革往往是出于行政制度改革的需要，更进一步说是权力分配的需要。长期以来，不管是国王还是议会，对于北美的控制都是非常薄弱的。英法七年战争之后，英帝国所做的一系列动作，从本质上来讲是试图增加伦敦在殖民地的直接权力，而这直接触动了以前由于天高皇帝远而形成的地方权力。之所以印花税虽轻却引起了全美抗议，本质上来说是侵害了地方长老和庄园主的统治权；之所以茶税虽轻却引起了严重骚乱，本质上来说是让走私者与海商接受伦敦强加的贸易限制。所以，如果站在顺民的角度来讲，这些税负真的仁慈到可以赞美伦敦的慷慨，如果站在自由民的角度来说，这些轻税甚至比重税更加可恶，因为它试图以无痛的感觉，让北美殖民地接受伦敦的权力。其实美国的独立，从来不是英国横征暴敛的官逼民反，而是拥有土地、拥有民兵、拥有社会统治权力的新大陆精英与英帝国中枢的权力之争。这恰恰是那句振聋发聩的革命口号"无代表不纳税"的真正含义。老实讲，清教徒的阴森统治未必比英国国教更仁慈，殖民地政府的腐败与低效则远不如伦敦改革中的官僚制度先进，而殖民地中大量存在的奴隶制与对印第安人的无情灭绝更是让北美革命的进步意义大打折扣，美国革命的进步意义不在于追求民主与平等，而在于追求分权以争自由。然而，革命的话语一旦形成，其魅力常常让后世的人忽略了话语背后的利益。北美殖民者们利用了古老的殖民地宪章、英国宪法、洛克的自然权利学说，以最正义的方式为自己主张权利，但坦率来讲，在当时的殖民地大众中，主张对英王效忠的殖民者仍占多数，这也是独立派宣传联合抗击英国的最大阻力。为了打破大众对英王的效忠，诸如约翰·汉考克和托马斯·潘恩这样的革命思想家，将斗争矛头直指英王乔治三世与国王制度本身。他们通过抨击英王的暴政，为独立正名，他们将殖民地与英国议会的权力与代表之争，成功地变成了自由与暴政、大众与国王之争，而恰恰是这样简单的革命逻辑，才能让殖民地与英国的论辩，完成从主张英国人的权利，到主张人的权利的升华。这种思想上的升华，不仅让北美殖民地的叛乱具有了革命的意义，而且也让革命最大限度地动员了大众。

美国独立战争中的印第安人、黑人和效忠派白人　尽管《独立宣言》确立"一切人生而平等，一切人被造物主赋予了生存、自由和追求幸福的不可剥夺的权利"，但有着长期和殖民者打交道经验的印第安人几乎毫不犹豫地选择了支持英国，清教徒们的口号动人，但英国人实实在在地保护印第安人的土地。在独立战争爆发以后，奇克索人、克里克人、乔克托人、肖尼人、莫霍克人、塞尼卡人以及特拉华族和切诺基族的一部分人，一直

坚定地站在英国一边，对北美殖民者发起袭击。黑人的情况则与之类似，除了很少部分自由黑人加入大陆军外，大部分黑人都支持英国，英军为了削弱殖民地，给予所有加入英军的黑人自由（这种做法给了南北战争时陷入困境的林肯以很大启发）。近十万黑人从殖民地逃入英军控制区，一万多人加入了英军作战。

相比大部分支持英国的黑人与印第安人，效忠派的白人则比较特殊。他们其实人数并不少，有后世的研究认为他们可能占到了白人总数的20%，但是却比较分散，不仅遭受独立派的迫害，而且也不受英军的重视。而忽视了对效忠派的重视与利用，恐怕也是英军最后输掉战争最重要的原因之一。最有意思的效忠派恐怕就是美国开国元勋本杰明·富兰克林的儿子约翰·富兰克林，他作为新泽西总督始终保持对英王的忠诚，即便入狱流亡也不改初衷。

如果说，美国民族精神的萌发与民兵武装力量的形成是英国争夺全球霸权的副产品，那么美国的独立则是英国的霸权挑战者有意促成的结果。尽管大陆军表现出了不屈不挠的意志，华盛顿也表现出了名将风范，但英美之间的差距是巨大的（即便在美国建国几十年之后的英美二次战争中，英军也占绝对优势），这种差距大到如果没有外国的援助，美国的独立就不可能成功。美国人唯有争取被英国打败的法国、西班牙、荷兰的帮助，才可能对抗英军。这意味着美国尽管是一个远离欧洲的孤岛，却从独立战争开始就必须在国际政治的复杂漩涡中挣扎求生，而以本杰明·富兰克林为代表的美国外交家也的确表现出了对“均衡”的老练理解。

	英军	美军
海军	英国拥有全世界最强大的海军力量，可以封锁北美海岸，摧毁新英格兰的渔业，阻止美国利用沿岸港口运送军用物资	少数由各州组织成的私掠船
陆军	1775年英国拥有将近3万人可用的军队，德意志雇佣军、印第安人与黑人效忠者、近3万人的效忠派	1775年大陆军仅有13个团，1066人，独立战争时期，最多时也不超过16000人

美国革命的一大特色就在于外事先行，在1776年发表《独立宣言》以前，美国就成立了外交机构：秘密通讯委员会。美国的外交思路也非常清晰，就是团结一切可以团结的力量，争取一切可以争取的援助。大陆会议决定其港口与市场向所有欧洲国家开放，美国的特使带着谈判的条约范本，前往各个国家展开建交活动，甚至完全不在意对方政府是否同意。这种泼辣而大胆的外交作风，虽然让贵族气的老欧洲列强嗤之以鼻，但的确找到了其他欧洲列强，尤其是渴望对英复仇的法国、西班牙、荷兰等国的痛点。这三国不仅出钱，还出物、出军火、出运输，据后世研究者内特尔斯（Curtis P. Nettels）估算，整个战争期间法国直接对美国的贷款与援助金超过了800万美元，荷兰超过了130万美元，西班牙超过了64万美元。

在战争后期，法国还派出了大量的军队直接参战（在独立战争的决定性战役约克敦战役中，法军的数量甚至超过了美军，其火炮数量达到了美军的十倍。法国陆军指挥官拉法耶特一直被美国人视为国家恩人）。在1778年美法缔结同盟之后，英国先后与法国、西班牙、荷兰在全世界各地交战，承受了巨大的损失与压力。对于英国人来说，他们输掉的不是一场美国的独立战争，而是一场全球性的反英战争；对于法国人而言，美国独立战争的胜利“为美国设计了一条清晰和平坦的通往独立之路”，而试图通过美法同盟打击英国、谋求霸权的法国，“从这场战争中所得到的，只不过是几个西印度岛屿，一个破产的国库，以及在北美开拓一个新市场和得到一个同盟国这一后来未能变成现实的前景”。法国深深介入到美英争端之中，使国内的财政和统治陷入全面危机。在逼迫英国签订《巴黎和约》六年后，路易十六为了解决财政危机被迫召开了三级会议，而这也是法国大革命的导火索。

TIPS

法、西、荷对英国的仇恨　1）法国，在普鲁士统一德国之前，法国与英国的争霸一直是欧洲霸权之争的主旋律。在1756—1763年的七年战争中，法国遭到重创。《巴黎和约》使法国失去了加拿大、新斯科舍、布列敦角及其附近岛屿、密西西比河以东的全部土地（新奥尔良除外）、西印度群岛的多米尼加岛、格林纳达岛、圣文森特岛、多巴哥岛、非洲的塞内加尔，还要将路易斯安那的西部让与西班牙，并拿出一笔赔偿金给西班牙，作为西班牙将佛罗里达让与英国的补偿，对法国可谓奇耻大辱。撕毁《巴黎和约》、报复英国成了法国外交的主要目标。2）西班牙，在西班牙王位继承战争中被英国打败，失去了直布罗陀和梅诺卡岛。在七年战争中，再次失败，失去了佛罗里达。西班牙迫切希望利用美国独立战争来收回直布罗陀。3）荷兰，输掉了从1652—1674年与英国的三次战争，失去了包括纽约、宾夕法尼亚在内的北美的殖民地。

对于美国来说，一旦英国对独立的威胁得到了缓解，一旦美国对西部土地的扩张从英国的帝国枷锁中解脱出来，那么北美大陆上法国与西班牙的殖民地就是美国扩张的最大阻碍。这一点在《巴黎和约》的签订上得到了充分的反映。在美国人的强硬坚持与英国人为了离间法美同盟而做的慷慨让步下，密西西比河从源头到入海的整条河流的航运权，都必须对美国人和英国人保持自由和开放。而在20年后，为了阻止法国获得西班牙转让的路易斯安那，美国总统杰斐逊甚至不惜与英国结盟向法国开战，并以英军可能占领路易斯安那来威胁法国，最终迫使拿破仑以8000万法郎将路易斯安那卖给了美国。排除了英国与法国之后，北美大陆最后剩下的殖民大国西班牙，也在1819年被美国人逐出了佛罗里达。

为什么美国没有吞并加拿大与墨西哥？美国在建国初期具有强烈的农业扩张主义，加拿大一直是其扩张方向。美国在历史上多次对加拿大提出领土要求，但一直没有得逞。其原因在于，其一，加拿大主要为天主教徒与保皇党，他们对美国的清教徒深恶痛绝，认为美国人是暴力成性的野蛮民族。其二，英国一直希望保持加拿大对美国的牵制，并为此不惜与美国打仗。1812年第二次美英战争，固然有自由贸易和海员纠纷的原因，但美英交战一个非常重要的原因就是加拿大问题。在美国，真正疾呼宣战的地区并非美国沿海，而是渴望获得边疆土地的西南部、西部和西北部地区，并且两年多的战争有一半以上是在加拿大境内进行的。在英加联军一把火烧了白宫之后，美国算是打消了吃掉加拿大的念头。相比于托庇于英国的加拿大，墨西哥则要悲惨得多，墨西哥一共被美国吃掉了将近一半领土，包括德克萨斯、加利福尼亚、内华达、犹他的全部地区，以及科罗拉多、亚利桑那、新墨西哥和怀俄明部分地区。之所以没有吃掉剩下的，最主要的原因乃是墨西哥其他地区印第安人数量太多，且多为天主教徒，获取土地太难，同化太难，所以美国就此作罢。必须指出的是，相比于俄罗斯，美国早期对于领土的扩张，更侧重考虑自身的消化能力。它的本质是清教徒移民不断涌入带来的农业扩张主义，它有着大量的欧洲移民补充，并主要集中于地广人稀的地区，这样既可以避免英法对于第三世界殖民地占领而不能融合的困难，又能够避免俄罗斯吸纳了太多异质民族带来的分裂困境。美国的扩张避免了欧洲国家帝国主义的无效率扩张，而把商业、人口、宗教等各方面因素统一起来，并最终实现了均衡。

第五章　美国的孤立主义

韬光养晦的搭便车者

对于早期的美国来说，由于其国家利益在于农业和商业，其重点就主要在北美的领土、美洲的市场与从英国主导的全球贸易体系当中获益，因此，它在与欧洲各国的交往中，就表现出一种机会主义的冷漠。尽管很多学者认为，美国孤立主义的产生是北美大陆独特的地缘环境使然，即在当时的交通技术条件下的空间上与旧大陆的远离。这种远离使北美人民认为自己可以并且应该摆脱与旧大陆不必要的瓜葛，认为美洲应该有自己独特的一套价值观、行为方式和伦理制度，但实际上美国并非不关心欧洲局势，而是更关心自己可以从欧洲局势中获得什么。正是这种独特的与欧洲的关系，让美国成了搭便车的中立者。尽管基辛格认为，在“一战”以前，美国外交政策始终倾向于孤立主义，直到美国国力日渐强大，以及以欧洲为中心的国际秩序逐渐瓦解，美国才不情愿地涉入了世局的漩涡，但美国的孤立主义与今天奥地利等中立国的中立不同，它的孤立是与欧洲列强保持距离，一方面，可以巩固新国家的独立，避免因欧洲事务陷入战争，并尽可能发展同欧洲可能的贸易关系；另一方面，用这种不涉入欧洲的孤立，来掩护其在美洲的扩张。这一切的出发点都是美国的国家利益，为此美国可以近乎无耻地背弃了支持其独立战争的法国盟友，与英国人媾和签订了《杰伊条约》，该条约以中立为名却允许英国对美国船上的法国财产进行没收，实际上是帮助英国封锁法国。

美法交恶的XYZ事件　1789年法国大革命爆发，由此而来的法国的内战变成了一场争夺欧洲与世界霸权的国际战争。法国要求美国根据同盟条约予以军事援助，这在美国引起了对美法同盟在法国政局变动后的地位的

讨论。以汉密尔顿为代表的看重海外贸易的亲英派联邦党人认为，美国所面临的最大危险是财政枯竭，因此美国必须根据现实需要来制定政策，即认识到英国在该地区的主导地位，而不应简单地拘泥于所谓的“同盟条约”义务，以杰斐逊为代表的亲法派共和党人表示反对，经过激烈争执，华盛顿总统发表了《中立宣言》。这份《宣言》激怒了法国政府，不久之后法国的私掠船和军舰开始劫掠在西印度群岛上的美国商船，而大失所望的法国驻美公使热内甚至越过美国政府直接向美国公众喊话，在美国武装了一支由美国人组成的私掠船队，在海上向英国的商船发动攻击。这种亲英还是亲法的撕裂，带来了美国国内尖锐的派系斗争，也让华盛顿忧心忡忡。因此，他在1796年9月19日发表的《告别演说》中提出了著名的忠告：在对外国的关系上，我们行动的最高准则是扩大我们的商业关系，同时尽可能少地和它们发生政治联系。这份忠告，既是华盛顿对美国外交关系的一份指引，也是在为自己的老朋友，联邦党人领袖约翰·亚当斯助选，在华盛顿看来，虽然亚当斯的阴沉、汉密尔顿的贵族气息令人不快，但为法国大革命欢呼呐喊的杰斐逊却更加危险。1797年，美国第2任总统亚当斯上任。他同样承受着亲法派巨大的政治压力，决定先采取外交途径来解决美法之间的冲突。但是，法国督政府的外交部长塔列朗对待美国方面非常傲慢，仅安排三个法国代理人与美国代表团见面，开出的谈判条件是美国给法国一笔1000万美元贷款，另外再给他们一笔25万美元的“见面礼”。在当时美国代表团的汇报中，为了保密，将索贿人称为XYZ三先生，这便是美国外交史上的“XYZ事件”。联邦党人希望利用XYZ事件对法开战，并趁势将杰斐逊等亲法派打成“带路党”，但法国政局的变化最终让美法避免了战争。1799年雾月政变之后，督政府垮台，执政府上台，美法两国在1800年签订条约，法国承认美国在海上的中立权，并免除美国在美法同盟中承担的义务，美国则给予法国贸易最惠国待遇。

对于美国而言，甚至直到今天，其国家发展有两大条件，一是北美大陆的大孤岛状态带来的国家安全优势，它只需担心欧洲列强在美洲的殖民力量的威胁；二是与资本主义全球体系紧密的市场利益，它要求全球市场对美国的开放而不是关闭。就此而言，美国的确与英帝国有着惊人的相似，而且条件更好。立足于这两个基本条件，美国合乎逻辑地发展出两个基本的政策：其一，尽可能削弱其他大国在美洲的影响力，避免对美国造成真正意义上的国家安全威胁。事实上，“一战”期间德国试图与墨西哥联手的齐默尔曼电报对美国参加世界大战构成了极大刺激。其二，尽全力保证资本主义全球体系的正常与全球市场的开放，而这恰恰是美英合作以及在英帝国霸权衰落之后的美国霸权崛起的根本基础。在这一点上，美国和英国一样，对于大陆上可能形成闭合循环的霸权都心怀警惕。美、英对俄、德、法的警惕都源于此。尽管在今天人们对于美国与英国的密切关系，经常从同文同种的意义上来解读，但这种解释忽视了美国在早期农业帝国主义时代与英国的敌对关系。美国、英国真正的合作基础，乃是在于他们都是全球资本主义体系、全球贸易体系最主要的受益者，他们的利益与这套体系紧密相关，而这套体系本质上是海洋帝国的规则，它由英帝国主导形成，并在英帝国衰落以后由美帝国主导并加强。也正因为此，当其他国家表现出融入这种体系的倾向时，比如德国、日本，美国、英国会表现出接纳甚至绥靖的态度，而当其他国家表现出试图颠覆这一体系的时候，比如普京领导的俄罗斯，美国、英国会表现出强烈的不容忍。无论是英国主导的对沙皇俄国的克里米亚战争，还是美国推动的对俄罗斯的乌克兰冲突，让一些俄罗斯精英大惑不解的地方总在于，这些地区似乎并不是英国、美国的核心利益，甚至俄罗斯也愿意为了这些地区与美英进行利益交换，但英国与美国却表现出极其强硬的斗争意志。实际上，这些俄罗斯精英慢慢总会意识到，英国、美国的核心利益是这套世界体系。当体系可以维系，仅仅是调整利益分配的时候，美英是可以谈判也经常让步的，但当问题是体系之争，哪怕利益上并无损失的时候，美英都会表现出非常强硬的斗争精神。对于这套海洋规则的认同与维护，恰恰是美英霸权虽有冲突，却互相依存乃至和平交接的最重要的原因。

1823 年的“门罗主义”从本质上而言，正是反映了美国国家利益的两大根本诉求，即减弱其他大国在美洲的影响以保证安全，以及要求全球市场开放以促进繁荣。尽管很多人认为，门罗的主张，即欧洲列强“把它们的政治制度扩展到西半球任何地区的企图”都将会被看作对美国安全与和平的威胁，是一种继承了华盛顿的不干涉欧洲事务原则的扩大了的孤立主义，也是美帝国霸权主义的象征，但公允地讲，这显然没有考虑一个重要的历史事实，那就是美国在门罗时代其实并没有实力垄断美洲。门罗主义与其说是美国寻求自己在美洲的垄断地位，不如说是反对欧洲帝国扩大其在美洲的影响力。门罗主义是美国对拿破仑的失败以及1815年欧洲列强维也纳会议的一个直接反应。对于美国和英国这样将繁荣寄托于开放市场的国家而言，他们虽然对试图统一欧洲大陆的拿破仑的失败感到庆幸，但是对随后出现的三个欧陆强权——俄、奥、普的神圣同盟却深感担忧。欧洲绝对主义君主制的巩固以及对自由主义发起的大规模镇压，对于日益开放和民主的美国和英国而言，同样构成了重大威胁。英国人担心这种绝对主义君主制的外溢会对其全球贸易体系构成挑战，而美国人则担心这种君主制会在美洲大陆的西班牙殖民地上开枝散叶。所以在1823年，英国首相坎宁向美国驻伦敦公使提议，两国应该签署一份联合声明，宣称美国和英国将一起反对法国，或者任何其他国家控制西半球的前西班牙殖民地的任何尝试。这个建议正是门罗主义的基础。它其实不仅反映出美国在美洲的特殊安全利益，而且也反映出美国和英国同样从英国主导的这种自由主义全球体系中获益的事实。

美国充分利用了第三世界殖民地的独立斗争来削弱传统欧洲帝国对美洲的影响力。1822年，美国成为第一个外交上承认墨西哥的国家；1824年，美国承认了巴西和中美洲联邦，并在其后几年内承认了区域内的大部分新独立国家。美国这一系列的外交承认对于塑造美国在拉美地区的良好形象大有裨益，实事求是地说，在门罗时期，并不强大的美国所主张的“美洲是美洲人的美洲”还是比较真诚的。门罗主义的三项原则，即“美洲体系原则”“互不干涉原则”和“不准殖民原则”，对刚刚独立的拉美国家而言的确是一种巨大的鼓励和支持，但在很多时候这种鼓励和支持往往局限于口头，而当时美国在拉美地区的影响力远远不及英国，美国仍然小心翼翼地避免触怒强大的欧洲帝国。1824年哥伦比亚受到法国威胁，向美国求援并希望与美国结盟，以武力保卫自身独立，但这一请求事实上被美国婉拒了。美国政府表示，门罗总统的宣言是行政部门的意见，但是结盟甚至与列强冲突的事情，总统说了不算，这是国会的权力。此后，美国以同样理由拒绝了巴西、阿根廷、墨西哥、秘鲁等国的类似请求。说白了，理想是理想，实力是实力，美国人这一点还是很清楚的。当然，当实力具备的时候，理想还是不是那一个理想，就是另外一个有趣的问题了。随着美国国力的快速增长，美国所宣称的美洲人的美洲，逐渐变成了美国人的美洲，尤其是1846—1848年的美墨战争，更是让美国的扩张达到了一个顶点。通过《瓜达卢佩—伊达尔戈条约》，美国攫取了加利福尼亚（下加利福尼亚半岛仍属墨西哥）、新墨西哥、亚利桑那、内华达、犹他、科罗拉多。加上通过移民暴乱获得的德克萨斯、战争威胁获得的俄勒冈、武力购买获得的亚利桑那州南部，美国成了一个两洋国家，也逐渐成了一个对势力范围高度关注的帝国主义国家，这也使它的中立逐渐呈现出两面性：一方面，美国对于欧洲的事务仍然保持冷漠，它只对贸易感兴趣；另一方面，相比于其他欧洲帝国，美国对美洲越来越呈现出霸道的一面。尤其是在美国内战结束之后，随着美国制造业的大力发展，国内市场已经无法满足美国产业扩展的需求，美国开始把开辟和扩大商品市场作为国家战略，并把拉美地区尤其是中、南美洲作为美国市场开拓的主要方向。美国在美洲也表现出更多的强权意志，在1895年委内瑞拉危机中，美国赢得了英国的实质性让步；在1898年的美西战争中，美国击败了西班牙，夺取了菲律宾、波多黎各、关岛，正式确立了在美洲的霸权，并开始在该地区奉行干预主义；从1906年干预古巴反政府叛乱、1903年介入巴拿马独立、1904年干预多米尼加债务危机，再到1914年巴拿马运河开通，美国在中立的外衣之下，实现了自己韬光养晦与有所作为并重的大国崛起。

第六章　美国的崛起

内战、工业化与英美和解

美国的崛起严格意义上来讲可以分为两个阶段：第一个阶段是作为农业国的崛起，它的主要标志是种植园主和自由农民对土地的不断需求，推动美国在北美大陆的不断扩张；第二个阶段则是在南北内战后，工业化美国在几十年间的快速崛起。美国的内战解决了美国作为大国崛起的三个关键的内部要素：

其一，是国家主权与治理能力问题。在美国建国初期，它在一定程度上而言是 united states，“州的联合”，而不同于一般意义上的民族国家。我们会在后面专门讲到，美国虽然以联邦制闻名于世，但它并不是标准意义上的联邦制。它的州权力远远大于其他联邦制国家下的州权力。这不仅带来了美国政治中源远流长的州权主义，而且也让美国在建国之后的很长一段时间，受困于地方主义对国家发展的桎梏。尽管小政府—大社会一直是美国的标签，但小政府从来不是弱政府。任何一个国家在崛起的过程中，都离不开一个强有力的中央政府，尤其是美国这样以州为单位建立起来的国家。软弱的中央政府，不仅无法提供国家发展所必需的基础建设、财政支持，而且会让各州之间的关税战、贸易战此起彼伏。它不仅会削弱国家统一市场的形成，而且也会危害到国家的凝聚力。尽管 1787 年美国完成了从邦联到联邦的立宪，但一个国家的真正统一而不是联合，仅靠才华横溢的《联邦党人文集》来说服显然是不够的。所以尽管南北战争有废除奴隶制的正义动机，但本质上是一场建国之战。即便是林肯，他对于解放黑人也是抱着强烈的机会主义态度的，他认为废奴运动只是一种战胜敌人的手段，服务于战争的逻辑，而不是一个单纯的革命目的。林肯说：“如果不解放任何奴隶就能拯救联邦，我将会这么做；如果解放所有的奴隶才能拯救联邦，我将会这么做；如果解放一部分奴隶、保留其他奴隶才能拯救联邦，我也会这么做。我这么做，因为我相信它有助于拯救联邦；我克制着不去解放奴隶，我之所以克制，是因为我不确定它是否有助于拯救联邦。”北方通过对南方的征服、占领与改造，最终完成了从州的联合到美国的统一的过程，在武力的支持下，联邦政府将大量战前属于各州和地方管理的事务，转变为需要联邦政府授权的工作，包括土地的出售、学校和法院的创立、州政治机构的选举等，由此重新规定了联邦与地方关系的性质，彻底解决了州和联邦之间的主权性冲突，而在战争当中被锤炼得更加强大的美国政府，也在战后几十年的美国崛起中发挥了巨大的作用。

其二，是经济基础问题。美国内战本质上是南北两种不同经济体制的战争，是北方以自由劳动力为基础的工业经济与南方以奴隶制为基础的种植园出口经济之间的战争。在建国初期，北方本希望通过工业战胜农业的自然进程来逐渐淘汰奴隶制，因为早期繁盛的美国南方烟草种植正在衰落，一段时间里，南方对于奴隶的需求也在大幅下降。但 19 世纪前期起，美国南方找到了棉花种植这一新的出口导向型经济，并因此让奴隶制经济再度兴盛。甚至在很长一段时间里，这种低人权经济比北方的自由经济效率更高，1840—1860 年，美国南部经济就以平均每年 1.7% 的速度增长，高于全国 1.3% 的平均增长率。这让美国经济出现了结构性的冲突：一方面工业化的北方需要打开南方的市场，但南方的奴隶制经济不仅无法提供足够的需求，而且有严重的自给自足倾向；另一方面，工业化初期的北方需要更多的保护措施，要求提高关税，但出口导向的南方种植园经济主张降低关税、自由贸易。如马克思所说，在关税冲突的背后其实是两种社会制度即奴隶制度和自由劳动制度之间的斗争，而只有解决这种斗争，美国的工业发展才能获得南方巨大的市场和自由劳动力。

其三，是快速扩张带来的国内结构失衡问题。自美国建国以来，奴隶制经济与自由劳动力经济就保持着微妙的平衡。美国建国初期的各种妥协，都贯彻着这样一种平衡，但这种平衡却不断为美国的扩张所打破。开疆拓土看起来是件好事，但新增的疆土到底是蓄奴州还是自由州，却很可能会影响国内的政治平衡。在门罗时期，美国就是为了维护南北之间脆弱的平衡而暂时搁置了领土扩张，但当美国彻底击败了墨西哥，获得了巨大的西部土地。这种国内和平所依赖的政治均衡就不可避免地被打破了。北方大量的新移民需要土地，而南方对土地肥力造成严重损耗的棉花种植园也需要土地。南方奴隶主不断西进试图造成既成事实，而北方也不愿意再用类似《密苏里妥协案》的方法来让步，西部最终成为内战的导火索，因为无论南北双方都不愿意成为议会和政党政治中的少数派。尤其对于北方而言，让其为了维护国内和平而长期向南方让步更是不可能的，政治终究要反映实力，而北方拥有23个州共2200万人口，还拥有发达的工农业和密集的铁路网，这些都使得北方的实力远远大于人口仅1000万，其中还有黑人奴隶350万的南方。

密苏里妥协 密苏里地域是路易斯安那购买地的一部分，1820年密苏里加入美国联邦时，当地政府申请作为自由州加入联邦，但根据1790年所划定的梅松—狄克逊线，北纬39° 43′线以北为自由州，以南为蓄奴州，密苏里地域大部分地区位于梅松—狄克逊线以南，所以南方坚持将密苏里定为蓄奴州。由于当时自由州和蓄奴州的数目相等，双方在参议院的席位也相等，密苏里的定位将直接影响双方力量的对比。最终北方做出让步，通过了《密苏里妥协案》。该法案同意密苏里作为蓄奴州，但是从马萨诸塞州划出一个缅因地区作为自由州加入联邦，从而继续保持美国国内的南北平衡，同时将自由州和蓄奴州的分界线调整为北纬36° 30′。

一个有趣的问题是，为什么欧洲各帝国没有介入美国的内战？毕竟美国南方一直对自己的棉花外交充满自信。但当时的英法俄都刚刚经历了惨烈的克里米亚战争，尤其是英国，它还没有从印度民族大起义中恢复过来，所以最终欧洲各国都在内战中保持了中立，这也让美国度过了建国以来最危险的时刻。

“特伦特号”事件 在美国内战期间，美国联邦政府在与英国的外交关系中也采用了韬光养晦的方式，其中较为典型的就是“特伦特号”事件。1861年10月，南方特使詹姆斯·M.梅森等人乘英国邮船“特伦特号”访欧，试图谋求欧洲承认。途中被联邦政府军舰“圣哈辛托号”拦截，南方特使被军舰舰长威尔克斯扣留，此事引起了轩然大波，美国北方民众视威尔克斯为敢于亮剑的英雄，而英国则认为这是对英国的挑战。“特伦特号”事件对联邦政府来讲是一次严峻的考验，稍有不慎，便会给处心积虑谋求干涉美国内政的英国留下“参战的借口”。面对这一事件，英国十分强硬，要求美国对侮辱英国国旗表示歉意，释放南方联盟的代表。林肯并没有因为民众对威尔克斯舰长的欢呼而迷失，他无法接受英国卷入战争的后果，在战争一触即发之际接受了英国的最后通牒，承认美国军官的做法有错，同时释放南方联盟特使，平息了这场风波。“特伦特号”事件以美国让步而告终，但它避免了让美国陷入两场战争之中。

美国崛起最关键的时间，其实就是美国自1850—1930年间快速工业化的50年。1860年，美国工业生产占世界工业生产的第4位，在内战结束之后，美国的工业突飞猛进，到1894年，美国的工业产量已经达到了欧洲各国生产总量的一半，成为世界第一。以最为重要的钢铁产量来说，1890年美国的钢产量达到了930万吨，超过了英国和德国，居世界第一；到了1900年，美国的钢产量达到1030万吨，几乎是英国的两倍，美国占世界制造业产量的相对份额达到了23.6%，超过了英国的18.5%，成为货真价实的世界第一。

那么美国为什么能够在短短几十年里如此迅猛地推进工业化呢？大致上有这么几个原因：

其一，大扩张为美国的工业化提供了巨大的空间与丰富的自然资源。美国的工业化虽然在新英格兰地区早有萌芽，但一直是作为英国全球体系的一部分存在的。美国国内工业体系的形成是与美国内需的扩大同步发生的。在美国工业化推进之时，美国领导者们审时度势的开疆辟土起了非常重要的作用。

1783年，第1任总统华盛顿，在《巴黎和约》中获得13个州以外的俄亥俄、印第安纳、伊利诺伊
1803年，第3任总统杰斐逊，用8000万法郎从拿破仑手中购买了路易斯安那

（续表）

1819年，第4任总统麦迪逊，以补偿西班牙500万美元的价格获得西属佛罗里达
1846—1848年，第11任总统波尔克，通过美英《俄勒冈条约》获得俄勒冈，通过美墨战争夺取德克萨斯、加利福尼亚、新墨西哥等州
1853年，第14任总统皮尔斯，以1000万美元购买新墨西哥南部7.7万平方公里的加兹登地区
1867年，第17任总统安德鲁·约翰逊，以720万美元从沙俄购得阿拉斯加与阿留申群岛
1917年，第28任总统伍德罗·威尔逊，以2500万美元从丹麦购得包括圣托马斯、圣约翰和圣克罗伊3个主岛在内的50余个岛屿的维尔京群岛

到1853年，不计入后来并入的阿拉斯加，美国的国土面积已经从1776年的36.9万平方千米扩大到接近303万平方千米，这不仅为美国工业化提供了充沛的内部空间与自然资源，而且也带来了铁路、运河的巨大基建需求，而这些需求不仅孕育了美国的钢铁产业，更催生了美国的现代金融业。南北战争之后，美国国内的交通基建需求，如早期的运河、铁路，中期的汽车、公路带来了对钢铁产业的巨大内需以及由此而来的资本市场的兴旺。美国钢铁产业在政府鼓励、金融支持、科技进步的多重利好下，广泛应用转炉炼钢法、平炉炼钢法、热鼓风法等先进发明，到1899年产量已经占到世界钢产量的43%。

其二，大量熟练技术工人为主的外国移民。由于欧洲的战乱，美国政府有意识地增加了对欧洲熟练技术工人的引进。美国长期以来都受困于劳动力短缺。美国政府1862年的《宅地法》规定：凡年满21岁的美国公民都可以在西部地区领取160英亩的土地，只要交纳10美元登记费，并在宅地上耕种5年，土地即归个人所有。这极大地刺激了渴望拥有土地的欧洲移民。以欧洲人尤其是德国人、英国人为主的移民，从1831—1835年的25万人，增加到1846—1850年的128万人，再增加到1860—1915年的2850万人。其中有大量来自英国与德国的熟练工人与技术人员。美国政府与工商业甚至专门在欧洲开设招募中心，为这些熟练工人提供船票，并鼓励他们将欧洲最前沿的技术“顺”出来。其实美国人在工业化的过程中可以说是偷窃技术的惯犯，这一点让英国人大为光火，但美国最大的特点是不光“顺”技术，而且直接“顺”人，到1920年，美国一半的矿工和超过三分之一的熟练工人是在外国出生的，这不仅意味着美国轻松获得了欧洲已有的技术成果，而且也意味着美国人在国内教育尚不完善的情况下，不用花一分钱来培训就直接获得了当时世界上最优质的劳动力。

其三，美国工业化的独有特点。美国的工业化是在美国广袤的领土之上发生的工业化。从一开始，不管是在机器性能还是在维护、维修上，它都表现出了与欧洲社会完全不一样的特点。它要求更便宜、更耐用、更易于维护、更适应广大市场的标准化，这种特点让美国工业在模仿复制英国工业的过程中，逐渐进化出一套不同于欧洲手工业传统，更注重实用性、更适应现代化大工业生产的模式。美国工业产生了现代化大生产中最重要的标准化模式，通过机器和零件的标准化，美国的制造业不仅可以降低对熟练工人的依赖，摆脱手工业行会的制约，而且可以将复杂工序拆解为简单的标准化环节，实现更有效也更大规模的生产，从而可以实现大批量和低成本的生产方式。

现代屠宰业 由于屠户的收入较高，而且在传统社会中，其业务网络主要依靠熟人网络，所以在移民当中，屠户的数量一直较少。这让美国社会一直苦于屠户人才不足。随着美国畜牧业的兴旺与肉类加工市场的扩大，美国人开始将标准化用于杀猪这个行业。他们将庖丁解牛这样一个复杂的手艺活，变成了一系列标准化的简单动作，并设计了可以高效作业的流水线，从而解决了缺乏熟练专业屠夫的困境。全世界第一条专业杀猪流水线，就起源于美国的辛辛那提。

这种标准化的工业生产模式，不仅带来了效率上的提高，而且必然带来经济规模上的扩大，这也意味着工业必须和金融紧密结合，而这种结合往往也意味着更大的规模。也正因为此，我们就很容易理解，为什么在美国工业化的起飞阶段，类似美国钢铁公司、标准石油公司这样的巨型企业会不断出现。到 1917 年，美国拥有 278 家资本超过 2000 万美元的公司，其中 236 家从事制造业，大约 171 家企业集中在六个领域，包括食品加工、化工、石油、金属加工、机器制造和运输设备。大工业、大资本、现代化管理手段的三强结合，让美国企业获得了规模经济和范围经济效应，可以凭借规模迅速压倒欧洲的竞争对手，但这种史无前例的工业化模式也意味着美国社会的产能过剩也将是史无前例的。

其四，也是经常被自由主义经济学所忽视的，就是美国政府在美国工业化过程中起到了非常重要的作用。美国政府从来不是一个简单的守夜人，相反它在美国崛起的过程中，扮演了极其重要的角色。惨烈的内战解决了自建国以来就阻碍美国国内大市场形成的中央—地方关系问题，在保留联邦制灵活性的同时确立了一个强势的联邦政府，而这个政府通过高关税、《宅地法》《国家银行法》从根本上保障了美国的工业化。一方面，美国的工业发展得益于高关税的保护，这一点本身就是美国内战的重要原因；另一方面，《宅地法》刺激了西部开发，《国家银行法》为工业化提供了金融的支持。现在看看美国的崛起史，我们就会发现美国政府也有“铁公基”，美国政府对于运河、铁路、公路建设的投入，极大地提升了内需，刺激了重工业的发展。在 19 世纪的崛起年代，美国修建了横贯大陆的铁路交通网络，在内战之后，还建设了南部的铁路网络，并将其完全纳入全国铁路运输网络。当然必须指出的是，美国政府除了扮演后期很多后发国家政府大基建、大投资的角色之外，还有两个额外的特点值得我们关注：一方面，美国政府对于法治建设、制度建设极其重视，美国政府对契约的严格遵守，让美国成为全球资本的汇集之地。为了鼓励技术进步与发明创造，美国颁布了世界上第一个现代化专利制度。另一方面，美国政府在教育方面高度重视实用技术，对农业、工矿业学院的支持力度很大。在 1863 年，美国联邦政府就成立国家科学院，自 1880 年开始，美国各州都普遍设立了工业科学研究所和农业试验站。在美国崛起时期，美国政府对于实用技术学院的支持是要高于美国综合类大学的，美国的大学尤其是人文艺术类的大学虽然也有政府支持，但主要依靠私人资金、教会资金、社会资金。

在 50 年的时间里，美国的崛起成为一个现象。美国的经济利益早已突破了西半球，其国力尤其是海军也有了巨大的膨胀，美国迅速地从一个区域霸权走向全球霸权。到了 1900 年，美国海军战舰吨位达到了 33.3 万吨，仅次于英法俄三国，位列世界第四。但是问题来了，为什么已经在国力上超越英国的美国，却没有掉入所谓的修昔底德陷阱呢？换言之，为什么美国的崛起能够让英国“放心”呢？

修昔底德陷阱 古希腊历史学家修昔底德认为，雅典的崛起给斯巴达带来恐惧，使伯罗奔尼撒战争变得不可避免。美国哈佛大学教授格雷厄姆·艾利森由此提出，一个新兴大国必然会挑战守成大国的地位，而守成大国也必然会采取措施进行遏制和打压，两者的冲突甚至战争在所难免。

在1898年美西战争之后，美国战胜了欧洲二流强国西班牙，确立了自己在国际政治舞台上的大国地位，并进入了全球意义上的扩张时期。美英关系也再度面临委内瑞拉危机之后的再调整。如果说在委内瑞拉危机中，大英帝国考虑的是没有必要在欧洲争霸的主战场外再开一局，可以在美洲承认美国的霸权，那么随着美国从西班牙手里夺取了具有重要战略意义的菲律宾，大英帝国必须考虑一个崛起的美国正在远东地区与自己的利益发生冲突的潜在可能，而在当时的欧洲，尤其是英国，“恐美”也一度是报纸盛行的论调。然而各种因素的共同作用让英美两国并没有陷入修昔底德式的冲突。

美国威胁论 欧洲国家多由中等国家起家，因此对于超大国家总有本能的恐惧。不管是对于历史上的波斯、蒙古、奥斯曼土耳其，还是对于今天的俄罗斯、中国，几乎总是存在各种各样的威胁论。其实，美国在崛起的过程中也面临过同样的问题。美国威胁论最早甚至可以追溯到托克维尔的预言：“20世纪的世界将是美国大老板和俄国皮鞭控制的世界。”在美西战争之后，美国力量的迅速崛起也让“美国威胁论”一度盛行。“旧世界将面对美国而走向失败”是欧洲人经常谈论的话题，而很多英国人忧心忡忡地认为：英国只有两种选择，或与美国联合，或沦为比利时的地位。

在这些因素之中，最重要的就是德国对英国的挑战相比于美国更为直接、紧迫与不可调和。从某种意义上而言，放弃了俾斯麦精心设计的英德友好+三皇同盟的平衡战略的威廉二世皇帝，可以算是美国崛起的一大功臣。在俾斯麦的设计中，德国主要精力在于确立在中欧的霸权，一方面，不谋求挑战英国的全球霸权，并放纵法国与英国争夺全球殖民地，从而联合英国遏制法国；另一方面，则联合俄国、奥匈帝国组成三皇联盟，镇压中欧、东欧的民主运动与民族独立运动，并小心翼翼地不牵涉到奥匈帝国与沙皇俄国在巴尔干的争夺当中。然而在沉浸于大国梦的威廉二世看来，俾斯麦的这套均衡战略太老朽也太胆怯了，他的梦想是让德国成为一个全球性的霸权。随着德国在殖民地政策上的咄咄逼人以及大力发展海军，英德关系不可避免地走向破裂，这让英国从联合德国遏制法国，走向与法国在殖民地上达成妥协来遏制德国，也让俄国从疏远德国，最终走向与法国合作遏制德国。欧洲这种险恶的战略格局让无法负荷同时与两个列强打两场战争的英国在欧洲之外采取了收缩的战略，而这恰恰为美国与日本的崛起创造了最佳的外部环境。对于英国来说，相比于美国的崛起，德国的崛起带来的挑战更为直接和迫切，甚至这种挑战不仅是利益上的挑战，也是对权力秩序的挑战，因此它难以妥协，只能坚决斗争。出于对德国斗争的需要，英国采取保守和收缩态势并做出权力让渡，以集中力量确保帝国安全，也正因为此，英国维持与美国的信任关系，甚至放任美国在太平洋地区扩大影响力以遏制德国的势力。美国的扩张始终没有越过英国的红线：欧洲均势、殖民帝国（核心是印度与埃及）、海洋霸权与航路安全。美国不以武力实现扩张，其崛起不以威胁英国安全和生存为代价，是它与德国最大的不同之处，也正因为此，英国可以接受与美国的谈判和仲裁，但是不接受德国军事扩张的公然挑衅。

TIPS

委内瑞拉危机　委内瑞拉危机是美国霸权得到英国承认的一个标志性事件。它起因于英属圭亚那和委内瑞拉的领土争执，英、委两国对此进行了谈判，委内瑞拉于1876年开始把谈判进展情况向美国通报，希望美国出面仲裁。美国几届政府也表示出调停的意愿，但遭到英国拒绝。1895年实力增强的美国再次向英国发起了挑战。虽然英国首相兼外交大臣索尔兹伯里并不愿意向美国让步，但英国人担心触怒美国会让美国倒向其他竞争对手，甚至威胁自己的加拿大领地安全，因此最后还是对美妥协，同意将与委内瑞拉的争端交付仲裁。通过仲裁，委内瑞拉对领土的要求基本得到满足。这意味着这场危机以美国的外交胜利而告终，它不仅缓解了美英矛盾，而且事实上确立了美国在美洲的优势地位。英殖民事务大臣张伯伦在伯明翰发表演讲，明确地表示英国对美的政策立场："我们不贪图美洲的一英寸领土。两国之间发生战争是一件荒唐的事情，而且也是一种罪恶……两个国家是联结在一起的，而且在情感上和利益上比地面上任何其他国家都更紧密联结在一起。"

当然，除了德国给英国的压力之外，美国与英国的关系也有助于英国与美国实现妥协。一方面，美国与英国具有相近的意识形态与民主政治。这让美英两国具有某些价值观上的一致性，虽然在殖民化与非殖民化上，英美两国立场严重对立，但同为民主政治的两国，相比于和德国、俄国而言，的确能够更好理解对方，这有助于两国在政治上建立某种信任关系，从而避免萨拉热窝事件式的误判的悲剧。西方的议会民主制虽然有其虚伪性，但是在国家政策上却的确具有一定的公开性与连续性，这可以在一定程度上避免当时德国、日本、沙俄的皇权帝国的不确定性，更重要的是也可以让国家政策在一定程度上处于可控的范围，避免因为威廉二世、尼古拉二世这样的强人而出现的个人专断。

另一方面，美国本身是英国体系的受益者。尽管美国国内生产总值在1872年就超越英国，但统治世界五分之一土地的英国仍然是毫无疑问的世界头号强国，甚至可以说仍然是世界的霸主。美国所看重的全球商业秩序，是在英国的霸权基础上展开的。美国非常清楚，美国的发展是搭便车的结果，虽然英国的全球霸主的确让人不痛快，但它也的确提供了安全、金融、市场等重要的公共物品。虽然美国的军事实力与国家地位不断增强，但仍不具有挑战英国霸权的绝对实力，也难以承担提供一种新秩序的使命。因此，它选择了跟随英国的战略，它通过嵌入英国体系，打开了通往世界的大门。尤其是，美英两国有着非常紧密的经济关系，英国不仅是美国的最大出口国，而且也是最主要的对美投资国，英国资本深度参与了美国国家铁路网的迅速扩张，还流向地产公司、银行、航运公司等领域，1899年欧洲国家在美国所持有的财产股份总额中，英国占比超过80%。这种你中有我、我中有你的局面，让美英两国具有在相同国际秩序中的巨大共同利益。对于英国而言，美国更可能成为合作者，对于美国而言，英国的秩序同样体现了美国的既得利益。

相对于战略空间非常逼仄的德、日（近现代以来世界大战的根源就在于德国的出现，因为德国的出现让本来作为法、俄缓冲区的中欧出现了一个强大的权力，而这打破了传统意义上英、法、俄的均势，也让新的均势的维持变得非常困难。德国四面皆强敌的险恶战略环境，也让它难以遏制先发制人的冲动。同样，对于长期以来维持东亚地区稳定的以中国为基础的天下秩序来说，在近现代以来最大的变数就是出现了一个崛起的日本，这从根本上打乱了东亚的秩序），作为一个开放性的资本主义国家，美国的条件要优越得多。因为美国东西部有两洋相隔，周边邻居都是弱国、小国，美国的扩张不需要挑战其他大国的势力范围，针对当时实行排他性贸易垄断的殖民秩序，美国也同样不需要采取德、日的方式，而只需要以门户开放政策相协调。美国的崛起本质上是一种利益扩张方式，它一方面通过门户开放＋孤立主义的方式，实现了海外利益扩张并避免卷入欧洲帝国毁灭性的大国竞争；另一方面，则通过控制而非占领的方式，极大地降低了殖民的费用，让军费维持在一个较低的水平，从而尽可能搭上英帝国的便车。美国之所以能够最终从英国手中和平获得霸权，最根本的原因在于它是英国霸权体系的维护者而非挑战者，大英帝国主导下的全球殖民体系，对美国而言正是一个开放的广阔市场，英帝国所倡导的“自由贸易”原则正符合美国实现海外利益的诉求。英国的帝国体系成了美国的一个平台，借助这个平台，美国可以实现利益的不断延伸。在老霸主成为疲惫的巨人之后，美国力量的增长越来越成为这个体系的建设性力量。

当然，美国在军队建设方面的重质少量也是让英国放心的重要理由。在“一战”前，美国军事力量的发展体现出三个根本的特点：其一，美国并没有充分将其军事潜力转化为军事实力，美国军人总数从未超过日本军人总数的一半，勉强超过英军的七分之一；其二，美国的军事发展不以领土扩张为目的，在美西战争后，美国放弃了吞并加拿大的企图，这让美英合作有了根本的基础；其三，美国的军费主要用于提高军事质量，尤其是加强海军建设、发展现代军事教育和提高军人待遇，其国防尤其是海军并非以对抗英国为目标，而是以海洋军事战略为主轴，服务于海外经济利益，相比于德国，这让英国有安全感得多。

最后，英国自身的衰落以及由此而来的英国全球战略的再调整，也是保持英美和谐的重要因素。英国的海洋霸权可以追溯到19世纪的帆船时代，这种优势一直延续到19世纪中后期的蒸汽时代。在鼎盛时期，英国不仅拥有全世界最强大的海军，而且还拥有除达达尼尔海峡外的所有扼守重要海上航线的殖民地：新加坡、好望角、亚历山大、直布罗陀和多佛（当沙皇俄国试图占据伊斯坦布尔，控制达达尼尔海峡的时候，英国就毫不犹豫地发动了克里米亚战争）。然而在19世纪的最后十年，英国逐渐丧失了绝对优势。虽然它的海军是最强的，但是由于海军变得越来越昂贵，它再也难以保持以前所指定的可以打赢两个海军强国联军的双强标准。这意味着，英国曾经延续接近一个世纪的一家独大的世界霸权难以支撑，它必须寻找盟友、依靠盟友并学会分享权力。英国无法同时遏制德国和美国，它的海上力量虽然仍然强大，但已经不足以形成对一个全球帝国的海域的有效控制。由于英国在拉丁美洲主要的利益是经济利益，而美国所主导的美洲秩序又有利于英国实现其经济利益，所以英国也更容易与美国达成妥协与合作。

对于英国来说，从19世纪末到第一次世界大战，维持脆弱的欧洲均势就已经是一件筋疲力尽的事情，它无法维持对美国的压力。事实上，英国也不是仅仅对美国妥协，而是几乎在谋求对所有崛起大国的妥协，英国通过区分利益主次、收缩竞争战线和减少海外敌手，与除了咄咄逼人、得寸进尺的威廉德国之外几乎所有的主要大国都达成了这样或那样的妥协。到20世纪的头十年，英国在欧洲选择和传统对手法、俄达成协约，在远东，英国选择了与日本结盟，与美国的妥协实际上是这个计划与变化交织的帝国收缩战略的一部分。而对于美国来说，虽然其工业已经走上世界舞台中心，但军事力量仍然相对薄弱，与大国的直接正面冲突是危险赌博，韬光养晦仍然是其最佳选择。美国通过对欧洲政治保持“中立”，在大国对抗的国际舞台上不断投出弃权票，虽然显得消极，但却避免了对于自己并不熟悉的欧洲均势政治的介入。

第七章　美国帝国的形成

从美洲到世界　从崛起到称霸

美国从崛起到称霸，大致上经历了三个重要的历史转折："一战""二战"与冷战，在这三次大洗牌之后，美国终于从崛起的大国走向了全球的霸权。在这三次大洗牌中，美国完成了三次进化，"一战"让美国在工业实力上成为世界霸主，这是美国霸权的经济基础；"二战"不仅让美国成为拥有最强大武力的国家，而且让美国获得了全球的金融霸权；冷战则让美国完成了意识形态的霸权，以美国为中心的全球化所需要的自由主义实现了对于民族主义、地方主义的压制，获得了政治上的正确性，从而为美国的新帝国秩序打下了基础，也让美国的霸权实现了经济、军事、文化三合一的巅峰。

一、"一战"：参战而不称霸的工业巨人

1917年4月6日，美国对德宣战，这被视为美国历史上极为重要的一刻。因为自这一刻起，美国放弃了自开国总统华盛顿以来秉持的孤立主义，走上了与欧洲列强争夺世界霸权的舞台。尽管外界普遍将美国视为改变"一战"结果最重要的力量（尤其是在俄国崩溃的情况下），但很多人并没有注意到，美国的参战其实是相对有限的，美国开始只对德国宣战，8个月后才对奥匈帝国宣战，而始终没有对同盟国中的保加利亚宣战。与"二战"不同，"一战"其实并不是一场好莱坞式的正邪势不两立的生死较量，而是欧洲帝国主义者由于均势被破坏之后的战争。"一战"其实没有正义的参战者，这也是日后德国对《凡尔赛合约》愤愤不平，苏联对所谓世界新秩序不屑一顾的根本原因，而被《凡尔赛合约》强加惩罚的德国与被排除在外的苏联的走近，则成为德国日后快速恢复军事实力、重新发起世界大战的重要伏笔。

美国对德宣战 由于海军无法切断英国的全球商贸网络，德国开始用无限制潜艇战来袭扰英国的海洋生命线，这严重损害了美国的利益。1915年5月7日，载有1959名乘客的英国商船卢西塔尼亚号被德国潜艇击沉。由于商船上的乘客大多为美国人，美国国内的主战派要求利用这个机会对德宣战，但由于此时国内的反战意见仍占上风，加之战争走向前景不明，美国最终没有参战。但在美国的威胁与抗议下，德国不得不取消了针对客船和中立国船只的无限制潜艇战。但是在1916年英德日德兰大海战之后，德国海军无力再战，且英国对德国的围困日益严峻，德国在1917年再次祭出无限制潜艇战。此时德国困境明显，而无限制潜艇战又触及美国红线。除此之外，一份及时公布的德墨密约也极大地挑动了公众的情绪。1917年2月28日，美国新闻媒体披露了一份德国外交部发给德国驻墨西哥公使的密电，指示他向墨西哥政府建议，结成德、墨的反美同盟，条件是德国许诺把美国的德克萨斯、新墨西哥和亚利桑那三个州还给墨西哥。一时间美国国内群情激愤，而伍德罗·威尔逊总统最终利用这一机会，让美国国内公众同意参战。

一方面是因为参战双方战争整体上的非正义性，以至于让伍德罗·威尔逊总统只能以德国潜艇击沉美国船只为由单独对德国宣战；一方面是因为美国所构想的国际新秩序与老牌欧洲帝国根本不同，美国在是否参战问题上是经历了反复的犹豫和摇摆的。毕竟一开始，包括美国在内的所有国家都认为这是一场欧洲内部的短暂冲突，无论是协约国还是同盟国都认为这是一场圣诞节前就可以结束的战争。但是战争可以按计划开始，却通常难以按计划结束，这场战争最终变成了足以毁灭参战双方的漫长而残酷的堑壕战，美国借着中立地位成了这场战争最大的受益者。为了支撑长达4年的战争，欧洲国家不仅从美国大批进口粮食、采购军事物品，而且还消耗了所有的黄金储备，并向美国大举借债。到1920年美国达到了欧洲的经济总量，欧洲国家从战前美国的债主（美国欠欧洲国家37亿美元债务），变成了美国的债务人，总共欠下美国103.5亿美元的债务。美国不仅成为继英国后的第二个世界金融中心，而且也拥有了全世界一半的黄金储备。

正是因为美国决定了欧洲的命运而且也深刻卷入了欧洲的命运，在战后，欧洲传统大国英、法、意，虽然在瓜分战利品上对威尔逊总统的十四点国际新秩序原则不屑一顾，但是的确希望能够将美国的力量引入欧洲的安全结构中来。以此为英国所无法负荷的世界秩序提供支持，并防止德国重新成为安全威胁。就此意义而言，他们担心的不是美国的力量进入欧洲，而是美国重新回到孤立主义路线上去，拒绝履行其头号大国的责任。美国总统伍德罗·威尔逊敏锐地意识到了美国在战后难以回到孤立状态中去的事实，因为美国的经济与欧洲局势的稳定息息相关，但是英、法、意所期待的美国所承担的角色，却不仅与美国对世界的理解相违背，而且也并不符合美国的利益。

一方面，伍德罗·威尔逊总统希望建立以十四点原则为基础，以国际联盟为组织的战后新秩序，但这种构想不仅在理念上与老牌欧洲强国的殖民主义、帝国主义理念大相径庭，而且也在利益上构成了对欧洲殖民帝国的重大威胁。比如，伍德罗·威尔逊总统主张的海上自由原则，就严重挑战了英国海洋帝国的霸权地位。民族自决原则不仅几乎得罪了所有希望在领土上有所回报的战胜国，而且还被英法视为在其殖民地上引起殖民地人民反抗骚乱的毒药。

威尔逊十四点原则　在1918年1月的演讲以十四点的形式列明他的主要原则。十四点中前五点是公开外交、海上自由、世界裁军、自由贸易和公正对待殖民地的要求。接下来八点是民族自决原则的具体运用，主要包括相关国家的领土问题。包括阿尔萨斯和洛林必须归还法国，建立一个独立的民族国家波兰等。第十四点明确提出建立国际联盟的主张，即为了大小国家都能相互保证政治独立和领土完整，必须成立一个具有特定盟约的普遍性的国际联盟。在国际联盟的约束下，国家不论强弱都享有政治独立和领土完整的主权。之后，威尔逊又给十四点计划补充了四项原则：一、最终的和平条款每部分均要公正；二、人民和邦土不能被当成私人物品那样在国与国间交易；三、所有有争议的领土在处置时必须考虑当地人民的要求；四、所有新成立的国家——例如匈牙利和塞尔维亚——的要求必须得到最大满足，只要这满足不会引发新的或旧的分歧及敌对。威尔逊的十四点原则在世界范围内引起了轰动，不仅仅在于他的建议摆脱了长期以来帝国主义的分赃观念，而且极大地鼓舞了第三世界广大殖民地人民争取民族自决、民族独立的热情。

另一方面，美国虽然具有无可匹敌的经济力量，但并不具备支配世界的政治力量与军事力量，更没有能力提供美国治下的和平。虽然英法在“一战”中被严重削弱，但此时的美国并不占据优势，从国际金融地位来看，纽约还不能取代伦敦，美元仍然没有取代英镑；从国际政治的影响力来说，英法仍然是世界最大的殖民帝国，而美国对于美洲以外的大多数地区，都只是以商业的面目出现。尤其从统治世界的角度而言，美国仍然是一个缺乏实力与经验的后来者。从最具有决定性的军事力量上来说，美国还不能与英国并驾齐驱。这不仅仅是美国陆军还不足以与英联邦军队相提并论，而且在全球霸权最为重要的海军力量的比拼中，美国海军也不如英国海军。即便经过“一战”的急剧扩张，成了另一个拥有两洋舰队的海上强国，但美国海军的主力舰也只有 16 艘，远远少于英国海军的 42 艘。美国仍然是一个在英帝国秩序中搭便车的跟随者，而非为世界提供秩序的霸主。威尔逊对于英国提出的将中东一块划给美国托管的建议都缺乏信心接受。

最大的阻力来自美国国内。这是由美国的党派政治与孤立主义传统决定的，美国自建国以来一直坚持着远离欧洲的基本原则，这不仅体现着美国的理念，而且也反映了美国的利益。在当时的美国，大部分人并没有意识到，随着美国的参战，美国与欧洲的联系已经空前紧密。一个不稳定的欧洲一定会引发美国的不稳定，而一个萧条的欧洲也一定会引发美国的萧条。美国扩散的利益，使它已经无法再回到孤立的状态，它只能向前走而不是向后退。然而，仍然强大的英法，让美国无法依据自己的利益与理念组织社会，威尔逊的理想主义色彩又让他为了理想做出了太多孤立主义者无法容忍的让步，他们认为美国人的鲜血被无耻的老欧洲利用了，这种愤怒带来了国内尤其是中西部保守地区对国际联盟的巨大反感，并最终体现在 1920

年 3 月 19 日，美国参议院拒绝批准《凡尔赛条约》，相应地，美国也最终拒绝加入由威尔逊费尽心力倡议的、作为条约组成部分的国际联盟。

在威尔逊心中，美国通过国联可以领导全球，但又不会再次卷入欧洲的战争中。他认为："如果我们加入国联，金融领导地位将是我们的，工业优势将是我们的，我们还可以获得商业上的好处。世界其他国家将指望我们的领导和指引。"然而，孤立主义中的"不妥协分子"，诸如爱达荷州的参议员威廉·博拉则认为欧洲是一个滋生腐败、阴谋和专制主义的地方，他们担心国联这类国际组织会成为欧洲和美国东部亲英的金融资本家的工具，认为组建国联是将美国置于欧洲政治风暴中心的阴谋，是"把自己卷入欧洲所有利害关系之中，成为欧洲动乱和冲突中的一员"。在博拉看来，美国恰当的国际角色是充当"自由的灯塔"，而不是介入外国的纷争。坦率而言，美国日后的发展证明了威尔逊与博拉的看法都没有错，美国不仅将从全球霸权中收获巨大的霸权红利，而且也将因此承受全球霸权所带来的重负与反噬。但在当时，国际社会却出现了一个奇怪的无序状态，这个无序状态不是由于两个大国争夺霸权而形成的混乱，而是一个力不从心的霸权大国与一个无心承担责任的大国共同造成。老司机太累握不动方向盘，副驾驶却只想刷手机不愿顶上去，最后这辆车子想不翻都难。在"一战"之后，美国过剩的经济带来了全球危机的爆发，而美国仍然沿袭以前的经验，试图用保护主义来解决问题，然而以前的老经验无法解决全球化下的新危机。拒绝承担领导责任的胡佛政府，事实上放纵了全球经济与政治危机的恶化。胡佛政府不仅拒绝承担经济上的领导责任，拒绝向陷入困境的欧洲国家提供贷款，也拒绝放弃保护性的关税，还拒绝承担政治上的领导责任，对日本以武力占领中国东北、破坏《九国公约》和巴黎《非战公约》的行为拒绝制裁。这种放纵最后加剧了经济危机的恶化，并催生出极权主义的浪潮，最终让美国人付出了更为惨痛的代价。

国际联盟　伍德罗·威尔逊认为欧洲的均势原则以及由此带来的秘密外交、军备竞赛是第一次世界大战的根本原因，因为一旦均势被打破，就必然出现战争。而这种战争状态对小国尤其不利。威尔逊认识到，应该建立一个世界组织来维护永久和平的世界新秩序，这个组织就是国际联盟。然而作为最主要协约国的英、法、美，对于国际联盟的认识却差异很大。法国希望成立一个具有强制力的国际联盟，并且事实上就是用来强制与遏制德国的。英国则希望将国际联盟用于维护传统意义上的欧洲均势。伍德罗·威尔逊则主张，在民主原则、民族自决原则和道德原则的基础上来建立国际联盟。最后出现的国际联盟盟约实际上是美国同英、法、意、日四个大国妥协的结果，它虽然贯彻了民主原则和平等原则，但每个国家均平等地拥有一票否决的权利，这导致国联事实上很难集体行动。尽管它实行民族自决原则，但是这种民族自决原则是有条件的，事实上只有那些有实力的国家才能够自我管理。对于被认为不具备自我管理能力的前殖民地，国际联盟实行委任统治。它尽管强调道德原则，但由于主张非军事制裁，从而使得道德面对强权时软弱无力。当然，在那个时代，国际联盟不仅是人类理想主义的一次实践，也是人类社会对以集体安全为基石的国际组织的一次大胆探索。只是有些讽刺的是，伍德罗·威尔逊看不上现实主义者梅特涅打造的均势原则的维也纳体系，但维也纳体系仍然维持了近一个世纪，而伍德罗·威尔逊的国际联盟则仅仅维持了几十年。

二、“二战”：走上霸权的美军与美元

“二战”的爆发在本质上是资本主义经济的日益全球化与民族资本主义帝国列强权力秩序的矛盾，这个矛盾带来的全球经济危机导致民族资本主义帝国恶性竞争从而引发大战。“一战”并没有形成稳定的全球（尤其是欧洲）权力秩序。一方面，作为欧洲最重要的国家德国，虽然被严厉地惩罚了，但是并没有被整合进欧洲的秩序，德国问题仍然是个没有解决的问题。人口远远少于德国，且在战争中被严重削弱的法国，甚至从战胜第一天起，就殚精竭虑地去组织反德同盟以保证自己的安全，而英国和美国对此却缺乏兴趣。另一方面，则是欧洲另一个大国苏联被有意地忽略了。这种忽略不仅导致中东欧地区缺乏稳定的和平机制与力量平衡，而且也导

致了苏德的接近，这为德国军事力量的快速复兴提供了巨大的帮助。最后，也是最重要的，复杂而严峻的欧洲安全局势，在经济危机下被极大地恶化了，而唯一有能力稳定局势的美国，在孤立主义原则下实际上放任了欧洲危机的不断恶化。

1929 年 10 月，华尔街股票暴跌引发了世界性的经济危机并进而引发导致第二次世界大战的全球政治危机。坦率而言，华尔街股票的暴跌可能是无法避免的，但大萧条的深度和危害的程度并非不可控制，大萧条在相当程度上与美国的错误应对有关。美国最根本的失误是拒绝牺牲自己的部分短期利益以领导世界走出经济萧条。在世界经济越来越一体化的 1930 年代，世界经济的繁荣主要依赖美国的资本和市场，事实上衰落的英国也愿意把制订世界经济计划和领导世界走出经济危机的角色留给美国去扮演。但是，作为世界最大的经济体，美国却拒绝扮演这一角色。美国的胡佛政府反应的迟缓与消极加剧了这一危机。胡佛政府虽然允许欧洲国家暂缓向美国偿付战争债一年，并呼吁召开国际会议、通过国际合作来应对危机，但是却拒绝了欧洲提出的由美国政府向欧洲国家提供贷款的建议，也拒绝了有关放弃保护性关税的要求。即便是罗斯福上台之后，美国也仍然希望通过贸易管制与保护来单独走出经济危机。别忘了，是罗斯福在 1933 年放弃了金本位，他不仅没有削减关税，而且也大幅贬值了美元。如果说胡佛政府的自私导致了魏玛共和国崩溃，从而让纳粹上台，那么罗斯福上台初期的一系列政策则让纳粹的极权统治发展壮大。站在今人的角度来看，纳粹早期执政的时候，立足未稳的希特勒在莱茵河非军事区的冒险成功，幸运得不可思议，因为一支法国警察部队的干预也许就会让德军灰溜溜地返回驻地（冒险的失败很可能会让希特勒迅速被军事政变推翻），但如果站在欧洲乃至世界局势的角度来看，“一战”并没有解决导致欧洲大战的根本问题，不仅如此它还严重削弱了能够干预这一问题的英国，在美国不愿介入欧洲局势的情况下（罗斯福本人对慕尼黑会议的绥靖结果也是欣然接受），第二次世界大战就不可避免。

虽然罗斯福有强烈的参战意愿，而且他一直深信希特勒意味着战争，但美国国内的孤立主义、和平主义仍然迫使他像英法一样选择了绥靖。当然与头脑单纯的张伯伦不同，罗斯福的绥靖是一种理性却短视的美国式中立，他虽然清楚地看到极权势力正渐渐逼近，但又漠然视之。因为美国远离欧洲，相对安全。罗斯福不是没有试图改变美国国内的厌战情绪，1932年他在芝加哥做了一次著名的“防疫”演说，将正在兴起的极权主义、军国主义、法西斯主义称为病毒，并暗示美国卷入战争的可能性，但是他为此遭到了巨大的政治压力，甚至险些面临弹劾。在巨大的压力下，罗斯福在1935年签署了《中立法》，此后又签署了《永久中立法》。玩笑一点地说，美国这个国家有点神经质，它通常具有强烈的绥靖倾向，但一旦决心开战，却有着与俄罗斯一样不达目的绝不罢休的执着。在1937年的时候，大多数美国人还强烈反对战争，当时在就美国是否参加世界大战所做的民意测验中，每20个人中有19个人表示反对，大部分人担心的是罗斯福会把美国带进战争，他们希望国会能让国家避免战争。甚至在当年的12月12日，当侵华日军蓄意轰炸了美舰“佩纳号”和三艘标准石油公司的油轮时，美国政府仍然软弱地退缩：日本只需道歉、赔偿损失，而美国政府甚至要求所有驻华美军撤退。事实上，在1939年“二战”爆发时，美国也尚未完成战争准备，其只有19万人的正规陆军，作为后备力量的国民警卫队20万人、1576架作战飞机。到“二战”爆发后近一年的1940年，美军的陆军人数也只有26.9万人，而空军则只有4.3万人。直到1940年秋天，美国仍然在考虑英国与纳粹德国和解的可能性。

不过，让英国人感到庆幸的是，虽然美国在“二战”初期并没有参战，但是它强大的经济尤其是生产能力仍然给予英国巨大的支援。战前美国就制订了四个工业动员计划（Industrial Mobilization Plan），在1940年12月罗斯福制订对英大规模经济军事援助的计划即《租借法案》之后，罗斯福明确指出：“美国必须成为民主国家的巨大军火库。这意味着美国不仅致力于强化自己的战争资源，而且致力于提供远超本国需要的军备，给所有在战争中对抗纳粹德国和日本的国家（美国最初对英国租借援助的结果是增加了将近百分之三十的工业动员经济需求，盟国的总租借货物占大约所有美国战时军事生产的三分之一）。《租借法案》充分动员了美国的工业，让美国彻底走出了“大萧条”。1939年，德军入侵波兰之时，美国还深陷大萧条之中。直到《租借法案》之后，美国国内经济才重返景气，工人的失业率从24.9%降至1.2%，农业生产也大幅度增长。在1940—1945年的五年中，防御和战时设施的增长让美国增加了大约65%的生产能力。私人制造业投资了86亿美元建造工厂，其中48亿美元是军工厂，38亿美元与战争相关。在军工厂中，250家大公司几乎占了增长的60%，100家一流企业占比超过50%。1941年最终通过的《租借法案》不仅仅意味着美国虽然没有对轴心国宣战，却深度卷入了战争，而且也意味着罗斯福将释放出一个人类历史上最强大的军工复合体和一场影响最深远的战争生意。这个军工复合体诞生于反法西斯的正义战争，却在未来将通过一场场非正义的战争来继续自己的生意。

美国的不宣而战　美国国内的孤立主义情绪与《中立法案》成了美国参战的巨大障碍，但是罗斯福仍然聪明地找到了绕开《中立法案》的变通方法，1940年9月，美国提供50艘曾在“一战”期间服役的“逾龄驱逐舰”给英国护航舰队使用，作为交换条件，英国将大西洋中从纽芬兰到圭亚那海域中的8个军事基地租让给美国。1941年8月的英美大西洋峰会确定美国海军将为盟国商船提供护航。罗斯福正式命令美国大西洋舰队摧毁任何对美国和冰岛之间航线构成威胁的水面军事目标，这意味着先前的护航原则已经延伸到大西洋航线上的全部非轴心国船只，而美军事实上已经在海上与德国交战。值得一提的是，由于《中立法案》对美海军的约束，造成了美国海军在护航中的被动，导致了驱逐舰“鲁本·詹姆斯号”被德国潜艇击沉。该事件最终让美国国会废除了《中立法案》中对美军限制最大的二、三、六款，即第二款“禁止美国商船向交战国运送战争物资”，第三款“禁止美国任何船只进入‘作战区’”，第六款“禁止美国商船自行武装，商船不得配备军事设施”。

尽管美军算得上骁勇善战，但其参战并获胜的根本原因还是其空前强大的国力。以战时的美日对比为例，美国煤、原油、钢铁、炮弹的产量分别是日本的11倍、222倍、13倍和40倍。麦克阿瑟在“二战”初期是在日本14军攻势下匆忙逃跑的丧家之犬，他麾下8万人的部队投降是美国“二战”时期最大的耻辱，而他之所以能够在太平洋战争期间咸鱼翻身成为名将，靠的就是美国的国力耗掉了日本的有生力量。在太平洋战争第一年，美国丧失了约40%的主力舰，日本丧失了约

30%，日本甚至还略占上风，但是美国大规模的舰船建造项目很快弥补了损失，并建造了更多的战舰，而日本却越打越少。1943 年日本建造了 3 艘航母，而美国却建造了 22 艘。同年日本的飞机产量只有美国的 20% 。罗斯福非常清楚这一点，他指出："日本输掉太平洋战争的时间是它的商船队的损失大于其所能替代的能力的时候。"

TIPS

美国的集中营 1942 年 2 月 13 日，美国太平洋海岸地区的国会委员会给罗斯福总统递交了一封信件，信中宣称应立即撤离所有有日本血统的人及其他外国人，包括相关美国公民。综合以上种种境况的考虑，1942 年 2 月 19 日，罗斯福颁布了第 9066 号行政命令，授权陆军部长有权将任何上面所提及的那些对美国有害的外国人排除于军事战略区域之外。西海岸的日裔美国人被高度警惕的原因在于如下几点：1）在太平洋沿岸大约居住了 113000 名日本人，其中大约有 75000 名是日裔美国人。在珍珠港事件爆发之前，加州有 248 所日语学校，有 19000 名日本儿童接受日语教育，并被传授要对日本忠诚的思想。2）日本人在美国没有被同化。"种族"一词在战时的美国被广泛应用。从表面来看，种族指的是肤色、身体外貌特征，更深层次的种族也包含了价值观、文化等。因此美国人认为日本人，尤其是那些在日本接受教育的人，不认同美国的政治框架，也不想认同美国文化。和"二战"之中那些德裔美国人、意大利裔美国人相比，美国人认为日裔不值得信任。

如果说在"一战"时期，美国还只有伍德罗·威尔逊等少数精英才看到了美国不可能置身世界之外，那么随着"二战"的进行，以及美国最终的战胜，谋求世界霸权则成为美国各界的共识。美国不仅具备了帝国的实力，而且具备了帝国的自觉。虽然美国帝国霸权的最终确立是通过冷战拖垮苏联而实现的，但在冷战之前，美国争夺世界霸权的最大对手并不是苏联而是老欧洲，尤其是英国。在"二战"之中，美国利用英国对美国物资的依赖，以和平的方式获取了英国的霸权，并在"二战"之后通过与苏联联手，肢解了英法的殖民体系，彻底让欧洲列强变成了中等国家。这种霸权的交接主要包含两个方面：

一方面是军事上的，美国不仅在军事上接管了英帝国体系的一系列重要战略资产，而且也成了反法西斯战争中最重要的决定性力量。尽管苏联的军事力量也在“二战”后期有了巨大的恢复与增长，并最终成为遏制美国帝国野心的重要力量，但在“二战”时期美军的力量仍然是占明显优势的（这种优势一度让苏联非常担心西方的入侵）。1945 年，美军数量高达 1192.8 万，后备兵力超过 2000 万，拥有 12800 辆坦克和自行火炮、67700 架一线作战飞机（年产可达 10 万架飞机）、上百艘航空母舰以及上万艘各型舰艇。此外，美军还是当时唯一的有核国家，并在实战中向世界展现了原子弹的恐怖威力。

日本为什么两次被原子弹轰炸 关于原子弹的使用问题，一直存在着严重的争议。有观点认为，原子弹的使用极大减少了日本可能的全民“玉碎”的抵抗，这实际上避免了对日登陆中的巨大伤亡。也有观点认为，美国投掷原子弹只是为了向苏联展现核武器的恐怖力量，以争取在战后瓜分世界权力中获得主动。因为当时苏联即将参加对日作战，美国的情报部门清楚地知道日本正在酝酿投降。美国政府非常清楚，投掷原子弹并非必要，只要苏联参战，日本就会投降，所谓登陆作战其实很大可能不会发生。但如果苏军参战成为日本投降的主要原因，美国就很可能在东亚战后格局上被苏联人下山摘了桃子。所以杜鲁门一面拖延与斯大林的会晤，一面下令必须赶在苏联出兵前制造出原子弹并投在日本。美国原子弹研制工程的参与者菲力普·莫里森就说：“8 月 10 日对我们来说的确是一个无法解释的神秘的期限。在此之前，我们已接到命令，必须不惜冒任何风险，保证在 8 月 10 日前制造出原子弹。”值得注意的是，日本是挨了两颗核弹，即 8 月 6 日的广岛和 9 日的长崎，如果说原子弹轰炸可以快速结束战争，那么第二颗核弹的必要性的确是受到质疑的，除非这种必要性是向苏联进行核讹诈。

另一方面，则是经济上的，尤其是美元取代了英镑的地位。回顾美国金融霸权的发展史，尤其是美元强势地位的奠定，大致上经历了三个步骤：1944年的布雷顿森林体系的确立、1947年马歇尔计划的展开与1974年沙特与美国的“不可动摇协议”确立的石油美元。而在这三个步骤中最重要的就是第一步。在1944年的新罕布什尔州的布雷顿森林，虽然“二战”还没有结束，但参加各方其实都是在为未来的世界金融权力而博弈，在这场激烈的博弈中，美国人的怀特计划击败了英国人的凯恩斯计划。这也意味着美元确立了国际货币体系的中心地位。

布雷顿森林体系的确立 布雷顿森林体系是以美元和黄金为基础的金汇兑本位制，其实质是建立一种以美元为中心的国际货币体系，基本内容包括：1. 美元与黄金挂钩，即35美元一盎司黄金，其他国际货币基金会员国的货币与美元保持固定汇率，且只能在法定汇率上下各1%的幅度内波动。2. 正式成立国际货币基金组织IMF和世界银行WB，前者负责向成员国提供短期资金借贷，目的为保障国际货币体系的稳定；后者提供中长期信贷来促进成员国的经济复苏。

到“二战”结束之时，旧的世界权力格局被新的世界权力格局取代，而美国凭借其强大的政治、经济和军事实力，成为西方世界唯一的超级大国，彻底颠覆了传统的、以欧洲为中心的国际关系格局。杜鲁门主义和马歇尔计划的出台，标志着传统的欧洲大国在政治、经济上被纳入以美国为龙头的世界体系之中。尽管苏联在冷战时期一度挑战了美国的霸权，但美国确立了在西方世界的霸权却是毋庸置疑的。

三、冷战：美国走向全球帝国的过程

从1946年丘吉尔的“铁幕演说”到1990年苏联解体，美国完成了从西方世界的霸主到全球唯一超级大国的霸权路上的最后一步。这一步的特殊性在于，美国在这一步中从类似欧洲列强的传统的民族帝国走向了一个非常特殊的全球帝国。这里面包括四个非常重要的转变：

其一，通过布雷顿森林体系、马歇尔计划以及随后的“不可动摇协议”，建立了以美元为中心的全球贸易体系（社会主义国家除外），在很大程度上避免了传统列强时代全球贸易与经济的不稳定性。1947年的“欧洲复兴计划”（即“马歇尔计划”）要向整个欧洲（包括苏联和东欧）提供全面经济援助，但要求欧洲各国提出一个统一利用美国援助、以加强欧洲各国经济合作为目的的联合经济计划。这个计划不仅旨在推动欧洲各国建立紧密的经济联系，以消除引发“一战”“二战”各国民族资本主义经济的恶性竞争，而且也是要建立以美国为中心的全球经济体系。这也是斯大林断然拒绝马歇尔计划，推动“莫洛托夫计划”（后来演变为“经济互助委员会”）与之竞争的根本原因。在1948年“二月事变”（捷克斯洛伐克共产党政变夺权）以后，美国以马歇尔计划为基础，将欧洲复兴计划逐步演变为对社会主义国家的经济封锁体制，并在1950年中国志愿军抗美援朝之后，对中国采取了比对一般社会主义国家更加严厉的全面封锁政策。虽然在冷战的中后期，美国对于中苏等社会主义国家的经济封锁政策有所调整，但无论这种政策是松是紧，美国都成功获取了远超英帝国的经济霸权。因为在将经济、贸易作为对抗、遏制、封锁中苏等社会主义国家的手段频繁加以运用的同时，美国对于西方经济力量的整合、对于西方市场一体化的推进也在日益加强。冷战中的美国对于西方自由市场的管理表现出了强烈的以美国为中心的一致性与整体性。

其二，通过北约实现了以美国为中心的安全体系，避免了梅特涅的均势原则下大国恶性军备竞赛的传统安全困境，实现了欧洲意义上美国治下的和平。在反共的目的下，1948年英、法、比、荷、卢五国签署了《布鲁塞尔条约》，继而又发展为12国在华盛顿签署的《北大西洋公约》，北约组织是美国历史上第一次在和平时期同美洲大陆以外国家建立的军事集团，杜鲁门把北约看作战后美国外交政策的基石之一。北约是美国在冷战时期最成功的战略作品，一方面，它是美国整合欧洲同苏联对抗的直接产物。美国可以通过北约实现对西欧的政治和军事控制，将对苏联的战略前沿由美国东海岸推至莱茵河，让国土防御纵深向东增加了7000英里，从而在欧洲大陆组建起一个遏制苏联的弧形包围圈。另一方面，它意味着美国具有了对于欧洲安全事务的终极影响，保障了美国对于欧洲的战略主导。尤其是在1955年德国加入北约之后，美国利用安全问题建立起欧洲对美国的绝对依赖，从根本上瓦解了欧洲未来独立的可能性。

其三，通过所谓的“民主”“人权”的普适价值观，实现了超越民族主义的泛西方价值观同盟。在“二战”之后，随着旧有的欧洲列强时代的结束，资本主义已经发生了根本性的变化。美国主导下的世界秩序，体现出了全球资本主义的特征。它包括：1）跨国资本的快速增长与新跨国资产阶级的出现；2）全球范围内的产业链与价值链重组；3）超国家组织与国家间组织的兴起。这诸多现象的背后，其实是世界尤其是西方世界逐步从传统的民族国家体系，转型为美国霸权之下的全球化体系的过程。在这个过程中，除了经济的力量、政治的力量与军事的力量，意识形态的力量也必不可少。新的全球秩序需要与之相适应的合法性，而这种超越民族国家的自由主义意识形态，来源于美国的意识形态，却必须超越美国的意识形态。也就是说，这些服务于美国的帝国利益、来源于美国的信念，必须以普遍适用于人类的语言重新叙述。这种重新叙述对所有的地方主义、民族主义的叙述都构成了冲击，甚至也对美国本土的秩序构成了冲击（最典型的就是种族隔离制度），并为冷战结束后美国的进步主义与保守主义的极化与撕裂埋下了伏笔。但在冷战时期，苏联作为一个在意识形态上的强大竞争者的存在，却让美国必须完成这种意识形态上的自我调整，它必须积极地把美国的变为世界的。这种努力经过了杜鲁门—废除种族隔离、约翰逊—伟大社会、卡特—人权外交、里根—新自由主义之后，最终为美国的全球帝国提供了一个庞杂的意识形态基础。

美国政府在冷战一开始就有意识地在全球范围内推动了强大的意识形态工程，在经济上的马歇尔计划推进的同时，意识形态上的马歇尔计划—杜鲁门政府的“真理运动”也在进行当中：1）开展无线电广播宣传，“美国之音”在美国国内架设了5个大功率发射台，每天24小时不间断地通过短波用各种语言向第三世界国家进行广播宣传；2）《史密斯—蒙特法案》，即《美国信息与教育交流法案》，该法案授权美国国务院充分利用现代化传媒手段包括印刷品、无线电、电影、展览等在内，对外解释和宣传美国的政策和社会文化，要求政府在互惠的基础上与其他国家进行文化和教育交流，同时在人员、知识、技术、教育、艺术交流方面进行积极合作。1948年富布莱特项目、1954年亚洲基金会以及年投入600万美元用于海外图书馆项目，重点是支持近东和中东国家的图书馆建设和运营。到1956年底，包括图书馆在内的美国海外信息中心增加了 38 个，总数达到 193 个。

美国在传播上的技术优势与资源优势，以及苏联在匈牙利事件、入侵阿富汗等一系列问题上的失误，让美国最终成功地在冷战后期逐步完成了高级版的文化帝国主义形态，并塑造出了现代世界体系中有利于美国的观念与价值观。这带来了从欧洲到亚非拉广大地区的社会在生活、娱乐、文化甚至经济与政治上的美国化，而这种现象也被称为美国的“软实力”。

其四，通过冷战时期国家总体安全观的形成，美国政府在国内政治从“弱政府”走向了“强政府”，在国际上则走向了霸权警察。一方面，冷战影响和改变了美国国内政治发展的进程，冷战于外是对苏联阵营的遏制，于内则是对异见者的镇压。如贝恩德·施特弗尔所说，冷战的影响作用在国内就是场内战。美国的国家组织形式、权力和职能范围、国家和社会的关系都受到冷战的重大影响。这种影响其实远远大过“9·11”对美国国内政治的影响。长期以来，作为一个孤岛，美国在很大程度上不同于欧洲国家，其中最为重要的一个特点就在于，美国由于其优越的国家安全地理环境，让它摆脱了成为战争机器的压力。现代欧洲国家的形成当中，暴力是一个非常重要的国家目的。如查尔斯·蒂利所言：国家发动战争，战争塑造国家。现代国家的生存要求它必须具备“财政军事国家”和“战争制备国家”的功能，但这种要求对于美国这样长期远离欧洲战争的“弱国家”而言却大不相同（虽然美国具有巨大的战争能力）。甚至可以说，就国家—社会关系的角度而言，相比于欧洲国家，美国国家机器的发育是迟缓的，但冷战让美国第一次感受到了巨大的生存压力，如果说德日的压力让美国的军事机器充分开动起来，苏联的压力则让美国对内统治机器充分开动起来。从 1945 年确立美国新国家安全观的《埃伯斯塔特报告》（该报告认为美国必须建立一个总体战相适应的组织框架，及永久的战争准备与动员机制，并认为应大幅增加国家安全机构的数量和规模），到 1947 年以《埃伯斯塔特报告》为基础的《国家安全法》、1949 年的《国家安全法》修正案，美国迅速强化了其国家作为对内统治机器的功能，它建立了国家安全委员会、国防部、中央情报局等一系列新机构，极大地强化了美国政府对美国社会的控制。在美国社会，对于共产主义者、左翼与少数族裔的迫害，对于潜在安全隐患的打击成了社会的常态，而其个人权利、社会宽容也都大幅收缩。今天我们都知道臭名昭著的麦卡锡主义时期，有将近300万人被波及，但却很少注意到在1951年“丹尼斯诉美国案”中，美国的最高法院认为对于共产党员的迫害并不违宪。

就此而言，冷战对于美欧的影响有着非常大的区别，因为作为国家安全、国家利益被整合进西方阵营的欧洲各国社会面临的是一个去国家目的化的过程，社会从长期以来的国家主义框架中被解放出来，它们被赋予甚至是被引导，以超越自我国家视角的某种人类普遍利益的价值观去认识世界。而长期多元化的美国社会则被强化了统一的国家目的。简单点说就是在冷战中，欧洲人开始更多地用世界的视角去思考问题，而美国人则开始更多地用美国的视角去看待问题。在冷战期间，国家阵营化对抗的时候，这种情况实际在美苏双方阵营都在发生，这是因为小国公民的国际主义和美苏两国公民的爱国主义，其实都是为美苏的利益服务。而那些强烈坚持自身民族主义立场的国家，不管是中国、南斯拉夫还是戴高乐的法国，都会因此与自身所处的阵营发生激烈的矛盾。

另一方面，两个阵营的争夺也让美国的国家利益、国家安全被全球化了。那些本来与美国距离遥远的地区，由于涉及两大阵营的争夺，涉及美国所谓“世界领袖”的权威，从而具有了重要的战略意义。如果说“二战”的发生让美国人从搭便车的状态深深卷入了世界的权力竞技场，那么冷战则从观念上改变了美国对于国家利益与国家安全的认识。它让美国具备了追逐全球霸权的自觉性。尽管美国一直有强调美国道德使命的“天命观”，但真正成为一种国家的认识，却是在冷战之时。正是因为美国深刻主导了“二战”以后的国际秩序，也有巨大的国家利益与这种秩序密切相关，因此这种涵盖了经济、文化、军事等多方面内容的全球秩序也终于成为美国安全的一部分。在第二次世界大战前，美国用“国防”而不是“国家安全”来指称安全问题，其含义主要是军事意义上的，即保卫美国本土、海外属地和西半球免遭外国的军事进攻。而在冷战中，“安全”的含义不再仅仅是军事意义上的免遭进攻，还包括保卫美国制度与生活方式的完整，美国的意识形态以及贸易、金融和能源体系的稳定。美国逐渐开始用全球帝国的视角来看待自身的安全，这意味着世界任何地区发生的事件都可能关系到美国的国家安全，也意味着美国面对复杂的全球事务越来越难以置身事外。在冷战期间，美国人在朝鲜与越南的两次失败，其实就是这种逻辑的结果。当然，苏联在冷战时期也犯过很多类似的错误，最典型的就是灾难性的阿富汗战争。

西方社会思考冷战的原因　西方社会对于冷战的原因有两种解释，一个是以乔治·凯南的“八千字电报”为代表，认为冷战的根源是苏联的扩张，它认为俄罗斯对世界事务神经质的认知的最深处是俄罗斯传统的、本能的不安全感。这种不安全感，产生于一个和平地生活在广袤而无法设防的平原上的农作居民与一群凶暴的游牧民为邻的结果。俄罗斯统治者惧怕来自外部的渗透，惧怕与西方世界直接接触，为了求得安全，他们学会的只是如何彻底地置对手于死地的方法，从没考虑与对手建立契约和妥协。苏联不可合作，所以美国必须“遏制”。另一个则是以斯皮克曼为代表的地缘政治的观点。该观点认为作为海洋霸权的美国最大的风险就是让任何国家控制边缘地带，包括欧洲沿海地区、中东地区、亚洲季风区。如麦金德所说：谁统治了东欧，谁就统治了大陆腹地；谁统治了大陆腹地，谁就统治了世界岛；谁统治了世界岛，谁就统治世界。所以要想不被陆权国家威胁霸权，美国就必须确保这些区域之中不会出现强权。所以美国的全球战略，其目的就在于建立一个分裂与平衡的欧亚大陆地缘政治格局，阻止出现国家或国家间的联盟形成一个主导性的势力，而这才是冷战的根源。

四、美国的黄昏：如何面对后美国时代的来临

在冷战结束之后，一个美国治下的新帝国成为热门话题，尤其是在小布什政府绞死了萨达姆、控制了阿富汗之后，这个新帝国的权势更是达到了顶点。

然而，世间事，盛极而衰本是常态，只是美国人很难接受而已。

如果你接触美国人多了你就会发现，在很多地方，相较于有些刻板的欧洲人，中国人和美国人似乎更容易达成共识。因为两个社会，一个深信实践是检验真理的唯一标准，一个则诞生出杜威这样的实用主义大师，虽然不完全一样，但的确有许多共同之处。以我个人的感觉，如果遇到一个身上没有清教徒的怪脾气的美国人，其实很多时候，交流会变得非常简单愉快，最起码文化上的差异远没有和欧洲人尤

其是德国人法国人那么大。但中国人和美国人最大的差异在哪里？一个美国朋友说，你们中国人心里好像都住着一个过分成熟的灵魂。

美国人对现实的理解擅长用科学去分析，却往往缺乏历史的感觉。像基辛格这样的大师，骨子里其实是个欧洲人。虽然英美流行经验主义，但美国作为一个帝国，实在是经验不足。

从“二战”结束到现在才多少年？从冷战结束到现在才多少年？中国人不一样，“伤心秦汉经行处，宫阙万间都做了土”。美国人哪里懂得我们对“城头变幻大王旗”的理解。

我经常对我的美国朋友讲，你要去西安看看才能体会这种沧海桑田的历史感。他很不服气，说他也去过罗马，怎么没有这种感觉。这个嘛，中国的历史可没断过。今天的意大利人嘛，那是住在罗马的外地人。

坦率来说，冷战的胜利对于美国而言是一场突然的胜利，其中既有苏联自勃列日涅夫以后的体制僵化、阿富汗战争的透支、财政上破产等原因，也有近乎千载难逢的戈尔巴乔夫的个性因素。美国人并没有预期自己能够这么快获得冷战的胜利，近乎一夜之间，苏联解体，世界霸权就像落在街上的礼盒，而美国人只是把它捡回了家。

这种突然的胜利，放在谁身上，都会有洋洋自得之感，更何况还是生性乐观、夸张的美国。所以，冷战时期的谨慎、克制消失了，一个超级自信四处出击的新帝国诞生了。1991 年的伊拉克、1993 年的索马里、1994 年的海地、1995 年的波黑、1998 年的伊拉克、1999 年的科索沃、从 2001 年打到 2021 年的阿富汗战争、2003 年开始的伊拉克治安战、2010 年的“阿拉伯之春”以及随后的伊拉克乱局、叙利亚内战、2022 年开始的俄乌冲突。被誉为新罗马的美国不断地四处出击，表现得和罗马一样穷兵黩武，这固然有军工复合体的利益驱动，但很大一个原因在于美国社会从精英到大众，都把全球霸主这件事情想得太容易了。可能正是因为到手的太容易太幸运，所以把幸运想得太理所当然，把霸权用得太随心所欲了。

事实上，美国虽然是全球最强大的国家，但是它并不具备掌控全球的能力，尤其是在 2003 年以后，这种情况变得越来越清晰。所以有人讲，美国是一个疲惫的帝国，但也有人讽刺道，这才几年就疲倦了。原因也大致有三个方面：

其一，美国自身面临全球帝国的反噬，它带来了美国社会内部深刻的危机。一个全球帝国不同于传统民族国家的地方在于，它的产业链、价值链的分布是全球化的，而不是立足于国内的，如果说传统民族国家立足于国内的经济最后很可能因为增量有限走向内卷，那么一个全球帝国不断在跨国资本的驱动下进行的全球化产业链、价值链重组，其必然后果就是空心化与去工业化。虽然帝国的本土享受着产业链顶端的红利，但这种红利注定只能为极少数全球化贵族所享受，这也带来了国家内部精英与民众的分裂。如罗马帝国一样，不负责任的精英与群氓化的大众，共同加剧了帝国的政治溃败。与此同时，全球化又极大加快了美国内部的族群更替，盎格鲁－撒克逊的主体族群即将在可见的未来成为少数民族，曾经作为主流文化的清教徒文化也受到文化多元主义的剧烈冲击，“我是谁”“谁是美国人”的问题成为日益困扰美国的问题。

其二，美国面临严重的战略透支问题。相比于英帝国，美国更好战，更不愿意妥协，这可能是来源于美国对“二战”时“慕尼黑绥靖”的深刻印象。与其像英帝国一样妥协到无可妥协，最后让德国壮大引发全面战争，不如先发制人，对欧亚大陆潜在的挑战者提前进行遏制。从对中国、俄罗斯这样的全球秩序潜在“挑战者”，到对伊朗、朝鲜这样的地区秩序的潜在“挑战者”，美国都表现出了咄咄逼人先发制人的进攻态势。相比于英帝国可以随时打赢一场大战的准备，美国甚至准备同时赢得两场战争。只是摊子越大，资源越少，尽管美国不断地试图通过同盟策略来缓解战略透支，但美国的“力不从心”却越来越被世界所看见。2021 年从阿富汗的狼狈撤军，标志着美国也开始承认自己的力不从心。

其三，新兴大国的崛起让美国的帝国秩序面临现实的替代。无论是俄罗斯在乌克兰问题上的生存空间诉求，中国所倡导的推动国际秩序向更公平公正方向转变，还是欧洲法德轴心试图去推动的欧洲防务自主，美国的全球秩序都面临着现实的替代方案，即美国的帝国秩序要维持其吸引力，就必须从之前“诸多坏选择当中最不坏的一种”变为“诸多选择当中最好的一种”，它面临着与俄罗斯在东欧的军事竞争，与中国在“一带一路”地区的经济竞争，与法德在欧洲地区的政治竞争，以及与伊朗、沙特、印度、土耳其、巴西等地区强国在地区秩序上的霸权竞争。也许在任何一个竞争对手面前，美国都具有优势，但美国不可能赢下所有竞争。新的大国竞争时代已经到来，美国仍然具有优势，但美国的全球帝国将面临越来越严峻的挑战。

当然，作为全球帝国的美国的衰落也会带来三个重大的不确定因素：

1. 美国对自身衰落的反应。一个受伤的帝国往往是最危险的帝国，因为它可能倾向于用一次豪赌来解决问题。如果美国确信时间不站在自己一边，那么它会把时间留给其他国家吗？美国在阿富汗撤军之后，很多人正在讨论其霸权的终结，但旋即人们就发现，美国在俄乌冲突和中美关系上表现出了咄咄逼人的进攻态势。

2. 谁来替代美国，或者说如何替代美国？曹操曾经说过："设使国家无有孤，不知当几人称帝，几人称王。"美国是个很糟糕的大流氓，但它的确在很长时间里震慑了许多小流氓。在美国的帝国霸权消退之后，谁提供美国曾经提供的"公共服务"是一个非常严肃的问题。因为大国霸权瓦解之后的权力真空，往往会引发剧烈的地区动荡。秦失其鹿，群雄逐之。今天中东的乱局，在某种程度上就是美国撤出的权力真空引发的区域大国之间的博弈。在目前并没有能够取代美国霸权的大国出现以前，国际社会其实面临一个两难：一方面全世界苦美久矣，另一方面老美又不能走。最理想的情况是有一个比美国负责任的大国能够与美国做一个类似于英美那样的渐进式的霸权交接；最糟糕的情况是这个可能的霸权替代者与美国踏入修昔底德陷阱，最终让世界陷入毁灭性的冲突。当然还有一种情况，那就是没有一个国家能够获得这样的权力了，包括美国在内。世界重新回到"一战"前的某种大国均势，美国中心的全球化被各大国为中心的区域一体化所取代。

3. 美国有可能复兴吗？在历史上，美国也曾经多次面临危机，但这个国家的确表现出很强的自我修复与调整能力。尤其是在与明确对手竞争、搏杀的过程中，这群武装移民的后代的确表现出强烈的狼性。就此而言，美国如果要摆脱衰落的态势，它需要的是对手。而从目前来看，部分美国政客显然是以中国为对手，他们试图通过与中国的竞争，实现一系列重大调整。比如美国的再工业化、高科技产业的振兴、产业链与价值链的全球调整、全球贸易体系的重组等。美国曾经通过与苏联的冷战，实现了一系列国内的重大变革，并让美国成功地升级。现在美国又试图通过与中国的竞争来实现这种复兴。这是美国的阳谋，也是中国无法回避的挑战。

参考文献

埃里克·方纳：《美国历史》，王希译，商务印书馆，2017。

钱宁：《美国历史》，徐枫译，上海交通大学出版社，2014。

阿瑟·赫尔曼：《拼实业：美国是怎样赢得二战的》，李永学译，上海社会科学院出版社，2021。

黄兆群：《新编美国宗教史》，文津出版社，2017。

亨利·莱维：《美国的迷惘：重寻托克维尔的足迹》，赵梅译，广西师范大学出版社，2009。

戈登·S. 伍德：《美国革命的激进主义》，傅国英译，商务印书馆，2011。

亨利·基辛格：《世界秩序》，胡利平译，中信出版社，2015。

亨利·基辛格：《大外交》，顾淑馨、林添贵译，海南出版社，2011。

西蒙·沙玛：《风雨横渡：英国、奴隶和美国革命》，李鹏程译，南京大学出版社，2020。

布·斯里尼瓦桑：《美国四百年：冒险、创新与财富塑造的历史》，扈喜林译，海南出版社，2022。

约翰·马克·法拉格：《美国人的历史》，王晨译，上海社会科学院出版社，2021。

弗雷德里克·刘易斯·艾伦：《浮华时代：美国20世纪20年代简史》，袁玲丽译，上海财经大学出版社，2008。

刘植荣：《超级大国是怎样炼成的：影响美国历史走向的经典文献》，江西人民出版社，2016。

何顺果：《美国历史十五讲（第二版）》，北京大学出版社，2015。

俞可平：《帝国新论》，《清华大学学报（哲学社会科学版）》2022年第2期。

傅莹：《傅莹对话基辛格：美国因高估中国而对华焦虑》，《领导文萃》2015年第16期。

傅莹：《探索中美之间的相处之道》，《中国社会科学报》2015年6月10日。

达巍、蔡泓：《美国国家安全战略视阈下的中美关系50年》，《国际安全研究》2022年第2期。

达巍、黄婷：《拜登政府执政后的美国对外政策：继承与转向》，《当代美国评论》2021年第3期。

秦晖：《公平竞争与社会主义——“桑巴特问题”与“美国例外论”引发的讨论》，《战略与管理》1997年第6期。

孙学峰：《地区安全秩序与大国崛起》，《当代亚太》2018年第6期。

佟德志：《美国新保守主义的兴起及其政治影响》，《世界政治研究》2022年1月刊。

刘永涛：《19世纪美国崛起的复杂经历：挑战和启示》，《美国问题研究》2014年第2期。

周鑫宇：《美国外交中的本土主义：历史传统与新发展》，《国际问题研究》2017年第6期。

高程：《商人集团、私有财产与北美独立战争》，《世界经济与政治》2007 年第 10 期。

强世功：《天下一家 vs. 世界帝国："深度全球化"与全球治理的未来》，《东方学刊》2021 年 12 月冬季刊。

包刚升：《西方政治的新现实——族群宗教多元主义与西方自由民主政体的挑战》，《政治学研究》2018 年第 3 期。

庞金友：《极化格局下的路线之争：后特朗普时代美国政治思潮的可能图景》，《比较政治学研究》2021 年第 2 期。

强世功：《地缘政治战略与世界帝国的兴衰——从"壮年麦金德"到"老年麦金德"》，《中国政治学》2018 年第 2 辑 。

孙茹：《美国的同盟体系及其功效》，《现代国际关系》2011 年第 7 期。

张飞岸：《特朗普时代的镜像：亨廷顿与美国政治》，《学术月刊》2020 年第 5 期。

周少青：《1812—1815 年美加战争对加拿大建国的影响研究》，《北方民族大学学报（哲学社会科学版）》2016 年第 5 期。

格哈德·希斯菲尔德：《从战争到战争：论一战对二战的影响》，《东北亚论坛》2017 年第 1 期。

章永乐：《"亚健康"的帝国与负重的"本部"》，《文化纵横》2021 年第 2 期。

陈积敏：《从国家独立到西半球霸权：美国崛起过程中的拉美政策》，《和平与发展》2012 年第 8 期。

李中：《美国经济百年崛起历程、经验与启示》，《社会科学动态》2017 年第 2 期。

倪乐雄：《宗教、制度和文化帝国主义——美国崛起之偶然与必然》，《学术前沿》2012 年第 8 期。

胡冬敏：《大国崛起：美国百年对外贸易史》，《文史天地》2019 年第 3 期。

吴秉真：《非洲奴隶贸易四百年始末》，《世界历史》1984 年第 10 期。

李世雅：《北美殖民地的契约奴移民》，《江汉论坛》1988 年第 3 期。

崔斌：《美国崛起过程中与英国争夺世界霸权的策略》，《郑州大学学报（哲学社会科学版）》2009 年第 5 期。

陈秋菊：《美国"租借法案"在二战中的作用》，《大连大学学报》1997 年第 5 期。

杨烁：《浅析独立战争中的美国外交政策》，《法制与社会》2018 年第 8 期。

周星：《二战后的英美特殊关系》，《学理论》2011 年第 7 期。

张文木：《美国当年是怎样崛起的》，《领导文萃》2008 年第 2 期。

刘杨钺：《美国世纪的终结？——技术优势与美国霸权合法性》，《世界经济与政治论坛》2010 年第 2 期。

杨鲁慧、任绿勃：《20世纪初美国崛起的门罗主义外交政策》，《上海行政学院学报》2015年第5期。

崔学锋：《19世纪美国的自然资源开发与经济崛起：经验与启示》，《学习与探索》2012年第12期。

宋涛、陆大道、梁宜：《大国崛起的地缘政治战略演化——以美国为例》，《地理研究》第36卷第2期。

郭晔雯：《被遗忘的角落：独立战争中的黑人和印第安人》，《国家人文历史》2016年第14期。

段亚兵：《美国会是永远的帝国吗？》，《红旗文稿》2009年22期。

王恩铭：《宗教与美国革命》，《史学集刊》2012年第5期。

赵秀荣：《17世纪英国海外贸易的拓展与转型》，《史学月刊》2004年第2期。

杨张基：《对第二次美英战争的再探讨》，《复旦学报（社会科学版）》1985年第5期。

张兰星：《北美殖民地移民的农业探讨》，《农业考古》2019年第3期。

陈海宏：《北美殖民地宗教专制的根源和特点》，《史学月刊》1994年第6期。

田锡国：《关于美国大陆扩张问题的新思考》，《东北师大学报（哲学社会科学版）》1993年第1期。

杨卫东：《约翰·昆西·亚当斯与美国"大陆帝国"的构建》，《东北师大学报（哲学社会科学版）》2006年第1期。

林宏宇：《山巅之国的立国之因：支撑美国超级大国地位的四大优势》，《人民论坛》2015年第12期。

张建国：《华盛顿中立外交政策探析》，《云南民族学院学报（哲学社会科学版）》1999年第5期。

王铭：《论英国早期的北美移民与殖民地》，《辽宁大学学报（哲学社会科学版）》2001年第6期。

张红菊：《美国烟草海岸衰落原因探析》，《唐都学刊》2011年第4期。

徐丹：《英属北美殖民地改革派与加拿大建国意识的发轫研究》，《辽宁师范大学学报（社会科学版）》2018年第5期。

范晨星：《"热内事件"与早期美法关系的转变》，《北京社会科学》2020年第6期。

杨卫东：《美国历史上的佛罗里达问题》，《历史教学》2003年第7期。

王中宝、洪霞：《从被动移民到主动移民：17世纪上半叶英国对北美移民的动因》，《北华大学学报（社会科学版）》2008年第2期。

罗朝秀、李巍：《清教主义对北美殖民地的影响及其原因探析》，《理论界》2009年第3期。

边隽棋：《路易十六执政时期法国对英外交政策探析》，《学理论》2014年第20期。

徐睿：《新英格兰地区"制造业"发展与北美独立运动兴起》，《宁德师范学院学报（哲学社会科学版）》2015年第1期。

颜震：《美国民族国家与帝国的双重构建 1776—1867》，博士学位论文，吉林大学，2013 年。

刘伟：《从两次世界大战看美国“中立”政策》，硕士学位论文，山东师范大学，2011 年。

任绿勃：《美国崛起进程中的门罗主义外交政策》，硕士学位论文，山东大学，2014 年。

林方赐：《17 世纪末新英格兰地区塞勒姆审巫案及其影响研究》，硕士学位论文，福建师范大学，2019。

李佶燕：《18 世纪北美殖民地大觉醒运动研究》，硕士学位论文，江西师范大学，2016 年。

郑君：《北美殖民地时期宾夕法尼亚民兵制度研究》，硕士学位论文，哈尔滨师范大学，2020 年。

唐鹏：《北美殖民时期的新英格兰民兵制度》，硕士学位论文，湖南师范大学，2009 年。

陈黎雯：《约翰 - 杰伊与美西密西西比河争执的谈判》，硕士学位论文，福建师范大学，2012 年。

James A.Robinson and Daron Acemoglu, *Why Nations Fail: The origins of power, prosperity and poverty*, Profile, 2012.

Carol Berkin, Christopher Miller, Robert Cherny and James Gormly, *Making America: a history of the United States*, Cengage Learning, 2014.

Joyce Appleby, *Inheriting the Revolution: the first generation of Americans*. Harvard University Press, 2000.

Stanley L.Engerman and Robert E. Gallman (eds.), *The Cambridge Eonomic History of the United States*. Cambridge University Press, 1996.

Harold Bloom, *The American Religion*, Chu Hartley Publishers, 2013.

Morton Mintz and Jerry S. Cohen, *America, INC., Who Owns and Operates the United States,* Dial Press, 1971.

Gordon S. Wood, *The Creation of the American Republic, 1776−1787*, UNC Press Books, 2011.

Bradford Perkins, Walter LaFeber, Akira Iriye and Warren I. Cohen, *The Cambridge History of American Foreign Relations,* vol. 1-3, Cambridge University Press, 1995.

第二部分

美国的联邦制：一群反政府主义者是如何创造出强大政府的

国家是一个权力场。

——米格代尔

任何国家的变化都可以大致分为两个部分，一个是这个国家在世界丛林中如何一步步进化的，一个则是其内部构造是如何在有意设计与被动适应中一步步形成的。两个方面通常是相互影响的，就比如美国如果不是一个商人共和国的基因，美国很难在独立战争与第二次美英战争后迅速摆脱民族主义的好战激情，主动选择与英国人和解，融入英国人的世界体系，这是内决定外；又比如美国如果不是和苏联进行冷战，那它很可能难以切实改变国内的种族隔离制度，这是外决定内。美国内政的发展，最引人注目的一个特点就是：美国的发展其实是一个背叛美国理想的过程。早期那些为了逃避强大政府的清教徒，那些在北美大陆上结社群居的无政府主义者，那些视国家权力为自由威胁从而千方百计加以限制的美国人，如果看到今天这个如巨兽一样的美国政府，可能会惊讶得目瞪口呆。要知道，当年如果不是英国的威胁，要想说服这些对中央政府心存怀疑甚至是深恶痛绝的美国人接受一个政府，几乎是一件不可能完成的任务。那批建国时期的美国人，只是为了反对一个政府，才被迫选择组织一个政府。要么为英国政府所统治，要么自己组织一个政府从英国政府手中争取独立，对于北美殖民地的精英而言，这其实是在烂苹果和更烂的苹果当中的二选一，也正是因为大多数人对中央政府的这种顾虑重重，美国的建国者才在人类历史上第一次采取了一种以限制权力为目的的权力组织方式。相比之下，欧洲社会的主要革命发生在成熟的国家框架之内，革命往往是决定谁拥有这个权力。英国革命限制的是专制王权，但革命者—新贵族集团本身也在追求强大的国家权力，法国大革命虽然废除了王权，但是革命政权对于社会的统治力度要远远胜过王权。美国革命的不同之处就在于，这群商人、律师、农场主，既没有国家权力实践的传统，也没有像欧洲国家那样面临着邻国威胁。所以他们对于国家权力的要求是满足最低需求，构成最小威胁。

那么怎么办呢？分权与制衡。用野心来对抗野心，用权力来平衡权力。

那么如何实现分权与制衡呢？美国人做了两方面的设计：其一是联邦制下地方政府与中央政府的分权；其二是在联邦权力中通过立法权、行政权与司法权的三权分立来实现相互制衡。而其中联邦制的横向分权可能比纵向分权更加重要，因为它在地方自治与中央集权之间设置了关键性的边界。三权分立从某种意义上来说是精英对抗精英，野心制约野心，它限制的是统治的力量，但联邦制则是用地方自治的权力来平衡中央集权的权力，它强化的是自由的权力。

第八章　联邦制还是半联邦制?

美国联邦制的特殊性

对于建国时代的美国而言，最重要的是中央与地方关系，因为美国是先有地方而后有中央，所以中央与地方关系的协调与理顺，地方同意让渡权力给中央，实在是国家能否建立的生死存亡的大事。而对于中国社会而言，这种历史语境是从来不存在的。中国社会的地方取决于中央的安排，即便有分封建制甚至是事实上的割据，这种中央决定地方的观念也好、合法性也好，都从未动摇过。这种单一制的国家基因也许在大禹治水时就已经种在了中国社会的根子里。尤其是在今天，一个强有力的中央是中国这样一个大国不至于分裂的根本保证。所以我们要了解美国政治，对于美国政治的优点也要承认与学习，但是切不可盲目复制。同为大国，历史不同、国情不同、周边环境不同，国家治理模式也难以相同。说句不客气的话，要是美国的北边是俄罗斯而不是加拿大，美国的南边是日本而不是墨西哥，美国也不会是今天这个样子。

尽管今天的人们一谈起联邦制都会以美国为例，但实际上美国的联邦制只是众多实践中的联邦制中的一种，瑞士、德国、加拿大、澳大利亚、马来西亚、委内瑞拉等国家都是联邦制国家。联邦制是相对单一制而言，它与单一制的主要区别就在于中央与地方之间的权力安排。单一制的国家结构形式意味着全国只有一个立法机关和一个中央政府，地方政府的权力来源于中央政府。最经典的单一制下，地方政府就是中央政府在地方的代表。地方政府的设立、变更甚至废除，都是由中央决定。通常在单一制国家，都要求有着强大的中央政府、从上至下的层级制度以及中央地方之间各部门的对口管理关系。说句大白话，单一制就是从首都到地方一条线管到底。

那么联邦制呢？相比于单一制下的条条，联邦制的权力结构更像块块。它最大的特点在于地方政府与中央政府有各自的权力，地方的权力不完全来自中央的授权，具有很强的独立性。中央对一些地方性事务无权介入。联邦制的国家通常有两套甚至多套政府，即代表全国的联邦中央政府和代表各级地方的地方政府。地方政府可以在自己的权力范围内实行自治。这就意味着在像美国这样的联邦制国家，联邦政府的很多事情不能像在中国这样的单一制国家一样，通过下级的对口部门去落实，而只能单独设立下属机构或派出机构去行使权力。

单一制与联邦制的比较在这些年算是一个比较热的话题，但实话实说，每个国家在这种重大问题上的选择，往往不是什么学者理论设计的结果，而是复杂的历史与现实因素决定的。比如像中国、法国这样的陆地大国，由于国家安全局势严峻、公共工程浩大，必须有一个极为强大的中央政府才能保障国家的统一与战略，而像英国、美国、马来西亚这样的国家，国内的地方势力非常强大，中央政府受到各种分散权力的强大制约，所以也很难建立单一制。老实说，尽管《联邦党人文集》把联邦制的好处说得非常清楚，但美国的联邦制根本不是联邦党人设计的，而是美国当时的政治现实决定的。美国社会是先有的州，再有的联邦，换句话说，在那个时刻建立单一制是根本不可能的：一方面，北美十三个州都是享有主权和独立的政治实体，拥有强烈的主权意识；另一方面，美国内部的地区差异极大，地方矛盾尖锐。北方城市商人、新英格兰工厂主和蓄奴的南方种植园主之间，不同人口不同宗教的大小州之间，联邦派和州权派之间，可以说是矛盾重重。采用单一制原则，甚至可能立刻爆发内战，也只有采用联邦制才能最大限度地争取各方妥协，从而使宪法得以通过和得到各州批准。

美国联邦制不是类似于俄罗斯那样的中央有序向下放权，而是从州的组合—邦联而来，美国的国名 The United States of America 其实说得明明白白：美国是州的联合。在美国初期的邦联时代，各州保留主权，几乎不受限制地进行内部治理，邦联的存在和运作都依赖各州的支持，国会只对各邦议会负责，并非直接对各邦人民负责。邦联议会仅对外交等整体事务负责，没有独立的财政权，也没有至高无上的军事权。尽管《邦联条例》要求各邦遵守邦联国会的决定，但却没有强制权力。所以美国的联邦制的本质是州向联邦让渡某些权力，以处理单个州无法处理的共同事务。这种让渡的确是一种集权行为，但在其初始阶段，州权远远大于联邦权力。联邦党人是这样卑微地说的："新宪法授予联邦政府的权力很少而且有明确的规定，州政府则保留了同人民的生命、自由和财产，以及州的治安、改良和繁荣等方面有关的一切权力。"在美国联邦初期，州侵犯联邦权力的可能性更大。汉密尔顿、麦迪逊等联邦主义者在《联邦党人文集》中只有两个明显的目标：一是建立能够有效解决邦联困境的更有权力的中央政府，二是这个中央政府直接与人民发生联系，而不是只能通过州政府对公民行使间接权力。

注意！在美国，州的权力是先决性的，联邦的权力是通过州的让渡而形成的，是州在一起开会决定联邦是什么，而不是联邦设计需要什么样的州。这就是为什么联邦权力需要列举，而州的权力不需要列举的原因。就此而言，美国的历史决定了美国的联邦制其实是州的联邦 + 州内单一的半联邦制，州内的市、县、镇虽然在其后的政治发展中获得了越来越多的自治权力，但从权力根源上却无法与州权力相提并论。中央政府与州政府是联邦制架构的，但是州政府与州内的市、县、镇是单一制架构的。最为明显的一个证据就是：在麦迪逊制定的《权利法案》中，只提到了防范联邦政府对人民的权利的侵害，而限制州政府侵害人民权利的条款却在参议院的讨论中被删除了。这实际上意味着在当时，对于公民的言论、人身自由等基本权利，联邦政府必须保护，而州政府却不必如此。当然，之所以会有这样奇怪的现象出现，除了参议院相比于众议院更代表州而非人民之外，还有一个非常重要的原因，那就是奴隶制的问题。奴隶主们非常担心《权利法案》可能会干预蓄奴州的奴隶制，所以将之抵挡在州权之外。其实麦迪逊自己就是个大奴隶主，而且他也来自一个畜奴大州弗吉尼亚州。麦迪逊在制宪会议上一直的立场就是坚决捍卫各州采用奴隶制的自由。

美国的半联邦制　美国的半联邦制（州外联邦—州内单一）和北美殖民历史有关。因为美国当时的市、县、镇等地方政治实体，人口数量较少、人员流动性很大，很难建立起稳定的地方政治，美国的地方政治的兴起是随着城市、郊区的发展壮大而出现的。但许多现代采取联邦制的国家，在他们采取联邦制的时候，市、县、镇已经比较稳定，所以也在联邦制中拥有了权力。比如奥地利、德国、俄罗斯以及南美国家巴西和委内瑞拉的宪法中都有关于地方政府的规定。在12个联邦制国家中，宪法对地方政府完全未作规定的有美国、澳大利亚。联邦制体现了纵向权力的分立，它允许地方性事务根据地方规范和惯例来处理，只有各州共同的问题才由联邦一级来解决，由此来尊重地方权力，发挥地方的主动性，防止权力高度集中于中央政府。联邦制的目的就在于通过权力的分隔让州和联邦政府彼此制约，就如《联邦党人文集》所说，在美国的复合共和国里，人民交出的权力首先分给两种不同的政府，然后把各政府分得的权力再分给几个分立的部门。因此，人民的权利就有了双重保障。两种政府将互相控制，同时各政府又自己控制自己。

相对美国联邦制的集权目的，很多国家的联邦制是为了分权，其动机有二，一是通过领土单位自治来保护少数派的利益从而避免国家陷入更激烈的分裂，比如1848年的瑞士联邦、1867年的加拿大联邦。瑞士是代表中央集权国家的自由党派与捍卫自主权的保守天主教内战后的妥协结果，加拿大则是英语区和法语区冲突不断的情况下为了缓和矛盾而进行权力下放的产物。二是通过中央—地方功能性的分工来提高地方积极性、降低中央财政负担，以实现治理绩效的提升。比如俄罗斯联邦制就是一个高度集权的中央政府在财政负担巨大和远离地方难以有效治理的现实压力下进行的分权设计。

如果更仔细地对联邦制国家进行比较，那么可以根据国家权力的性质——立法权、执法权、司法权进行三个维度的比较：

根据立法权的划分有三种基本的方式：第一种是列举联邦权力，未列举的权力归属于州，美国、瑞士、澳大利亚、阿根廷和巴西属于这种；第二种是列举州的权力，未列举的权力归属于联邦，加拿大、印度是其中代表；第三种是通过将立法权在全国和地方范围内做各种专业性细分，再根据各个不同的专业事项如民事、刑事、诉讼、经济调控和社会服务等，将权力在联邦和州之间进行分配，宪法未涉及的权力归属州，俄罗斯、德国和奥地利是其中代表。

根据执法权的划分可以分为两种模式：第一种模式是联邦与地方各自执行各自的法律，美国、加拿大、阿根廷、巴西和澳大利亚属于这种；第二种模式是联邦的法律部分由联邦执行，部分由地区政府执行，瑞士、德国、奥地利、俄罗斯和马来西亚属于这种。

根据司法权的划分可以分为两种模式：第一种是联邦法院与地方法院各自根据联邦法律与地方法律进行司法审判的模式。美国与阿根廷是典型的代表，它们都有两套发达的平行法院体系；第二种模式是地方法院与联邦法院系统一体化的审判模式。有许多国家虽然采取了联邦制，但是其司法系统却类似于单一制国家，其地方法院的法官任命都受联邦控制，澳大利亚、俄罗斯、加拿大都是其中的典型代表。

第九章　集权—分权的摇晃钟摆

美国联邦制的发展规律

美国的联邦制在其发展过程中，往往面临来自集权与分权两方面的压力。一方面，大量的公共事务、全国一体化乃至全球一体化的推动，要求美国联邦政府必须不断地扩张权力；另一方面，联邦政府远离地方的政治现实、地方自治的盎格鲁-撒克逊传统以及巨大的财政压力，又要求美国必须下放权力。这两方面的压力有时候东风压倒西风，有时候西风压倒东风，最后的结果就是美国的联邦制呈现出集权—分权—集权的钟摆效应。

大致上而言，这个钟摆效应经历了从1789—1933年二元联邦制、1933—1970年代合作联邦制、1980—2000年竞争联邦制、2000年至今四个阶段。

一、二元联邦制：从华盛顿到胡佛

从美国第1任总统乔治·华盛顿到第31任总统胡佛，美国的联邦—州的关系经历了工业化、南北战争、重建时期、“一战”等许多重大事件。在这漫长的100多年时间里，联邦政府因为美国的社会巨变而获得了越来越大的权力。尤其是南北战争更是美国政治的一个转折点，它意味着联邦主权以暴力的方式最终压倒了州的主权，但除了联邦军队对战败的南方州的军事占领时期（重建时期），州的权力仍然在州内的民生、社会生活等方面享有非常明显的优势（事实上这种州权在州内事务的决定性也最终让南方黑人的解放成果变得极为有限）。总的来说，联邦与州的关系逐渐由建国初期的州权挑战联邦主权，变为州权与联邦主权各安其位的状态，在这个状态背后是日益强大的联邦权力。当小国寡民、田园牧歌的州内生活日益被跨州的贸易、巨型的托拉斯所冲击，这为联邦权力以经济管理的渠道干涉各州不仅提供了正当理由，而且提供了急迫动机。一个安静地在小村庄养猪的农民是不是就可以拒绝联邦的干预呢？答案是不能！因为饲料可能是跨州贸易，猪肉的销售可能是跨州贸易，甚至猪的价格也受到全国价格的影响。

而且随着联邦财政的日益充盈，联邦政府也开始学会运用补贴来驯服州政府。在1911年塔夫脱总统时期，美国联邦政府通过了历史性的《威克斯法》，该法案是美国历史上第一个确立现代补助模式的法案。各州如果想要获得这种联邦的补贴，那么州政府就要接受联邦有系统的监督，而联邦政府发现这对于干预各州内部事务极为便利。一句话，想要钱就要听话，这也称之为“购买服从”。令人感慨的是，虽然在当时购买服从只是塔夫脱政府的小聪明，随着后来联邦政府职能的扩张，这个小聪明已经成为美国政治中最常见的中央—地方交易。尤其是在奥巴马政府时期，几乎已经到了登峰造极的地步。究其原因，乃是在美国的联邦制下存在着根本的矛盾，那就是社会现实往往要求联邦政府采取干预，但是许多公共领域事务的管理权又属于州政府，所以最后就只能交易。相比于和州政府没完没了地打官司，以财政补助政策为核心，以技术标准政策、法律优先政策和城市复兴政策等为手段的间接控制要灵活高效得多。

二、合作联邦制：从罗斯福新政到约翰逊伟大社会

美国联邦政府的发展最为重要的转折点始于胡佛政府时期的大萧条。从某种意义上而言，罗斯福为了应对大萧条而进行的新政甚至比南北战争更深刻、持久地改变了美国政府与美国社会的关系，其中也包括联邦政府与地方政府的关系。1929年，美国爆发了史无前例的经济危机，在经济危机面前仍然坚持放任主义的胡佛政府因为其应对无能而彻底失去民心。新上台的罗斯福推动以3R（复兴Recovery、救济Relief、改革Reform）为主要内容的“新政”，其本质是以强大的联邦权力对经济和社会生活进行干预。罗斯福“新政”极大地扩大了联邦权，甚至可以说他的权力不仅超过了美国历史上的任何一任总统，而且他也是在华盛顿之后最接近帝王的一任总统。在他任内联邦官僚机构扩大了5倍，仅总统发布的行政命令就达3556项。其干预范围不仅包括传统上联邦政府的管辖范围，而且也包括许多传统上的州权事务，包括教育、卫生、社会福利、工业管制、劳资关系等。尤其是《联邦紧急救济

法》以及联邦救济总署，更是对州政府构成了前所未有的干涉。由于这个时候大部分州财政都陷入空前的危机之中，所以州政府必须配合联邦政府。但在合作时，往往都是联邦决定州政府执行，这就是所谓的“合作联邦制”。

这种大政府的状态在“二战”之后由于美国社会的空前富裕与自信达到了巅峰。如果说这种扩张对外表现为美国在朝鲜、越南空前的干预欲望，对内就表现为联邦政府对于长期在州权庇护下的种族隔离现象、贫富分化现象的强势干预。其中，艾森豪威尔在阿肯色州的小石城事件中的表现尤为明显。到了约翰逊时代，1964年联邦政府推动通过的《民权法案》、1965年《选举权法》和伟大政府的一系列计划更是跨越了种族问题这个在以前的自由主义改革中不太愿意涉及的联邦和州关系的红线。尤其值得注意的是，约翰逊政府的“伟大社会”项目改变了罗斯福时代以联邦部门直接介入为主的干预方式：更多地通过补贴、援助的方式，让州和地方政府成为实施联邦政策的下级单位。与此同时，美国的联邦最高法院也用一系列重要判决来积极推动联邦权力扩张。比如1962年的“贝克诉卡尔案”裁决联邦政府拥有监督州选区重新划分的权力，1966年“米兰达诉亚利桑那州案”让联邦有权对地方治安严格监管，1967年“拉文诉弗吉尼亚州案”让联邦权力进入了婚姻这一州权的长期禁脔。总而言之一句话，就是美国强中央—弱地方的格局基本形成。

TIPS

罗斯福新政　“新政”一词，来源于罗斯福在1932年的竞选演说。为了挽救美国的政治制度，避免美国社会走向共产主义或者法西斯主义，罗斯福希望通过改变传统的自由放任资本主义，以大规模国家干预的方式来应对危机。他提出了一系列积极干预的政策主张，被统称为罗斯福新政。其主要政策内容包括：促进金融稳定的《联邦证券法》《证券交易法》《格拉斯—斯蒂高尔银行法》；稳定实体经济的《全国工业复兴法》《农业调整法》；保障民生的《社会保障法》《全国劳工关系法》《公平劳动标准法》；遏制资本垄断和贫富分化的《公用事业控股公司法》《财产税法》。新政在一定程度上稳定了大萧条当中的美国社会，但并没有让美国社会彻底走出经济危机，事实上是“二战”的爆发才让美国彻底走出了危机。

三、竞争联邦制：从里根到克林顿

伟大社会的关键是钱。美国自罗斯福以来的大政府模式几十年后，在1980年的总统选举中，沿袭了民主党大政府传统的“好人”卡特输给了主张“政府不能解决问题，政府本身就是问题”的演员里根。一场旨在削弱联邦权的过度扩张，恢复州权的“新联邦主义”运动勃然兴起，这固然是因为肯尼迪和约翰逊时期造就的大政府模式已经让美国社会难以忍受，更重要的原因是美国联邦政府面临的巨大财政压力。里根政府以及其后的老布什政府通过重新调整联邦与州的关系，转嫁负担，压缩政府规模，减少预算开支，最终希望通过权力的下放来实现责任的转移与财政负担的减少。这种放权的改革一直延续到克林顿政府，只是相比于里根的减负，克林顿政府更注重充分调动州与地方的创造性。克林顿认为，将州政府从联邦政府的约束中尽可能地解放出来，能够提高地方政府在承受预算压力下提高公共服务供给的能力。克林顿政府甚至更进一步地将这种放权从州下沉到县、市，希望通过分权来实现：1）满足多元社会的多样化需求；2）降低公共物品成本，避免浪费与搭便车；3）通过地区竞争，调动地方积极性；4）实现联邦财政负担向州与地方的转移。

不论是里根政府还是克林顿政府，他们的改革都受到了新公共管理理论的强烈影响。他们不仅青睐于缩小政府规模，而且将公共服务视为类似于市场服务的竞争性产品，他们试图通过将公共服务在联邦政府、州政府、地方政府、私人组织之间分配，让这些机构与部门彼此竞争，从而提高服务质量，降低服务成本。也正因如此，这种联邦制改革的动向被称为竞争联邦制。坦率而言，竞争性联邦制的出现与美国之前的行政改革的总体方向是相反的。它不是以扩大行政权力、膨胀政府职能为目的的，而是以收缩行政权力、缩小政府职能为前提的。这实际上是让官僚组织革自己的命，这只有在美国这样官僚制没有充分发育、笃信市场机制和商业精神的社会才可能发生。美国人在马克斯·韦伯所说的“官僚组织的天性就是自我膨胀”的铁律下，总是心有不甘地寻找传统官僚政府的替代形式，总是试图用非官僚化、市场化、竞争和分权来取代政府，这也许是一个长期自治的社会难改的初心。

四、新世纪的联邦制：从小布什到拜登

自 2001 年小布什政府起，美国的联邦制实践又出现了新的变化。美国联邦政府重新表现出日益强烈的扩权倾向，其原因一方面是社会进步思潮和部分利益群体在极化的美国政治中日益得势，从而让它们有机会利用联邦政府的权力去改变各州的“保守”或“激进”的现状，比如奥巴马时期 LGBT 群体借助联邦政府推进有利于他们的政策，特朗普时代保守群体则利用联邦权力进行报复；另一方面则是美国的社会矛盾日益激化，地区差异日益扩大，从而让美国联邦政府经常主动或被动出击以应对各种危机。不管是奥巴马的新政、特朗普的移民政策，还是拜登的《美国就业计划》《美国家庭计划》都是这种现状下的应激产物。

当然，这几任美国总统在干预的领域上各不相同。比如小布什的干预主要是在教育领域，在“温情保守主义”理念指导下，他通过《不落下一个孩子法》扩大了联邦对中小学教育的干预。该法规定了美国对学生考试、课程和教师的标准，对未达标的学校实行财政惩罚，被称为“自‘伟大社会’以来联邦对中小学教育的最大干预”。又比如奥巴马执政时期，由于面对美国最严重的金融和经济危机，奥巴马政府实施了总额高达 7870 亿美元的大规模经济刺激。奥巴马政府以联邦对州的资助为杠杆，尤其是利用联邦政府对州政府在医疗补助上的补贴，前所未有地强化了联邦政府对州和地方政府的影响。当然，自诩为精明的生意人的特朗普在经济政策上是不主张过度干预的，但在移民政策上，他的政府与民主党的地方政府却产生了异常激烈的冲突。最后，拜登的民主党政府基本延续了奥巴马新政的风格，在疫情危机下，也进行了强力的干预。拜登政府推出的《美国救援计划法案》和新冠疫苗接种计划的确起到了一定程度的积极效果，在 2021 年，美国的就业增长的确创历史新高，经济增速到达 1984 年以来的最高点，GDP 超过疫情前的水平，并在降低儿童贫困率方面取得了巨大进展。当然这也意味着美国社会必须同时承担令人难以忍受的通货膨胀，以及在不远的将来非常可能面对的债务危机。

美国的地方债 美国实行财政联邦制，政府间财政分权较彻底，州和地方政府的负债是在财政分权条件下发生的。早期的美国地方政府经常滥发债券，导致多次债务危机发生，现在的美国地方债受到了比较严格的限制。主要包括：1）负债程序限制。许多州法律规定州和地方政府负债必须得到有关机构乃至全体选民的授权或批准，作为债务人的有关政府部门或机构本身不能擅自决定举债。从实际情况看，授权或批准主体主要有以下几类——全体选民、议会、专门委员会、政府财政部门或机构等，多数州和地方政府都对不同类型的负债规定了不尽相同的程序限制。2）债务数量限制。有不少州和地方都在宪法或其他法律中对政府负债规定了最高限额，不过大多针对的是一般责任债券，所规定的限额主要有以下几种类型——绝对数额、一般收入的一定比例、财产价值的一定比例等。3）平衡预算规则。平衡预算是针对州和地方政府的经常性预算的。美国州和地方政府在财政预算管理方面的做法与联邦政府不同，州和地方政府预算一般都实行分类管理，将预算分为经常性预算和资本预算等，经常性预算和资本性预算分别适用不同的规则。资本性预算可利用负债筹集资金，而经常性预算一般都要求平衡。预算执行中出现的赤字必须在年度财政中予以消化，禁止结转到下一年度。

尽管在美国联邦制的发展变化中，中央与地方的关系在不断调整。近几十年更是出现了“州权复兴”的现象，但中央政府或者说联邦政府越来越具有优势却是一个难以阻挡的大趋势。这里最重要的一个原因是经济上的，不管州权主义者在权力上如何与联邦主义者抗争，州财政越来越依赖联邦财政却是一个不争的事实。对于州和地方政府而言，一方面，税收的大头都被联邦拿走，光是联邦个人税一项就超过了地方政府的各类税收总和；另一方面，它们却要承担着越来越大的地方公共开支，尤其是联邦制下，公民、企业都是用脚投票，各个地方政府必须争相用优厚条件来进行竞争。这就让州财政的独立性大为削弱，大部分州的收入和支出都存在严重的不平衡，从而使得它们必须去全力争取联邦政府的各种拨款与补贴。拿人手短、吃人嘴软，想要拨款，就要听话，这就是经济基础决定上层建筑。其实，如果真的是听话换胡萝卜也算不错，最近十年中，由于联邦政府自己也不宽裕，联邦政府开始越来越多地运用法律所规定的强制执行来驱动下级政府，即上级政府通过立法，直接对地方政府下命令，要求地方政府必须执行某一政策或项目，或者承担该政策项目的成本。说白了，就是给大棒不给胡萝卜，又要马儿跑得快，又要马儿少吃草。所谓权力下放也好，州权复兴也好，往往都是责任压下去很多，钱却不给够。

第十章　集权与分权

美国的各级政府

在联邦制下，美国的联邦政府与地方政府的关系不同于中国人在单一制下对中央政府与地方政府关系的理解。我们是自上而下，对口管理一套体制，美国则有点各自为政、多套体制的意思。联邦政府，管的是国之大事，需要的是集中力量办大事，所以它的发展轨迹是越管越多，越做越大；地方政府，面对的是众口难调的地方小事，需要的是灵活、多样、服务周到，所以它的发展轨迹是越来越多样化、碎片化、功能化。美国联邦治下有三种类型政府：中央政府即联邦政府、州政府和州以下的地方政府。美国的宪法规定了联邦政府与州政府的分权原则，但并没有对地方政府的权力与法律地位进行规定，地方政府的法律地位通常由州宪法规定。而且近几十年来，美国的地方政府呈现出多样性、功能性、碎片化的特点，这恰恰值得习惯于关注联邦—州关系的观察者们注意。因为在任何一个社会，尤其是在大国，基层治理直接决定了政治的活力与政治的质量。

一、政客、官僚与专家的三合一：美国联邦政府的构成

美国的联邦政府大致上可以分为总统机构、官僚机构、独立机构三个大类，其中总统机构具有强烈的党派性和政治性，官僚机构则更多体现了理性官僚制的中立性，而独立机构通常是应对高度专业化、技术化的管理问题，因此表现出了更强的专家色彩。尽管在美国的三权分立体系中，行政权被作为单独一类从而与司法权、立法权相区别，但实际上，总统与官僚机构的关系，一直是美国政治中的一个有趣看点。美国不同于欧洲国家，它的公务员体制、官僚系统的发育相对晚熟，它的行政体制曾经长期呈现出非职业化、非官僚化的特点。在 1883 年以前，总统们一直

用分赃制（亦被称为分肥制）来安插官员，美国行政机构的官员选拔主要是分赃制，谁赢了大选，谁的人就接管政府的大小官职，这意味着美国行政机关的政治性远大于专业性，也造成了结党营私、效率低下的严重后果。直到1883年的《彭德尔顿法》的颁布，选拔行政官员的唯一标尺才由政治分赃转变为理性官僚制下的功绩制，这也意味着美国官僚制度的最终确立。但即便随着威尔逊、古德诺等人主张的行政与政治二元划分的确立，以及美国公务员制度与官僚系统的日益专业化，美国的行政机关的行政专业性依然受到政治的侵蚀。这里面的原因主要在于今日美国总统的功能相比于建国初期出现了巨大变化。

美国的建国者深受其母国英帝国影响，在其制度设计中国会乃是权力重心，总统在选举人制度下其实是间接选举的产物，所以总统在代表性、权威性上是不如国会的。在此意义上的立法权与执法权分立才是有意义的，也就是国会代表人民行使立法权，而总统只是代表们根据选举人投票选出来的领导行政机关的执行者。但是政治实践往往远非最初制度设计者所能把控的，随着美国总统在美国政治中的地位越来越重要，尤其是总统选举（包括总统候选人初选）成为事实上的普选，总统这个位置也越来越政治化。这就意味着最初总统主要侧重于行政的角色设定已经完全与实践脱节了。美国的总统既是行政机构的首脑，又是政治运动的中心，既是行政性的又是政治性的。来自总统的政治干预对行政机关的压力通常比来自国会的政治压力还大。对于总统来说，这种政治干预也是必要的，尤其是在美国政治日益极化的今天，这种干预尤其必要。这就带来了美国政治中分肥现象的再度复兴，不管是罗斯福这样的所谓“明君”，还是特朗普这样的所谓“昏君”，分肥都不可或缺。不管这种裙带的分肥如何受到法院的限制、禁止或公众舆论的抨击，它都会继续存在下去。这是因为总统要控制政府，就必须控制官僚，而控制官僚最好的办法就是安插上自己的人。当年罗斯福为了推动新政，大力安插民主党的新政支持者进入政府各个部门，甚至一度希望扩充最高法院大法官的数量来稀释反对力量，而近期的特朗普更是大力提拔自己的儿子、女儿、女婿，赤裸裸地搞起了小圈子、家天下，这对于美国总统制的运作无疑是一种极大的羞辱。

1. 总统机构主要包括：

总统	政府的最高领袖与三军统帅，须年满 35 岁，居住美国 14 年以上，出生时为美国公民。
副总统	总统的第一继任人选，兼任参议院议长，有协助总统管理各种国家事务的权利和义务，可以参与国家的各种重大决策，并为其负责。有权管辖国务卿和国家安全事务助理。须年满 35 岁，居住美国 14 年以上，出生时为美国公民。
总统助理	帮助总统处理白宫的日常事务。包括白宫幕僚长、助理幕僚长、白宫新闻发言人、白宫顾问等白宫高级助理。（1946 年以后设立）
白宫办公厅	政府中枢、总统办事机构的核心，负责处理总统的日常事务，与外界沟通、磋商。其首脑为白宫办公厅主任，又被称为幕僚长，因其位高权重经常被称为“第二总统”。副总统也有办公厅，因其重要性较低，略去。
行政管理与预算局	非党派机构，协助总统编制、执行联邦预算，推进行政改革。局长由总统任命，无需参议院批准。该局下属机关分为两类：1）与预算有关类，设以下 8 个计划和预算部门——预算研究，估价，国家安全计划，国际计划，经济、科学和技术计划，自然资源计划，人力资源计划以及政府总计划；2）与行政管理有关类，设 5 个部门——组织和管理系统、计划协调、行政发展与劳工关系、立法关系以及统计政策与管理部门情报系统。（1970 年设立）
国家安全事务委员会	不是决策机构，不能制订政策，只是提供参谋但影响力极大。由总统、副总统、国务卿、国防部长、紧急计划局局长以及总统指定并经参议院同意的其他行政部军种部部长与副部长组成，负责向总统提供与国家安全有关的内政、外交和军事方面的总体政策。国家安全事务委员会管辖包括中情局在内的 16 个美国主要的情报机构，对各部门的情报进行梳理，向总统汇报。委员会设一工作机构，由总统任命一名文职行政秘书领导。（1947 年设立）
经济顾问委员会	是美国总统的主要经济顾问班子，一般由三名学术型经济学家组成，需经参议院批准。该机构主要负责白宫内部经济分析，包括联络商务部、劳工部等联邦政府部门向白宫汇报美国经济数据情况和准备向国会提交总统年度经济报告，该机构与国际经济委员会为美国总统两大经济顾问机构。（1946 年设立）
美国贸易代表办公室	美国贸易代表是大使级内阁官员，直接对总统和国会负责。该部门对总统提供贸易政策指引和谈判的专家意见，负责制定和协调美国国际贸易、商品和直接投资政策并负责此类事务的谈判。下设 23 个机构：行政办公室，总法律顾问办公室，非洲事务厅，农业事务和商品政策办公室，中南亚事务办公室，

（续表）

	中国事务办公室，国会事务办公室，贸易政策与经济事务办公室，环境和自然资源办公室，欧洲和中东办事处，日内瓦办事处，贸易执行、监测和执行机构中心，创新与知识产权办公室，政府间事务和公众参与办公室，日本、韩国和亚太经合组织事务办公室，劳工事务办公室，小型企业、市场准入和产业竞争力办公室，公共和媒体事务办公室，服务与投资办公室，东南亚及太平洋办事处，西半球办事处，纺织办公室，世贸组织和多边事务办公室。（1962年设立）
科技政策办公室	历届负责人都是科学家，多为物理学家。该部门就与国内和国际相关的科技问题向总统以及总统办公室其他人员提出建议。自奥巴马政府以来，白宫科技政策办公室地位显著提高，已经被作为应对中国威胁最重要的决策部门之一。其在积极参与制定美国科技创新战略，推动联邦研发预算增长，发起并协调各项跨部门重大研发计划，加强政府与科技界的联系上起到了显著作用。（1976年设立）
改善环境质量委员会	评价政府有关控制污染、保护环境等的政策与活动，其主要职责是为总统提供有关环境政策的信息和咨询，由三位委员组成，委员人选由总统任命并经参议院批准。其在评议中所提出的建议和意见，不具有直接的强制力，只是通常都会被联邦行政机关所采纳，进而实现其监督功能。（1970年设立）
政策发展办公室	负责协助总统拟定和协调国内政策的各种选择方案，并检查政府的主要国内政策。

总统机构一般有如下特征：1）多为建议、咨询的职能，因此其实际权力往往受与总统关系的影响。总统重视、信任，该部门就权力大、影响大；总统忽视、不信任，该部门权力就小、影响小。2）除白宫办公厅外，大多数机构为事务性的、功能性的，而且通常与官僚制下的联邦机构有对口功能。这其实是总统为了避免自身被职业官僚部门忽悠的一种救济手段。身边有人懂这个，就不担心下面有人糊弄自己。3）这些部门的人员选拔通常具有很大的灵活性，能够让美国总统绕开刚性的公务员制度，汇全美之英才为自己所用，当然这也意味着这些英才通常都是总统的自己人。这种因总统上台而出仕，因总统换人而离任的制度，构成了一种弹性的迥然不同于欧陆国家理性官僚制的旋转门制度。它的好处是可以有效汇集体制外意

见，坏处则是加剧了美国政治中的游说现象，很多前任总统的红人混熟了地头之后，都成为替利益集团对政府施加影响的说客。

2. 联邦政府机构主要包括：

国务院	在政府各部中居首席地位。该部主管外交并兼管部分内政事务，具体职责是主管美国在全世界的大使和领事馆以及涉外官员的工作，协助总统同外国签订条约和协定，安排总统接见外国使节，就承认新国家或新政府向总统提供意见，掌管美国国印。其首脑为国务卿，下设副国务卿、政治事务副国务卿、协调安全援助计划副国务卿，分管地区性对外事务和职能性事务的助理国务卿。国务卿在美国属于重量级政治人物，其继承总统顺序排在副总统、众议院议长、参议院临时议长之后。（1978 年由外交部改名设立）
财政部	财政部部长在总统内阁官员中居第二位。该部具体职责是处理美国联邦的财政事务，征税，发行债券，偿付债务，监督货币发行，制定和建议有关经济、财政、税务及国库收入的政策，进行国际财务交易。财政部部长是国际货币基金组织、国际复兴开发银行、美洲国家开发银行、亚洲国家开发银行的美方首脑。财政部下属机构庞大，从铸币、国税、烟草到金融犯罪调查、反恐都有涉及。其下属特勤处在并入国土安全部前，曾长期负责美国总统安保工作。（1789 年设立）
国防部	国防部部长为文官。国防部经常被称为五角大楼，是美国总统领导与指挥全军的办事机构，又是向各联合作战司令部发布总统和国防部部长命令的军事指挥机关。该部设 6 个下属部门：国防部部长办公室、军种部、参谋长联席会议、联合作战司令部、国防机构、国防部现场活动部门。军种部包括陆海空三部。联合作战司令部包括 11 个单位：6 个地域司令部（中央司令部、欧洲司令部、北方司令部、南方司令部、印太司令部、非洲司令部），5 个职能司令部（太空司令部、战略司令部、运输司令部、网络司令部、特种作战司令部）。（1947 年由战争部改名设立）
国土安全部	"9·11" 后设立的强力部门，由包括海岸警卫队、移民和归化局、海关总署等 20 多个联邦机构合并组建，是美国自 1947 年成立国防部以来最大规模的一次政府机构调整。该部门负责：加强空中和陆路交通的安全、防止恐怖分子入境、应急事务、预防生化和核袭击、反恐、保卫美国关键的基础设施、汇总和分析联邦调查局与中情局等部门的情报。（2002 年设立）
商务部	商务部部长是总统的高级经济顾问。该部主要职能：管理美国国内商业与其他国家贸易、经济数据的统计和公布、进出口商品的管制、国外直接投资和外国人旅游事务的管理、进行各种经济调查以及社会调查、专利管理等。（1903 年设立）

（续表）

司法部	司法部部长也是美国总检察长，其在内阁中不称部长而称检察长。其机构职能主要是监督法律执行，在最高法院的诉讼中代表美国政府，为总统提供法律顾问，替美国政府处理法律事务及对司法部门进行监督。（1819 年设立）
能源部	主要负责美国联邦政府能源政策制定、能源行业管理、能源相关技术研发、核武器研制等。美能源部是美国在基础科学研究方面最主要的管理和资助机构，下设 24 个国家实验室和技术中心，如世界一流的橡树岭国家实验室、杰斐逊国家加速器实验设施等，超过 3 万名科学家在这些实验室和技术中心从事前沿研究，代表着当今世界最高水平。（1977 年设立）
教育部	美国政府最小的部，这是因为美国大多数的教育政策不是由联邦政府而是由州政府及地方政府制定的，具体由各州教育部门及地方的教育董事会来负责实施，教育部对地方的干预力度相较其他国家非常有限。主要职能：管理联邦教育事务、对美国教育中的重大问题提供指导、助学金助学贷款发放、帮助毕业生就业、推动教育公平。（1980 年由教育局升级设立）
内政部	负责管理全国的矿产、自然资源、海洋资源、国家公园、纪念馆和历史名胜，并负责印第安人部落事务。（1849 年设立）
劳工部	负责全国就业、工资、福利、劳工条件、就业培训、职业安全、工资和工时标准、失业保险金、再就业服务、相关经济统计。（1913 年设立）
农业部	负责农业、农产品贸易和农村事务。（1889 年由农业司改名设立）
卫生与公众服务部	提供最基本的医疗卫生服务。美国卫生及公众服务部是美国政府最大的卫生保障机构，是美国医疗系统的最高官方管理机构。（1979 年设立）
住房与城市发展部	支持社区开发，为居民提供经济适用房、抵押保险计划与房租补贴，建立社区康复中心，鼓励新社区发展，监管相关房地产与房地产租赁企业。（1965 年设立）
运输部	管理联邦公路、铁路、航空及航海，下属公路局、海岸巡逻队、联邦航空署、城市集体运输署以及圣劳伦斯海道发展公司。（1966 年设立）
退伍军人事务部	负责退役军人和家属、遗属的管理工作，发放退休金、参战补助金、残疾抚恤金和死亡抚恤金等，管理退役军人人寿保险，为退役军人提供医疗服务、住房贷款担保和就业帮助，资助退役士兵深造，管理国家公墓等。（1989 年设立）

相比于政治性较强的总统机构，美国联邦部门表现出比较强的专业性、官僚性特征，即流水的政客，铁打的公务员。对于这些机构中的公务员来说，“政治中立”始终是必须遵守的原则。政治的归政治，行政的归行政，官僚的职责就是负责国家政策的执行。但理想是丰满的，现实是骨感的，随着政府规模的扩大、行政干预的深入、制定政策的专业性的提高与委托立法的增加，官僚们正在越来越多地参与决策，这也意味着“政治中立”的公务员越来越深刻地卷入了政治当中。尤其是美国特色的“旋转门”和“游说”现象，更是加剧了行政官僚的政治化趋势。随着行政官僚越来越多地参与政治决策过程，自主决策，权力不断扩大，其与利益集团、国会政治力量的联系也越来越紧密。甚至行政部门、国会委员会与利益集团经常沆瀣一气结成足以对抗总统的“铁三角”。在特朗普执政时期，这种来自国务院、五角大楼的抵制，让任性的特朗普吃尽了苦头。

3. 美国联邦政府中主要独立机构

在联邦政府的机构中，占比最大的是所谓的独立机构。它们多是为了解决和控制社会中某一时期出现的经济或社会问题而设立。独立规制机构和传统的行政机关相比，其最大的特点在于独立性。大多数独立机构负责人无法定理由不得免职；其中的一些机构能够实现资金独立，不依赖于国会的财政拨款；一些机构能够以自己的名义提起诉讼，一些机构能够免受行政审查。根据独立机构的权力来源，可以将其分为两类：其一是权力来源于国会立法权、对国会负责、总统无法定理由不得干预的独立机构，最典型的代表是美联储。它们的本质是国会为了解决某一领域的问题，而将立法权委托给独立机构。独立机构根据国会委托和授权，制定行政法规或行业标准，或提出立法建议，比如期货贸易委员会。其二是接受国会委托，在某些领域行使准司法权的独立机构。在一些涉及法院难以有效应对的专业性、复杂性的领域，国会将作出裁决的权力委托给独立的专业委员会，最典型的如州际商业委员会和证券交易委员会，但是必须指出的是，这种准司法权力受到了美国联邦法院的强烈质疑和限制。

根据独立机构的组织形式则可以将独立机构分为三类：独立执行机构、政府公司、独立规制委员会。下表是一些比较有影响力的独立机构：

联邦储备委员会	该组织是美联储（美国整体储备系统主要由联邦储备委员会、联邦公开市场委员会、联邦储备银行等组成，同时有约 3000 家会员银行及 3 个咨询委员会）的核心管理机构。该委员会有主席和副主席各 1 名，委员 5 名，由美国总统提名，经参议院批准，任期为 4 年。其主要职能：监督、指导各联邦储备银行的预算、开支与活动；监管美国本土的银行，成员银行在海外的活动以及外国银行在美国的活动；负责保护消费信贷的相关法律的实施；行使作为国家支付系统的权利；每年年初向国会提交上一年的年度报告及预算报告；与美国总统及财政部部长召开相关的会议并及时汇报有关情况等。（1913 年设立）
美国证券交易委员会	该组织具有准立法权、准司法权、独立执法权，不隶属总统、国会、最高法院或任何行政部门。证券交易委员会在法律规定的范围内行使其职权，不受上述机构的指挥。委员会由五名委员组成，主席每 5 年更换一次，委员会成员不得有 3 人以上来自同一政党，由美国总统提名经参议院批准。其主要职能：负责规范证券行业包括美国电子证券市场，组织国家的股票和期权交易。限制证券活动中的欺诈、操纵、过度投机、内幕交易等活动，维护投资者、发行者、交易者等各类市场参与者的正当权益。（1934 年设立）
国际贸易委员会	非党派性、准司法机构。由 6 名委员组成，任期 9 年，来自同一政党的委员不得超过 3 名，下一任主席不得来自同一个政党。由总统提名，参议院批准。主要职能：负责对美国的协调关税制度进行经常性审议；与商务部共同负责美对外反倾销、反补贴调查、判定美国内行业是否受到损害；判定进口对美国内行业部门的影响；对某些不公平贸易措施，如对专利、商标或版权的侵权行为，采取应对措施；对贸易和关税问题进行研究；就贸易与关税问题向总统、国会和其他政府机构提供技术性信息和建议。（1971 年设立）
消费者产品安全委员会	管辖多达 15000 种用于家庭、体育、娱乐及学校的消费品，但车辆、轮胎、轮船、武器、酒精、烟草、食品、药品、化妆品、杀虫剂及医疗器械等产品不属于其管辖范围。主要职能：对市场上销售的各种产品进行认证；制定生产者自律标准；对无标准的消费品，制定强制性标准或禁令；对具有潜在危险的产品执行检查，通过各种渠道将意见反馈给消费者；当发现任何与权限内消费产品有关的过分危险时，制订能够减轻或消除这种危险的标准；对有缺陷的产品发布召回令。（1972 年设立）
联邦能源监管委员会	管理州际贸易中电力和天然气的运输和批发销售；管理州际贸易中通过管道进行的原油运输；审议关于修建州际天然气输送管道、天然气存储设施、液化天然气接收站的议案；审查非联邦的水电项目颁布并发许可。（1977 年设立）

（续表）

美国邮政局	美国邮政局是从行政机构转变为一家世界500强的政府企业，拥有596000名雇员和全球最庞大的民用车队。主要职能：管理国内国际邮件业务、快递业务。（1971年设立）
田纳西河流域管理局	是一个既享有政府的权力、同时具有私人企业的灵活性和主动性的公司。主要职能：对流域内自然资源进行综合利用和开发，促进地区发展。管理局领导机构为3人组成的董事会，经总统提名，国会通过后任命，总统指定董事长。每位董事任期9年，每3年更换一名董事。董事会行使公司的一切权力，直接向总统和国会负责，公司下属机构由董事会自主设置，并根据业务需要进行调整。管理局按自己的计划行事，不必依靠国会的贷款，可以在公开市场上出售债券而不必得到财政部的同意。（1933年设立）
美国国家航空航天局	世界上最权威的航空航天科研机构，简称NASA。主要职能：负责制定、实施美国的太空计划，并开展航空科学、太空科学的研究。NASA在行政上直属总统领导，由局长总体负责。下设6个战略事务部：航天飞行部、航空航天技术部、地球科学部、空间科学部、生物和物理研究部、安全与任务保障部。（1958年设立）
美国国家科学基金	美国版的自然科学基金。主要职能：通过对基础科学研究的资助，改进科学教育、发展科学信息促进美国科学的发展。美国国家科学基金会由国家科学委员会和1名主席、1名副主席及5名主席助理组成。国家科学委员会的成员由美国总统任命。（1950年设立）

独立机构的意义在于用独立性来确保专业性，从而使得机构能够有效处理专业性的问题。说白了就是有的事情政客干不了、官员干不了，只有专家才能干好。独立机构在很大程度上就是让专家独立于政治、行政官员，去管理一些非专业人士不行的公共事务。所以独立机构的关键之处在于两点：其一，专业性，要避免外行领导内行。很多独立规制机构都要求成员对管理领域具有一定的经验或者是该领域的专家。其二，独立性，独立机构往往通过交错任期、党派平衡等方面的制度设计，来防止政党更迭带来的政策变动和由于党派利益而非公共利益作出政策决断。

美国联邦政府的三公消费 “三公消费”即政府部门人员因公出国(境)费用、公务用车购置和运行维护费、公务接待费。其一，美国联邦政府对行政部门人员公务出行的主要管理规定是《联邦公务出行条例》，把公务出行大体上分为两种，即临时公务差旅和到任安置。联邦政府行政部门人员临时公务差旅经费主要包含两大部分：1）交通费，公务出行应该首先选择公共交通工具，其次选择政府车辆。乘坐公共交通工具，除非符合条例规定的例外情况或者经过机构负责人批准，必须选择联邦政府签约的运营商，必须乘坐经济舱，必须是美国公司。2）食宿费，在美国本土的公务差旅遵守总务管理局制定的食宿标准，在美国海外领土的公务差旅参照国防部制定的相关食宿标准，境外临时公务差旅则参照国务院制定的相关食宿标准。其二，公车。联邦政府行政部门公务车购置和租赁，绝大部分通过总务管理局进行，在供总统和副总统使用的公务车之外，除非是出于安全需要或者非常必要的例外情况，只能购置或者租赁中型或者小型轿车。除总统、副总统、总统指定的16名高级官员、各主要行政机构“一把手”、驻外使领馆负责人、主要军事领导人等明确规定的高级官员之外，其余行政人员只有确因工作需要或者特殊情况，经本机构负责人批准，才可以使用公务车辆上下班。所有公务车辆，除因特殊的安全或者执法需要之外，都必须挂公务车牌接受监督。其三，公务招待。美国联邦行政部门公务接待费支出控制非常严格，联邦行政机构提供公务接待的主要情况有两种，一是为希望招募的应聘者提供公务接待；二是为受邀从外地专程赶来参加会议的人员提供公务接待。

二、州长不是州里的总统：被掏空的州政府

对美国缺乏深入了解的人们观察美国时往往存在一个误区，就在于他们往往将注意力主要放在联邦层面的三权分立上，而忽视了美国的州、市、县、镇、特别区等地方政府。我们通常对州有两个误解，一个是把州等同于中国的省，但实际上，

美国的州政府尤其特殊。因为它虽然是地方政府，却迥异于中国人常识中的“省政府”。美国的州政府对本州内的大量事务具有自主权，联邦政府一般不得干预。各州不论大小都在参议院拥有两个席位，即使是联邦宪法本身的修改存废也要受到州的强力制约。这些特点是中国省政府不具备的。另一个误解，则是简单地认为美国的州政府是在州内对美国联邦政府的一种复制，比如美国的州政府也是三权分立，包括州议会、州政府和州法院，而且美国的州的议会都分为参众两院。但实际上，美国的州政府与联邦政府差异极大。其中一个重要的差别就在于州长与总统的差别，州长不是州内的总统。在联邦的层面，美国的总统是非常强势的存在，甚至被称为民选的帝王，但在州的层面，其最高行政长官州长却绝不能被比喻为州内的总统。他在声望上经常不如本州的资深参议员，在权力上经常被本州议会所压制，甚至对本州的许多地方行政官员也完全不具备上级的决定权。

这是为什么呢？这是因为美国的州内政治与联邦层面的政治不同，具有强烈的地方性。其一，州议会的权力很大。在美国各州的政治传统中，立法机构曾经长期处于绝对主导的地位。和美国联邦政府确立的三权分立和制约制度相比，早期美国各州宪法授予议会较大权力，议会可以凭借各种手段对行政和司法部门施加影响，行政和司法机关却无有效方式制衡议会。别看中央和地方都是政府—两院—法院的三权分立结构，但在中央是总统制，在地方往往是议会制。通常情况下，州长的权力是在州宪法中列举出来的，他缺乏总统那种扩张权力的弹性空间，而剩下的权力则完全属于州议会。州议会的一个最特别之处在于，它和州长与其他地方政府不同，它是美国权力的源泉之一，它拥有宪法未明文禁止它的一切权利，州政府一切工作都来源于议会，它拥有警察权并控制整个民法领域，可以对公民财产征税，还可以制定有关公共卫生、道德、职业和福利的规则条例，审批地方自治宪章等。所以，尽管近几十年来，州长的权力有了很大的增长，但州长在州议会面前却很难获得类似总统在国会面前的主动。举个最简单的例子，美国国会弹劾总统需要 2/3 多数，而州议会弹劾州长只有部分州需要 2/3 多数，许多州只需要 3/5 多数，甚至诸如阿拉巴马、肯塔基、田纳西、印第安纳等州只需要简单多数（得票过半）。

其二，在近几十年的美国地方政治改革中，地方自治权力有了很大增长，许多州的宪法里已经承认了地方自治的权力。对于民选的地方行政官员，州长并没有足够的权力。一方面是联邦权力对州内事务的不断渗透，一方面是市、县、镇、特别区的地方自治权力不断扩大，州长掌握的行政权夹在中间想做点事情实属不易。

其三，尽管美国的州政府也日益庞大，州长所领导的各种局、委员会和其他机构数量也日益增多，州长在财政、安全、教育、卫生、福利、公共工程、农业、劳工、工业和资源保护等许多领域也掌握了很大的话语权，但在州政府内部，仍然有许多高级官员是直接选举的，比如检察长、财长、州务卿等重要官员。州长对于这些选举官员很难有控制力。

其四，随着近些年全国性政治日益占据大众媒体的头条，美国全国的政治中心在华盛顿的白宫与国会。州内选出的参议员、众议员经常能够比州长更加吸引民众的注意力，因为他们往往扮演在国会中为地方利益奋战的斗士。尤其是任期 6 年且更易连任的参议员，更是经常成为比州长更有分量的政治人物。尽管在 46 任美国总统中，有 17 任曾出身州长，但值得一提的是，自奥巴马开始，美国已经有 16 年没有州长出身的总统。当选举越来越依靠情绪、口号与形象的时候，丰富的地方执政经验已经不再有以往的说服力。

美国州政府的招商引资　和中国的地方政府一样，美国的州政府也面临经济发展的任务。它们也一样招商引资，搞各种优惠政策，比如对企业无偿拨款、优惠贷款、免税债券甚至政府参股；比如对企业减税、免税、提供税收抵扣、税收缓交、加速折旧等优惠；比如也搞工业园区，也搞配套。总的来说，美国州政府的招商引资也大致经历了吸引外来企业、留住和发展本地企业、创造良好的发展环境三个阶段。在早期的工业化时代，州政府的招商重点是吸引外来企业；在 1980 年代以后，重点变为支持本地企业开展新项目；在 2000 年以后，州政府招商的重点是创造良好的环境，以良好的法治、教育、卫生、医疗、环境和生活质量来吸引高质量企业。

三、越来越像企业的政府：美国的地方政府

除了联邦政府、州政府之外，美国还有大量的地方政府，主要包括市、县、镇、特别区、学区等，美国不是从中央逐级到地方的体制，而是存在大量碎片化的、各种形态彼此交叉重叠的政府。美国是半联邦制国家，这是因为美国是州外联邦、州内单一的国家。虽然在美国的建国历史上，自治的地方城镇是政治生活的源泉，比如在1787年《西北法令》中，当一个新城镇有5000名自由男性居民时，就可以获得政治地位，即从他们的县或镇选举代表在州议会代表他们，但这种自治权力从无到有的生长，却是始终在州的框架中进行的。在人口不足5000时，先由州议会派出领地长官，再由领地长官授权地方行政官员的权力和职责，再到条件成熟时组织选举，并获得州议会授予的正式权力。这个过程既是自下而上的，也是自上而下的。1868年著名的“狄龙裁定”规定：地方政府完全服从州议会，除非宪法特别规定某些事情应该受到保护，地方政府必须服从州宪法和州法律。这实际上确立了州对于地方政府的“主权”。这意味着在州议会面前，城市宪章只不过是它的一个法令而已，州议会完全可以通过法律来决定城市政府体制和职能。然而美国的地方政府和州政府并不是联邦制的关系，这也并不意味着他们的关系就是许多单一制国家中那样的市—县—乡的层级式。尤其是在“二战”之后，美国州内的地方政府与州政府的关系出现了很大的变化，地方自治程度得到了很大提高，越来越多的州将地方政府自治写进了州宪法当中。这意味着大量的市、县、镇政府获得了结构性的自治权力。这种地方自治权结合“二战”之后美国社会郊区的兴起、人口的高度流动性，让美国的地方政府呈现出“属地管理＋事项管理＋政府间管理”的高度多样性。相比于稳定的联邦制，这种基层地方治理的创新与变革也许更值得我们关注。

就美国地方自治的变化而言，大致上可以分为从小变大再到从大变小的两个阶段。

第一阶段，美国的地方政治从传统的英格兰乡村自治模式逐步变革，以适应美国社会快速发展、城市规模日益扩大的现实，这个阶段可以说是“从小变大”的阶段。在美国社会早期，地方治理的模式相对单一，市长—议会制是美国地方政治中最为普遍的政府体制。我们在西部片里经常可以看到这样的场景，市长或者治安官

维持日常事务，镇议会或者市议会里来自各个固定选区的议员们围绕重大事项投票表决。这种地方政府模式主要流行于新英格兰地区，它其实是从英国的教区自治制度而来。它适合于人数不多、居民相对固定的定居点。因为各个相对稳定的社区可以通过本社区的精英作为代表—议员，在议会为自己争取利益。这是一种熟人间的民主，居民们对自己选区的议员知根知底，各个议员依靠对社区的忠诚竞选连任。因此在大多数情况下，议会更能代表地区的民意，而市长、治安官通常是议会选来或者雇来办事的。我们在很多西部片中可以看到，警长或者市长往往都是市议会花钱雇来或者选出来为大家办事的。所以在通常情况下，这种市长—议会制就会变成弱市长—强议会制。

然而在 19 世纪以后，美国社会的人口增长和人口流动很快，市镇熟人社会开始瓦解，建立在熟人社会之上的固定选区（经常是固定家族）代表制度也开始出现很多问题。问题可以归纳为三个方面：其一，城市规模日益扩大，公共议题日益专业化，这让熟人政治选出的地方议会难以实现有效治理；其二，由于一些城市涌入了大量的外地甚至外籍移民，他们难以真正融入地方公共生活，而只能托庇于城市某一区域之中，比如爱尔兰人、意大利人等。这些人的衣食住行都要依靠大佬的安排，他们接受庇护也回报以选票，这就形成了电影《教父》中所描绘的城市老板现象。其三，城市的发展带来的诸如污染、交通、治安、卫生、市区改造等问题，往往带来严重的邻避效应。代表各选区集合的市议会往往限于各自利益，而缺乏对于城市公共利益的关注，从而造成 1+1<2 的现象。为了解决这些问题，美国的地方政府进行了相应的变革，主要包括：加强更专业的行政官员的权力，将弱市长—强议会变为强市长—弱议会。选民同时选举市长和委员会及其他需经选举产生的官员，再由市长或委员会任命其他的官员，并且在这个过程中，尽量减少市民直接选举的其他行政官员的数量。相比于以前由市议会选举的市长，强市长直接来自市民普选，拥有很大的权力，他可以单独任命市政府各职能部门的主管，编制预算，对委员会法令行使否决权，掌握市政府的行政大权；还可以进行市议会选举制改革，将分区选举制改为普选制，从而最大限度地淡化城市老板的影响。应该说这些改革让美国的地方治理适应了美国快速城市化的现实，虽然在 20 世纪 60 年代以后，为了解决城市治理中的过度官僚化问题和保护少数族裔，美国的地方治理还进行了权

力下放与选举制度的进一步改革，但总的来说，这种强市长—弱议会的模式已经成为美国相当多城市尤其是中大规模城市最主要的治理模式。

美国城市的社区控制运动 随着美国城市管理的日益官僚化，在20世纪60年代后期，美国爆发了旨在增强社区自治的社区控制运动。社区控制运动的目的是让居民能够对抗过分强调专业化和集权化的地方政府，尤其是摆脱脱离社区的行政官僚，实现社区自治。最典型的就是纽约市曼哈顿区的西区和上西区的市民协会发起的中产阶级自治，中产阶级社区的协会经常为了城市不提供的服务而筹集经费、订立合同，比如垃圾处理、管理公园和游泳池、购买私人警察服务，等等。

第二阶段，随着美国郊区时代的来临，美国的地方政府又开始了新一轮的改革，以适应从大变小的新现实。“二战”后，美国城市发生巨大变化，其最大的特点就是郊区快速地发展。与中国、印度等发展中社会大城市快速膨胀不同，美国社会由于其大城市病日益明显，市中心区空心化、市区公共建设投入不足等诸多问题，出现了中产阶级逃离市中心奔向郊区的现象。到1970年，美国社会的郊区人口就达到了7560万人，占全国人口总数的37.2%，超过了中心城市和农村人口。这意味着，传统的以县、镇模式为主的郊区面临着人口激增、公共服务需求多样化的新挑战。说白了，这些富裕的中产阶级，来郊区是希望提升生活品质而不是降低生活品质。他们在买房置业、纳税消费的同时，要求的是更好的环境、治安、公共设施、医疗条件和教学质量。这无疑对希望吸引富裕中产阶级的郊区地方政府提出了巨大的挑战，在资源有限的情况治下，更为灵活、更有用户意识的地方治理在各地开始出现，并形成了美国地方政府改革的新潮流。

这种改革的核心都是为了适应小而精的郊区模式和多样化的公共需求，以满足居民既要更民主也要更高效的两难期待。除了原有的强市长—弱议会模式外，一些新的地方政府模式也开始出现。其中最流行的有城市委员会制、城市经理制和特别区政府（特殊政府）模式：

1）城市委员会的特点是实行立法与行政合一。委员会同时掌握立法权和行政权，委员会成员具有双重身份，除担当立法职责外，还分别担任各行政部门的首脑。委员由选民选举产生。委员会通常由3—9名成员组成，经普选产生，任期2—6年。官员任命权归委员会，有些城市市长由在选举中得票最多的委员担任，但市长与其他委员权力平等，没有否决权，其职能主要是主持会议。大多数城市同时选举所有的委员，也有些城市采取差额轮换制。城市委员会制的起源可以追溯到1900年，当时美国德州的港口城市加尔维斯敦遭遇飓风和海啸，情况紧急、损失惨重，但市长与议员反应迟缓、分歧严重。州议会行使州对地方的管理权，直接任命了5位本地优秀企业家组成一个委员会，负责重建工作并取得了不错的效果。然而在实践中，并不是所有城市都有加尔维斯敦的运气，大多数民选委员往往难以胜任专门的行政管理工作，几个委员地位平等，容易导致市政管理一盘散沙，所以在今天的美国采用城市委员会制的城市并不是主流，因为这通常要求城市委员会成员有能、有闲。这有点类似于在国内一些老旧小区，由于谈不拢物业公司，社区居民自行承包物业的情况。

2）城市经理。这种模式最为显著的特点是，市议会与城市经理有明确的分工。议会负责制定市政政策，由议会任命、对议会负责的行政首长对市政进行专业化的管理。这种模式通常是先由选民选举产生委员会，委员会任命一名城市经理，再由城市经理任命各部门官员，城市经理领导市政府对城市进行专业化的管理。这种模式其实就是将现代企业的组织模式复制到了政府体制上。这对于推崇市场而不太尊重政府的美国社会而言实在是自然而然的事情。说起来有趣，崇尚权威的东亚社会比如像日、韩这样的国家，可以把私人企业办成等级森严的衙门，而自由散漫的美国社会却能把衙门办得和公司一样。也有人说，城市经理其实就像把现代社区生活中的业主委员会—物业公司模式复制到了地方政府之中。采取这种模式的城市通常较小，居民用雇用物业公司的方式来组织政府。城市委员会通常是由拥有才能、威望和资源的选民组成，他们一旦制定了城市的各项政策，城市经理就要负责实施。当然在实践中，强势物业经理也并不少见，城市经理也可以有很大的权力。说白了，美国的城市经理是政治与行政二元划分的产物，美国社会更愿意采用企业管理方法追求城市的发展，他们要在时政管理中引入科学高效的行政管理，实现基层治理的专业化和去政治化。

3）特别区政府（特别政府）主要是相对于一般性的市、县、镇政府而言，它通常是根据某一具体的需求而打破一般性的行政区划，根据居民意愿重组的区域。你在哪个市、县、镇并不重要，重要的是你们都希望能够享受到优质的教育资源或是警力资源，那我们就团结起来，围绕这个诉求自我管理。特别区政府的特点是职能单一，以服务性功能为主，所服务的地域范围与一般性政府存在交叉，有很大独立性。比如围绕升学跨区域居民组成的学区，围绕警力组成的居民区。在本质上，这是对某一特定公共产品的团购。特别政府是美国地方政府的最大特色，它的形成基于三个原因：其一，美国地方政府功能与边界相互重叠、彼此竞争；其二，美国社会视政府为公共服务提供者而非管理者；其三，美国社会流动性很强，社区不断重组，按地域管理不如按需求管理更为灵活。特别区常见的情况就是 A 区居民要求加入 B 区的某一公共服务计划，这时候不同地方政府之间还可以签订公共服务的分包、转包协议，比如 A 区政府雇用 B 区政府为本地居民提供服务；A、B 两区政府共同提供某一公共服务或运营某一公共设施；A、B 两区政府共同出钱委托另一组织提供某一服务，等等。

美国的学区房 美国地方政府中的特别区最常见的是学区。美国的学区以学校为中心而设，覆盖全美绝大多数地区的公立中小学。学区居民有权选举教育委员会，全权负责学区教育事务的管理。学区还有财政独立性，它有权征收学区内居民的财产税，为学校筹集教育经费，拟定学校预算，决定课程设置，聘请教职员。一句话，在美国也有学区房，上好学校也不容易。

在美国总共有近 3.6 万个城市和乡镇，4000 万人生活在 5 万到 25 万人口的中等城市，有 4000 万人住在 1 万到 5 万人口的小城市，占总人口一半的人居住在人口不到 1 万人的小城、非自治镇或小镇以及农村地区。要把这些地方管好，对于任何一个国家来说都是沉重的任务，所以自治成了唯一的出路。事实上，美国的基层人民也早就习惯了自治，正如托克维尔所说的：让旅游美国的欧洲人最吃惊的，是这里没有我们通常所说的政府或衙门。在美国，你真的很难见到类似于中国基层政府所做的社区改造、市容美化、移风易俗等现象。有钱人可以雇警察、雇私人安保公司、建好学校，享受高水平的自治；穷人则聚居于贫民区，承受高犯罪率、低质量教育的自治。在很多时候，穷人甚至非常抵触地方政府推动的社区改造，因为一旦改造成功，房租上涨，他们就要被迫搬离。在美国社会的基层走一走就会发现，不同社区可以是天壤之别，自由和自治并不是免费的午餐，不同人群的自治，往往是完全不同的折叠世界。

参考文献

罗伯特·A. 达尔：《美国宪法的民主批判》，佟德志译，东方出版社，2007。

汉密尔顿、麦迪逊、杰依：《联邦党人文集》，程逢如等译，商务印书馆，2019。

乔纳森·A. 罗登：《汉密尔顿悖论——美国的财政联邦制》，何华武译，上海财经大学出版社，2022。

吴量福：《白话美国地方政府》，天津人民出版社，2009。

赫伯特·D. 克罗利：《美国生活的希望：政府在实现国家目标中的作用》，王军英、刘杰、王辉译，江苏人民出版社，2006。

马文·奥拉斯基：《美国同情心的悲剧》，刘力平、周镜等译，文津出版社，2004。

王旭、罗思东：《美国新城市化时期的地方政府》，厦门大学出版社，2010。

杨成良：《美国横向联邦制的演进》，人民出版社，2017。

游腾飞：《美国联邦制纵向权力关系研究》，上海人民出版社，2016。

约瑟夫·J. 埃利斯：《美国创世记：建国历程的胜利与悲剧（1775—1803）》，汪衡译，中信出版社，2018。

梁红光：《联邦制理念与美国早期的国家构建》，上海三联书店，2013。

张千帆：《主权与分权——中央与地方关系的基本理论》，《国家检察官学院学报》2011年第2期。

石庆环：《行政集权：现代美国官僚政治研究》，博士学位论文，东北师范大学，2004。

王晓峰：《美国政府经济职能及变化研究》，博士学位论文，吉林大学，2006。

阿尔伯塔·斯博拉吉亚：《辖区政治、功能性政治与美国联邦制的衰落》，于海洋编译，《比较政治学研究》2020 年第 1 辑。

蔡林慧:《现代西方国家监督政府体制所蕴含的理念及其启示》,《南京师大学报（社会科学版）》2005 年 第 6 期。

王家庭、张换兆:《工业化、城市化与土地制度的互动关系：美国的经验》,《亚太经济》2009 年第 4 期。

布莱恩・E. 亚当斯:《美国联邦制下的地方政府自治》,王娟娟、荣霞译,《南京大学学报（哲学・人文科学・社会科学版）》2012 年第 2 期。

李京桦:《权力的相互竞争、合作、平衡与依赖——浅析美国联邦制的发展》,《人民论坛》2012 年第 20 期。

夏丽华:《美国联邦制特点及其功能探析——以联邦与州的分权为视角》,《河南师范大学学报（哲学社会科学版）》2009 年第 4 期。

谭融、于家琦:《美国联邦制的发展沿革》,《天津师范大学学报（社会科学版）》2002 年第 6 期。

任东来:《美国的“中央”与地方关系新论》,《南开学报（哲学社会科学版）》2012 年第 3 期。

“Our governmnet,” The White House, accessed July 21, 2023, https://www.whitehouse.gov/about-the-white-house/our-government/

David Magleby, Christine Nemacheck and Paul Light, *Government by the People 26th Edition*, Pearson, 2018.

Alfred Stepan, “Federalism and democracy: Beyond the US model,” in *Theories of Federalism: A reader*, Palgrave Macmillan US, 2005, pp. 255–268.

Samuel Hutchison Beer, *To make a nation: The rediscovery of American federalism*, Harvard University Press, 1993.

Todd Landman and Edzia Carvalho, *Issues and Methods in Comparative Politics: An Introduction,* 4th ed., Routledge, 2016.

Ryan Nunn, Jana Parsons and Jay Shambaugh, *Nine Facts about State and Local Policy,* Brookings Institute Research Paper, January 2019.

第三部分

不再平衡的权力三角：美国的总统、国会与法院

当立法权和执行权集中在同一人手中或同一管理机构手中时，那里就不再有自由了。

——孟德斯鸠

相比于其他在漫长而又惨烈的政治斗争中逐步孕育出政治体制的国家，美国的政治体制其实带着浓浓的理想主义的计划性。虽然今天的美国政治早已经和当年的设计差异甚远，但回溯美国立宪之时，其政治设计的出发点还是清晰可见的。参与立宪的联邦主义者是一群北美殖民地的律师、商人、大农场主，对于他们而言，自由不仅仅意味着反抗在他们之上的暴君，而且也意味着警惕在他们之下的暴民。在1787年制宪会议的时候，对于这群精英而言，让他们警惕的不仅有在刚刚过去的独立战争中意图镇压他们的英国国王与议会，还有在“谢斯起义”中让他们寝食难安的美国社会的底层大众。

恐惧专横的国王，担忧狂暴的大众，美国的建国精英们惧怕两个看似彼此为敌的幽灵——专制主义和民主主义。他们既想避免一人的专制，又想避免大众的专制，那么唯一的出路就是把政府的权力分散开来，使之互相制约平衡。总统是用选举团的方式间接选举出来的，国会分为按人口比例代表人民的众议院和每州都有相同代表的参议院，司法权则被最高法院独占。而且只有通过漫长而艰巨的程序，才能修改这种设计。就这样他们最终创造出了这个用野心制约野心、用权力制约权力的混合体制。有人半开玩笑地把它称为：国王（总统）—人民（国会）—贵族（法院）的共治。

在这套混合体制中，国会、总统和法院被设定了不同且可以相互制衡的权能，

即各自的职能是分立的。国会拥有立法、财税和宣战的权力，总统负责外交、军事和行政权，联邦法院则拥有司法审查的权力（这是马歇尔从“马布里诉麦迪逊案”中发现并创设的权力）。在这个三角关系中，国会对总统提出的外交代表、政府官员的任命和总统代表美国所订的条约有批准或否决权，有对总统对国会立法的否决的再否决权，有弹劾总统的权力；总统对国会通过的法案享有有限的否决权（该否决权可以被国会再否决）；国会拥有对任命法官的批准权或否决权，有对联邦法院法官的弹劾权；法院有权通过违宪审查而宣布国会立法违宪；法院可以通过宣布行政的行为或总统发布的具有法律效力的命令违宪而限制总统的权力；总统则拥有联邦最高法院法官的提名和任命权。

驯服华盛顿 在美国第1任总统乔治·华盛顿执政时期，总统与国会都在彼此摸索这种相互制衡的边界。1789年8月的一天，华盛顿在陆军部部长诺克斯的陪同下进入参议院大厅，他告诉参议员们，他带来了美国政府与印第安人签订的条约草案，请参议院提出建议并通过。华盛顿要求参议员们当场逐项表决，并表示如果有不清楚的，可以现场询问陆军部部长。然而，参议员们要求在华盛顿不在场的情况之下进行讨论和决议。麦克雷参议员说：总统想用自己的个人威严给我们形成压力，让我们走个形式，美国人不吃这一套。最后的结果是华盛顿怏怏而去，但参议院还是通过了这个条约。从此以后，美国总统都长了记性，他们碰到条约问题都不再亲自去参议院，避免给人落下试图压迫议会的口实，而是客客气气地书面递交条约。同样也是这个麦克雷，在参议院用敬语“最仁慈”的前缀称呼美国总统华盛顿的时候，也奋起抗议，他认为这是令人不齿的国王做派。从此美国总统进入国会，只称“美国总统”。当然，国会能够给近乎全票当选的美国国父华盛顿立规矩，也是华盛顿配合的结果。华盛顿在与国会相处的过程中，非常谨慎。他非常希望开一个尊重国会的好头，也成为约束后任总统的先例。

第十一章　从三分之一到现代君主

美国的总统制与总统权力的扩张

相比于从人类最早的政治实践中就可以看到的议会，总统尤其是总统制的产生的确归功于美国人的创造发明。总统制是一种政治架构，它是根据国家元首的权力地位而对国家政治制度进行的一种描述。在总统制国家，人民定期选举总统，总统既是行政机关的最高领导者又是国家元首，对外代表国家，而议会是立法机关，是国内主权的代表。必须指出的是，在总统制国家，根据总统的权力地位，也有很大不同。美国总统与国会、法院处于三权分立的状态，由于总统的选举独立于议会的选举，因此议会也就一般无权对总统投不信任票，总统也无权解散议会。这种体制是一种分权制下的总统制，它与法国的半总统制和以俄罗斯为代表的超级总统制有明显的不同。法国宪法赋予了总统凌驾于三权之上的权力，规定“共和国总统要确保宪法得到遵守”。总统通过仲裁，保证公共权力机构正常行使职权和国家的持续性。这一表述意味着总统是公共权力之上的权力，即法国的总统置于立法、行政、司法三权之上，总统之下的总理才是行政机关的首脑。土耳其的正义与发展党在 2017 年完成修宪公投之后，其总统制与法国的总统制存在某些类似之处。而 1993 年俄罗斯通过新宪法确立了总统制，它创造的是一个超级总统制，总统独揽大权。从总统的职权看：法国和俄罗斯的总统不仅享有传统的总统权力，还有很多权力是一般总统制国家所没有的。一是解散议会，这是美国总统梦寐以求而不可得的权力；二是全民公决，这是一种总统越过议会，直接通过公民来表决法律的特殊权力，总统掌握和行使这种权力，既可以起到削弱议会权力的作用，又可以加强总统自己的地位。

必须指出的是，在今天的人类社会中，有总统的国家很多，但有总统并不等同于总统制。许多议会制的国家，为了缓和议会制常见的政局动荡、党派对立的弊病，都设置了虚职总统，以增强政治的稳定性、促进国内的团结。这个道理其实很好理解，议会党派林立，城头变幻大王旗，但是总统的位置上总有一个老面孔待着，大家看着熟悉，心里踏实。这其实是参考了英国这样革命性不强但稳定性很强、虚置着国王搞党争的君主立宪。像很多英联邦国家，明明已经独立却始终在名义上把英王当作国家虚君，其实也都是图一个传统带来的稳定性。印度的当家人是总理莫迪，可它的总统是普拉蒂巴·帕蒂尔女士；新加坡当家人也是总理李显龙，可它的总统是一位女性穆斯林哈莉玛·雅各布；以色列的艾萨克·赫尔佐格、德国的施泰因迈尔都是“不管事”的总统。

议会制 议会是最高权力机构，是国家主权的唯一合法代表。政府对议会负责而不是直接对选民负责，政府权威完全依靠议会的信任，一旦执政党失去多数议会席位，政府就会因失去议会信任而倒台。一党或数党联盟只要在议会选举中获得简单多数，就获得了组阁的权力。获胜的政党领袖担任首相，内阁成员绝大多数来自执政同盟，首相包括内阁成员既是内阁的组成人员又是议会成员，相比于美国的三权分立，议会制国家是典型的议行合一。

一、美国的总统制

总统制国家的总统不一样，它不是虚职，比如俄罗斯总统、韩国总统、巴西总统，这些国家的总统都和美国总统一样拥有非常大的权力。美国总统具有一系列广泛的权力，包括：

行政权力	1）总统有权处理国家事务和联邦政府的各种工作；2）他可以发出对联邦机关有法律约束力的政令；3）有权提名所有行政部、院、署、局等机关首长，经参议院认可后上任，提名其他数百名联邦政府高级官员。

（续表）

立法权力	1）有限制的立法否决权，总统于法案通过后10日内，可以否决国会通过的任何法案。法案再次获国会两院均以2/3票数通过，总统否决将会被推翻。2）总统也可以于国会休会的时候单方面否决任何获国会通过的法案。2）建议立法权，总统可以向国会提出国情咨文、预算咨文、特别咨文等，建议国会进行相关立法。3）委托立法权，总统有权在行政体系内进行改组，有权设立新机构。
司法权力	1）法官提名权，总统可提名联邦大法官、联邦法官，经参议院批准任命。2）特赦权，总统可以对任何被判处破坏联邦法律的人作完全或有条件的赦免。
军事权力	1）总统是美国武装部队、国民警备队的总司令。2）部分战争权（军事行动权），总统往往越过国会不宣而战。3）部分紧急状态权，在战争和紧急情况下，经国会授权可拥有非常权力。
外交权力	1）总统是负责处理对外关系的主要官员。2）提名驻外大使、公使和领事，经参议院批准任命。3）部分缔约权，有权与外国缔结条约，须经参议院2/3多数票批准。4）行政协定权，总统可与外国签订行政协定，不需参议院同意。
美国总统的资格	必须是土生的美国公民，年龄至少35岁，至少在美国居住过14年。

有观点认为：1787年的联邦宪法并没有打算设立一种权力很大和十分重要的公职，而只打算设立一个纯粹的行政长官。因为如果真的要让总统具有国王般的权威和重要性，那么更合理的做法就应该是以普选制度而非选举人制度来选举总统。在逻辑上，总统由各州议会选出的选举人团选举产生，而不是由选民直接选举产生，那么这一职位的权力就很难对抗国会的权力，因为后者的权力直接来源于人民。所以在当时，联邦党人几乎没有考虑到总统权力会在以后有如此巨大的膨胀。然而政治有一条铁律，那就是权力产生于对权力的运用。随着美国国内、国际形势的变化，尤其是内战、“一战”、新政、“二战”、冷战、反恐等战争与危机状况的不断发生，美国总统处在不断运用权力、发现权力、创造权力的过程中，逐渐成为三权分立中最强大的权力一方，并让美国政府成为非常典型的总统主导型政府。美国总统权力的膨胀主要表现在：

行政命令	用行政命令侵蚀国会的立法权，大量的总统行政命令实际上是总统权力在立法权上的扩张。
行政特权	用行政特权来逃避国会监督。行政特权是指当国会两院要求行政部门提供情报或来人出席作证会议时，总统有权以保守国家秘密为由，下令行政部门或有关行政官员拒绝国会的要求。按规定行政特权只限于情况威胁到国家安全时使用，但近年来美国总统普遍滥用行政特权。
非正式人事任命	为了逃避国会对于总统人事权的监督，总统在需要审批的高级官员之外，都聘用大批的个人助理、私人秘书、专家、顾问等，他们的任命国会无权过问，而这些人在地位上有时甚至超过各部部长。特朗普在这方面可谓登峰造极。
外交特使	总统在外交权上的膨胀，体现在美国总统大量派遣外交代表或“特使”出使各国，履行“穿梭任务”和秘密谈判。这些外交代表的委派很多时候都绕开了参议院的审批和制约。这些代表很多时候行使着比正规使节更大的权力。
立法倡议	总统可据此以各类咨文形式敦促国会通过其立法。由于立法倡议权的频繁运用，美国的立法冲突甚至已经从国会立法—总统否决，演变为总统立法—国会否决。
战争权	总统通过将战争模糊为军事行动，篡夺了国会的战争权。美国历史上经国会正式宣战的军事行动只有 5 次，而未经国会批准的有 200 次左右，总统在战争上绕开国会已经是常态。以至于有说法：国会拥有宣战权，总统拥有开战权。
行政协定	总统通过用行政协定取代外交条约来规避国会的外交权。1945 年的《雅尔塔协定》、1972 年的《中美联合公报》其实都不是条约而是行政协定。

二、美国总统权力的扩张

美国总统权力的膨胀过程大致始于林肯—约翰逊的内战与内战后重建时期，在罗斯福的新政与“二战”时期达到巅峰，并在小布什的反恐时期再一次膨胀。尽管这一膨胀也经常受到立法和司法权力的制衡，但最终却往往是进两大步退一小步。造成总统权力不断增长的原因大致上有如下几个方面：

其一，美国联邦政府对经济、社会、地方政治日益增长的干预，催生了强大的总统权力。如果说在内战与内战后的重建时期，伟大的亚伯拉罕·林肯与强大的安德鲁·约翰逊两位内战总统，运用总统权力强势干预甚至摧毁南方蓄奴州的权力结构是一个开始，那么在1933年的大萧条时期，为了应对前所未有的经济与社会危机，富兰克林·罗斯福不仅善于运用权力，而且善于创造权力，他将联邦中央的弱管制权力转变成了一个具有全面性的行政干预功能的政府权力，并最终让总统权力成为三权分立的中心。他不仅前所未有地对美国社会进行干预，而且也让美国国会成为配合总统新政的立法机构，甚至试图向保守派盘踞的最高法院发起进攻，寻求彻底改变最高法院的机会。

其二，大众政治时代的到来，让美国总统成为最具个人魅力的政治中心，也因此获得了强大的政治动能。由于总统经常处于全国政治活动的中心，经常在重大场合和危急时刻扮演一锤定音的"美国英雄"的角色，美国总统与自身所在政党的关系出现了人在党上的情况。这意味着总统对议会中本党议员有着巨大的影响力，也因此对国会产生了巨大的影响力。行政的逻辑本质是集权的逻辑而不是民主的逻辑。总统权能的强化，也意味着行政的逻辑向政治领域蔓延。伍德罗·威尔逊谈"行政与政治二分法"的时候，是为了避免行政被政治所渗透，总统权威被政党所牵制，但到了罗斯福的时候，政治为行政决定，政党为总统所裹挟则开始成为新的现实。

其三，美国总统选举方式尤其是候选人预选方式的变革，让总统权力成了比国会权力更能代表美国，也更具有合法性的权力。在早期美国总统选举是操弄于党派之手的间接选举，比如在党派候选人提名阶段，候选人经全国党代表大会选举产生，但出席全国党代表大会的代表却往往是各州党干部会议逐级选派或是直接由党魁秘密协商指定。但随着美国民主运动的发展，总统选举包括其初选逐渐演变为全民直选。这让总统具有了全国普选的合法性，相比分散于参众两院、各自代表地方利益、经地区选举而产生的议员，总统的合法性更高，权威也就更大。尤其是在国会经常陷入党争的情况下，美国总统更容易被老百姓视为代表美国整体利益的特殊的一个象征。

其四，美国的霸权催生了强大的总统权力。随着美国深深地卷入全球事务，总统不再仅仅是一个充满国内政治事务色彩的行政部门的执政官，而是逐渐成为一个霸权大国的领导人、美国国家霸权的象征。事实上，没有一个强大的总统便不可能维持一个强大的、自身利益已经世界化的美国。美国不断在全球各地的霸权干预，让美国总统日益体现出超越国内政治的某种全球属性。对于总统而言，它不仅仅是美国人的总统，而且也是美国全球霸权体系的领导者。相比较而言，美国国会不仅因为其代议性质和结构，常常意见分散，而且也因为其通常高度关注事务，而很难承担起这种霸权舵手的任务。既然国会因为党派利益的分化而不能形成一个有效的权力中心，而美国作为一个超级大国和资本主义世界的领袖，它必须表现出足够的权威和领导能力，那么一个集国家元首、三军统帅、霸权象征种种功能与权力于一身的总统及其行政系统的出现就是必然的。

其五，也是最重要的，美国几乎没有停止过的战争与危机，让总统总能有扩大权力的机会。美国自独立以来，所参与的战争和对外的军事行动就有二百多次，“二战”以来几乎每任美国总统都发起或涉入过战争。这不仅是因为美国在“二战”以后已经形成了借战争从国家获益的军工复合体，而且也是因为总统总是战争中最引人注意的那一个，一场战争的胜利对于总统转移国内矛盾也好，连任也好都有着巨大的作用。如果再算上各种大小危机，美国总统总能利用甚至创造这种非常状态去扩大自己的权力。

危机是让总统从一个困在国内政治中的囚徒一举成为英雄的机遇，也是总统权力的兴奋剂。对于美国人而言，“9·11”的恐怖袭击是一场史无前例的国家灾难，但对于小布什而言，这场危机却让他成为“二战”之后最“强大”的美国总统。今天的拜登政府在乌克兰所做的一切，固然有维护霸权秩序的需要，但不可否认的是，以西方领袖的身份处理乌克兰危机，对于拜登的连任选举有着非常重要的意义。相比于深谙危机与总统的共生关系的老政客拜登，特朗普就显出了政治素人的幼稚。这位可能是有史以来最不愿意打仗的总统，站在生意的角度当然会觉得，打仗是一件很不划算的事情，但他显然不会算政治账，因为他居然宁可策划一场让其身败名裂的国会山暴乱，也不愿意选择一场对外战争，哪怕是对委内瑞拉的战争。

《联邦党人文集》直言不讳地将总统与当时英国的国王进行比较，说白了就是要在法治的框架下、分权的原则下，创设出一个民选的强力行政领导，以避免议会制国家地方势力、派系力量分裂国家，政府软弱更迭频繁的问题。然而，甘蔗没有两头甜，总统制避免了议会制的一些问题，也带来了一些新的问题。主要包括：1）全民选出的总统与同样是全民选出的国会很容易发生冲突，而这很容易带来双重合法性冲突。2）虽然避免了议会制的不稳定性，但是总统权力的增强又让政治面临总统个人的不确定性，与受议会控制的首相不同，一意孤行或者性格乖张的总统往往具有更大的不可控性，比如老迈的拜登总统的身体问题、偏执的特朗普总统的性格问题都是美国政治这几年的焦点。3）与议会制不同，总统制其实是按照“赢家通吃”的选举原则来进行统治的，虽然议会制选举可能为一个政党提供绝对多数，但是它们通常给予其他政党以一定的代表权。甚至在许多时候，这些少数还会因为成为决定胜负的关键少数而受到额外重视。总统制不同，这个位置就是只能坐上一个人，一个代表某个党的某一个人。这在本质上其实是种零和游戏，在严重撕裂对立的社会中，总统本身的党派色彩与选举失利一方的复仇情绪，会让这一制度引发严重的政治冲突。自奥巴马政府以来，美国的总统制正在面临这一问题的严重冲击。总统不再是国家团结的象征，而是内战的一方甚至是最拉仇恨的一方。总统选举成了内战，赢了则政治复仇、大肆清算，输了则拒绝承认、高呼“这不是我们的总统”。其中固然有人的问题，但更多的原因是总统制本身的问题在极化社会现实中暴露得更明显了。其实不只是美国，巴西、韩国、土耳其都有类似的问题。

最后，总统扩权最大的问题其实是对美国民主的威胁，在今天的美国社会，通过保密、紧急状态权、电视传媒、互联网、算法媒体，总统不仅可以规避大众的监督，而且还可以塑造大众的观念。美国的总统正在越来越像个帝王。尽管在拜登击败特朗普上台以前，美国社会曾经希望温和的拜登政府能够修正特朗普任性胡来滥用总统权力的错误，但事实上拜登比特朗普更加强势，他正在也只能强势地去清理特朗普的政治遗产，换句话说，要制止上一任总统滥用权力的后果，可能只能靠现任滥用权力才可以做到。

TIPS

被刺杀的美国总统 美国有9位总统遭到过刺杀，包括亚伯拉罕·林肯、约翰·肯尼迪、罗纳德·里根、安德鲁·杰克逊、詹姆斯·加菲尔德、威廉·麦金莱、富兰克林·罗斯福、哈里·杜鲁门、拉尔德·福特。遇刺身亡的有4位，第16任总统亚伯拉罕·林肯被名为布斯的演员在包厢开枪打死，他是美国历史上第一个被刺杀身亡的总统；美国第20任总统加菲尔德，因废除政党分赃制，被吉特奥在华盛顿火车站开枪打死；美国第25位总统麦金莱，在泛美博览会被一名无政府主义者在背后开枪打死；美国第35任总统约翰·肯尼迪，在达拉斯接见支持群众时被一名叫奥斯瓦尔德的刺客枪杀，本案疑点甚多，堪称悬案。

值得注意的是，美国的行政权并不仅仅是总统权力，相比于政治与行政混合的总统权力，在美国的行政权力中，也有强大的官僚权力。相比于欧陆国家，英美的官僚制度的发育都相对滞后。由于本土贵族的强大，英帝国的现代公务员制度是最先在英属印度殖民地建立。美国在1883年《彭德尔顿法》颁布之前，都没有建立现代意义上的官僚制度。在建国初期，美国的官僚主要是北美新贵族之间的恩惠与庇护，当时美国行政部门中设立了战争部、海军部、国务院和财政部，都是由开国一代的精英担任，比如杰斐逊担任第一任国务卿，汉密尔顿担任第一任财政部部长，诺克斯担任第一任战争部部长。在政党政治兴起之后，美国政府这种贵族之间的恩惠与庇护，就自然而然地转变为政党内部的裙带与庇护。一个政党一旦竞选获胜，就把政府官位如同战利品一样在自己人内部分赃，所以这种现象也被称为分肥制。

1881年，刚刚当选总统不到一年的加菲尔德，被一名求官未遂者刺杀。此举引起美国举国愤慨，也推动了美国文官制度的改革，到1883年，美国国会通过《一项管理与改善美国文官制度的法令》，即《彭德尔顿联邦文官法》，第一次确立以能力与功绩作为录用官员的依据，并规定文官不得因为政党关系等政治原因被免职，自此建立了美国现代文官制度。可以说，只有在1883年《彭德尔顿法》之后，美国才确立了公务员的三项基本原则：竞争考试原则、职务常任原则、政治中立原则。但这个时候的美国联邦政府其实仍然是一个小政府，直到罗斯福“新政”时期才发生了重大变化。在这一时期，由于美国联邦政府的快速膨胀（1933年罗斯福当选时美国联邦政府雇员仅为60万人，到1953年各类联邦公务员达到250万人），美国的官僚集团开始成为一股非常重要的政治力量。这也使得总统与官僚之间的关系变得越来越复杂。

看过英剧《是，大臣》的朋友应该对剧中政客与公务员的关系印象深刻。在剧中，民选的政治家总是雄心勃勃地希望有所作为，而老奸巨猾的公务员们总是能用晦涩难懂的专业术语、繁文缛节的文山会海和各种各样的先例、规矩来驯服政客。在美国分权制衡的政治体制中，这种政治官员与行政官员的紧张关系也同样存在。即使是总统也经常被困在官僚主义的陷阱里。也正是因为这个原因，历任美国总统才会在政府内部安插大量的自己人，这就让美国的公务员队伍形成了两类官僚，两类官员的任免遵循政治的与行政的两类不同的标准。一类是总统安排的人，又被称为高级行政官员。他们通常占据高位，与总统共进退，特点是非职业性、无固定任期，高级官员一般由总统提名，经参议院同意任命，通常与总统及其政党共进退。司局级官员一般由总统任命或白宫办公厅决定。主要在18级公务员薪金体系中位于GS16至GS18级（最低级为GS1，逐级增加）。另一类是行政技术官僚，又被称为常任文官。其地位由法律规定，不能被任意免职。这一类公务员类似于中国公务员，也要通过“考公”才能进入体制内。美国联邦政府的公务员考试与录用，有严格的法律规定与详细的考试录用程序，其在体制内职位由低到高划成GS1到GS18共18个等级。值得一提的是，美国的地方公务员和联邦公务员有很大不同，他们的编制要灵活得多，很多时候他们的角色类似于政府雇员，美国大量地方公务员是不用参加公务员考试的，而更类似于某种企业招聘。

相比于议会至上的英国，美国的官僚在对抗政治官员上其实更加游刃有余，这是因为美国的政治结构是三权分立的状况，也就是说公务员的对手不是像英国那样的一个统一的政治权力，而是彼此分立彼此制衡的三个权力。考虑到最高法院通常与公务员保持着审慎而冷淡的距离感，国会则通过各种预算控制保持着对联邦政府部门的强大影响，这让联邦官僚系统与总统和国会之间形成了一种“一仆二主”的状况。这使得他们有机会利用国会与总统的博弈来实现自己的特殊利益。从理论上说，官僚系统是中立的政策执行机关，它接受总统的领导和国会的监督，也对二者负责，但实际上，由于美国联邦政府深刻地卷入了社会利益的博弈，官僚系统与社会上的利益集团建立了广泛的直接联系，这一联系构成了某种政治上的影响力，而在竞选为王的美国社会，这无疑会对总统和国会产生相应的影响。在公务员制度比较成熟的欧洲英法德等国家，官僚组织通常是强大、稳定与安全的，所以它往往可以有足够的懒惰、冷漠去看待政治，去保持中立，但是在多样性的美国，官僚组织往往也是碎片化的、多样化的，它们并没有欧洲的官僚那样安全，各个部门、机构、组织经常要为预算、权力、资源甚至组织的生存而展开相互竞争。从里根的“政府就是问题”，到克林顿的“重塑政府”，近几十年美国的历任总统越是试图通过对官僚制开刀来取悦民众，作为回应，官僚们就越有压力与冲动来参与政治。在一些情况下，政府部门、国会委员会、利益集团甚至可以结成非常稳定的利益铁三角，而这种铁三角甚至会对总统的权力构成一定的制约。

第十二章　民主的控制与可控的民主

美国的国会

在多年前，我在国际关系学院给大四的同学们上“美国政府与政治”一课时，曾经遇到过这样一个问题，有同学问：美国总统是普选的，美国议会也是普选的，那么在总统与议会发生冲突的时候，谁代表人民的意志呢？当然，首先我们要说的是，西方民主制并不能代表真正的人民的意志，但是如果我们在西方民主的虚伪语境里去讨论这个问题，这的确是一个非常有意思的问题。这里面涉及对代表制的理解，所谓代表其实本身就包含着两重含义：一种代表是代表当事人的主体资格来完成某种委托。比如父母代表孩子来选择上哪所学校，律师代表客户去进行谈判。这里的代表指的是代替被代表的人去做决定，因为这个代表比委托人更有能力、更有经验、更负责、更能理解和维护这个被代表的人的利益。就好像父母们常对孩子说“我是为你好”，这实际上暗示着我比你更懂你的利益。另一种代表是代表当事人的意愿来进行表达。比如我在北京卫视的《向前一步》中就经常见到社区居民代表来反映群众意见，他们经常会拿出厚厚一摞纸，上面密密麻麻写着小区居民的各种意见，那份不负所托、忠实负责的态度真的让我肃然起敬。

这两种代表显然是不同的，一种是委托你来处理我的事情，我选择你是因为我相信你的能力比我更能维护我的利益，一种是让你代表我的意见，我选择你是因为我相信你能忠实反映我的意见和心声。尽管总统与议会对民意的代表都不能简单归为其中的一种类型，总统也要考虑民意，议会也有独立于民意的时刻，但粗略而言，总统对民意的代表更接近前一种委托型的代表，国会对民意的代表则更接近于后一种代言型的代表。或者更简单地说，议会是人民的代表，总统是人民的选择。

一、立法、预算和弹劾：美国国会的权力

美国国会的主要权力可以简要归纳为五大权力：立法权、预算权、人事权、调查权和弹劾权。其一，国会的立法权涵盖了包括征税、发行国债权、铸币、对外贸易与州际贸易、设立联邦下级法院、宣战等几乎所有重要方面，尤为重要的是国会还可以颁布为行使上述各项权力和联邦政府的一切其他权力所必需而适当的所有法律。立法权还包括国会对总统的再否决权，即如果总统否决了国会的法案，国会可以通过 2/3 的投票，对总统的否决进行再否决。

其二，国会也拥有部分的人事权，总统挑选的政府官员，提名的法官，要提交参议院进行审查，经参议院同意后才能任命。这个制度会让总统高度关切参议院对其提名人的意见，在很多时候，这意味着参议院对谁会成为总统提名对象有着重要影响。

其三，国会具有广泛的调查权。为了了解与立法、拨款、弹劾有关的事务，国会可以设立特别委员会来进行调查，也可以举行各种公开的听证会。国会的传召即便是对特朗普这样的霸王总统也具有极大的政治压力。

其四，国会控制了预算权，这是国会制约政府最为重要的权力。美国政府要实施任何一项新政策，都必须在国会里过两关：批准该项计划的授权法案，以及通过关于该政策的具体拨款法案，即可不可以做与可以花多少钱。由于政府支出必须由国会批准，总统提出的新财年预算也必须得到国会的批准才能生效，这就带来了美国政治近年来的一个突出问题，政府停摆。即由于总统提出的年度新预算没有被国会通过，或者国会没有通过关于资金分配的预算立法草案，无法得到国会财政拨款的机构就会关闭，这被形象地称为“政府关门”。随着美国政党政治的极端化，在总统与国会多数党并非属于同一政党的情况下，国会在预算上对总统卡脖子的现象也频繁发生。如果总统不服，那么最后的结果很可能就是一场耐力游戏。当然，为了维持重要核心部门的运作，美国总统也可以通过“持续决议”的权宜之计来维持政府的基本功能。所谓持续决议，就是当国会和总统无法达成共识以通过一项或多项普通拨款的法案时，可以通过一项持续决议，将资金使用持续一定时期。

最后，也是最重要的国会权力就是弹劾权。这是国会的杀手锏。由于在三权

分立的体制中，美国国会与政府是平权单位。美国政府不对国会负责，所以总统无权解散国会，国会亦无权倒阁，但美国国会可以用弹劾的方式追究高级官员与总统的法律责任。美国国会拥有弹劾包括总统和副总统在内的文职官员的权力。注意，这意味着军人不受国会弹劾，在美国只有总统可以凭借其武装力量总指挥的权力解除军人职务。自1789年成立以来，美国众议院共63次启动弹劾程序，对包括3位总统在内的20位联邦官员提出了弹劾案，其中有15名法官，1名内阁成员，1名参议员。被弹劾的3位总统分别是因南方重建问题得罪多数党的第17任总统安德鲁·约翰逊、因委婉否认与实习生莱文斯基发生性关系而涉嫌伪证的第42任总统克林顿、因涉嫌滥用职权（以中断援助为威胁要求乌克兰政府调查竞选对手拜登）的第45任总统特朗普。当然，这三起涉及总统的弹劾案都充满了政治色彩，除了依靠反对党7名议员临阵倒戈而以一票优势堪堪逃过弹劾的安德鲁·约翰逊，对于克林顿和特朗普的弹劾更多接近于“搞臭”。其实真正可能被弹劾而且应该被弹劾的是因在“水门事件”中窃听政治对手而严重违法被两党共同抛弃的尼克松，如果不是他抢在众议院就弹劾条款投票前辞职，他几乎板上钉钉地会以第一位被弹劾下台的美国总统被写进历史。

为了避免弹劾权被政党滥用，也为了避免自己起诉、自己审判的程序不公，美国国会在参众两院对弹劾有关的权力进行了分配：1）众议院独自拥有弹劾发起权，一般情况下，众议院首先要通过总统弹劾调查程序，通常是授权司法委员会展开调查，随后由司法委员会投票通过弹劾的罪名，然后众议院再围绕是否提起弹劾进行表决，只要达到简单多数，众议院就会把弹劾案提交到参议院进行审议。2）参议院独自拥有审判弹劾案件的权力。总统弹劾由最高法院首席大法官主持，其他官员的弹劾则由副总统主持，必须获参议员2/3多数方可定罪。被定罪的官员将被除去公职，有罪的官员将依法受到刑事起诉、审讯和惩罚。

可以看出，弹劾制度的设计有以下两个特点：1）众议院的起诉很容易，简单多数即可，这有利于加强国会权力对行政权力尤其是总统权力的制约。美国宪法规定：总统、副总统以及合众国的所有文职官员，因叛国、贿赂或其他重罪和轻罪而受弹劾并被定罪时，应予以免职。美国宪法并没有明确何谓轻罪，这意味着众议院在启动弹劾程序的时候有很大的空间，这也是最近几届美国国会可以滥用弹劾程序进行政治报复的重要原因。2）参议院的定罪很难，需要2/3的多数。这意味着党派恶斗可以导致发起弹劾，却很难带来实际定罪的后果，从而可以保障政治的稳定。而且参议院还有一项重要的权力，那就是它可以在程序上终止弹劾，只需要简单多数参议员支持结束审判，那么审判随时可以在没有认定有罪或无罪的情况下终止。

二、美国特色的两院制

在全世界几乎所有的国家，议会或是与之相应的部门都被视为代表人民的意志，拥有最重要的权力。那么问题又来了，如果议会代表人民的意志，那么人民作为一个整体不是应该一个意志吗？为什么有两个议会？难道美国人经常自豪地讲的 by the people、of the people、for the people（民治、民有、民享）应该改为 by two people、of two people、for two people？当众议院与参议院意见不一致的时候，是谁代表民意？要解答这个问题，就需要了解一院制与两院制的区别，以及美国两院制的独特之处在哪里。

美国的议会采取的是两院制，顾名思义就是有两个议会。法国、日本、英国、意大利、荷兰也是两院制。尤其值得指出的是法国曾经是多院制，法国的三级会议不是教士、贵族、市民三个等级在一起开会，而是每个等级都有自己的会议，但在法国大革命时期，为了革命的需要，法国转变为一院制，在大革命之后法国重新恢复了两院制。对应两院制，所谓一院制就是一个国家只有一个议会。比如我国的人民代表大会就是一院制，丹麦、希腊、芬兰、新加坡、新西兰等国家也都是一院制。这些国家采取一院制的主要目的通常是提高立法效率、避免两院扯皮。美国的两院制有两个非常特殊的地方：其一，美国参议院的产生是精心设计的产物，而不是多数国家那样的历史遗留物。在许多两院制国家，参议院和上院都是来自封建制、贵族制的残余，比如英国在1999年上院改革之前，其上院就是由王室后裔、世袭贵族、终身贵族、上诉法院法官和教会大主教及主教组成；又比如日本参议院在1946年麦克阿瑟立宪之前由皇族议员、华族议员（不是华裔，而是日本在明治维新前的公家、大名等贵族，明治维新后日本将国民分为皇族、华族、士族、平民四等）、帝国学士院会员议员、高额纳税人议员组成。在这些二院制国家，一个普遍的趋势就是随着政治民主化的进程，代表平民的下院或众议院、国民议会变得越来越强大，而上院或参议院越来越形式化，其权力越来越小，其产生的方式日益民主化（日本是战败后被美国强制改造）。最典型的就是英国 1999 年的上院改革，除 92 人留任外，废除了非选举产生的 600 多名世袭贵族议员。其二，相比于大多数两院制国家，尽管号称两院平等，但实际上美国的参议院拥有更大的权力，而在多数国家，参议院的权力都弱于民主性更强的众议院。意大利是一个有趣的例外，其参议院和众议院职能相同、权力均等，简直就是为维持政治僵局而做的天才设计。

尽管《联邦党人文集》将美国采取两院制的理由解释为单一制的人数众多的代表大会容易屈从于突然的和狂躁激情的刺激，屈从于党派头目的诱骗，做出狂妄而有害的决议，但实际上一项制度的产生与其说是因为理论推演，不如说是因为现实的需要。这绝非贬义，因为能够根据现实的需要和实践的经验来制定制度，相比于根据理论来选择制度往往更加明智。研究美国的学者经常有一种天真的倾向，那就是他们过高估计了制度设计的力量，而忽视了政治现实的决定性力量。美国之所以采用两院制，其主要原因不是如联邦党人所说的那样是为了防止人民狂暴的情绪，而是在于大州与小州的利益平衡。在制宪会议上，最初有两个方案，即主张两院制的弗吉尼亚方案和主张一院制的新泽西方案。弗吉尼亚方案体现了大州的利益，主要包括：立法机关分为两院，下院由选民直接选举产生，上院由间接选举产生，其方式为下院从州议会提名的候选人中选出。两院议员席位均按人口比例分配。按照这个方案，拥有更多人口的大州将在参众两院中都拥有绝对优势。当然，为了打消小州的顾虑，弗吉尼亚州代表表示：大州并不总是团结的，小州完全可以成为关键少数。

那么小州的反应是什么呢？是信你才怪。

新泽西州代表小州针锋相对地提出了自己的方案：国会实行一院制，议员由各州立法机关产生，每州只有一票投票权。这个方案又是把大州当傻子了。弗吉尼亚有 45 万人，特拉华、佐治亚不过两三万人，凭什么平等，你小你有理吗？两派经过一个多月的争议，眼见着制宪会议搞不好要成散伙会议，康涅狄格州提出了个折中方案，即两院制：众议院由人民代表组成，席位按人口比例分配，这满足了大州按人口分配代表席位的要求；参议院由州代表组成，各州不分大小在该院享有平等的代表权，这满足了小州各州平等的愿望，最终让双方都能接受。其实这就是美国采取两院制的原因，和联邦党人说的防止人民狂暴的激情到底有多大关系，真的是仁者见仁，智者见智了。理论工作者往往因为其拥有言说的能力而放大了他们对于真实世界的影响。

TIPS

众议院的议席 与参议院每州两个席位不同，因为众议院的议席是根据人口来设置的，所以每个州的众议院议席是会因为人口变化而变化的。这带来一个重要的问题，那就是人口怎么计算？尤其是在当时普遍存在的黑奴算不算人口？蓄奴州虽然在黑奴问题上一直坚持奴隶是财产，但到了议席分配的时候就厚颜无耻地要求尊重黑奴部分人的权利了。北方州反击道：你们不把黑奴当人为什么还要算入人口？南方州反击道：你们说要把黑奴当人，为什么又不让黑奴算入人口？最后一番争执之后达成了著名的也是可耻的 3/5 妥协，即在计算人口的时候每个黑奴按 3/5 个人来计算。根据制宪会议每 3 万人选出 1 名众议员，第一届国会时只有众议员 65 名，但随着美国人口的不断增加，众议院的规模日益扩大到了 435 席。1929 年胡佛政府时期，美国通过了众议院席位重新分配法，将众议院议员数固定为 435 人。现在，大概 62 万多人才能选出 1 名众议员。

美国的两院制在参众两院的结构设置与权力和功能上，既体现了民主也有意识地限制了民主。一方面，以人口数量决定众议员的议席，以 2 年的任期迫使众议员处于持续的竞选压力之下从而必须积极回应，让众议院体现了强烈的民主色彩；另一方面，各州名额一样，以 6 年的任期让参议员可以远离竞选压力，从而保证其不受民意裹挟的制度设计，让参议院体现出了强烈的精英色彩。参众两院不仅分工配合，而且也彼此制衡。他们的结构与功能也各有不同。

众议院现有议员 435 名，议长、委员会主席与其他院内职位通常由多数党议员担任，议员任期 2 年，众议院每 2 年全部改选一次。议席数量是按各州人口占全国人口的比例分配（每个州至少应有一个议席），各州根据议席数量以及根据每一席位对应相同人口的原则，划分出人口数量基本相同的选区，以直选的方式产生众议员。目前除路易斯安那州采取排序复选制投票之外，各州都采取简单多数获胜原则，任期内若众议员席位出现空缺，必须由同样方式举行的特别选举选出续任者。竞选众议员的人需满足三个条件：年满 25 岁、成为美国公民 7 年以上、当选时为本州居民，可连选连任。

参议院现有议员 100 人，由美国副总统担任参议院议长，每州有 2 名参议员，任期 6 年，每 2 年改选 1/3。这意味着 100 名参议员要被编为 3 组轮流选举，但同一州的 2 名参议员不在同一组。每一名参议员由全体州民选出，参议院席位出现空缺，应举办专门选举，但专门选举无须立即举行，除俄勒冈州之外，州议会可授权其州长于该州参议院席位出缺时，在专门选举实施前暂时代理参议员或指定参议员继任者行使其职权，竞选参议员的人需满足三个条件：年满 30 岁、成为美国公民 9 年以上、当选时为本州居民，可连选连任。

三、美国国会的立法

一个菜鸟议员最初进入议会的时候，经常都是带着改变议会沉疴、实现政治理想的雄心，但是他很快就发现尽管美国国会的每个议员都有独立的提案权，但是要把提案变成法案，理想才可能变成现实，而这个理想变成现实的过程，通常也是菜鸟议员一步步变成自己所讨厌的政治老油条的过程。美国两院的立法流程基本一致：

第一步是提案。任何议员均可发起提案，提案可以分为公议案和私议案两大类，前者是关于普遍事务的议案，后者则是涉及个别问题和个人请求的议案，如为“9·11”当中健康受到严重影响的消防队员争取政府赔偿。提案本身并不复杂，在众议院，任何议员只需将议案文本投入“议案投放箱”就完成提案，在参议院，参议员甚至连文本提交都可以省略，通过口头宣布提出议案，并得到会议主持人的认可即可。当然，如果一个议员不希望自己成为笑柄，这个提案通常还是要完成一些基本的文本内容。

第二步是要把投出去的议案送到相关问题的委员会去审议。不靠谱的议员太多、不靠谱的提案太多，大家又那么忙，所以在讨论之前，需要委员会来筛一筛，把那些不靠谱的筛掉，这对于避免国会陷入文山会海显然是必要的，尽管他们早已经陷入文山会海了。为了提高立法效率与质量，美国人采取了大会套小会的模式，也就是通过在议会中设立的各种委员会，来让议员有针对性地参与国会工作。菜鸟议员通常先在一些不太重要的委员会打打下手、当当学徒，然后逐步进入重要的委员会里去参政议政。委员会是美国国会制度的重要特点，通常分为三类：第一类是常设委员会，这是国会中数目最多也是主要的委员会，每个委员会均有其专门的管辖领域；第二类是特别委员会，这是国会为调查某一特定问题而成立的临时机构，在完成调查工作并提交结果报告后解散；第三类是联合委员会，这通常是参众两院为了研究某类涉及两院合作的具体问题而由两院联合设立的委员会。根据具体问题的性质，它可以是常设的，也可以是临时的。

一个提案要想有机会上会，必须先过委员会这关。委员会主席可以把议案交给下属的小组委员会审议，也可由常设委员会直接审议，审议的方式通常是听证。提出议案的议员要在听证会上去努力赢得委员会的认可。如果赢得不了，不好意思，那你的提案就只是一个提案。所以如何让自己的提案在对的时间遇到对的人就非常重要了。让提案遇到友好的委员会之所以非常重要，是因为委员会有很多方法让你的提案成为废纸，委员会可以直接让你的议案作废，也可以用它的修改权力，把你的议案改得连自己都认不出来，如果这样做显得太难看，委员会也可以祭出“拖字诀”，一口气搁置几个星期，把热的拖凉、凉的拖黄。俗话说不怕没好事，就怕没好人，而要想让自己的议案遇到好人，这里面离不开你身后政党的支持，离不开你身后的大佬们的运筹帷幄，离不开你八面玲珑会做人，离不开这个提案你拉兄弟一把，下个提案我放你一马的交易。政治通常闪烁着理想主义的光芒，但是在光芒之中却充满了现实主义的油腻。当然，你也可以继续抗争，在众议院，你可以去争取一项“释放申请”，征得超过 218 名议员的签名，就可以“强行”将议案调到全院大会讨论。在参议院，如果有一名议员为你提出特别动议，多数通过后就可以强迫主管常设委员会将议案交回全院审议。不过，你要是真这么招人爱，你应该去竞选总统。最后，你圆润了，成熟了，也可以游刃有余地运用这套游戏规则了，这就是美剧《纸牌屋》里展现出来的政治过程。电视剧当然不是真的政治，真的政治比电视剧还政治。权力这个东西，具有败坏一切美好品质的魔力，无论什么体制，都不能对权力对人性和人心的腐蚀掉以轻心。说句题外话，为什么爱情往往美好，因为爱情的本质是享受自由，为什么婚姻常常可怕，因为婚姻的本质是家庭生活中的权力博弈。

如果议案由委员会通过，那就算是闯过了中考，可以去提交全院辩论参加高考了。这里面的弯弯绕就更多了，首先要在参议院多数派领导人或者众议院法规委员会那里排号，被他们列入国会的日程表，而且在上会之前不要遇到撤表、不要遇到突发紧急情况打乱排号。其次是辩论，就是各个议员对这个提案发表或支持或反对的意见。这里面涉及利益博弈、涉及党派争斗就更麻烦了。你即便拉到了足够的票数，也可能会遇到意想不到的大麻烦。比如在参议院，近几年少数派利用议事规则恶意拖延、阻挠法案通过的现象已经见怪不怪。尽管还不至于出现某些国家或地区的少数派占据投票箱甚至不惜武斗以阻碍投票的不体面现象，但通过马拉松式的发言拖黄议案的战术却时有发生。在 2013 年 9 月 24 日，为了拖延奥巴马的医改立法，精力旺盛、耐力惊人的共和党参议员泰德·科鲁兹在参议院庄严的辩论台上不间断地喷了 21 小时 19 分钟。老实说，美国的国父们在当初设计参众两院的时候，是绝想不到充满贵族精神、元老院风格的参议院有一天会斯文扫地到这个地步。

如果议案能够经过辩论而在议会通过，且在参众两院的文本一致，那么这距提案到法案就很近了，如果没有遭到总统否决的话。总统可以否决任何他想否决的议案，如果被总统否决之后想要翻盘，就必须在参众两院中获得 2/3 的支持。即便争取到了 2/3 的两院议员支持，也要注意时效问题，因为如果两院表决后，在 10 日内国会休会，总统又未签署该议案，那议案仍然不能成为法律。当然，如果一个议员的法案能够得到 2/3 的两院支持，即便最后他的提案没有成为法律，他的政治前途也是一片光明。毕竟，这是一个击败过总统的人。

四、参众两院的合作与制衡

从权力来源上与任期设计上，参议员是州的代表，众议员是选区的代表，参议员任期 6 年，远超众议院的 2 年，也正因为这样他们受到短期选举的压力会更少。

在美国的议会制度设计中，参议院既负责对总统的提名进行审议和监督，也负责对众议院的法案进行审议和监督。这其实反映了美国建国精英对国王和民众都保持警惕的复杂心态，这群联邦主义者基于美国早期政治中的总督之害与暴民之害，深刻地认识到自由就是既反对少数人的专横，也反对多数人的任性。尽管在美国的三权分立体制中，司法权力通常被作为对国王与民众的限制，但司法权力的权威并不能永远保证权力的平衡，这不仅是因为司法权力往往依赖于并不稳定的民众对法治的认同和可以颠覆的法治实践的传统，而且也是因为当人民主权成为政治生活中的最高正义的时候，民主对于自由的威胁是确实存在的。如果说在面对暴君的时候，民主与自由是一对并肩作战的战友，那么在人民掌握权力之后，民主就成了自由的现实威胁。美国的精英阶层在美国漫长的政治实践中，一直千方百计地将具有整体性的多数人切割为彼此对立、相互制约的多个少数人的组合。

两院制的设计也反映了这一目的，那就是将民主的热情纳入精英的监管之下。代表大众的众议院虽然握有财政权，但所有拨款和减免税收在众议院批准后均需送交参议院审议，这实际上塑造了一种被监护的民主。在美国两院制的实践中，由于法案要通过必须得到两院的批准，所以两院都具有抵制对方的权力和谋求对方合作的需要。这种有竞争有合作的局面，让两院围绕国会权力进行了一系列复杂的博弈。其中最为重要的两个权力争夺，是围绕众议院的财权和参议院的外交权展开的。一方面，虽然财权为众议院所独有，但是参议院却试图通过创设减税法案和综合性拨款法案来分享财权，在这一企图遭遇众议院的强烈抵抗之后，参议院以增加修正案的方式变相实现了对众议院专有权力的分享。另一方面，外交权虽然为参议院所拥有，众议院却经常以无法控制的激情在这个他们并不熟悉的领域发表自己的意见。尤其是在众议院的多数党与总统同为一个政党的时候，众议院更经常借助支持总统的名义，以不专业但真诚的爱国主义激情去冲击在外交事务中通常显得谨慎的参议院。美国众议院在近几年的涉华问题上狂热而幼稚的表现就是这方面的一个例子。

而在合作方面，参众两院也进行了一系列的努力。一方面，参众两院创设了合作机构，比如为了协调两院立法的协商委员会、联合委员会就成为国会中最重要的委员会之一。参众两院在这些联合机构与协商机构中可以协调立场。另一方面，在重大问题上，参众两院也愿意联合发起行动，比如举办联合听证会、形成联合决议。在许多专业性问题上，参众两院倾向于为两院中功能近似的委员会配备同样的专家小组。

有人开玩笑地将众议院与参议院比喻成罗马的平民院和元老院，这倒是一个不算太离谱的比喻。事实上，美国的参议院也一直觉得自己高人一等，蒋劲松先生在他的《美国国会史》中写了两件在建国初期发生的趣事，众议院在美国国会通过的第一项法律草案的抬头中写道“美国国会兹立法”，结果参议院不干了，他们将抬头改为“美国国会参议院、众议院兹立法”，这是一幅明显的“你算老几”的傲慢嘴脸。傲也就傲了，还有参议员居然要求参议员的工资应该高于众议员，这下算是把众议员们惹急了，众议员们齐心协力挫败了参议院的企图，这大概算是美国政坛上最早的同工同酬了。那么在今天，两院议员真的做到平权了吗？在美国的政治中，我们都见惯了众议员竞选参议员的，却从没有见过参议员竞选众议员的；都见过众议员去竞选州长的，而州长都是去竞选参议员的。你别看众议员们一个个自信满满的样子，人的行为通常比嘴巴更诚实。

第十三章　是裁判员也是运动员

美国的司法权力

在美国，几乎所有的政治问题迟早都要变成司法问题。

——托克维尔

谈到美国的司法，我们通常会立刻想到三权分立、司法审查、普通法传统、陪审团制，毕竟《法律与秩序》这样的美国律政剧，曾经是像我这样的法律人最初了解西方法律尤其是美国法律的窗口。但如果真的按照这些律政剧去理解美国司法体系，可能会与真实的美国司法相差很远。美国具有两套发达的平行法院体系：一套是由 94 个地区法院、13 个巡回上诉法院和 1 个联邦最高法院组成的联邦法院系统；另一套是由治安法官，市、郡法院，中级上诉法院和州最高法院组成的州法院系统。这两套体制其实是相差非常大的，而且尽管最高法院的案例经常深刻地改变了美国，但全美 97% 的案件其实都是在地方法院里解决的。联邦法院系统，尤其是联邦最高法院之所以会成为外界关注美国司法的焦点，其根本原因在于最高法院经常作出影响美国政治的重大判决，甚至在某些方面重塑社会规则。这种巨大的权力当然让全世界的法律人心生向往，但有一个问题却由此产生：为什么除了美国联邦最高法院，其他国家的法院很少有这样有分量的成绩呢？哪怕像英国这样同属普通法系的美国的母国，好像也很少发生这样的事情。

在美国的“三权分立”体系中，司法权力的变化有着非常特殊的轨迹。美国社会对于“法治”和“司法独立”的理解有着非常特殊的认识。在欧洲国家，无论是大陆法系的法国、德国，还是普通法系的英国，中央政府的法院都曾经是国王克服封建力量、建立中央集权统治非常重要的工具，比如英国的衡平法院就是国王将君权触角伸进地方的最重要的工具。尽管法律自有其独有之内在规律，司法权力也因为这种规律而要尽可能保持裁判者的专业性，但它在非民事领域从来不是中立的，而是强化中央权力的重要力量，尤其是在没有陪审团的大陆法系国家，法官其实本质上是官。美国司法则有自身的特点，一方面，它的地方司法脱胎于强大的社会自治，其陪审团制在建国初期经常让地方自治性司法成为美国社会对抗宗主国总督的重要手段，直到今天美国的地方法官还多数由选举产生，这在全世界来说都非常少见。美国的州初审法院中有 39 个州采用法官普选制，州上诉法院中有 31 个州采用法官普选制，州最高法院中有 38 个州采用法官普选制。虽然民选法官通常被法律专业学者认为是政治败坏司法的结果，但如果考虑到美国的历史与美国独有的警惕权力专断的传统，地方法官的民选好像也有其道理。其实地方上的很多案子，真不需要多高的专业，只需要天地良心即可，没有什么比打着司法专业主义的名义去践踏天地良心更能败坏司法的权威、破坏社会大众对于法律的信仰了。另一方面，在联邦层面，美国司法权力的独立性具有鲜明的美国特色。在一个无国王、无国教的社会，如果不想诉诸暴力，唯一可以依靠的就是法律。正因为此，司法的独立是美国的立国之本。美国社会虽然与英国社会一样都带有盎格鲁 - 撒克逊的自治传统，且都以法治著称，但无论在内容还是形式上，美国社会对司法独立的重视都要大得多。比如英国的司法大臣就是集司法权、行政权和立法权于一身，既是国家的最高法官，又是政府内阁的重要一员，同时还是一位有发言权的立法者，上议院的成员。这在美国社会，几乎是不可思议的事情。

世界上大多数国家的司法系统所强调的独立性，多是将关注点放在审判活动的中立性上，其司法机关乃至司法权力的独立，都是在成熟的国家机器建立之后有意识的司法改革或者政治体制改革的产物，而这一点与美国的情况大为不同。美国司法权力不同于其他国家的地方有两点：其一，美国司法权是在强大政府出现之前就存在于自治的社会当中，它本身就带有某种政治的性质。尽管联邦法官一旦被任命，就基本在这一位置上安度一生，但普通法的传统、陪审制的设计，让美国司法始终深陷于社会洪流之中，也让他们能够敏锐地回应时代的要求。其二，美国国家机器的发育相对晚熟，多元政治局面与分权体制使国会和总统常常难以联合，美国利益的分散性意味着各种权力的竞争甚至斗争比较激烈，相对弱势的司法权力可以从这种不同权力的竞争中，寻找到那些在欧洲政治中很难出现的扩张权力的机遇。没有美国建国初期亚当斯、汉密尔顿与杰斐逊派的党争，大法官马歇尔不会有机会建立最高法院对政府的司法审查权；没有民权运动的冲击，沃伦法院也不会有机会产生全世界法院都不曾出现的司法能动主义。我们很难理解为什么美国最高法院的大法官们能够敏锐地把握住政治斗争中转瞬即逝的机遇，去完成包括司法审查权在内的权力扩张；我们也很难理解，为什么诸如沃伦法院这样的美国最高法院从不局限于案件本身的裁决，而是经常试图通过挖掘法律精神去推动社会治理。坦率而言，美国最高法院经常不是中立的裁判者，而是政治博弈中的参赛者，大法官们对于立法者原意或是公平正义的发现，有时候像极了中国社会常见的托古改制。

美国联邦法院与州法院的关系 美国联邦法院依据宪法受理联邦司法管辖权限之内的案件，州法院受理因州法而发生的案件。受理联邦地区法院的上诉法院是联邦上诉法院，最高上诉法院是联邦最高法院；对州地方法院的上诉法院是州上诉法院，最高上诉法院是州最高法院。两套系统各管各的，只有在一个案件中出现“联邦问题”，比如说宪法问题的时候，即对一个案件的判决理由关系到对联邦宪法或法律的解释的时候，才可以从州的最高法院上诉到联邦最高法院。通常联邦最高法院主要对宪法解释类案件与判定某项联邦法律的具体含义或适用范围类的案件感兴趣。

一、美国的司法权力

在美国建国之时，其建国精英通过对人类社会政治实践的分析与借鉴，对于立法权和行政权的了解基本是到位的，但对于司法权，尤其是作为与立法权、行政权彼此制衡的司法权究竟如何运作，边界在哪其实是不清楚的。美国的司法权是美国人将孟德斯鸠的理论结合北美殖民地的政治经验，尤其是利用司法制衡总督的经验摸索出来的新生事物。所以在最初的宪法中，关于联邦司法权主要在第三条、第四条以及第四至八条修正案中体现，包括设立、管辖和程序等内容，其着眼点主要在于明确联邦司法权和州司法权的边界，为司法权的运用设立严格的程序，但是联邦司法权怎么去制衡国会、制衡总统，并没有说。那时候的立宪者们肯定没有考虑过诸如司法审查权这样的东西，更不可能去想象有一天联邦最高法院还能像沃伦法院一样，对政治实践发生决定性的影响。毕竟相比于来自民众的立法权，以及来自国家治理需要的行政权力，司法权力太弱小了。它能够行使独立审判的权力，避免受到国会或是行政的干预，避免成为“黑哨”已经不错了。

联邦司法权的宪法依据·

关于联邦司法权创设、联邦司法权管辖问题	第一款：联邦司法权，由一所最高法院和国会因时设立的下级法院行使。最高法院和低级法院的法官，如果尽忠职守，应继续任职，并按期接受俸给作为其服务之报酬，在其继续任职期间，该项俸给不得削减。 第二款：司法权适用的范围，应包括在本宪法、合众国法律、合众国已订的及将订的条约之下发生的一切涉及普通法及衡平法的案件；一切有关大使、公使及领事的案件；一切有关海上裁判权及海事裁判权的案件；合众国为当事一方的诉讼；州与州之间的诉讼，州与另一州的公民之间的诉讼，一州公民与另一州公民之间的诉讼，同州公民之间为不同州所让与之土地而争执的诉讼，以及一州或其公民与外国政府、公民或其属民之间的诉讼。在一切有关大使、公使、领事以及州为当事一方的案件中，最高法院有最初审理权。在上述所有其他案件中，最高法院有关于法律和事实的受理上诉权，但由国会规定为例外及另有处理条例者，不在此限。对一切罪行的审判，除了弹劾案以外，均应由陪审团裁定，并且该审判应在罪案发生的州内举行，但如罪案发生地点并不在任何一州之内，该项审判应在国会按法律指定之地点或几个地点。 第三款：只有对合众国发动战争，或投向它的敌人，予敌人以协助及方便者，方构成叛国罪。无论何人，如非经由两个证人证明他的公然的叛国行为，或经由本人在公开法庭认罪者，均不得被判叛国罪。国会有权宣布对于叛国罪的惩处，但因叛国罪而被褫夺公权者，其后人之继承权不受影响，叛国者之财产亦只能在其本人生存期间被没收。

第四条第一款、第二款，规定各州法律冲突问题如何解决	第一款：各州对其他各州的公共法案、记录和司法程序，应给予完全的信赖和尊重。国会须制定一般法律，用以规定这种法案、记录和司法程序如何证明以及具有何等效力。 第二款：每州公民应享受各州公民所有之一切特权及豁免。凡在任何一州被控犯有叛国罪、重罪或其他罪行者，逃出法外而在另一州被缉获时，该州应即依照该罪犯所逃出之州的行政当局之请求，将该罪犯交出，以便移交至该犯罪案件有管辖权之州。凡根据一州之法律应在该州服役或服劳役者，逃往另一州时，不得因另一州之任何法律或条例，解除其服役或劳役，而应依照有权要求该项服役或劳役之当事一方的要求，把人交出。
第四至八条修正案，规定司法运作中正当程序	第四条修正案：人民的人身、住宅、文件和财产不受无理搜查和扣押的权利不得侵犯。除依照合理根据，以宣誓或代誓宣言保证，并具体说明搜查地点和扣押的人或物，不得发出搜查和扣押状。 第五条修正案：无论何人，除非根据大陪审团的报告或起诉，不得受判处死罪或其他不名誉罪行之审判，但发生在陆、海军中或发生在战时或出现公共危险时服现役的民兵中的案件，不在此限。任何人不得因同一罪行而两次遭受生命或身体的危害；不得在任何刑事案件中被迫自证其罪；不经正当法律程序，不得被剥夺生命、自由或财产。不给予公平赔偿，私有财产不得充作公用。 第六条修正案：在一切刑事诉讼中，被告享有下列权利：由犯罪行为发生地的州和地区的公正陪审团予以迅速而公开的审判，该地区应事先已由法律确定；得知被控告的性质和理由；同原告证人对质；以强制程序取得对其有利的证人；取得律师帮助为其辩护。 第七条修正案：在普通法的诉讼中，其争执价值超过 20 美元，由陪审团审判的权利应受到保护。由陪审团裁决的事实，合众国的任何法院除非按照普通法规则，不得重新审查。 第八条修正案：不得要求过多的保释金，不得处以过重的罚金，不得施加残酷和非常的惩罚。

说白了，美国的宪法规定了法院要怎么行使司法权，但是对于司法权力和其他权力要怎么相处，则是语焉不详的。那到底怎么处呢？这里面既要靠像马歇尔大法官这样最高法院的领导人去审时度势，在夹缝中求生存求发展，也离不开历史潮

流、时代进步的力量推动。比如司法审查权，它是美国司法制度中最有特色的一项权力，根据这项权力，美国联邦法院（也包括州法院）在审理具体案件中，拥有终局的权力来宣告任何法律、任何基于法律的公务行为、任何其他由公务员所为而被认为与宪法有所抵触的行为，皆因违宪而无法据以执行。然而如此大的权力其实在宪法文本中是找不到一丝踪迹的，联邦宪法并没有规定法院可以审查国会立法和总统行为的合宪性，也没有规定联邦法院可以审理关于州的宪法案件。

虽然司法审查权的逻辑是所有国家都承认的，即一切权力来源于宪法，所以违反宪法的法律和行为必将无效，但谁来做这个判断，做了判断又如何保证落实，每个国家却都有自己的方法。比如我国的相应权力是属于人大的，人大和人大常委会对于法律的解释具有比司法审查权还大的影响力。比如和美国分享同一个法治传统的英国，它的司法审查是由议会两院中的上议院主导的，它的本质是立法机关进行司法审查。这是因为由于英国奉行“议会主权”原则，没有实行严格的三权分立，掌握最高司法审查权的上议院本身属于立法机关，因此它对立法的司法审查本质上是自我审查，它的司法审查主要针对行政机关，普通法院可以依据议会制定的法律进行真正的审查，对于违法的行政行为和命令，可宣布其为非法或加以撤销。又比如法国的司法审查，其最终审查权是由宪法委员会行使的，而且在诉讼中一旦认为所涉及的法律侵犯了宪法所保护的权利自由，则中止审理直接提交最高法院或最高行政法院审查，若认为确有必要，则提交至宪法委员会审理。

美国法院司法审查权的确立，可以追溯到1803年的“马伯里诉麦迪逊案”。在该案中，大法官马歇尔就联邦国会立法权的界限、宪法的最高法律地位、法院何以有审查法律的权力等问题作了长篇的论证，明确宣布“违宪的法律不是法律”“阐明法律的意义是法院的职权”，实际上创造了司法审查权。但坦率而言，马歇尔创造司法审查权恐怕并不是出于法律人的担当，而是出于政治人的智慧。为什么这么说呢？因为这个案子的背后实际上是联邦党人与民主共和党人的政治斗争。在1800年的大选中，民主共和党候选人托马斯·杰斐逊击败了联邦党人的约翰·亚当斯总统。虽然据说亚当斯出于老派绅士的荣誉感拒绝了汉密尔顿政变的提议，但在当时，联邦党人和民主共和党人的矛盾激化，亚当斯的确对被誉为“美国的罗伯斯庇尔”的杰斐逊非常不放心。毕竟杰斐逊可是说过“民主之树时不时需要鲜血浇灌”

的法国大革命式的可怕话语。在杰斐逊肯定会将政府里的联邦党人扫地出门的情况下，亚当斯与当时的国务卿马歇尔密谋，将联邦党人大量任命为联邦法官，从而方便以后联邦党人躲进司法系统的堡垒，去牵制民主共和党人夺取的立法机关和行政系统。亚当斯抢在杰斐逊接任以前，任命马歇尔为联邦最高法院首席法官，并成倍增加联邦法官人数，还在哥伦比亚地区任命了42名治安法官。

据说在3月3日参议院连夜批准后，亚当斯、马歇尔忙乎了一夜。亚当斯签字、马歇尔盖章，组织了一条龙的法官任命流水线。两个人加班加点，拼了命地往司法系统里安排自己人。大家想想看，这哪里是法治精神，这吃相要多难看有多难看。两人这么干，杰斐逊能忍下这口气吗？所以第二天，杰斐逊新官上任第一把火，就是让他的国务卿麦迪逊扣发这些委任状。发出去的也就生米煮成熟饭了，但是有的人的委任状还没来得及发出去，那可就没机会发出去了，拿不到委任状，这当官的梦也就自然凉了。而马伯里就是其中的一个倒霉蛋，于是他就告御状，请求联邦最高法院向执行部门颁发执行命令，命令政府发出委任状。根据国会1789年制定的《司法条例》，最高法院还真有权对公职人员发布执行命令。这一下，就让最高法院和联邦政府杠上了。在杰斐逊政府看来，马歇尔大法官本人都是这种肮脏政治手段的参与者，现在哪里有资格和权力来指手画脚。国务卿麦迪逊直接就说：最高法院做出了它的判决，现在让它来执行判决吧。这就是彻底不给面子了，我就是不听你的命令，你想怎么样？你能怎么样？

这一下，最高法院就尴尬了。管不管呢？管，又拿拒不听话的联邦政府没办法，最后灰头土脸的肯定是自己；不管，那《司法条例》摆在这里呢，大家都会知道你有法不敢依，以后你就是一个笑话。这种左右为难、进退失据的窘境，如果解决不好，美国的三权分立恐怕就到这了。幸亏马歇尔用一种极富政治智慧的做法让最高法院从这种困境当中逃脱了出来。马歇尔是怎么做的呢？

首先马歇尔说，政府这种做法是错误的。接着马歇尔说，虽然政府是错误的，但是最高法院却无权对政府下达执行令。为什么最高法院无权下达执行令？国会的《司法条例》给了最高法院这种权力吗？马歇尔又说，根据宪法第四条规定，最高法院除对极少数案件有第一审管辖权外，只能审理上诉案件，《司法条例》给最高法院的权力违背了宪法。所以，最高法院不能根据违宪的国会立法来对政府下达执行令。

看到没有，马歇尔说了一大圈，其实主要就是两点：第一，政府的行为是错的，国会立法是违宪的，法院可以做出判断；第二，尽管政府的行为是错的，但是由于国会的立法也是违宪的，所以最高法院管不了。尽管很多法学家谈到马歇尔这个判决的时候，总是强调这个判决的历史性意义，就是它确立了司法审查权，大大提高了最高法院的分量，使得司法权真正成为能够与立法权、行政权相抗衡的第三个权力，但老实说，在当时，马歇尔只不过以某种虚张声势的方式让最高法院在从政府面前撤退的时候保住了面子而已。当然，如果要从积极的角度来说，那就是在当时虚弱的最高法院貌似谦恭地放弃了行动的权力，却为未来的最高法院争得了重大的权力。

对于司法而言，它不像国会那样有民意支持，也不像政府那样拥有即时的权力，它的权威来自人们思想上的认同，来自人们遵循法治的习惯。相比于飘忽不定的政治，法治是时间的朋友，它从一个社会的法治实践、法治传统中获取权力。这也是一些国家在法治建设中经常忽略的问题，那就是它们总高估了制度建设在法治建设中的重要性，总希望以变法来实现法的权威，实际上法治的权威来自不变而非善变。当然，值得指出的是，虽然马歇尔历史性地发现了司法审查的权力，但是在他乃至之后的很长时间里，最高法院从未广泛地行使这一权力。最高法院一直耐心地等待美国社会在时光的流逝里习惯它的权威，那些身披法袍的贵族们才开始运用他们手中这曾经长期为人所忽视的权力，去令人震惊地改变美国社会。

美国的联邦最高法院真正展现出它独具特色的强大力量，是从沃伦法院开始。如果说马歇尔用以退为进的方式，奠定了法院对立法部门与行政部门的司法审查权，那么20世纪五六十年代的沃伦法院则是通过司法判决，让联邦宪法及其修正案适应了美国社会的发展，并使美国的社会价值观念和宪政体制都发生了巨大变革。甚至可以说，这群以沃伦为代表的进步主义法官们，在最高法院里完成了一场自南北战争以来对美国社会影响最为深远的革命。沃伦法院有两个最重要的特征：其一，司法自由主义。沃伦法院的出发点与其说是忠实于法条，不如说是忠实于平等、公平的正义理念，他们认为无论是法律还是政府行为，都必须以维护公民享有公正的宪法权利为根本出发点。这与认为司法机关应当恪守宪法文本，甚至默许以法律的形式维护社会不公正的司法保守主义形成了鲜明的对比。其二，司法能动主义。沃伦法院认为，单纯地强调依附立法机关的意志或遵循先例，保持司法克制是毫无意义的，法院要勇于根据新的社会现实和公平正义的要求去创设先例。当从历史中寻找先例不能满足社会进步的要求时，法官要让自己成为正义之源。当然，美国司法体系中一直存在“自由派—活宪法主义—司法能动”和“保守派—原教旨主义—司法节制”两派。司法保守主义也有其重要价值，很多时候它是法院保持中立与理性所必需的。法院越是强调发挥能动性，越是充满激情，那么法院就越有可能深深卷入现实的政治之中，成为政治博弈的参与者而不是裁判者，这会对司法的权威产生严重的损害。有时候，在社会共识尚未形成，社会撕裂严重的时候，司法最好的姿态就是保持冷漠的中立。

沃伦法院在种族平等、反麦卡锡主义、议席分配、言论自由以及刑事诉讼等领域做出了大量经典的判决，引发了美国社会一系列结构性变革。其中最重要的可以归纳为五大判决：

其一，推动种族平等的“布朗诉托皮卡教育委员会案”。法院判决认定：即使教育设施和其他设备给予了少数族裔儿童平等接受教育的机会，但是公共学校根据种族的差别隔离儿童，剥夺了少数族裔儿童的平等教育机会，违反了宪法第十四条修正案平等保护条款。这一判决颠覆了曾经为最高法院通过的“普莱西诉弗格森案”所确立的“隔离但平等”的种族隔离制度，为民权运动提供了合法性基础。

其二，保障公民基本权利。沃伦法院在其著名的反对麦卡锡主义的“耶茨诉美国案”中认定：应当把鼓吹抽象理论和鼓吹采取非法行动区分开来，前者是受宪法第一修正案保护的言论自由。该案对遏制反共浪潮，遏制麦卡锡主义起到了巨大的作用。

其三，改变选举机制、推动选举平等的“贝克诉卡尔案”。本案解决了20世纪中叶美国普遍存在的州议会议席分配不公、农村绑架州议会、城市利益易受侵害的顽疾。

其四，保障言论自由。沃伦法院在“纽约时报诉沙利文案”中认定：对于公共事务的辩论应该不受限制、充满活力以及广泛公开，即使有可能在辩论中包含了对政府和公务人员的激烈、苛刻，甚至是令人不快的尖锐的批评。政府官员的声誉受损并不表示我们要以削弱自由言论为代价对其进行救济。只有在对公正的阻碍有明确而即时的危险时，这些表达才可以被压制。该判决为言论自由理论特别是诽谤言论理论做出了重大贡献。

其五，保障沉默权利，改革刑事诉讼制度的“米兰达诉亚利桑那州案”。法院判决认定：在进行任何审讯之前，必须告知该人有权保持沉默，必须告知该人其所做出的任何陈述可能用作对其不利的证据，必须告知该人有权要求律师，如果嫌疑犯聘请不起律师，法院应当为其指派一名律师。当然只要被告出于自愿，他也可以放弃以上的权利。这就是在美国警匪片中经常见到的“米兰达规则”。

不过坦率而言，所有的选择都有代价，即便是正确的选择，也会有代价，而且还可能是沉重的代价。我在四川大学法学院读研究生的时候，米兰达案曾经在课堂上引起了异常激烈的争论。因为米兰达这个人，在被无罪释放以后又多次犯下强奸的罪行，而这个人本来可以在第一次就被送进监狱。人们通常会批评司法自由主义者天真、鲁莽、自负，批评他们脱离实际，只会用理论上的公平正义夸夸其谈而忽视历史的经验、复杂的现实。这些批评通常是对的，但即便作为一个保守主义者，我也必须承认这些批评至少不适用于沃伦大法官本人。厄尔·沃伦大法官在成为加利福尼亚州州长之前，做了5年的执行地方检察官，13年的地方检察官办公室主任，4年的州总检察长。在美国所有的联邦最高法院大法官中，沃伦作为执法人员的时间比任何人都要长。他对于当时美国社会的很多现实表现出的不妥协、不容忍，很可能并不是出于脱离实际的天真，而是来自比保守主义者更加深刻且真实的体会。

在沃伦法院之后，尽管美国联邦最高法院在自由主义与保守主义之间发生了多次摇摆，但是无论怎么摇摆，最高法院的权威都已经成为美国社会普遍承认的事实。在国会与总统中，再也不会有像杰斐逊、麦迪逊那样对最高法院不屑一顾的人（特朗普是个意外，但主要原因不在于其狂妄而在于其无知）。这种联邦最高法院的权威，在“尼克松水门事件”中更是战胜了巨大的总统权力。在水门事件中，尼克松拒绝交出相关录音带成为本案的关键。尼克松的律师克莱尔主张：第一，本案的特别检察官与总统是上下级之间的政治关系，他们之间的争执属于“部门内部争执”，具有“不可司法性”；第二，录音带涉及外交和军事机密，总统对这些磁带拥有保密特权，最高法院无权要求总统交出所有的录音带。最高法院两次引用“马伯里诉麦迪逊案”，强调最高法院有权审查总统行为。最高法院以 8:0 的结果裁决尼克松必须交出录音，并掷地有声地宣布：虽然宪法规定总统拥有保密权，但对于总统行政特权问题，在宪法中均没有提及。如果宪法对总统行政特权不明确的话，那么最高法院有权明确界定总统的行政特权。总统应按照法律规定提交证据，而不是以总统享有行政特权为由进行拒绝。总统与最高法院的较劲引起了社会的广泛关注，而这一次，最高法院不用再像他们的前辈马歇尔一样撤退了。《华盛顿邮报》向大众呼吁：如果你支持法院，那么请在你开车经过白宫的时候，鸣响喇叭。一上午，白宫外喇叭声连绵不断，也正是这一声声的喇叭，鸣响了尼克松政治生涯的丧钟。

二、美国的法院与法官

前面讲过，美国具有两套发达的平行法院体系。两套体制各自对联邦管辖和州管辖的案件负责，也都是基层法院—上诉法院—最高法院的三级结构，但州法院系统和联邦法院系统在法官选任的方式上有着重大差异。联邦法院除了地区法院下属的破产法院之外，其法官都是来自总统提名，经过参议院批准，具有很强的独立性与稳定性，甚至可以说是一旦就任，基本上可以在这一位置上安度一生的铁饭碗。而州法院系统的法官则有很大不同，他们之中的大多数人想要连任就要经过竞选。虽然有的州也有部分法官是像联邦法院一样由州长提名并终身任职，但美国多数州则是选举产生，投票者有三种方式选举法官：第一种是采用党派选举的方式；第二种是采用非党派选举的方式；第三种是法官最初由州长任命，但是随后需要通过定期选举，再次获得任命。随着近 20 年来美国的政治出现严重的极化，法官选举的政治性也越来越强。大量特殊利益群体发现，相比于他们在州长选举中花费大量金钱而言，他们只需在法官竞选中付一点儿钱就可能取得巨大的政治回报。如果能把自己的人送上法官位置就再好不过，即便没有，也足以向法官们显示自己的力量。

在 2010 年爱荷华州最高法院的法官选举中，保守基督教派别就成功地将三名自由派法官拉下马，成为轰动司法界的大事件。

联邦法院系统的基本结构由三级制组成，即初审—上诉—终审。

初审法院	由 94 个联邦地区法院和两个特别法院组成，两个特别法院是美国联邦诉讼法院和美国国际贸易法院。 联邦地区法院是联邦司法系统中最忙的法院，负责联邦刑事与民事案件的初审。每个州至少有一个地区法院，较大的州可能设立 2—4 个地区法院。美国全国 50 州共设有 89 个地区法院，另外哥伦比亚特区、波多黎各、美属维尔京群岛、关岛、北马里亚纳群岛各有 [illegible] 个地区法院，共计 5 个地区法院。 美国联邦诉讼法院：管辖因为征收、征用等问题而起诉联邦政府的索赔案件。 美国国际贸易法院：管辖国际贸易和关税问题相关案件。 地区法院一般不区分民事庭和刑事庭，法官们通常独自审理案件，但经常有陪审团参与审理事实问题。 地区法院围绕联邦地区法官组成，地区法官任命联邦执法官、书记官、法警、法律书记员、法庭报告发布官、法庭记录员等协助他的工作。联邦执法官任期 8 年，由地区法官任命，但需经陪审员小组审查，其职责是发布逮捕状、决定被捕者是否应由大陪审团起诉。每个地区法院还有一名联邦执行官，他由总统任命并受联邦司法部部长的监督，他的主要职责是维持法庭秩序、实施逮捕、执行法院命令、传唤证人等。地区法院的特点是执法活动以法官为中心展开。
上诉法院	由 12 个地域管辖的巡回上诉法院和 1 个专属管辖的上诉法院组成。 美国全国 50 州划分为 11 个司法巡回区，此外，首都华盛顿哥伦比亚特区作为一个巡回区，每个巡回区设立一个联邦上诉法院，共 12 个上诉法院。每个上诉法院管辖自己巡回区内的上诉案件。比如，美国联邦第一巡回上诉法院管辖范围包括缅因、马萨诸塞、新罕布什尔、波多黎各和罗德岛。对应地区法院包括缅因联邦地区法院、马萨诸塞联邦地区法院、新罕布什尔联邦地区法院、美国波多黎各联邦地区法院、罗德岛联邦地区法院。 联邦巡回上诉法院：该上诉法院与其他 12 个上诉法院地位相同，但其管辖的地理范围涉及全国，而管辖的案件限于审理由各联邦地区法院及有关联邦独立管理机构转来的涉及专利、商标、版权、合同、国内税收的案件，以及索赔法院和国际贸易法院的判决。

（续表）

	上诉法院审理案件，通常为一个法官独自审理，当案件比较重要的时候由3个或者更多的法官组成小组进行审理。 联邦巡回上诉法院由12名总统提名，经参议院同意任命的法官组成。
最高法院	唯一直接由宪法明确规定而设立的法院，也是联邦法院中的最后上诉法院。其管辖权分上诉管辖权、初审管辖权。所有属于联邦司法权范围的其他案件，最高法院都拥有上诉管辖权。 初审管辖权有两类：一是涉及大使、其他公使和领事的案件；二是一州为一方当事人的一切案件。州与州之间的法律争执，初审管辖权为最高法院所专有。 美国联邦最高法院审理案件，由全体法官组成一个法庭，原则上应全体出席。最高法院开庭从10月的第一周开始，一般在次年6月底结束。一年中，大法官约用40天时间听审，每个月会选出两周连续开庭。在选案过程中，法院有完全的自由处理权，由年富力强的年轻法官助理组成"集体审议小组"，每份申请都由审议小组中的一名助理代表参与小组的全体大法官进行审查，助理会撰写一份备忘录，总结下级法院判决内容，列出同意受理与拒绝受理的意见，并给出处理意见。 每个开庭期最重要的判决大多会在6月开庭，因为大法官会把最有争议的案件最后宣判。判决意见会在开庭当天，庭审开始前公开宣读。在庭审过程中，双方律师一般各有30分钟辩论时间。与其他法院不同，最高法院不会预告宣判日期，法庭内的宣判即为宣告案件已判决。最高法院成员人数几度调整，1869年最终确定为9人。最初对于大法官的籍贯有明确的惯例约束，保持大法官分布地域的平衡，但后来对大法官的意识形态的关注成为焦点。

除了以上的联邦法院，还有两类比较特殊的法院值得注意：其一是美国联邦地区法院中的破产法院。破产法院属于地区法院的一个部门，专门处理有关破产的案件，类似于一种特殊的经济庭。美国每个地区法院都有一个破产法院，94个地区法院对应94个破产法院，但由于其工作的特殊性，破产法官由破产法院所在地区法院的上级法院，即巡回上诉法院进行任命。其二是立法性法院。立法性法院通常是为了协助国会立法而设置的法院，并不承担司法功能。其法官一般由国会规定了明确的任期，并被授予非司法的职能，其挑选和任命程序也与宪法性法院的法官不同。

相比于受到选举影响的州法官，近乎终身制的联邦法官，尤其是联邦最高法院的大法官影响力往往更大。这也让握有提名权的总统会更有冲动将自己的人安插进联邦法院的体系。因为总统总会有到头的一天，但一个自己人的法官却可以在未来几届总统的任期里继续发挥余热。一次提名，终身受益，这种买卖真的是性价比太高。同样，正是因为担心总统把自己的余热藏在最高法院里，与总统对立的党派对于总统对大法官的提名尤其关注。在近几届美国总统对大法官的提名中，党派斗争成为焦点，尤其在特朗普政府时期，大法官的提名从来没有这么白热化过，也从来没有这么不体面过。当然，总统总是希望把自己人安排进联邦法院的现实，也早就成了一种奇怪的变色龙现象，那就是希望谋取大法官位置的人，总是希望让总统以为自己与总统志同道合，等到真成了大法官之后，是不是志同道合那就不好说了。这些年，不少总统提名的法官，在进了法院的大门以后，都发生了立场摇摆，这让总统后悔不迭。

三、让法活起来：美国的判例法与陪审团制

经常研究美国法律的人会遇到一个名词——“活法”，这个词非常形象地体现了美国司法与其他国家，尤其是大陆法系国家司法的不同。世界主要国家的法律体系大致可以分为大陆法系、普通法系和以中国为代表的社会主义法系三种类型。大陆法系的代表国家是法国、德国、日本，其主要特点在于：1）重视法典编纂，一般不存在判例法；2）法官只能严格执行法律规定，不得擅自创造法律；3）法官在诉讼中处于中心地位，引导诉讼走向，可以依据职权主动介入具有纠问制的特点。普通法系则以美英为代表，其主要特点在于：1）在法律的形式上，判例法占有重要地位。所谓判例法，一般是指高级法院在个案判决中确立了某种法律原则或规则，以后的法院在遇到类似案例时，必须遵循或参考这些规则或原则。判例法不是立法专家们的立法成果，而是法官在审理案件时创立的，所以又被称为法官立法。2）法官在诉讼中往往处于冷漠中立的地位，诉讼以当事人及其代理人为重心，普遍采用陪审团制。美英社会认为法律不应该是统治者个人意志的专断，而应该是民众在长期的社会生活中形成的习惯。经过漫长岁月积累下来的公序良俗，比国王写在纸上的法典更贴近正义与公平。在长期生活中能够被民众接受的习惯往往就是良

善的习惯。这些良善的习惯被权威的立法机关或司法机关予以确认，就成为具有法律效力的规则。普通法产生法律效力的方式是先前案件以判例的形式被后案法官引用。

之所以出现这样的差异，主要在于美英社会与大陆社会的发展有重大的不同。大陆国家的法律往往是中央政权体现自己统治意志的法律文件。不管这一法律是否由代表全国意志的立法机关所通过，对于全国的任何一地方，对于全体人民中任何一部分，它的本质都是中央对地方、全体对部分的自上而下的统治。对于大陆国家而言，法治是贯彻中央政权统治的工具。然而对于美英国家而言，法治往往是地方自治制衡中央权力的重要手段，中央的权力意志要受到地方民意、风俗的各种限制。尽管陪审团制被托克维尔认为，其最大的功能乃是提供了一种公民接受教育的机会，但在权力结构上而言，它提供的是地方对中央权力、民众对司法权力的制衡。而先例原则则是在这种碎片化的司法环境当中，为了保证法律的统一适用与上级法院权力优先的做法。判例制与陪审团制本身构成了一种平衡，判例制保证上意得以下达，陪审团制则保证下情可以上传。两项制度共同作用，恰恰有助于法律从抽象的法典当中走出来，与具体的社会实践相结合，成为具体时空、社会中的活法。所以在美国，你很难看到普法。因为法律本就被认为是自然秩序的某种反映，而如果一项法律不被当地社会认同，仅依靠中央权威、国家强制力量予以落实，那么即便它是正义的（比如艾森豪威尔政府废除种族隔离的法律），也通常被认为是侵害州权的，是破坏自由的。

美国的判例法赋予了法官远超大陆法系法官的权力。美国的法官在审理案件（不是所有案件）中，可以根据自己对法律、惯例的理解，推导出新的法律规则，解释制定法的精神，这种规则或精神一经形成判决，便具有约束力和说服力。从某种意义上而言，这是法官在立法，因为这是以判例来创造一般性规则。当然遵循先例也有其逻辑上的合理性，那就是在同等条件下，所有人必须恰当地受到同等对待，在类似案件当中，所有人应该得到类似结果。前人判决的先例能够防止法官个人的偏见和武断。在沃伦法院之后，美国法官更有勇气去推翻他们认为已经过时的先例，并创造新的先例。当然，如果美国的法官想要推翻这些先例，他必须承担论证的责任。

普通法与大陆法的理念差异 大陆法系是以理性主义为哲学基础的，理性主义者主张理性是唯一可靠的认识方法。理性主义的立法理论认为，只要通过理性的努力，法学家们就能设计制造出一部包罗万象、逻辑严密、清晰明了的完美法典，法官只需机械适用，在严格的审判权限内解释和适用法律。这就是大陆法系强调成文法、制定法，迷恋法典的根本原因。普通法系则是以经验主义为哲学基础。经验主义者认为，一切知识都发源于感官知觉或经验。所谓必然的命题根本不是必然或绝对确实的。法律的生命不是逻辑，而是经验。判例法实际上就是法官裁判案件经验的制度化、规范化。

除了判例法之外，美国司法的另外一个特点就是其广泛运用的陪审团制，现在全世界由陪审团进行的审判，刑事的不少于90%，民事的几乎全部都发生在美国，每年接近一百万美国陪审员参与大约十万起刑事案件的审判工作。甚至相比于同为普通法系的英国，美国还保留了英国已经废除的大陪审团制度。在美国，人民通过陪审团进行司法审判的传统比美国的历史还要久。早期陪审团可以独立决定事实与法律问题，陪审团有权在与法官就某个具体案件意见不能统一的情况下，凭借其良心来选择所适用的法律，这一权力早于美国的宪法出现，它是对不公正的殖民地法律和英国王室任命的法官的有力制约。在美国早期的殖民地时代，多次出现过陪审团释放被总督迫害的嫌疑人的现象。陪审团被称为“良心的审判”，换言之，陪审团是依自己的良心对案件做出裁决的。在美国社会早期的司法中，蛮荒之地拼凑而成的陪审团在裁决案件时不受官员的约束，不受法官的约束，无视殖民地、国王的法律的现象并不罕见。甚至在很多时候，陪审团是故意“违法”的，因为他们就是要通过这样的“违法”来抵制他们认为的恶法。这种现象在中世纪的英国被称作“陪审团废除法律”。民众通过这样的方式，可以充分表达出对于恶法的态度，从而促进法律的变革。正是因为陪审制长期以来都是美国人民对抗英国殖民政府的司法武器，所以在美国建国的制度设计中，陪审制度一直被视为一项基本权利制度。1776年美国的《独立宣言》就指出，英国的暴政在于“在许多案件中剥夺我们获得陪审团审判的权利，我们认为这是我们一项不可或缺的权利”。美国社会从英国社会继承了带有中世纪遗风的陪审制度，但是却发现了这一制度在对抗专制权力时的重大价值。陪审制度也在美国宪法中被多次提及：

第三条第二款	对一切罪行的审判，除了弹劾案以外，均应由陪审团裁定，并且该审判应在罪案发生的州内举行，但如罪案发生地点并不在任何一州之内，该项审判应在国会按法律指定之地点或几个地点举行。
第五条修正案	无论何人，除非根据大陪审团的报告或起诉，不得受判处死罪或其他不名誉罪行之审判，但发生在陆、海军中或发生在战时或出现公共危险时服现役的民兵中的案件，不在此限。
第六条修正案	在一切刑事诉讼中，被告享有下列权利：由犯罪行为发生地的州和地区的公正陪审团予以迅速而公开的审判，该地区应事先已由法律确定。
第七条修正案	在普通法的诉讼中，其争执价值超过 20 美元，由陪审团审判的权利应受到保护。由陪审团裁决的事实，合众国的任何法院除非按照普通法规则，不得重新审查。

很多人认为，陪审团制度是让一群法盲堂而皇之地干预专业性的法律业务，陪审团的素质参差不齐、理性不足甚至带有重大偏见，都可能对司法造成不恰当的干预。坦率而言，这些对陪审团制度的批评是有道理的，但英美社会之所以愿意承受这种制度的弊端，也同样有说得过去的道理。陪审团作为一种低效的法律制度，却能带来三个非常重要的积极影响：其一，它有利于司法获得公众的信任。正义只有在人们相信有正义的时候才会存在，“法律是公正的”首要前提是老百姓在感情上的认同。法律人不能无视人民群众朴素的正义感，立法者不能无视社会对于公平正义的常识理解。当一个不懂法律的人根据自己心中的正义所做的判断，与司法的结果相差不远的时候，法律才更接近于一种自然的天理的状态，而不是立法者通过权力强加给人民的产物。其二，陪审团制其实是美国社会中非常鲜活而有效的普法教育，它对于民众增进法律意识、熟悉法律规定、建立法律信仰有着极其重要的作用。尤其是高度多元的美国社会，对于法治的共识在某种意义上构成了美国的国家宗教。如托克维尔所说，陪审团是一所常设的免费学校。其三，也是经常为人们所忽视的，那就是陪审团制是对法官的保护。当人民本身成为司法的一部分的时候，人民对于某

些案件的滔天怒火便不会那么直接而毫无障碍地指向法官与司法体制。独享权力就意味着要独自承担责任，而分享权力则意味着可以分担责任。法官在陪审团认定的事实下去适用法律，恰恰可以最大限度地置身于对案件结果不满的群众的怒火之外。

美国陪审团制的运作大致可以分为审判前、审判中和审判后三个阶段，在这三个阶段中，陪审团的组成和陪审员对于审判的参与是其中的重点。在陪审团的组成上：一方面，为了提高诉讼效率，除了在重大的死刑案件上，12 人的大陪审团越来越被 6 人的小陪审团取代；另一方面，在陪审员的遴选上，为了缓解司法体制的系统性种族歧视，黑人和妇女可以成为陪审团成员，并且在有黑人为嫌疑人的案件上，必须有黑人陪审团成员。在陪审团对于审判的参与上，一方面，陪审团负责对事实的认定，美国的法官在对陪审团指示时不得论断事实部分。当一个问题属于法律还是事实问题难以确定时，由法官决定。在这一点上，美国的陪审团比英国的陪审团权力大，因为英国的陪审制度原则上允许法官论及事实部分。另一方面，陪审团评议在民事案件领域，也逐步由裁决一致的原则发展为多数主义原则，这极大地提高了陪审团的效率。

根据刑事、民事案件不同特点，决定是否采取陪审团制	刑事：被告人不认罪的刑事案件；最高刑为 6 个月以上监禁的罪行，被告人要求陪审团审判的；量刑可能低于6个月，但犯罪非常严重的。 民事：全世界只有美国在民事案件中普遍使用陪审团制，根据第七修正案，在普通法的诉讼中，其争执价值超过 20 美元，由陪审团审判的权利应受到保护，如果案件被判断为一个普通法方面的诉讼，则适用陪审团制。海事、破产、遗嘱检验、离婚及子女监护等专门诉讼不适用陪审团制。
陪审团成员的挑选	大多数的法院合并使用选民名单和驾驶执照名单来召集陪审团候选人。警察、消防人员、公职人员、医生、律师在一些州可以不用履行陪审员义务。审理特定案件的法官主持选任陪审团人员。法官首先确定候选陪审员大名单，其次询问是否熟悉案件所涉及事件，排除事先熟悉者，再次，全面查询候选陪审员的职业、诉讼经历、品格、态度、言论等情况，根据一定原因排除可能心存偏见者，这被称为有因回避。各方当事人也有一定名额的无因回避来排除候选陪审员，但不能以种族为依据。最后，通过挑选的候选陪审员组成陪审团。

（续表）

陪审团参与诉讼，对事实问题进行判断	在诉讼中，陪审团负责事实的判断。法官向陪审员告知可适用的法律，并以逻辑方式向陪审团复述一遍证供，指示陪审团裁决需解决的主要矛盾或怀疑之点。听完法官指示后，陪审团进入评议室秘密讨论案件事实。法官不得在场，也不得私下与陪审团成员联络。当陪审团获得裁决时（全体一致或多数赞同）即回到法庭宣布，不加解释或辩明。在刑事案件里，如果陪审团裁决被告无罪开释，检方不得上诉。 陪审员的义务：陪审员不应与外人讨论案情；在评议案件之前不应相互讨论案情；在所有证据被接收、内部讨论之前，陪审员不应先入为主；陪审员应当公正对待所有当事人。
案件裁决后	如果陪审团的意见确实僵持不下，法官宣布审判无效。 如果陪审团做出结论，败诉的一方有权要求陪审员各自回答其裁决结果。因此法官会要求陪审员各自回答其是否真正赞同裁决。如果陪审员突然表示反对，将重新评议。 如果陪审团的裁决与重要证据相悖，法官可以下令重审。 如果陪审团在评议或审判中存在不当行为，法官可以取消陪审团裁决。

值得一提的是，美国陪审团制度还存在一个特色制度，那就是大陪审团制。大陪审团是美国对重大刑事案件实行起诉审查的组织，通常由16—23名陪审员组成。在联邦重罪的起诉中，联邦检察官如果要以重罪起诉嫌疑人，那么他必须先向大陪审团提交申请公诉书。只有经过了大陪审团超过12席的同意，这个起诉才可能成为提交到法庭之上、真正意义的起诉。如果大陪审团经过审查认为没有足够的证据支持指控，在申请公诉书上签署“不予起诉”的意见，那么检察官的起诉就会胎死腹中，根本没有机会被提交到法庭之上。这种对于检察官的起诉的审查，对于防范政府部门滥用公权力，进行恶意的、报复性的和随意的刑事起诉有着非常重要的作用。它可以避免美国政府用莫须有的起诉来骚扰公民，也因此被称为大陪审团之盾。除了审查重罪起诉之外，大陪审团的另一个重要职能是对特定案件展开调查。大陪审团享有传唤证人作证的权力。在美国历史上，“水门事件”中的尼克松总统、“拉链门”中的克林顿总统都曾经被迫在大陪审团面前接受传唤，详细坦白自己的丑事。这项权力也被誉为大陪审团之剑。

除了运用陪审团制度将民心引入法庭以外，在美国的司法实践当中还存在其他的民意进入机制。相比于陪审团制度侧重于平民的意志，美国的司法也为专家和利益集团的意见打开了大门，而这扇大门就是“法院之友”制度。所谓“法院之友”，指的是并非当事人，但基于对案件的浓厚兴趣和重大利益，以第三方的身份向法院递交“法院之友”书状，提供与案件有关的事实、适用法律方面的意见或相关的观点。这一制度可以追溯至17世纪的英国，最初的目的是让法律界人士帮助素质不高的地方法院了解案件事实或者相关的法律。在美国，它成为利益集团介入诉讼最重要的方式。根据1997年的《联邦最高法院法》第三十七条，“法院之友”现在必须公开与案件当事人之间的关系，以显示自己的利益所在。

四、美国的检察官与律师

谈到美国的司法体制，我们通常会将关注点主要放在法院系统里面，但检察官与律师的作用也不容忽视。他们虽然不构成司法权的一部分，但的确是与司法权存在紧密关系的相关方。

在美国建国初期，美国的检察官被视为准司法人员，其产生方式与州法官类似，都是从地方律师中选举而来。随着美国社会的发展，法国的公诉检察官制逐渐比英国的私诉权力体制产生了更大的影响，这可能是因为在美国联邦政府、州政府的集权过程中，检察官的行政化更有利于将政府权力作用在天高皇帝远的遥远边疆。而且相比于美国社会高度关注的法院系统，检察官的行政化并不那么引人瞩目，行政权力在这一领域进行的扩权也不易引起社会的反感。到19世纪中期，美国的检察官逐渐转变为行政官员。根据美国联邦制下，联邦权力与州权力的不同体系，美国也逐步建立起了联邦检察体制与州检察体制并存的双重机制。美国的联邦检察体制在1789年基本成形：经总统提名参议院批准，产生司法部长也即总检察长，司法部长在内阁中被称为联邦总检察长。联邦总检察长之下设立联邦地区检察官数名，他们被简要地称为“联邦检察官”。联邦总检察长（司法部部长）的职权包括：负责追诉所有属于联邦司法管辖范围之内的、与联邦有关的刑事犯罪的检控；指挥监督联邦地区检察官；为美国总统与联邦行政机关提供法律顾问。

联邦总检察长（司法部部长）下设 94 个联邦地区检察官，对应 94 个联邦司法区，每一个联邦司法区设立一个联邦检察处。联邦地区检察官在该区代表联邦政府行使检控权力。94 个联邦司法管辖区的所有联邦地区检察官均由总统提名任命，参议院批准。注意两点：其一，相比于美国的法院系统，美国的检察体制是没有类似于上诉巡回法院的组织的，这可能是因为美国严格限制了检察官上诉的权力。其二，美国联邦检察体制与美国联邦政府其他部门的官僚体制存在不同。在其他部门的官僚体制中，基本确立了上下一条线的层级制度以及与此相匹配的领导机制与责任机制，但联邦总检察长与联邦地区检察官之间的组织关系并不是简单的上级与下级、领导与被领导的层级制关系。虽然联邦总检察长对联邦地区检察官根据等级制关系，享有指挥监督权，但联邦地区检察官的选任并不由联邦总检察长决定。联邦地区检察官与总检察长一样，是由总统提名参议院批准的，罢免权也在总统。这让总检察长的指挥权在实际工作中大打折扣。尤其值得注意的是，总统对联邦地区检察官的提名，通常受到参议员的严重影响，甚至很多时候提名都是参议员推荐的结果，这意味着联邦地区检察官可不是一个可以简单指挥的下级，而是一个来头不小、上面有人的大人物。这些人往往都有卓越的法律背景和强大的政治资源，而且也通常不会在检察官的位置上待很久。

相比于联邦检察体制，美国的州检察体制更加松散。在 19 世纪以后，美国绝大多数州的检察长和地方检察官的遴选方式都由任命制变为选举制，这意味着他们成了地方选举官员，而不是州行政长官领导下的下级官员。这直接带来了州检察长权力的虚化。美国的州检察长已经成为一个虚职，他几乎不实际执行刑事公诉，而仅仅作为州政府的法律顾问存在。州地方检察官高度自治，只对所在地区的选民负责，并独享本地区的公诉权力。这让州地方检察机制呈现出高度碎片化的特征。各检察机构相互独立、各自为战，除了大城市之外，绝大部分地方检察官办事处一般组织规模较小，仅由地方检察官及一两个助手组成，更类似于普通的律师事务所。很多检察官助手经常是兼职的业余人员，在处理公诉案件以外的其他时间通常作为律师为私人执业。这种高度地方自治的态势，让州地方检察官成为非常特殊的行政官员，他们的刑事公诉自由裁量权不仅州政府无权干预指挥，而且连州检察长也无权干预指挥。对于这些基层检察官而言，他们没有层级制下的升迁机会，也不必担心上级部门的压力，只需要在乎自己这一亩三分地的舆论和民意就足够了。在现实生活中，因为治安、公诉总是容易吸引舆论的关注，检察官很容易凭公诉成为正义的化身。这对于政治生涯非常有帮助，所以很多人竞选地方检察官，更多时候是为了更大的竞选铺路，不是为了在州检察体制里一级一级往上升，而是为了将来选州长、选参议员甚至选总统。他们基本上是以政治人物形象出现在地方上，而真正的法律业务通常是由助手——助理地方检察官执行的。这倒也可以看作美国版本的官吏分流。

在本章的最后，我们当然要谈一下美国的律师制度，因为美国社会的最大特色，恐怕就在于其律师文化。美国的司法官员、行政官员、政治人物很多都来自律师，甚至美国都被称为律师的国家。这也让美国的律师阶层几乎是美国最强势的阶层，这些体制外的法律人深刻地决定了美国司法权力的发展与变革。与中国不同的是，美国律师从业资格的管理并不是由其司法部来负责，而是属于各州的事务，虽然各不相同，但大体一致，主要包括：

学历要求	申请资格的人要有大学学历，受过三到四年的高等教育，修完所修课程，成绩合格，取得学士学位，这是申请人的首要条件，也是进入法学院学习的条件。
法学教育要求	申请资格的人还须具有美国律师协会备案的法学院学习的经历，取得法律职业博士学位，注意只有律师协会认可的法学院的经历才具备资格。
通过资格考试	通过各州的司法考试，获得律师资质。
品行要求	需要通过品行调查（符合品行条）。

相比于中国的法律人培养，美国的律师教育大致有如下的不同：

其一，美国的法学教育是第二学位的本科后教育。说白了，美国没有法律本科学生。与中国社会通常认为法律本科出身的孩子功底更扎实、更优秀的看法不同，美国律师制度的设计，其实更看重法律人拥有的非法学专业的其他知识。一位美国律师朋友曾经很好奇地问我："为什么你们要让那些除了法律一无所知的人来当律师和法官？他们要面对的是生活而不仅是法律。"实际上类似的问题，中国的法官和律师也深有感触，因为我们的很多孩子对社会知识的了解，实在是太匮乏了。

其二，美国的律师资质考试制度与我国的司法考试制度差异很大。美国的律师资质考试不是由行政部门——司法部统一组织的，而是由美国律师协会和法院负责。由于联邦制的原因，美国没有统一的司法考试，而是各州考各州的。一般来讲，由各州最高法院任命的考试委员会（权威的法官与律师）出题和评卷。考试内容包括联邦法律部分与本州法律。联邦法律部分的考卷，各州通常都会采用美国律师协会考试中心制作的试卷。大多数州的考试都是7月份和2月份各一次，而且与中国各地高考试卷难度不同一样，美国各州的“司法考试”也是苦乐不均，按照美国律师的说法，南达科他州、威斯康星州、内布拉斯加州和爱荷华州比较容易，加利福尼亚州、阿肯色州和华盛顿特区的考试比较难。当事人在通过考试后，向州最高法院申请获取执照，才能在本州执业。如要在另一州执业，除非该州与律师原所在州有资质互认的协议，当事人还要通过该州的考试和州最高法院的批准。当然，跨州办案通常比较宽松，不需要特定的许可，除非是一些比较重要的案件。

其三，美国律师的品行考核十分严格，尤其是对申请人的诚实非常关注。其考核涉及违法行为、学业上与工作期间的不当行为、虚假陈述和不诚实、违法代理行为、滥用法律程序行为、违反法庭判决行为、经济责任的过失行为，以及精神状态和药物或者酒精成瘾问题。

参考文献

查尔斯·琼斯：《美国总统制》，毛维准译，译林出版社，2023。

詹姆斯·P. 菲夫纳、罗杰·H. 戴维森：《美国总统是怎么工作的：解读美国总统制》，王向华译，上海社会科学院出版社，2019 。

南希·吉伯斯、迈克尔·达菲著：《隐秘权力：美国总统俱乐部如何左右世界格局》，贾大海、吴颖译，中信出版社，2018。

赫伯特·斯坦：《美国总统经济史——从罗斯福到克林顿》，金清译，吉林人民出版社，2011。

丹尼尔·蒙特：《美国总统的信仰：从华盛顿到小布什》，朱玉华、以诺、蒴宇译，江西人民出版社，2009。

唐纳德·A. 里奇：《美国国会》，孙晨旭译，译林出版社，2022。

菲利普·G. 乔伊斯：《美国国会预算办公室的故事：实话实说 权力影响 政策制定》，刘小川等译，东北财经大学出版社，2017。

R. 道格拉斯·阿诺德：《美国国会行动的逻辑》，邓友平译，上海三联书店，2010。

刘永涛：《美国国会和总统关系》，上海人民出版社，2010。

孙哲：《美国国会与台湾问题》，复旦大学出版社，2005。

罗杰·H. 戴维森等：《美国国会：代议政治与议员行为》，社会科学文献出版社，2016。

杰弗瑞·西格尔等：《美国司法体系中的最高法院》，刘哲玮、杨微波译，北京大学出版社，2011。

亚历克·卡拉卡特萨尼斯：《辩护的无力：美国司法陷阱》，徐涛译，上海人民出版社，2022。

白雪峰：《美国司法审查制度的起源与实践》，人民出版社，2015。

高海龙：《“单一行政官”理论与美国总统权力的扩张》，《美国研究》2020 年第 1 期。

刁大明：《美国总统候选人提名制度的演进及争论》，《美国研究》2016 年第 2 期。

赵可金：《现代总统制中的后现代总统——美国总统权力的扩张及其制度制约》，《美国研究》2016 年第 6 期。

赵曙光、赵可金：《美国总统政治变迁的历史社会学分析》，《国际观察》2011 年第 5 期。

袁征：《美国总统弹劾：历史与现实》，《人民论坛》2020 年第 Z1 期。

李海默：《美国强总统政治在拜登政府时期的新发展》，《东方学刊》2021 年 12 月冬季刊。

陈春华：《美国 1787 年制宪会议与美国总统制的确立》，《新西部》2019 年第 6 期。

于兆波：《美国总统的立法否决权及其新现象和对我国的启示》，《行政法学研究》2015 年第 5 期。

贾圣真：《总统立法——美国总统的“行政命令”初探》，《行政法学研究》2016 年第 6 期。

丁晓东：《宪法与政治实践视野下的美国副总统制》，《北大法律评论》2013 年第 14 卷·第 2 辑。

阙四进：《美国总统的主要资政辅政体系》，《世界知识》2021 年第 23 期。

张金勇：《美国总统行政命令》，《当代美国评论》2018 年第 3 期。

肖龙：《美国总统制的历史起源——基于 1787 年宪法的辩论》，《延安大学学报（社会科学版）》2016 年第 5 期。

张国玺、谢韬：《特朗普反对美国：总统领导与“分裂国家”》，《美国问题研究》2021 年第 1 期。

张琪：《总统形象与美国早期总统制的构建》，《泰州学术》2020 第 1 期。

李一达：《“共和君主制”的兴起——1787—1796 年间的美国总统制的诞生》，《北大法律评论》2012 年第 13 卷 · 第 2 辑。

吴景键：《美国总统制的君主制根基——评埃里克 · 纳尔逊〈王权派的革命〉》，《国外社会科学》2020 第 4 期。

约瑟 · 安东尼奥 · 柴巴布、费尔南多 · 利蒙吉：《民主制度与政权的生存：反思议会制民主国家和总统制民主国家》，周艳辉译，《国外理论动态》2011 年第 1 期。

徐红：《财权掌控与财政民主——英美议会财政权的政治学分析》，博士学位论文，复旦大学，2006。

《当代美国参议院立法程序》，李店标译，《人大研究》2015 年第 7 期。

李店标：《美国国会立法辩论制度介评》，《海南师范大学学报（社会科学版）》2014 年第 2 期。

刘永涛：《当今美国政党内部分化和影响：一个基本观察》，《美国问题研究》2022 年第 1 期。

石庆环、刘博然：《国会与官僚：美国联邦政府权力制衡的隐性因素》，《辽宁大学学报（哲学社会科学版）》2018 年第 6 期。

何兴强：《美国参议院“议事阻碍”：争议、改革及其影响》，《美国研究》2012 年第 4 期。

马洪范、王琳：《美国联邦政府预算立法权与行政权的关系变迁及启示》，《财政科学》2018 年第 7 期。

刘祚昌：《美国殖民地时代的议会制度》，《历史研究》1982 年第 1 期。

卓越、李东云：《形式多样的美国议会选举》，《浙江人大》2005 年第 6 期。

何敬中：《英、法、德议会选举制度比较研究》，博士学位论文，中国社会科学院，2003。

章伟：《预算、权力与民主：美国预算史中的权力结构变迁》，博士学位论文，复旦大学，2005。

左亦鲁：《“两大阵营”的划分及其变迁——政体视角下的美国宪法与最高法院》，《探索与争鸣》2021 年第 10 期。

秦玉彬、庞敏英：《从独立到权威——对司法独立的一种反思》，《河北法学》2007 年第 1 期。

曹静：《从自由到保守：米兰达规则变迁研究》，硕士学位论文，福建师范大学，2017。

余履雪：《当民主干预司法——评美国州法官普选制》，《师大法学》2017 年第 1 辑。

尹彦久：《法院审级制度研究》，博士学位论文，吉林大学，2011。

张立平：《法治“看家狗”：美国的法院和法官》，《世界知识》2010 年第 13 期。

高欣：《赴美国司法考察印象及感悟录》，《公民与法》2017 年第 3 期。

王禄生：《关于美国司法的几点误读》，《理论视野》2014 年第 5 期。

张爱云：《关于美国司法制度的考察报告》，《山东审判》2004 年第 1 期。

袁永奇：《论二十世纪美国的程序改革运动》，《法制与社会》2018 年第 16 期。

杨娜：《论二十世纪美国的司法制度——读〈二十世纪美国法律史〉有感》，《法制与社会》2017 年第 9 期。

张漩孟：《论美国司法独立的政党困境及其制衡之道》，《中共浙江省委党校学报》2011 年第 2 期。

韩娜：《论司法权的配置》，博士学位论文，西南政法大学，2017。

张海峰：《律师对美国司法制度影响探析》，《辽宁行政学院学报》2011 年第 8 期。

上官春光：《美国的检察权监督制约机制构架与评析》，《人民检察》2006 年第 6 期。

托尼·M. 费恩：《美国法院体系的运作方式》，朱冠群译，《山东审判》2006 年第 1 期。

于莹：《美国联邦上诉法院建立史》，硕士学位论文，华东政法大学，2017。

郝丽芳：《美国联邦司法政治研究》，博士学位论文，南开大学，2013。

刘辉：《美国司法制度中的政党政治因素分析——以最高法院为例》，《政党世界》2013 年第 2 期。

David R. Mayhew, *The Imprint of Congress*, Yale University Press, 2017.

Allen Schick, *The Federal Budget: Politics, Policy, Process*, 3rd ed., The Brookings Institution, 2007.

Robert G.McCloskey, *The American supreme court*, University of Chicago Press, 2016.

Walter J. Oleszek, *Congressional Procedures and the Policy Process*, 9th ed., CQ Press, 2013.

Frances Lee and Nolan McCarty, eds, *Can America Govern Itself?*, Cambridge University Press, 2019.

Lewis Gould, *The Most Exclusive Club: A History of the Modern United States Senate*, Basic Books, 2006.

Joshua D. Clinton , Anthony Bertelli, Christian R. Grose, David E. Lewis, and David C. Nixon, “Separated powers in the United States: The ideology of agencies, presidents, and congress,” *American Journal of Political Science*, vol. 56, Issue 2 (2012): 341-354.

Erin Peterson, “Presidential Power Surges, ” Harvard Law Today, Jul 17, 2019, accessed July 21, 2023, https://hls.harvard.edu/today/presidential-power-surges/.

第四部分

政党与竞选：不对称的两党制

任何一个国家的政党制度都因其政治实践而有其独特之处。如果说每个人只能从自己的经验来理解他人，那么在中国人对美国的诸多误解当中，对美国政党制度的误解恐怕是最深的。这是因为中国的政党制度与美国的政党制度有着根本的不同。中国共产党是一个革命型政党，它有着强大的意识形态、自上而下严密而高效的组织体系、严明的组织纪律，这些特点是中国共产党在残酷的革命斗争和统筹资源实现国家现代化的过程中逐步进化而来的。在中国，国家制度是在革命成功之后，从党的组织上衍生、发育出来的。党领导一切是原则，党管干部确立了党的人事领导，党的归口管理确立了业务上的党政关系。与中国的政党相比，美国的政党则是完全不同的政党，甚至相比于其他西方国家的政党，美国的政党体制也有极大的不同。这些不同之处主要表现在：首先，美国的政党体制是松散的，民主党、共和党这两大政党都有全国、州和地方的各级组织，但却很难建立强有力的党中央。美国州权主义的联邦制、强烈的地方自治传统以及美国社会对一切集权组织模式的抵触心理，让高度集中的政党组织难以在美国建立起来。其次，美国的政党是围绕选举生长起来的竞选组织。与中国建国离不开党的领导、党的动员和党的组织不同，美国建国后很长一段时间是没有政党的。美国的政党是从议会党团中发展变化而来，组党的目的就是为了竞选胜利，尤其是为了竞选总统。美国不是一个中央集权的体制，它是一个联邦制的碎片化结构。美国有 50 个州、3000 多个县和 18000 多个市、镇，在政府一章中我们已经分析过，美国的上下级政府在大多数时候是没有隶属关系的，甚至到了基层政府这一级，连市政体制的形式都不同。你这儿是市镇议会模式、他那儿是城市经理模式、我这边又是城市委员会模式，因此在美国很难谈得上所谓的归口管理。中国人对这种多元化政府的理解是存在困难的，就和美国人对中国的信访制度难以理解一样。这种碎片化的、高度自治的地方政治现状，意味着围绕地方政治展开的政治生活也必然是高度碎片化的、各自为政的。所以如果没有全国性的选举，就几乎不可能有全国性的政党组织。因而美国的政党表现出一个鲜明的特点，那就是一切为了总统竞选。这带来的必然后果就是全党必须围绕能胜选的个人服务，而不是个人必须服从全党的决定。由此，我们不难理解为什么美国的总统选举不同于欧洲的领导人选举，其政党色彩相对薄弱，而往往表现出了强烈的候选人中心主义色彩。尽管在政党制度运作的初期，美国也难逃老欧洲的党魁政治、大佬政治的流弊，但一切为了选举的原则，终究会以优胜劣汰的形式将不适应美国社会发展的政党淘汰出局。比如建国时期无比强大的联邦党人集团就灰飞烟灭了，故步自封搞小圈子的民主共和党人被大老粗安德鲁·杰克逊毁灭了。当然了，尽管美国大选相比于西方其他一些国家表现出强烈的候选人中心主义的色彩，但随着竞选越来越成为花费巨大的长期游戏，美国社会在近20年的逐渐极化以及选民的党派色彩日益强烈，政党在选举中的作用相比于过去其实也有显著增强。个人风格沉闷、乏味的拜登能够击败史上最具个性的总统特朗普，就是政党对个人的一次胜利。从历史上看，尽管美国的大选经常被以个人英雄主义的方式来叙述，但政党的基层组织建设与竞选战略对于竞选的成败发挥着不可替代的作用。共和党人的南方战略、民主党人的移民政策都对美国政治产生了结构性的影响。

第十四章　回首来时路竟是陌路人

美国两大党的变形记

提到美国的政党，很多人的第一个反应就是美国是一个两党制国家。但实际上，这种理解是错误的。其实每次美国总统大选，除了民主党与共和党之外，都有许多小党推出自己的候选人参加总统选举。但是为什么大多时候，人们仍然会对美国的选举留下两党制的印象呢？因为到目前为止，美国的总统选举中都没有出现足以动摇两党制的第三党。在一些特殊情况下，大党内部的分裂会产生足以影响胜负的第三党，但这种对胜负的影响，其实也只是让对手渔翁得利，而不是自己取而代之。在美国政党的发展历程中，为了生存，为了胜选，民主党与共和党都在不停地调整自己的立场，不停地选择自己的政治同盟。这造成了美国政党发展历史中最为有趣的现象，那就是民主党与共和党，在发展过程中实际上相互交换了立场。民主党本来是重心在南方，支持奴隶制，坚持白人至上的保守政党，而共和党则是重心在北方，反对奴隶制，主张解放黑奴的自由主义政党。但在罗斯福新政以后，民主党通过建设社会福利体系、支持民权运动，逐渐成为对工人、黑人更为友善的政党，故而，围绕大政府的社会福利，逐渐形成了一个亲民主党的利益同盟。为了打破这一同盟，共和党逐渐通过南方战略、新保守主义运动，发动对民权运动不满的保守白人来赢得选举，并最终几乎成了一个带有浓厚种族色彩的“保守白人政党”。当驴象两党回首来时路的时候，他们很容易发现，他们最终都在选举的过程中变成了自己最讨厌的人。

相比于其他国家，美国是一个非常特殊的存在。在经济上它是先有全球化（作为英国殖民经济体系的重要组成），再有国内经济，这个特殊性最终引发了南北战争；在社会上它是先有社会自治，再有国家建设，这个特殊性让美国政治中始终存在州权与联邦权的紧张关系；在政治上它是先有政府体系，再有政党政治，这个特殊性让美国的政党表现出强烈的权力现实主义，它始终以争夺政府权力为最高目标，而常常在意识形态上表现出含糊与宽泛。早期的美国政党是内阁斗争的产物，它与其说是政党不如说是宗派。内政上的重工与重农的分歧，外交上的亲英与亲法的争论，最终使得建国一代领导人中形成了以汉密尔顿为首的联邦党人与以杰斐逊为首的民主共和党人。但总的来说这两党都不算是现代大众政治意义上的政党，而更类似于贵族圈里的派系。两党的竞争也更类似于“宫斗”，而不是现代意义上的竞选。在华盛顿卸任之后，两派围绕总统继任的问题发生了激烈的争夺，最后以联邦党人的胜利而告终。这场亚当斯不太光彩的胜利严重刺激了杰斐逊，让他决心以地方包围中央的建党路线去争取选举人团的支持，由此开始了美国政党政治的进程，这个进程大致可以分为 7 个时期：

一、第一政党体系时期（1796—1828）：地方包围中央的贵族政治

在建国初期，支持汉密尔顿的联邦党与支持杰斐逊等人的民主共和党虽然政见分歧严重，但是都没有固定的组织与明确的政党纲领，更不是用来竞选总统的工具。在那个时代，美国的建国一代对欧洲的政党政治抱有深深的鄙视与警惕。他们认为仅仅关注狭隘利益的政党政治只会带来政治灾难。美国的第一任总统华盛顿是无党派人士，他认为党派不过是利益集团谋求私利的政治工具。然而在 1797 年之前以微弱劣势输给亚当斯之后，赞赏法国大革命的杰斐逊虽然不至于效仿罗伯斯庇尔去发动革命，但却决心借鉴法国大革命的成功经验，走出一条新的竞选之路。他跳出了其政敌汉密尔顿长袖善舞的国会党团政治圈，而将政治重心下沉到地方政治精英。由于地方政治精英对强调中央集权的联邦党人多有不满，杰斐逊的地方包围中央的道路大获成功，在民主共和党的旗帜下迅速集合了 36 个州和地方的组织。这些不甘于被边缘化的地方政治精英，最终将杰斐逊抬进了白宫。竞选失败的联邦党人，不仅失去了总统宝座，而且其政治领袖汉密尔顿也在不久后与杰斐逊的副总统伯尔的决斗中被杀。从此之后联邦党人一蹶不振，迅速退出历史舞台。杰斐逊的民主共和党控制美国政治近 30 年之久。在这一阶段，更加重视基层政党建设的民主共和党已经初步具备了现代政党的特征，但是美国的总统选举仍然是脱离大众的

贵族圈子的内部事务，民主共和党的成功之处是相比于竞争对手，它打通了从中央到地方的精英圈子。

二、第二政党体系时期（1828—1860）：第一个大众政党——民主党的时代

与联邦党人和民主共和党人因为竞争总统而在小圈子里决裂一样，杰斐逊留下来的民主共和党人的小圈子也发生了分裂。这里面一个重要的原因在于，与杰斐逊—汉密尔顿时代的主要矛盾为地方州权与中央集权之间的矛盾不同，蓄奴南方与自由北方的矛盾成了当时美国社会的主要矛盾。在1824年选举时，北部与南部的民主共和党因为奴隶制等问题发生公开分裂。该党共有四派人马参与总统竞选，代表南方的战争英雄安德鲁·杰克逊成为最大热门，但是由于选票分散导致无人能够获得过半数选举人票，最后总统由众议院投票决定。厌恶安德鲁·杰克逊南方色彩的北方人团结起来阴了这位大老粗一把，让他成了历史上唯一的一位赢得多数选举人票却没有当选的总统候选人。这个结果激怒了杰克逊，也惊醒了杰克逊。杰克逊意识到，无法赢得贵族圈子支持的自己要想赢得总统选举，就需要用一种更加广泛的政治动员方式来获得广大农民，特别是南方农民以及西部开拓者的支持。而要实现这个目的，除了建立大众型的政党，别无选择。他必须把大多数平民的利益联合起来组成政党，否则无法战胜被贵族圈子把持的民主共和党。安德鲁·杰克逊在1826年召开了民主党第一次全国代表大会，这意味着美国历史上第一个大众政党，今天美国两党政治中的民主党正式走上历史舞台。在1828年复仇的大选中，安德鲁·杰克逊充分利用民主党这一竞选工具，发动群众取得了一场大胜。据说当时竞选的花费就超过了百万美元，这种能量是玩贵族政治的克莱尔·亚当斯集团所无法抵挡的。民主党迅速埋葬了代表贵族政治的青年共和党，将美国政治带入了大众政党时代。在近30年的时间里，民主党发展出了较为成熟的现代政党组织，包括提名候选人的程序、运营竞选的模式、鼓励群众会员的持续性党组织以及全国代表大会和全国委员会制度，这些现代政党的组织能力让民主党在竞选中取得了压倒性的优势。在强大的民主党的倒逼下，它的对手们被迫团结起来，组成了共和党的前身辉格党。但由于这些对手们只是迫于民主党的选

举力量而拼团，所以并不牢固，时常分裂，在民主党分裂以前并不能对民主党构成实质性威胁。民主党与辉格党等反对党近30年的公开竞争的确为现代意义上的美国民主制度奠定了基础。政党政治在这一阶段得到了长足的发展，民主党和辉格党在全国范围内针对总统、国会议员、州政府和州议会职位的竞选，塑造了白人（男性）内部的大众民主。当然与杰斐逊的民主共和党一样，民主党内部也蕴含着巨大的派系冲突，尤其是在南方民主党与北方民主党之间无法调和的奴隶制问题。

辉格党的由来 辉格一词来源于英国。whig一词意指强盗，实为贬义。在英国斯图亚特王朝复辟时期，围绕詹姆士是否应该继承王位，在英国议会中形成了截然对立的两派：一派代表着工商阶层和新贵族利益，反对詹姆士继承王位，要求限制国王权力，提高议会权力；另一派则代表封建地主和旧贵族利益，支持詹姆士继承王位，维护君主特权。前者称后者为“托利”，即乡间歹徒，后者称前者为“辉格”，即街头强盗。后托利党和辉格党逐渐发展演变为全国性政党。1833年托利党更名为保守党，1839年辉格党更名为自由党，保守党延续至今，自由党在“一战”后被工党取代。美国的辉格党之所以采用英国辉格党的名称，主要是为了突出自己工商阶层的属性与进步自由的政治理念。

三、第三政党体系时期（1860—1890）：共和党的崛起

在民主党独大时期，奴隶制问题逐渐成为美国的重大政治议题。虽然为了维护美国的统一，早期的美国政治家们对奴隶制采取了回避的态度，但是随着美国国土的不断扩大，新州究竟为蓄奴州还是自由州成为一个无法回避的问题。渴望土地的东北部、中西部自由民与同样渴望土地的南方种植园主集团围绕这一问题产生了尖锐的斗争。这带来了美国政治力量的重新组合。1854年，反对奴隶制向西部领土扩张的共和党在威斯康星州出现，它是由辉格党人、自由土壤党人和反奴隶制民主

党人组成的一个反对集团，代表了北部的先进资产阶级和中西部自由农民的联盟。美国从此出现反奴隶制的共和党与支持奴隶制的民主党对立的局面。林肯就是这股新生力量的代表性人物。在1856年大选时，由于主张废奴的北方政治力量分裂为美国人党与共和党，所以团结的民主党推出的布坎南取得了惊险的胜利。但在1860年选举时，民主党出现了重大分裂，南北民主党人共推出了三位总统候选人：史蒂文·道格拉斯、布雷金利奇和约翰·贝尔。这让林肯以39.8%的比例成为史上得票率最低的总统之一，也直接导致了南北内战的发生。在内战爆发后，民主党中拥护国家统一的派系与共和党组建为统一党，在1872年又重新改为共和党。而南方的民主党却由于战败，直至1877年“重建时期”结束之前，长期处于地方政治势力的窘迫地位。共和党则利用南部退出联邦和民主党分裂的机会获得了在内战期间控制联邦政府的绝对权力，并在“重建时期”通过将选举权赋予获得解放的黑人男性而将自己的影响力推进到南部，从而建立起30年的选举优势。从1860年林肯当选总统，到1932年富兰克林当选总统，期间共和党赢得了除四次之外的所有总统大选。至此美国当代两党制基本成形，共和党和民主党形成长期对立的局面。从南部重建结束至19世纪末，共和党根据地在东北部，民主党在南部，两者都争取维持政治均势之西部和中西部的支持。

重建时代与民主党卷土重来 在1863—1877年期间，取得了内战胜利的联邦政府面临如何在南方废除奴隶制，实现国家统一与和解的问题，即如何“重建”的问题。共和党派系在1866年大选后以自由黑人的投票权为重点进行改革，试图在南方构建出一个牢固的黑人选民基础。为了实现这一目的，共和党激进派不惜动用陆军接管南方，并剥夺了大约10000到15000名联邦官员或高阶官员的投票权。在1867年，共和党组织南方黑人进行了首次投票，在整个重建期间，超过1500名南方黑人当选为官员。为了适应新的政治现实，在1870年前后，南方各地的民主党人决定，他们必须为了生存而停止反对重建与黑人选举权，并且将焦点转向经济议题与贪腐议题，这一点获得了北方民主党人的赞同，并重新团结了民主党。1873

年经济大恐慌后，共和党在南方的声望大减，民主党趁势崛起。在1876年大选争议之后，共和党与民主党达成妥协，共和党从南方撤出最后一批联邦军队，南方白人承认海斯当选。到1877年重建结束前，民主党人重新确立了在南部的政治优势。奴隶制虽然被废除，但是南方仍然牢固地保留了大量种族歧视的社会制度。

四、第四政党体系时期（1890—1932）：共和党治下的繁荣与进步时代

在1890年以后，随着美国工业化、城市化的快速推进，传统政治格局出现了重大变化。虽然共和党延续了上一个30年的强劲表现，但其政治基础已经发生了较大改变。在传统意义上，民主党与共和党南北有别的地域政治力量对抗逐渐被以阶级基础划分的政治博弈所取代。随着贫富差距、社会分化越来越明显，以往以地区作为团结基础的根基正在动摇，民主党和共和党开始与不同阶级结盟，最终演变为民主党与农民、工人、移民和少数族裔结盟，再次从一个南方党变成了一个全国性的政党；共和党则与技术白领、富裕农民、中产阶级、大资本、大企业结盟，建立起牢固的政治优势。由于共和党代表了快速工业化、城市化中新兴的利益集团，事实上成了一个代表实业界利益、主张保护性关税、发展工业的“企业党”，因此共和党在工商业发达地区如新英格兰、中西部北端各州、加利福尼亚州、太平洋沿岸北部各州建立起了强大的政治势力。随着美国的资本主义经济达到前所未有的高峰，共和党除了因为塔夫脱与西奥多·罗斯福的分裂导致了民主党人威尔逊夺得两届总统大选之外，赢下了这一时期所有的总统选举。在威尔逊之后的20年代的“大繁荣”中，共和党更是在1920年大选中赢得37个州的大胜。而在这一时期，长期处于弱势反对党地位的民主党，为了与共和党竞争，逐渐将定位调整为代表中下劳工阶层的政党，虽然在经济繁荣的形势下，始终难以挑战共和党的优势地位，却实现了南方白人与北方白人工人的政治结盟。

五、第五政党体系时期（1932—1968）：民主党的新政与共和党的南方战略

大萧条改变了美国的政治现实。一方面，大萧条击碎了共和党人镀金时代的光芒，让共和党的选民基础出现了分裂，产业工人、中产阶级的困境，让他们不再相信与大资本、大企业、金融资本有共同利益；另一方面，大众对共和党所坚持的信念“守夜人政府是最好的政府，不干预是最好的干预”产生了根本的动摇。踩着共和党人破碎的泡沫走进白宫的罗斯福，必须以立足于救济底层、政府干预的“新政”来回应大众的期待。在新政的过程当中，民主党的政治基础由南方保守白人转变为一个由北部劳工、天主教徒、都市少数族裔和非裔美国人组成的选民基础。民主党回应了美国阶级矛盾加剧的政治现实，并以阶级基础对自己的选民基础进行了重构，这个占据多数的选民基础，为民主党在新政之后的长期执政提供了牢固的支持。而与之对应的是，共和党人为了应对民主党的大联盟，将白人新教教徒、小镇居民、自耕农和商业中产阶级变成自己的政治联盟。尤其是在民权运动以后，共和党敏锐地捕捉到南部白人选民的怨恨情绪，制定了南下策略，从而成功地在民主党传统的南部地区建立起自己的优势地位，并成功地利用 1968 年民主党内因为种族问题发生分裂的时机而夺取大选胜利。在这一时期，民主党与共和党几乎完成了一次置换。民主党由南方的、保守的、白人的政治力量，演变为北方的、大城市的、少数族裔的、新移民的、白人自由派和底层劳工的联盟；而共和党则由北方的、进步的、多种族的、工商业的政治力量，演变为更南方、更保守、更白的政治力量。民主党人让黑人与白人工人结盟，共和党让白人农民与大企业、大资本结盟。

六、第六政党体系时期（1968—2008）：共和党的新保守主义与民主党的重组

在尼克松赢得 1968 年大选之后，经过南方战略调整与保守主义结盟的共和党成为美国政治中的优势力量。除了因为“水门事件”让卡特得手之外，共和党最主要的挫折就是在 1992 年被民主党的克林顿在大选中击败，但是在克林顿上台之后仅两年，共和党就在中期选举中大获全胜，40 年来第一次夺得对参众两院的控制

并赢得多数州长职位。共和党的强势主要来源于两个方面的原因：一方面，是因为共和党与两股重要的政治力量建立了稳定的联盟关系，对民主党民权运动不满的白人保守主义者，与对民主党政府干预市场不满的大企业构成了共和党最坚定的支持者；另一方面，是因为共和党在竞选的过程中采取了更加激进的战术。在经历了1932—1964年的低潮后，共和党进行了所谓的“保守主义革命”。这场“保守主义革命”的核心内容就是告别过去30多年来的“共识政治”，在竞选的过程中用更加鲜明的保守立场与民主党在政治上划清界限，让政治过程进一步意识形态化，把常态政治变为危机政治、极端政治，从而调动极端选民的投票热情。这种战术让共和党人成为在竞选过程中组织更为严密、动员更加有效的一方。尤其是里根政府的经济繁荣与冷战胜利，更让共和党的新保守主义理念获得了美国社会普遍的认同，而民主党则由于工人运动的衰落、支持者多元化带来的分裂而陷入低潮。在共和党与白人保守主义者、福音教派、中产阶级建立稳定同质化的政治联盟时，民主党则试图在环保主义者、女权主义者、同性恋者、少数族裔与工会的碎片组合中寻找支持者，相比于稳定的共和党支持者，民主党的新票源群体呈现出多元化、碎片化、激进化的特征，不仅彼此容易分裂，而且这种特征也让希望维持现状的中间群体心生顾虑。针对这一阶段的选举劣势，民主党在三个方面做出了改变：其一，民主党人开始更加关注经济议题。在共和党人逐步以国家安全、反恐等议题作为动员手段的同时，民主党人逐步改变自己在企业界重福利、轻经济的传统印象。自克林顿开始，民主党人与企业家的关系明显改善。民主党人在政治与经济的关系中，表现出更加务实、灵活、开放的中间立场。其二，更加重视年轻人。相比于保守的共和党，更加开放、自由的民主党对于年轻一代的影响力却在显著增强。民主党与共和党开始在代际层面产生分化，共和党逐步成为老人党，而民主党则开始在年轻一代中有着更大的影响力。其三，更加重视移民。在共和党利用“9·11”大打安全牌的时候，民主党坚持对移民更加友好的态度，并寄希望于快速增长的移民及其后裔，能够在重要的摇摆州发挥影响。

七、第七政党体系时期（2008 至今）：民主党的新基础与共和党的新改变

尽管“美国政党政治的发展是否进入了新阶段”仍然是一个有争论没结论的议题，但两党在近 10 余年的过程中都表现出了明显的发展变化。就目前两党的现状而言，成功控制住党内激进左翼的民主党正在逐渐变成一个中偏左的主流政党，而共和党则正在成为一个茶党和被特朗普绑架的、有着日益极化倾向的右翼保守政党。共和党的支持者以保守白人为主，主要势力范围为农业区与中小城镇，与基督教福音派、摩门教、全国步枪协会关系密切。以福克斯电视台为代表的右翼主流媒体与绝大多数的广播电台都是共和党支持者。民主党的支持者则以自由派白人和少数族裔为主，主要势力范围是大城市及其近郊，在娱乐业与大学中有重要影响，与《纽约时报》《华盛顿邮报》、CNN 等中左翼媒体关系密切。

相比于在奥巴马执政时期以后基本成形的民主党支持者联盟，共和党正为适应未来选举表现出明显的转变：其一，共和党正由传统意义上的“白人保守党”向劳工政党转变。在近 10 年的竞选中，高举反全球化旗帜的共和党正在试图完成本土劳工与传统制造业资本的联盟。这种以保守主义价值观为基础建立的劳资联盟，可能将让共和党成为一个带有工会性质的右翼民粹政党，并且共和党也试图在这个联盟中容纳少数族裔的蓝领工人。其二，共和党意识到了它将在未来 20 年内面临巨大的人口危机。目前美国人口增长最快的是亚裔、拉美裔族群，白人在总人口中占比下降，甚至在2050年可能成为少数民族，共和党面临基础选民萎缩的严重问题，作为美国白人保守主义政党的共和党如果不扩充其基本盘，有可能长期沦为少数党。目前共和党正试图通过传统家庭价值观、宗教信仰等渠道去扩充自己的少数族裔力量。比较保守的拉美裔、亚裔正在成为其重点争取对象，但共和党核心的白人种族主义本身构成了其自我调整的重大障碍。其三，在竞选过程中，共和党为了激发保守主义者的政治热情，正表现得越来越好斗。共和党通过在种族问题、移民问题、宗教问题、禁枪问题、堕胎问题、同性恋婚姻等敏感问题上的不断消费来制造社会对立，并以此强化核心支持者的投票热情。虽然共和党与民主党表现出震荡交替的胶着局面，但我坚持认为美国政治正在进入一个新的民主党的强势时期。共和党的“特朗普主义”和组建怨恨同盟的政治策略都更接近于一种激进的防守策略，

但无法改变大局。如果未来共和党无法组建新的政治同盟，很可能将在长期内保持弱势。做出这样的判断有如下三个原因：

首先，民主党的政策更适应美国的经济基础。信息经济、科技经济、新能源、人工智能正在深刻地改变人类的经济生态，他们正在取代传统的制造业经济成为美国的主流。特朗普的“让制造业回到美国”是一个根本无法实现的空洞许诺，美国必然将走向以高科技、金融业解决增长，以服务业解决就业的后工业时代。而民主党自克林顿以来就是硅谷与好莱坞的盟友。共和党为了短期竞选需要，与“铁锈地带”的蓝领工人结盟虽然可以取得一定的效果，但是这一批蓝领工人注定是一个即将消失的群体。民主党的“全球主义者”特征，让它比主张民粹主义、保守主义的共和党对跨国大企业和高科技企业更友好，而这些力量从长远来看比铁锈地带的蓝领更能决定政治的未来。

其次，民主党的选民群体更能持续。高等教育的普及意味着民主党盘踞的大学比共和党控制的教堂能影响更多的年轻人，大量移民的进入和保守老人群体的终将离世意味着人口结构的改变只是个时间问题。而为了赢得选举，共和党正变得更保守，它的选民群体正在变得更老、更白、更低学历。共和党曾经的南方票仓“阳光地带”已经在最近 10 年呈现出越来越摇摆的迹象，虽然铁锈地带在变红，但考虑到人口的增减以及选举人票与人口增减的关系，共和党再不改变，恐怕难以避免沦为偏远衰败地区的怨恨党的命运。

最后，民主党更能从城市化的发展中受益。民主党在大城市及其近郊正在取得越来越明显的优势，虽然农村与小城镇仍然是美国的重要政治组成，但是不断膨胀的超级城市与日益富裕的城市近郊正在成为美国政治中的主要力量。全世界的小乡村都留不住年轻人、大学生甚至是稍微富裕点的中老年人。

当然，尽管在历史上多次面临生存还是死亡的艰难时刻，民主党与共和党总是能够用新的方法来重塑自己，找到新的追随者来弥补丢失的追随者。因为不断进行的选举，总是逼迫它们完成进化。

第十五章　决定胜负的搅局者

两党之外的第三党

尽管人们谈起美国政党，都会想到两党制，但其实美国从来没有规定过两党制，美国大选也从来不是只有民主党、共和党两党候选人参加。早在1832年，以反对秘密社团和特权势力为宗旨的反共济会党就推举威廉·沃特为总统候选人，并最终获得了8%的普选票和7张选举人票。在历史上，反共济党、自由土壤党、1912年进步党、美国独立党、美国人党、立宪联盟党、人民党、1924年进步党、州权党、独立派佩罗都曾经赢得过选举人票。在2016年美国总统大选中，除了希拉里与特朗普之外，申请参加竞选的有1780人之多，被各州选票上正式列为总统候选人的一共有31人。比较有名的包括绿党的吉尔·斯坦、自由党的加里·约翰逊、宪法党的达雷尔·卡斯特、改革党的罗奇·冯特等。人们之所以习惯性地称美国为两党制，主要是因为在民主党、共和党成形之后，美国无论在政治实践上还是在制度设计上都很难有第三党存在的空间，美国也从来没有出现过第三党的总统。但是在美国的政治中，其实一直存在着许多小党。它们既有存续几年或是十几年的匆匆过客，比如1832年的反共济会，1840年的自由党，1848年的自由土壤党，1854年的美国党，1860年的立宪联盟党，1869年的禁酒党、反垄断党，1874年的绿背党、农民联盟，1892年的人民党，1912年美国前总统西奥多·罗斯福创设的进步党，1924年拉福莱特领导的进步党，1936年的工会党，1948年的州权党，1968年的美国独立党，1995年的改革党、公民自由党、纳税人党、自然法党等，也有信念坚定、长期存在、百折不挠的斗争者与少数派，比如创建于1887年的美国社会主义劳工党、创建于1901年的社会党、创建于1921年的美国共产党、创建于1938年的社会主义工人党、创建于2000年的绿党等。这些小党只是由于美国选举制度中的赢家通吃制度和两大党的政治挤压，很难对政治发生实际影响，但它们在大选中，往往可以提出两大政党所忽视或是不愿意提及的社会议题，并能在一些特定的历史时刻对政治产生重要影响。在美国历史上，不乏第三党决定选举走势的重要案例：

1860 年，南方民主党。美国历史上许多重要的第三党都是由大党内部分裂而来，1860 年大选是最典型的一次。自安德鲁·杰克逊以来一直笼罩美国政坛的老大党——民主党，因为在奴隶制上的分歧分裂了。北方民主党在巴尔的摩提名道格拉斯为民主党候选人，而南方民主党则提名肯塔基州的现任副总统布雷肯里奇作为他们的总统候选人。这让不可战胜的民主党人在选举中被林肯代表的新生的共和党人击败。民主党的全国代表道格拉斯在南方不敌布雷肯里奇，在北方不敌林肯，在选举人团的赢家通吃制度下，尽管获得了近 30% 的普选票，但仅获得了 12 张选举人票，最终让林肯以 40% 的普选票优势取得了总统选举的胜利。

1896 年，国家民主党。民主党围绕金本位还是银本位产生了深刻的分裂，代表中小农场主的民主党自由派，与同样反对放弃银本位的人民党合流，在年轻的参议员威廉·布莱恩的代表下发起了党内政变，取得了民主党的领导权。民主党时任总统克利弗兰带领支持金本位的民主党人另立新党“国家民主党”。这种总统叛党的行为在美国的第三党历史中并非罕见，其主要原因在于美国的竞选体制是候选人中心主义，政党围绕政治家组建。即便民主党、共和党这样的大党，在党内纪律、党组织建设方面比一般小党要规范很多，但仍然对强势政治人物缺少有力约束。所以一旦政见不同或者利益分配不均，重要人物另立新党、搞分裂的现象就时有发生。民主党的分裂最终便宜了与克利弗兰同样支持金本位的共和党人，共和党人麦金莱成功地成为第 25 任美国总统。

1912 年，进步党。这一次分裂的是共和党，共和党前总统西奥多·罗斯福的进步主张和当时的总统塔夫脱的保守思想分歧严重，西奥多·罗斯福对自己亲自挑选的继任者极度不满，这种不满在共和党全国代表大会上达到高潮，西奥多·罗斯福对保守派暗箱操作强烈谴责，带领共和党内的进步帮派成立了进步党。为了区别于两大党的驴、象标志，进步党选择了麋鹿作为形象。进步党是有史以来最有可能打破两党制的第三党，它在大选中获得 27% 以上的普选票和 88 张选举人票，是至今第三党参选获得的最好成绩。进步党在多个共和党的主要票仓击败了共和党，但是麋鹿打败了大象却输给了驴子，最终民主党人伍德罗·威尔逊，一位被视为政治上的幼稚者的大学教授，利用共和党的分裂成功进军白宫，并在美国历史上留下了自己深刻的印迹。

1924 年，进步党。尽管西奥多·罗斯福在 1912 年大选失败以后就解散了进步党，但进步主义的浪潮仍然冲击着两大党。1924 年拉福莱特组织共和党内的激进左翼与亲民主党的劳工组织，重新组建进步党参加大选，最终获得了 16.6% 的普选票和 13 张选举人票。这一次，进步党主要在民主党的势力范围内获得成功，从而导致了民主党被分票，这让共和党人柯立芝最终获得大选胜利。

1968 年，独立党。肯尼迪政府对民权运动的推动，激怒了民主党内的种族主义者。民主党保守派在曾任亚拉巴马州州长的乔治·华莱士的带领下另立山头，他们成立了第三大党“独立党”。华莱士成为最后一位赢得多个州选举人票的第三党候选人，他在 1968 年大选中赢下了 5 个州 46 张选举人票，虽然这远不足以让他成为白宫的主人，但足以让他惩罚民主党内的自由派。华莱士的参选沉重地打击了民主党候选人时任副总统休伯特·汉弗莱，让共和党的尼克松在败给肯尼迪之后一雪前耻、东山再起。

1992 年，无党派。克林顿能够击败打赢了海湾战争的老布什，与无党派候选人佩罗分裂了保守派选民有关。德克萨斯州富商罗斯·佩罗虽然没有在任何一个州获胜，拿下任何一票选举人票，但他分走了 18.9% 的普选票，且多为保守派选民的票，这让克林顿在几个关键的摇摆州获胜，事实上老布什最后只和克林顿相差六个百分点的选票。

2000 年，绿党。共和党的小布什通过几百票的优势在佛罗里达州击败民主党候选人戈尔，取得了历史上最微弱的胜利。这与绿党在佛罗里达分走了历史上最强调环保的候选人戈尔的几万张选票密切相关。绿党候选人拉尔夫·纳德参加总统选举主要是为了宣传自己消费者权益保护与环境保护的政治立场，属于明知不可为而为之。拉尔夫·纳德被认为是美国现代消费者运动之父，先后五次参加总统竞选，2000 年 7 月他赢得了 2.7% 的普选票，其中在佛罗里达州就获得了几万张选票，就是这几万张选票让历史上最重视环保的总统候选人大选失败，也让传统能源集团最坚定的支持者小布什成为总统。

一般来说，对政治产生重大影响的第三党多是两大政党内部分裂而来，比如从共和党中分裂而来的进步党和从民主党中分裂而来的独立党。它们通常因为两个原因而成立：其一，党内矛盾激化，出现了不可调和的路线冲突，同门不同路，只能另立门户；其二，党内关于总统候选人问题无法达成一致，没有取得全国提名的失败者重组山头，参加竞选。但是由于美国两党之间力量接近，一党内部分裂的结果往往是让对方获得大选的胜利，所以经过了一段时间之后，通过协调与让步，通常这些叛党而出的第三党又会重新回到本党中来。比如 1948 年建立的州权党、1968 年建立的美国独立党，在大选结束以后，都重新回到了民主党怀抱。当然，美国之所以被称为两党制，根本原因还是在于民主党与共和党形成了两党坐大的局面之后，通过一系列的制度设计，让第三党难以崛起：

其一，赢家通吃制度让第三党难以成功。由于美国宪法规定了总统由选举人团投票产生，而选举人的产生由各州自行决定，所以控制了州政治的两党，要尽可能地让自己在州内的政治优势最大程度地体现在选举人团中。这就导致了赢家通吃制度最终成为美国绝大多数州的制度安排。无法在州选举中占绝对上风的第三党也许可以击败一个大党，却很难同时击败两个大党。如果第三党真能如进步党、独立党一样在某些州内击败两大党，那通常又意味着第三党具有强烈的地域性，因而也难以在全国性的投票中获胜。在美国，第三党往往面临着虽然可以得到很多票数，但在选举人票上一票难求的局面。1992 年的罗斯·佩罗在大选中拿到了接近 20% 的普选票，可是却一张选举人票也没有拿到，这种让接近 20% 的人的选票毫无意义的做法，在欧洲几乎是不可思议的事情。

其二，州内选举制度往往不利于第三党。首先，选区的划分通常不利于第三党。美国的选区划分主要由州议会负责，而通常为两大党把持的州议会，可以通过选区的划分来维护、放大自己在选举中的优势。它们既可以把某一支持第三党的选区化整为零，从而使这一选区之内的多数变成在多个选区制内的少数，也可以把几个支持第三党的选区合多为一，从而使第三党只能获得小范围内的胜利，而不会影响大局。其次，除了选区划分以外，各州对于总统选举候选人的登记制度不利于第三党。美国一些州对第三党候选人的要求比较严格，往往必须在各州的规定时间内提交竞选申请，缴纳各种费用，才能取得合法的竞选资格。1980 年大选时，如果一个第三党候选人想在51个州都取得合法竞选资格，必须累计获得120万以上合格选民的签名。

其三，两大党日益普及的州内初选制度，挤压了小党的生存空间。在美国，总统、国会议员和州长的候选人的提名，都要在各州经历漫长的党内预选阶段。这不仅意味着两大党的候选人在州内的曝光度、知名度往往远远多于第三党，而且也意味着那些可能出去另立山头的政治精英可以利用初选去挑战党内的竞争对手，将党派竞争变成党内竞争。

其四，美国社会的选举资源分配也不利于第三党。美国的政治虽然不乏意识形态之争，但在两党制多年的运作下，政治日益成为竞争和分配利益的生意。赞助人对候选人的投资，首先要看他胜选的可能。与两党风水轮流转，总有一天可以翻身不同，第三党不稳定、不持续，获胜希望渺茫，这让赞助人的热情大打折扣。第三党的竞选资金远低于两党，只有一些富豪级的第三党候选人才可能在一定程度上对两党构成威胁。此外，媒体通常对第三党候选人的兴趣也显著低于两大党。在2000年以后，美国总统辩论委员会对参加电视辩论的候选人设置了全国民意调查不低于15%支持率的门槛，从此再也没有第三方候选人满足参加辩论的条件。

美国共产党为什么没有发展起来？研究美国的政党历史，有一个问题非常引人关注，那就是为什么在资本主义的中心——美国，尽管有着非常强大的工会组织与悠久的工人运动传统，但是为什么美国共产党没有在阶级斗争当中发展壮大起来？这里面有几点重要的原因：其一，美国无产阶级并没有形成阶级意识，其诉求主要围绕工资、福利等具体利益展开，并没有夺取政权的政治意识；其二，美国政府对于共产主义运动、工人运动长期严厉打压；其三，美国工人运动派系林立，本土白人工人、少数族裔工人、移民工人之间矛盾重重很难整合；其四，美国白领工人与中产阶级的壮大与新政以来政府对资本的干预，缓和了美国的阶级矛盾；其五，美国共产党没有取得黑人群体的支持。1928年美国共产党人根据共产国际的指示，把争取黑人群众参加革命运动作为工作的重点之一，但是苏联方面根据列宁的民族自决理论指示美国共产党要发动黑人独立建国。这个指示严重脱离了实际情况，美国主流黑人希望被视为美国民族的一部分，而不是分裂美国独立。正因为此，即便是在大萧条最严重的20世纪30年代初，美国共产党人的努力也未换来黑人主流群体的支持。

美国的政党体制因政权而生，围绕政权争夺而存，这与其国家发展历程和社会文化有关。美国作为一个移民国家，在建国初期，外无强敌，内有大量可以拓展之旷阔空间，所以其政治并没有面对德国人施密特所说的那种“生存还是死亡”“敌人还是我们”的决择，美国的政治更多不是体现这样一种深刻的意识形态或是文化族群意义上的生存斗争，而是相对较为简单、更加直接的利益博弈。美国的政治不乏尖锐的斗争，但更多的是交易与妥协。建国初期的奴隶制之争、大州小州之争、工商业农业之争，都是利益之争而不是意识形态之争。正因为此，美国逐渐形成了围绕利益博弈而存续的政党制度。在政党制度上美国政治用赢家通吃的制度忽略少数分歧，在政党建设上美国政党则用宽松的组织边界与多样性的政党组成来包容少数。这两个原因共同的作用，让少数与多数的关系呈现出一种复杂的均衡，即少数通过在多数内部起作用，而不是与多数坚决斗争来发挥自己的影响力。这种政治的出现，很大一部分原因在于美国社会重实际利益，轻意识形态的商人文化，但美国社会亦有其逆鳞，在涉及底线的时候，美国社会的政治斗争也非常坚决与残酷。盎格鲁－撒克逊文化有一个特征值得我们注意，那就是这种文化在解决冲突的时候，一开始总是以利益的视角来考虑问题，可以绥靖也可以让步，但是一旦利益问题上升为意识形态问题、底线问题，这种文化几乎会在一瞬间从软弱的谈判对手变成凶狠的斗争对手。美国的南北战争就是利益问题上升为意识形态问题的必然结局。打一个比方来说，美国社会是一个内心深处有宗教狂热的商人，它在大多数情况下倾向于交易，但是一旦进入圣战模式，它会表现出十足的狂热。随着美国国内政治的变化，在族群问题、少数群体问题等一系列问题上，自由主义派别与保守主义派别的冲突正在越来越由利益之争走向底线之争。尤其是自民权运动之后，两派都表现得越来越好斗。共和党在走向怨恨联盟，民主党党内的激进左翼也日益坐大，所以美国建立在以利益而非意识形态为基础上的政治正在面临结构性的变化。两党制在未来恐怕还有重大的调整与变化，尤其是共和党，相比于以利益诉求为凝聚力量的大拼盘民主党，共和党的意识形态色彩更重，它在更多时候是以意识形态而非具体利益诉求为动员机制，这让美国的两党制表现出一种意识形态与利益分赃的不对称均衡，也就是说共和党与民主党一个意识形态较重，更关注宗教、保守主义、道德等问题，一个则关注社会补贴、福利等内容。这让美国的选举呈现出更加复杂的局面，许多群体在利益上倾向于民主党，在意识形态上倾向于共和党，这在奥巴马的医疗改革问题上表现得尤为突出。在民主党的内部初选中，激进的意识形态者被建制派的政客成功抑制住了，但是在共和党的内部初选中，意识形态的强硬派却成功地驯服了注重利益分配的温和派。在特朗普被起诉之后，由于共和党的选民弥漫着复仇主义的情绪，这可能意味着温和派进一步的边缘化，而这是否意味着特朗普主义者与中右保守主义者的决裂，并最终带来共和党极右与中右的分裂，则有待观察。

参考文献

小瓦尔迪默·奥兰多·基：《政治、政党与压力集团》，周艳辉、陈家刚译，浙江人民出版社，2021。

小阿瑟·M. 施莱辛格：《美国的分裂－对多元文化社会的思考》，王聪悦译，上海译文出版社，2021。

L. 桑迪－梅塞尔：《美国政党与选举》，陆赟译，译林出版社，2017。

张立平：《美国政党与选举政治》，中国社会科学出版社，2007。

赵忆宁：《探访美国政党政治：美国两党精英访谈》，中国人民大学出版社，2014。

迈特·格罗斯曼、戴维·霍普金斯：《美国政党政治：非对称·端化·不妥协》，苏淑民译，当代世界出版社，2021。

孙林编：《世界主要政党规章制度文献·美国》，中央编译出版社，2015。

杨钊：《纽约州政党政治与美国第二政党体制的起源（1812—1824）》，中国社会科学出版社，2019。

钱文华：《美国两大政党组织结构研究》，上海人民出版社，2012。

樊吉社：《美国军控政策中的政党政治》，社会科学文献出版社，2014。

王一鸣：《第四政党体系以来的美国关键性选举》，世界知识出版社，2023。

约翰・米克尔思韦特、阿德里安・伍尔德里奇：《右派国家：美国为什么独一无二》，王传兴译，中信出版社，2022。

威廉・J. 基夫、莫里斯・S. 古尔《美国立法过程——从国会到州议会》，王保民、姚志奋译，法律出版社，2019。

刘玄宇、刘云刚、王丰龙：《美国选区划分的研究进展》，《世界地理研究》2020 年第 2 期。

冯永光：《美国政党地方组织嬗变及原因探析》，《世界政党格局变迁与中国政党制度发展论文集》，2012。

藏秀玲 王磊：《美国政党复兴论及其质疑探析》，《当代世界与社会主义》2014 年第 1 期。

张立平：《美国政党与选举政治（1976—2000）》，博士学位论文，中国社会科学院，2001。

王建新：《美国政党政治发展述评》，《比较政治学前沿》第 4 辑。

李铁明：《美国政党组织的衰落及其原因分析》，《文史博览》2005 年第 18 期。

周淑真、冯永光：《美国政党组织体制运行机制及其特点》，《当代世界与社会主义》2010 年第 3 期。

李少文：《美国两党建立初选制度的原因、过程与效果》，《当代世界与社会主义》2018 年第 1 期。

王仁权：《美国两党制形成过程中的“政党分赃制度”研究》，硕士学位论文，辽宁大学，2018。

王晓明：《美国两党制研究》，硕士学位论文，西南大学，2008。

Marjorie Randon Hershey, *Party Politics in America*, Routledge, 2017.

Samuel P. Huntington, *American Politics: The Promise of Disharmony*, Harvard University Press, 1981.

James L. Sundquist, *Dynamics of The Party System: Alignment and Realignment of Political Parties in The United States*, Brookings Institution Press, 2011.

James Reichley, *The Life of The Parties: a History of American Political Parties*, Rowman & Littlefield, 2000.

Daniel Schlozman, *When Movements Anchor Parties: Electoral Alignments in American History*, Princeton University Press, 2015.

John Gerring, *Party Ideologies in America, 1828-1996*, Cambridge University Press, 2001.

第五部分

美国的总统选举：通往最高权力之路

如果说联邦制构成了美国中央与地方的关系，立法权、行政权、司法权的彼此分立制衡构成了美国国家权力的基本框架，那么竞选就是美国政治周期性的动力源泉。美国是一个选举之国，从总统选举、参议员选举、众议员选举，到州长选举、镇长选举、地方检察官选举，美国人几乎无时不刻不在选举之中，其中最重要的就是总统选举。政党、利益群体、社会组织、传媒、宗教、族群，几乎所有的美国政治力量都在围绕着选举运动，甚至像俄罗斯、以色列这样的外国势力也可能牵涉其中。对于美国社会而言，竞选是其政治权力合法性的来源，美国人很难接受血统、身份带来的特权，但是任何形式的竞选都是被一系列外在条件所限定的。一方面，一个小的熟人社会里的竞选，比如在一个村庄里的选举，父辈的影响、家族的势力往往是决定性的因素，这会造成一种民主制下合法的世袭制。甚至在家族势力足够强大的时候，这种世袭都可能出现在参议员、众议员乃至总统选举中。另一方面，一个大的陌生人社会里的竞选，比如在一个大城市里的选举，大量的金钱、精心策划的宣传、政党强有力的组织，以及许多利益集团的支持又是竞选获胜所必不可少的条件。不管民主的口号多么鼓舞人心，竞选往往都是算计人心的技术活。在政治竞选中，“竞选”的英文是“campaign”，它更贴切的译法可能不是选举，而是选战。既然是场“战争”，那么自然“兵者，诡道也”。无论是选区的划分、广告的投放、辩论的话术、形象与口号的设计，还是议题与政策的选择，都是围绕选举获胜这一根本主题。如果说战争是人类这种缺乏天敌的物种在相互之间优胜劣汰实现进化的最重要的手段，那么选战就是政治人物乃至政党不断实现进化的根本动力。在胜利还是失败，生存还是死亡的巨大压力面前，赢得胜利、赢得生存常常比政治的理念更加重要，甚至理念本身也成为赢得胜利、赢得生存的手段。罗伯特·达尔经常把美国多元民主的竞选比喻成选民在政治超市中用选票来购买合心意的当事人，但当广告、活动、氛围甚至连货架的摆放都体现着高超的推销技术的时候，顾客的需求还是真的需求吗？顾客的购买行为还是真的出于需要吗？顾客对于货物的质量与性能真的了解吗？更何况，政治的超市可不能退货，下一次开门就是4年之后了。任何对美国政治有深刻认识的人都会知道，美国的总统竞选既是民主的过程，也是民主被操控的过程；既是民意被表达的过程，也是民意被塑造的过程。

第十六章　少数派总统一样可以赢

美国的选举人团制度

美国的选举制度中，最为特殊的就是总统选举制度，因为它既不是大多数西方民主制国家采取的直接选举，也不是类似于我国人民代表大会制度由人民代表来选举领导人的间接选举，而是一种非常罕见的，带有强烈中世纪教区选举色彩的选举人团制度。

一、美国选举人团制度产生的原因

美国宪法第二条规定，总统副总统之选举按如下方式办理：

各州应依其州议会所定之方式，任命若干选举人，其人数与该州于国会所拥有参议院及众议员席次之总数相同。注意以下几点：1）每个州的选举人票数是众议员的席位 + 参议员的席位，因为美国每个州参议员都是两人，所以每个州的选举人票数是众议员的席位 +2；2）虽然选举人票数是每个州参众两院票数的总和，但是选举人既不是众议员也不是参议员；3）选举人也不是行政官员，而是各州依据其方法产生的代表。

这些代表仅就总统、副总统的选举投票，投完票就解散。

那么为什么会采用一个如此冷门的选举制度呢？大致上有这样几个原因：

其一，美国的建国一代其实并没有想到美国总统会像今天这样位高权重。他们将总统代表的行政权与国会的立法权并驾齐驱，其实更担心的是国会的权力过度膨胀，出现类似英国的“议会至上”。所以总统只是拥有独立于议会的行政权力就足够了，并没有必要全民普选。更何况在当时，美国地广人稀，全民普选的难度极大。美国并不是像雅典一样的弹丸之地，在当时的技术条件下，地方普选已经基本是民主的极限了，由地方代表参与全国政治的代议制是最现实的。

其二，由于要避免出现“议会至上”的一权独大，总统自然不能由议会选出。

其三，为了避免中央被地方绑架，总统自然不能由州议会选出。

所以，美国总统选举制度的制定是在不能直选，也不能由议会代选，不能被地方绑架，也不能甩开地方的左右为难中做出的一个各方都不满意但是都能勉强接受的妥协。汉密尔顿在《联邦党人文集》第 68 篇中对选举人团制度做了如下说明：

1. 没有把这项权利交付某一现成机构。这表明选举人不是来自两院的议会代表，也不是来自行政机构的官员。在国会议员与选举人之间不可以有重叠，在当局行政人员与选举人之间亦不可以有重叠，以保证选举人的独立性。

2. 选出若干人组成一个选举人的居间机构，比起选举一个人作为公众寄望的最终对象，就不那么容易造成震动整个社会的非常的、暴乱性的运动。这表明以间接选举而不是直接选举的方式选举总统。

3. 选举人是为此特殊时刻由人民在特定时刻选出的人，要想对这么多人加以腐化是需要时间和金钱的。这表明选举人团不是常设机构，而是临时性机构。

4. 总统由独立的选举人投票选举，但选举人的任命方式是由州政府来决定。这表明，总统选举虽然与地方无关，但产生总统选举人的方式却由地方决定，各州仍然对行政权力有自己的影响力。

简单来说，在美国建国初期，美国的国父们对总统选举的规定其实就是一句话：各州找一帮与国会、政府无关的社会精英，由他们把总统选出来。这其实意味着，议员是选区的人民选的，而总统则是各州的精英或者说是贵族选的。这也符合美国社会对立法权与行政权关系的理解，那就是立法人应属于纳税人，无代表不纳税，但是行政权不能为民意绑架，它更应由审慎、杰出、理性的社会精英所掌控。在选举人团如何运作的具体设计中，立法者们还做出了一些技术性规定，归纳起来大致有八点：

1. 选举人在各州集会，投票选举两人。这意味着他们不必翻山越岭地去首都选总统。

2. 为了防止选举人只投属于自己州的候选人，两位候选人中至少应有一人不是与选举人同州的居民。

3. 选票密封并送交美国联邦政府所在地，提交参议院议长。参议院议长应于全体国会面前开启文件，宣读计票结果。

4. 获得最高票且取得绝对多数（即过半数）的候选人将成为总统。获得第二多数的候选人将成为副总统。

5. 如果不止一位候选人得票过半数或者候选人的得票数相等，则应立即由众议院投票选举一人为总统。总统要获得州选票的绝对多数，即超过半数。

6. 如果没有一位候选人得票过半数，那么应由众议院在得票数的前五名候选人中，选举一人为总统。总统要获得州选票的绝对多数，即超过半数。

7. 在众议院投票的时候，每州只有一票资格。

8. 如果以上方法还没有候选人过半数或者得票数相等，那就由参议院来投票选举。

这八点规定存在两个当时为人所忽视的隐患：

其一，总统和副总统的关系。立法者们的设想是最好的当总统，第二好的当副总统。这反映出他们过于天真地把政治当成了小圈子里的事务，这与美国建国一代人本身就是小圈子的历史背景密切相关；也反映出他们对党争缺乏重视，这与美国在建国时没有政党的历史背景密切相关。事实上，得票第一和第二的两位候选人，往往不是同志而是政敌，他们很可能起到 1+1<2 的效果。在华盛顿功成身退之后，这种问题就暴露出来，美国第二位总统约翰·亚当斯和得票第二的托马斯·杰斐逊就是阵营不同、政见不同的政敌。事实上，即便是阵营相同，得票第一的总统也往往和得票第二的副总统关系微妙，美国第三位总统托马斯·杰斐逊和他的政治盟友伯尔就曾经因为 35 轮平票而关系破裂。在权力面前，人性往往经不住考验。

其二，有可能出现选举人得票多却在众议院选举中失利的情况。这种情况也在美国建国后的第二代人里出现了。在 1824 年的美国总统选举中，四位候选人没有一人票数过半，所以由众议院选举总统。当年以重大争议击败杰斐逊当选总统的约翰·亚当斯的儿子昆西·亚当斯以与他父亲类似的小圈子里运筹帷幄的方式，以更大的争议击败了选举人票数最高的平民战争英雄安德鲁·杰克逊。这是在美国第十二条宪法修正案通过以后唯一的由众议院决定而不是投票结果产生的总统。

这个结果深深地刺激了安德鲁·杰克逊，也让他在随后开启了组建大众政党参与竞选的新模式，而这种新模式最终也埋葬了以亚当斯父子为代表的美国版的贵族政治。

美国历史上最惨烈的总统选举 美国总统大选不乏存在巨大争议的，但要说旷古绝今，非1800年大选莫属，因为它不仅创造了众议院35轮选举平票，最后直接导致修宪的结果，而且也让美国历史上两位建国一代中国父级的政治人物一死一走。在充满争议地输给亚当斯之后，杰斐逊在1800年卷土重来，这一次他在各州都提前做好了准备，相比于充满贵族政治气息的联邦党人，杰斐逊组建的民主共和党组织更加严密、更加符合现代竞选政治，也因此对联邦党人进行了降维打击。但是因为选举人的选票上要选举两人，所以大获全胜的民主共和党人突然发现他们面临了一个没有想到的问题，那就是杰斐逊和公开宣布要辅佐他的伯尔是平票（现任总统亚当斯获得65票，平克尼获得64票，伯尔和杰斐逊均获得73票）。宪法规定，众议院应当在伯尔和杰斐逊中进行抉择，就这样，原本的竞选伙伴成为竞争对手。两人要进众议院再选一次，方法是每位众议员都可以投票，然后按照他所代表的州汇总，哪位候选人在一个州的得票最多，这个州就算在他的名下，当时美国一共有16个州，谁能争取到9个州的支持，谁就是最后的胜利者。其实这个问题本来不是问题，伯尔本就是冲副总统去的，他如果保持初心，那么众议院的投票其实就是走个过场，但是人啊，总统大位在前，很难不动心。所以伯尔一面口头继续保持忠诚，一面又私下活动，希望“勉为其难”地被众议院黄袍加身。杰斐逊肯定没有想到这种局面，但在这个时候，他已经失去了对局面的控制。其实这比后面美国人拍的《纸牌屋》要精彩多了。在这个时候，选举落败的联邦党人就发现了一个机会，那就是他们可以利用在众议院的代表权，决定他们的两个对手杰斐逊与伯尔谁可以成为美国总统。尽管联邦党人当时的现任总统是亚当斯，但是他们的实际操盘手是汉密尔顿。汉密尔顿打算利用这个好机会进行讹诈。在授意联邦党众议员故意投伯尔，导致连续35次平局之后，汉密尔顿通过渠道向杰斐逊打招呼，如果杰斐逊同意某些条件的话，他将让联邦党人投杰斐逊的票，但是出乎他意料的是，杰斐逊居然坚决拒绝了他的讹诈。故事讲到这里，似乎就应该是一个悲情英雄的结局了，但让人意外的是，尽管汉密尔顿非常不喜欢杰斐逊，尽管他把杰斐逊称为美国的罗伯斯庇尔，尽管他在杰斐逊竞选获胜之后甚至策划过军事政变来搞掉杰斐逊，但是在最后时刻面临杰斐逊还是伯尔的选择时，在他所有的政治阴谋都落空时，他选择了杰斐逊。这个决定用政治很难解释，也许只能归结于个人因素。汉密尔顿和杰斐逊的政见一向水火不容，但他尊重杰斐逊的人品，尤其是在杰斐逊拒绝与他交易之后，他更确定了自己的尊重。与此相反，曾经与伯尔有过共事经历的汉密尔顿对伯尔异常厌恶。他说："杰斐逊关于政府的看法是错误的，但至少他是一个诚实的人，伯尔则是个骗子，他会毁了美国。"汉密尔顿最后策划了特拉华州倒向了杰斐逊，该州由于人口太少，只有一名众议员詹姆斯·巴雅德，也因此极容易操控。最后，杰斐逊在一场史诗级的党内内战中获胜，以36轮投票获胜当选总统，从此以后他再也没有信任过副总统伯尔。也正是在经历了1800年的灾难性选举后，美国政府通过了宪法第十二条修正案，要求选举人在投票时，必须注明选何者为总统，何者为副总统。

1804年，在副总统位置上受尽挤兑的伯尔决定竞选纽约州州长，纽约州是民主共和党的大本营，照理说作为副总统和党内元老，伯尔可以轻松击败另一位党内候选人刘易斯，但汉密尔顿又一次劝说联邦党人支持伯尔的对手刘易斯。愤怒的伯尔最终选择在1804年7月11日与汉密尔顿决斗，并在汉密尔顿开了空枪之后，冷静地射杀了汉密尔顿，也彻底葬送了自己的政治生命。三年后，杰斐逊政府以"叛国罪"的名义逮捕了阿伦·伯尔。美国司法部门指控伯尔暗中勾结英法两国，计划在美国西部领土上建立一个由其当元首的独立国家。最终，据说汉密尔顿的亲密战友，前总统亚当斯既不忍建国一代以叛国收场，也不愿最高法院沦为政治报复工具，才写信给自己任命的最高法院院长马歇尔力挺伯尔，才使得他依靠联邦党人占据的联邦最高法院脱罪。最后，这次大选还有一个悲惨的番外，那就是汉密尔顿的儿子在他死之前几年，也在与伯尔的一名支持者的决斗中被杀。据说一位星相学家曾对汉密尔顿预言“你将和你的儿子一样死亡”。

二、选举人团的变革与影响

美国的立宪者们在设计选举人团制度的时候认为，选举人团将是一个由地方社会精英组成的审慎而明智的组织。但是在美国的选举实践中，选举人团最后变成了一个没有独立意志、单纯传达选民意志和党派政治的工具。在今天，选举人团制度当中最重要的两项制度——州内普选、赢家通吃即获胜的总统候选人赢得该州的全部选举人选票的制度，其实是美国宪法从来不曾规定过的政治规则，而造成这种现象的原因大致上有两个：

其一，民主意识的提高与政党竞争的出现让普选成为主流方式。在建国初期，州内可以决定选举人的产生方式，所以当时各州可以根据自己的情况制定确定选举人的规则。美国各州分别采取了州议会选举制、州内普选制、国会区域选举制、选举人选区选举制等方式。但是随着民主意识的提高，尤其是政党竞争的出现，普选成了唯一可以服众的办法。在 1789 年第一次总统选举中，只有两个州采取州普选制，大部分州的选举人都是由州议会任命，但是到了 1876 年以后，所有的州都采取了普遍选举制。

其二，普选 + 赢家通吃制度是最有利于州内的多数党完全控制本州选举人票数的方法。在美国第一次总统选举中，只有三个州采用了后来普遍实行的赢家通吃制度。然而随着政党逐渐成为竞选的组织者，它们发现选区制度很可能让对手集中优势力量在某些薄弱选区获得选举人票，对于多数党而言，最保险的方式莫过于不分选区，直接州内普选，一旦取得多数就可以通过赢家通吃制度控制该州所有的选举人票数。而控制州议会的多数党恰恰也有能力去制定这样的选举法案。赢家通吃制度是典型的滥用多数优势的政治手段，但所有的多数党都喜欢这种能让自己赢最多的手段。其实最早琢磨出这套方法的，恰恰是坚定的民主派杰斐逊。在输掉了与亚当斯的第一次总统竞选后，杰斐逊发现在有的民主共和党占优势的州内，由于选区制的原因，联邦人仍然可以分走部分选举人选票，这让他大为恼火。在他的推动下，像弗吉尼亚州这样在民主共和党人控制下的大州都通过选举制度改革转向了赢家通吃制度，其目的就是要保证民主共和党占优势的州的所有选举人票，都会被本党候选人获得。在今天，除了缅因州和内布拉斯加州两州以普选的得票比例来分配选举人票数以外，其他各州均采用普选 + 赢家通吃制度。

除了普选和赢家通吃以外，对选举人的约束也日益完善。很多人会有一个疑问，如果选举人违背了选民意志，临时反水怎么办？这种情况其实也出现过，在1796 年，一位名叫萨穆埃尔・米尔斯的选举人就没有遵从选民赋予他的命令，把票投给了联邦党候选人亚当斯。那么怎么解决这种问题呢？主要有两种方法：一种是直接通过法律规定本州选举人不可做出违背州选举结果的投票，若违背则选票作废，并且选举人要受到处罚；另一种则是美国现在大多数州的做法，那就是在选举开始以前各州的政党就向州最高选举长官提交一份选举人名单列表，名单上的人数与该州所具有的选举人票数相同，此名单上的个人将忠于本党的总统候选人。哪家赢了选举，该党先前所提交的选举人就全部成为本州的选举人。通过这两种方法，选举人就不再是最初制度设计者所期待的那种谨慎、睿智的地方精英，而是成了忠实选举结果，没有自己思考的工具人。他们不再具有独立性，也不需要在政治经历、智慧或见识方面有任何过人之处；他们的功能不再是独立地行使选举总统的权力，而是纯粹作为竞选结果的传声筒。

在今天的美国总统选举中，经过改革的选举人团制度仍然发挥着重要的作用。它主要包括：

1. 组织州内普选；

2. 赢家获得全部选举人票数；

3. 获得绝对多数（即必须过半）选举人票数的候选人将被选为总统；

4. 如果没有候选人赢得绝对多数，那将由众议院在得票数前三名的候选人之中投票选举总统与副总统，每一州只有一票资格；

5. 如果还是没有候选人赢得绝对多数，那将由参议院在得票数前两名的候选人中选举总统与副总统。

这套制度对美国总统选举产生了四个方面的重要影响：

1. 与比例代表制下欧洲小党林立的情况不同，赢家通吃制使得美国形成了稳定的两党制，第三党派基本没有赢得选举人票的可能性。这也是美国虽然有小党，但始终无法产生稳定的第三党的重要原因。在美国的历史上，不管是在 19 世纪初与联邦党、民主共和党并存，赢得过国会议席的反共济党，还是昙花一现的自由党、自由土地党、美国党、绿背纸币党、人民党、进步党，抑或近几年间轰动一时的州权党、绿党、茶党等，他们面临的最大问题都是无法突破赢家通吃的门槛，获得实质性的通往政治权力的机会。

2. 赢家通吃制带来的选举人票数与真实选票情况可能存在差异。总统候选人很可能出现在一些州大胜，在一些州小败的情况，而这种情况可能意味着，虽然他的支持者就整体而言是多数，但他却会输掉选举人票数的结果。选举人团制度可能会选出少数人的总统，最典型的例子是 2000 年大选获胜的小布什，他的选票比戈尔少了超过 50 万张，但他在 30 个州取得胜利，最终在选举人团获得 271 张选举人票，压倒了戈尔的 266 张。

3. 赢家通吃造成了美国总统大选中的摇摆州现象。在美国的选举中，有些州长期支持某一政党，如加州之于民主党，德克萨斯州之于共和党，这些州被称为铁票州；有些州两党力量接近，选举存在不确定性，有时候你赢有时候他赢，这些州被称为摇摆州。在赢家通吃的制度下，如果某党候选人确定在本党的铁票州会远超对手，或者在对手的铁票州毫无希望时，候选人可能反而不会对这种州太重视，因为他在这个州赢再多，也是这么多选举人票；或者努力再多，败得再少也终将一无所有。他理性的竞选策略必然是将资源、精力转向立场未定的摇摆州，因为在这些州，他的努力很可能将带来全得或者全失的重要结果。这导致了摇摆州往往比铁票州更受关注。

4. 美国各州的选举人票为众议院席位 + 参议院席位，随着美国的城市化进程，乡村与小城镇的年轻人大量向大城市流动，工业地带的人口也随着产业的兴衰由北部的铁锈地带向南部地区的佛罗里达、德克萨斯流动，而这些人口流动最终都将反映在各州选举人票数的变动上，并对美国政治产生长远的影响。

美国城市人口排名（前10位过百万人口城市，旧金山列13位）

1 纽约，纽约州，城市人口 8537673	6 费城，宾夕法尼亚州，城市人口 1567872
2 洛杉矶，加利福尼亚州，城市人口 3976322	7 圣安东尼奥，德克萨斯州，城市人口 1492510
3 芝加哥，伊利诺伊州，城市人口 2704958	8 圣迭戈，加利福尼亚州，城市人口 1406630
4 休斯敦，德克萨斯州，城市人口 2303482	9 达拉斯，德克萨斯州，城市人口 1317929
5 菲尼克斯，亚利桑那州，城市人口 1615017	10 圣荷西，加利福尼亚州，城市人口 1025350

美国州人口排名（前10位人口过千万州）

1 加利福尼亚州，州人口 3951.22 万	6 伊利诺伊州，州人口 1267.18 万
2 德克萨斯州，州人口 2899.59 万	7 俄亥俄州，州人口 1168.91 万
3 佛罗里达州，州人口 2147.77 万	8 乔治亚州，州人口 1061.74 万
4 纽约州，州人口 1945.36 万	9 北卡罗莱纳州，州人口 1048.8 万
5 宾夕法尼亚州，州人口 1280.2 万	10 密歇根州，州人口 998.69 万

（2016年）

第十七章　王侯将相宁有种乎？

谁能成为美国总统？

通往权力之路注定是充满艰辛的，越是重大的权力，过程就越是艰辛。

谁可以成为美国总统？谁来决定谁可以成为美国总统？如何成为美国总统？这是美国总统选举中最有趣的三个问题。民主作为一种理念的时候，它是简单而清晰的，但当它作为一种获得权力的手段时，它又是复杂而混沌的。美国总统的选举可能是西方民主制当中最为复杂和混沌的制度，它既有阳光之下的公平竞赛，也有密室之中的灰色操作。

谁可以成为美国总统？

美国联邦宪法规定：美国总统必须是本土出生的美国公民，年龄至少 35 岁，至少在美国居住过 14 年。这是一条简单得不能再简单的规定，没有性别要求，没有宗教要求，没有种族要求，没有财富要求，没有学历要求。是不是很容易让人生出“我也可以”的念头？我在美国的时候，邻居的姑娘是一位 9 岁的黑人小女孩卡雅，她经常到我家蹭饺子吃，有一次我问她：你的理想是什么？她说：我要成为美国第一位女总统。我当时就觉得，女孩子就是比男孩子有出息，你要是问一个黑人小男孩，十个有九个会说要打 NBA。不过，她真不一定会成为第一位女性黑人总统，如果已经 80 多岁的拜登在任上出了问题，现在的副总统哈里斯可能就会抢在她前面成为美国的第一位女性总统了，而且还是第一位具有亚裔（哈里斯是印度与牙买加混血）血统的总统。如果那个时候里希 · 苏纳克还是英国首相，那将是印度人对曾经大英帝国（英、美、印）的接管。

当然，如果从历史的经验来看，卡雅的理想其实面临巨大的困难，美国到现在为止一共有 46 任总统，只有一位黑人，而且毫无例外都是男性。虽然政治是变化的，但是美国的政治毕竟也有几百年的历史，我们倒是可以对美国总统进行一下梳理，毕竟历史经验往往会告诉我们一些制度之外的东西。

一、从美国总统的年龄来看

美国总统平均年龄 54 岁，没有 40 岁以下的总统，40—50 岁有 9 人，50—60 岁有 25 人，60 岁以上的 11 人，其中年龄最小的是西奥多·罗斯福 42 岁，其次是肯尼迪 43 岁，年龄最大的是现任总统拜登，他在当选总统时是 78 岁，是美国历史上第一位在职期间超过 80 岁的总统。年龄第二大的是拜登的前任特朗普，他在 2016 年获胜时是 70 岁，其竞争对手希拉里是 69 岁。西奥多·罗斯福是在麦金利总统被暗杀后接任的总统，竞选上台的最年轻的总统是肯尼迪。

40—50 岁	詹姆斯·诺克斯·波尔克、富兰克林·皮尔斯、尤利塞斯·辛普森·格兰特、詹姆斯·阿布拉姆·加菲尔德、史蒂芬·格罗弗·克利夫兰、西奥多·罗斯福、约翰·菲茨杰拉德·肯尼迪、威廉·杰弗森·克林顿、巴拉克·侯赛因·奥巴马
50—60 岁	乔治·华盛顿、托马斯·杰斐逊、詹姆斯·麦迪逊、詹姆斯·门罗、昆西·亚当斯、马丁·范布伦、约翰·泰勒、米勒德·菲尔莫尔、阿布拉罕·林肯、安德鲁·约翰逊、拉特福德·伯查德·海斯、切斯特·阿兰·阿瑟、本杰明·哈里森、史蒂芬·格罗弗·克利夫兰、威廉·麦金利、威廉·霍华德·塔夫脱、托马斯·伍德罗·威尔逊、沃伦·加马利尔·哈丁、卡尔文·约翰·柯立芝、赫伯特·克拉克·胡佛、富兰克林·德拉诺·罗斯福、林登·贝因斯·约翰逊、理查德·米卢斯·尼克松、吉米·厄尔·卡特、乔治·沃克·布什
60 岁以上	约翰·亚当斯、安德鲁·杰克逊、威廉·亨利·哈里森、札卡里·泰勒、詹姆斯·布坎南、哈里·S. 杜鲁门、德怀特·大卫·艾森豪威尔、杰拉德·鲁道夫·福特、罗纳德·威尔逊·里根、乔治·赫伯特·沃克·布什、唐纳德·特朗普、约瑟夫·拜登

在最近几年，有关美国总统老龄化的讨论很多，但这里面有 3 个方面值得注意：其一，美国总统老龄化与人类平均年龄增长、医疗健康状况改善和美国社会整体老龄化可能存在一定关系，近几年中高龄总统候选人都可以经受总统选举对体力、精力的巨大消耗；其二，美国总统选举中，经常在连续几任高龄总统之后，出现年轻的总统，比如杜鲁门、艾森豪威尔之后选出了肯尼迪，里根、老布什之后选

出了克林顿、奥巴马；其三，目前特朗普、拜登这种老拳手现象，与两党人才青黄不接、年轻政客普遍激进化，难以被大众认同有关。

二、从总统的性别来看

尽管已经有相当数量的女性进入了权力中心甚至顶层，如女州长、女议员、女部长、女国务卿等，但在美国的政治生态中，尚无一位女性成功挑战总统之位。现任拜登政府中的副总统哈里斯是美国有史以来第一位女性副总统，在此之前，美国总统、副总统清一色是男性。第一位美国女性总统候选人是美国女权主义的先驱维多利亚·伍德哈尔，她在1872年美国妇女取得选举权之前，就被民间政治团体“平等权利党”提名为总统候选人。相比于形式意义上竞选总统的伍德哈尔，民主党的克林顿·希拉里、共和党的莎拉·佩林是实质意义上的总统竞选者。佩林一次作为共和党候选人麦凯恩的副手参加竞选，一次作为总统候选人参加共和党内初选，都以失败告终。而民主党的希拉里，可以说有两次距离总统都是一步之遥，一次是输给了人见人爱的奥巴马，最后只获得了一个国务卿的安慰奖；一次是在民主党初选中获胜，但是输给了共和党的特朗普，最后淡出政坛。有人认为，打女性牌的希拉里在民主党的预选中输给了奥巴马，说明美国社会宁可选择黑人，也不选择女人；在全国大选中输给了特朗普，说明美国社会宁可选择恶棍，也不选择女人。当然了，也有观点认为希拉里输给特朗普的一个重要原因是美国社会刚刚经历了8年时间的奥巴马时期，保守白人对政治正确的忍耐已经到达了极限，所以才会有不靠谱的特朗普的疯狂反扑，希拉里只是时运不济。

有人认为，考虑到奥巴马的人气，也许口才颇好的奥巴马的夫人米歇尔有可能成为通过竞选上台的第一任女总统，也有人认为特朗普迷人的女儿伊万卡也有希望，甚至有人还憧憬未来有一天会出现米歇尔 vs 伊万卡的女人之争，但老实讲可能性很小，嫁给犹太人而且很可能信犹太教的伊万卡的希望尤其小。

美国女性的政治成就：

美国历史上第一位女性国会议员（众议员）	珍妮特·兰金，蒙大拿州共和党人，1916年当选众议员，她在国会投票反对美国参加第一次世界大战，并为此丢了议员席位。1940年，她凭借反战立场重返国会。她是珍珠港事件后在国会唯一投票反对向日本宣战的议员。
美国历史上第一位女性参议员	丽贝卡·拉蒂默·费尔顿，民主党，1922年11月21日她被任命填补空缺成为佐治亚州参议员，但只象征性当了24小时。她接到任命时，参议院正处于休会当中，并没有机会开会。在此期间沃尔特·F. 乔治成为已故参议员托马斯·沃森的当选继任者，但女性强烈呼吁造成的政治压力，以及对费尔顿家族的尊敬，让继任者乔治决心做一个顺水人情，在11月哈丁总统召集国会开会之时，机敏地退居幕后，让丽贝卡·费尔顿宣誓就任该国第一位女参议员，虽然只有24小时，却写入了历史。
美国历史上第一位竞选上位的女性参议员	海蒂·卡拉韦，民主党，1932年竞选阿肯色州参议员成功，在此之前，她与费尔顿一样，被任命在选举前担任补缺参议员。前任阿肯色州参议员去世，是她的丈夫。卡拉韦被称为沉默的海蒂，她的务实勤勉赢得了阿肯色州人民的广泛尊重。1938年，卡拉韦再次当选，成为第一位连任的女参议员。她在1931年至1945年，连续担任14年参议员，创造了一系列记录，她成为第一个主持参议院、主持参议院会议、领导参议院听证会的女性参议员。
美国历史上第一位女性少数族裔议员、亚裔议员	竹本松，民主党，1965年竞选夏威夷州众议员，连任6届，她也是第一位夏威夷女性、第一位有色人种女性、第一位亚裔女性议员。
美国历史上第一位女性非裔国会议员	谢丽·纪尧姆，1968年成为第一位非洲裔女性议员。
美国历史上第一位在参众两院都当过议员的女性	玛格丽特·蔡斯·史密斯，共和党，1940年补选顶替因病去世的丈夫成为缅因州众议员，1941年竞选众议员成功并多次连任，1947年成为第一位靠选举进入参议院的女性，同时成为第一个担任过参众两院议员的女性。她先后成为拨款委员会和军事委员会成员，是这两个委员会的第一名女性委员。她是七名联名反对麦卡锡的参议员中唯一的女性，起草并在参议院发表了著名的《良心宣言》，反对麦卡锡主义，被誉为美国的良心。1964年曾参加总统大选，党内初选时退出。

（续表）

美国历史上第一位女州长	内莉·泰洛·罗斯，1925年成为怀俄明州州长。
美国历史上第一位女性政党领袖	珍妮·韦斯特伍德，1972年当选民主党全国委员会主席，她也被称为chairwoman，以对应称呼主席用的chairman。
美国历史上第一位女性共和党领袖	玛丽·路易斯·史密斯，1974年当选共和党全国委员会主席。
美国历史上第一位女议长	南希·佩洛西，2007年第一次担任众议院议长。
美国历史上第一位女性最高法院大法官	奥康纳，1981年以全票通过的方式成为大法官，她也是第一位获得高院大法官提名的女性。
美国历史上第一位女性内阁成员	弗朗西斯·帕金斯，1933年成为罗斯福新政政府的劳工部长，帮助罗斯福政府制定了社会保障和最低工资。
美国历史上第一位女国务卿	玛德琳·奥尔布赖特，1997年成为克林顿政府的首席内阁成员——国务卿，也是历史上第一位女性国务卿。
美国历史上第一位少数族裔、非洲裔女国务卿	康多莉扎·赖斯，2005年成为小布什政府的国务卿，她是鲍威尔后的第二位非裔美国人国务卿，也是奥尔布莱特之后的第二位女性国务卿，但却是第一位非洲裔女性国务卿。
美国历史上第一位竞选总统的女性	多利亚·伍德哈尔，1872年被民间政治团体“平等权利党”提名为总统候选人。
美国历史上第一位通过党内初选竞选总统的女性	希拉里，2016年大选败给唐纳德·特朗普。希拉里是历史上第一位拥有公职的第一夫人，纽约州第一位女性联邦参议员，美国第三位女性国务卿，被普遍认为是历史上第一位很有可能当选总统的女性，虽然她领先对手美国共和党总统候选人特朗普近三百万票，但最终在选举人团制度票数败给对手。

在2020年大选中，民主党党内角逐总统候选人的女性达到了5位，创历史新高，但最终老男人拜登胜出。在2024年的总统选举中，共和党内51岁的印度裔女性、南卡罗莱纳州州长、前美国常驻联合国代表妮基·黑利虽然已经收获了广泛的关注，但是她要想冲出共和党的提名战恐怕难度不小。为什么在欧洲各国，女性领

导人早已经是普遍现象，而美国在早已经有女议员、女州长等女高官的情况下却迟迟没有出现女总统？这里面可能有两方面的原因：其一，欧洲的领导人选举是以政党为核心，美国的总统选举是以个人为核心。在美国以政党为核心的选举中（比如议员、州长、党派提名参议院通过的高官任命），女性早就取得了突破，因为在这种类型的选举中，选举的决定性因素与欧洲一样，主要起作用的是政党。党派是这类选举的中心，参选人更多被视为党派意识形态或某种政策偏好的代表，所以性别问题很多时候并不引人关注。但是美国的总统选举不同，在初选过后，党派的作用虽然重要，但主要还是对候选人起辅助作用。候选人的个人风格、个性魅力对于争取中间选民非常重要，而在这个时候，女性总统候选人往往面临一些困境。太强硬了，会给人比男人还男人的感觉，温柔一些又会给人一种太女人的感觉。特朗普骂脏话，反而会被认为耿直，希拉里强硬回击却会被认为泼妇。这种人设上的困境让女性政治家在总统选举上的确面临一些特殊的困难。其二，美国社会当中的确存在比较强大的反对女性政治权力的保守势力。在西方主要国家当中，美国（1920 年）和法国（1944 年）是较晚赋予女性选举权和被选举权的国家（新西兰于 1893 年，澳大利亚于 1902 年，芬兰于 1906 年，俄国于 1917 年，英国于 1918 年，德国、奥地利于 1919 年承认女性选举权）。

三、从总统的出身来看

从历任总统的家庭出身来看，政客、富豪家庭出身的占多数，在美国 46 任 45 名总统中（第 22 任和第 24 任总统都为格罗弗・克利夫兰）：1）平民出身的美国总统有 19 人，其中 11 人与富裕家庭联姻；2）贫困家庭出身的总统有 8 人，包括第 7 任安德鲁・杰克逊、第 13 任米勒德・菲尔莫、第 16 任亚伯拉罕・林肯、第 17 任安德鲁・约翰逊、第 20 任詹姆斯・加菲尔德、第 31 任赫伯特・胡佛、第 33 任哈里・杜鲁门、第 42 任比尔・克林顿，其中 5 人与富裕家庭联姻；3）总统夫妻都为平民的有 8 人，第 8 任范布伦、第 13 任菲尔莫、第 17 任安德鲁・约翰逊、第 29 任沃伦・哈丁、第 37 任尼克松、第 38 任杰福特、第 44 任奥巴马、第 46 任拜登，其中奥巴马与拜登的夫妻组合更类似中产阶级组合。坦率来说，美国总统里面有豪族也有平民，但是真正出身贫寒的并不多见。最近几届总统中，里根—老布什—克林顿—小布什—奥巴马—特朗普—拜登，形成了平民与豪门出身的总统交替执政的情况。在小布什之后，互联网时代的大量小额筹款、超级行动委员会的软钱、民粹主义自媒体的兴起，在很大程度上抵消了豪门权贵的竞选优势，从而让总统选举呈现出有利于平民候选人的一些迹象。尤其值得指出的是，美国前总统特朗普虽然是一位富豪，但他其实仍然属于某种意义上的政治素人，他在共和党初选中击败的杰布·布什，在全国大选中击败的希拉里，都来自美国政治中货真价实的顶级豪门，而且在总统大选中，特朗普是在筹款远低于希拉里的情况下取得了成功。

政治豪门	美国历史上出身豪门的总统不在少数，其中最著名的有两对父子总统、一对祖孙总统、一对同族总统。 父子总统：第 2 任约翰·亚当斯、第 6 任昆西·亚当斯；第 41 任乔治·赫伯特·沃克·布什、第 43 任乔治·沃克·布什，布什家族被称为美国第一政治豪门，小布什的弟弟杰布·布什曾任佛罗里达州州长，2016 年共和党内初选被特朗普击败。 祖孙总统：第 9 任威廉·亨利·哈里森（执政一个月因病去世，任期最短的总统）、第 23 任本杰明·哈里森。 同族总统：第 26 任西奥多·罗斯福、第 32 任富兰克林·德拉诺·罗斯福。 其他：第 11 任詹姆斯·波尔克，地方政治家族；第 12 任扎卡里·泰勒，州议员家庭；第 14 任富兰克林·皮尔斯，州长家庭；第 15 任詹姆斯·布坎南，地方政治家族；第 21 任切斯特·艾伦·阿瑟，地方政治家族；第 25 任麦金莱，地方政治家族；第 27 任威廉·塔夫脱，法官、外交官家庭；第 28 任伍德罗·威尔逊，教授家庭；第 30 任卡尔文·柯立芝，地方政治家庭；第 35 任约翰·肯尼迪，美国顶级政治豪门，与罗斯福家族关系密切，其弟罗伯特·肯尼迪曾任美国司法部部长，竞选总统中被刺杀，爱德华·肯尼迪曾担任联邦参议员长达 47 年，公开宣布不竞选总统；第 36 任林登·约翰逊，州议员家庭。
富豪	第 1 任乔治·华盛顿，大种植园主；第 3 任托马斯·杰斐逊，大地主；第 4 任詹姆斯·麦迪逊，大种植园主；第 10 任约翰·泰勒，大种植园主；第 22 任和第 24 任格罗弗·克利夫兰，律师家庭；第 39 任吉米·卡特，大农场主；第 45 任特朗普，大房地产商。

（续表）

平民	第 5 任詹姆斯·门罗，小农场主家庭，夫人伊丽莎白·科特里特，军官富商之女。 第 7 任安德鲁·杰克逊，遗腹子，贫苦家庭，夫人瑞秋·多纳森，地方豪族。 第 8 任马丁·范布伦，祖父以白人契约奴身份来到美国，小店铺主家庭，夫人汉娜·霍斯，平民。 第 13 任米勒德·菲尔莫，佃农家庭，夫人阿比盖尔，教师、平民。 第 16 任亚伯拉罕·林肯，贫苦家庭，童年丧母，夫人玛丽·托德，大银行家与地方政治家庭之女。 第 17 任安德鲁·约翰逊，贫苦家庭，童年丧父，夫人麦卡德尔，教师、平民。 第 18 任尤利塞斯·格兰特，制革匠家庭，夫人朱莉娅·格兰特，富裕奴隶主家庭。 第 19 任拉瑟福德·海斯，小店主家庭，遗腹子，夫人露西·韦伯，富裕家庭。 第 20 任詹姆斯·加菲尔德，运河工人家庭，童年丧父，夫人柳克丽霞·鲁道夫，农场主家庭。 第 29 任沃伦·哈丁，乡村医生家庭，夫人弗洛伦斯·克林，离异钢琴教师，平民家庭。 第 31 任赫伯特·胡佛，自幼丧失双亲，后辗转到舅舅家，小商人家庭，夫人卢·亨利，富商家庭。 第 33 任哈里·杜鲁门，贫困小农场家庭，夫人伊丽莎白·维吉尼亚·华莱士，富商家庭。 美国第 34 任艾森豪威尔，普通农民家庭，夫人玛米·热纳瓦·杜德，富裕家庭。 第 37 任理查德·米尔豪斯·尼克松，小店铺家庭，夫人西尔马·帕特里夏·瑞安，贫困家庭。 第 38 任杰拉尔德·鲁道夫·福特，工人家庭，后继父欠下巨额债务，夫人推销员家庭，离异再婚。 第 40 任罗纳德·里根，推销员家庭，夫人南希·戴维斯，医生家庭。 第 42 任比尔·克林顿，贫困家庭，遗腹子，夫人希拉里，企业家家庭。 第 44 任奥巴马，富裕单亲家庭，夫人米歇尔·拉沃恩，工人家庭。 第 46 任约瑟夫·拜登，一般中产家庭，夫人吉尔·特蕾西，普通家庭，大学教授。

林肯不幸的婚姻 作为美国历史上最伟大的总统，林肯的总统之路绝对离不开妻子的重大帮助。林肯的妻子玛丽·托德出生在美国南部肯塔基州的列克星敦，她来自绝对的豪门望族，家族中出过将军和州长，父亲是肯塔基州银行的行长。她相中了林肯这个人，林肯相中了她背后的人。尽管家族完全看不上穷律师林肯，但玛丽认为这是一个充满潜力的宝藏。她坚定地说：他终有一天会成为总统，因此，我选择他。当然，他的形象的确不怎么好。事实证明，玛丽是林肯的伯乐，她陪伴着林肯一步步走过艰难险阻，激励着林肯最终走向总统，她的家族对于林肯最终能够整合辉格党的资源，入主白宫起到了决定性的作用。林肯也对她充满了感激，但也仅仅是感激。林肯从来没有爱过玛丽，甚至在婚礼前夕还试图逃走，而玛丽则始终在鄙视林肯的出身和怀疑林肯出轨的心魔里挣扎。她不允许其他女人跟林肯说话，终日疑神疑鬼。林肯在公开场合发表演说，玛丽竟跑来扇他耳光，说他与别的女人有染，甚至当着白宫下属的面，把热咖啡泼在林肯的脸上。最终林肯被刺杀，获得了不朽的盛名，而成就他也困住他的玛丽被孩子送进了疯人院。

从历任总统的背景来看，大多数总统都是政治家出身，以军人、学者出身进入政坛的也不乏其人，真正的素人总统只有特朗普一人。

军人	第1任乔治·华盛顿，参加过英法战争、独立战争，大陆军总司令。 第5任詹姆斯·门罗，参加过独立战争，美国开国一代政治家中唯一身负过重伤的人，中校。 第7任安德鲁·杰克逊，13岁参加独立战争，在第二次美英战争中率军在新奥尔良战役中大败英军，战争英雄。 第12任扎卡里·泰勒，职业军人，在美墨战争中大败墨西哥军主力，战争英雄。 第18任尤利塞斯·格兰特，职业军人，南北战争联邦军总司令、陆军上将，战争英雄。 第19任拉瑟福德·海斯，参加过南北战争，志愿军少将。 第20任詹姆斯·艾伯拉姆·加菲尔德，参加过南北战争，联邦军少将。

（续表）

	第23任本杰明·哈里森，参加过南北战争，联邦军将军。 第25任威廉·麦金莱，参加过南北战争，18岁入伍，联邦军少校。 第26任西奥多·罗斯福，参加过美西战争，美国海军部副部长，战争英雄。 第33任哈里·杜鲁门，参加过“一战”，炮兵连长。 第34任艾森豪威尔，参加过“二战”，陆军五星上将，战争英雄。 第38任杰拉尔德·鲁道夫·福特，参加过“二战”，海军少校。
学者	第20任詹姆斯·艾伯拉姆·加菲尔德，数学家，神学家。 第27任威廉·塔夫脱，法学家。 第28任伍德罗·威尔逊，哲学家，政治学家，法学和政治经济学教授。 第42任比尔·克林顿，法学院教师。 第44任总统奥巴马，法学院教师。
素人	尽管演员出身的里根、商人出身的胡佛经常被当作素人总统的代表，但里根做过两届加州州长，胡佛在三任美国总统任下担任过高级官员，只有走过房地产—娱乐大亨—总统之路的特朗普，才算得上严格意义的素人。

四、从宗教背景来看

美国总统经常表现出一定的宗教色彩，其中既有政治的需要，也有总统本人的信念。美国的教派深刻卷入了美国的政治，尤其是在总统大选中，狂热的宗教派别经常表现出对于总统候选人的显著偏好。尤其是共和党在近几十年间已经和基督教福音派深度捆绑。总的来讲，美国的总统大多都属于新教派别，只有肯尼迪和拜登属于另类的天主教。在46任总统中有3个宗教信仰成疑的总统，从不承认自己是基督徒的林肯被怀疑是拒绝公开的无神论者，含糊宣布自己信仰基督教的奥巴马被阴谋论者认为是隐藏的穆斯林，自称长老会成员的特朗普被反对者怀疑是个毫无信仰的骗子。

浸信会：英国清教徒的主要分支，此宗派的特点是坚持成年人始能接受浸礼；实行公理制教会制度，即信徒平等、教会为信徒自愿结合、教会自治、不设执事、牧师由会众聘任。	第29任哈丁、第33任杜鲁门、第39任卡特、第42任克林顿。

（续表）

圣公会：来自英国国教安立甘宗，英美圣公会在英美战争后分裂，属于介于新教与天主教之间的派别，弥撒的大部分内容与天主教相同，教友们接受圣餐，但认为这只是一种象征性的行为，此宗派的特点是三级圣品制，即主教—牧师—执事，教区平等、牧师可结婚。	第1任华盛顿、第4任麦迪逊、第5任门罗、第9任威廉·哈里森、第10任约翰·泰勒、第12任扎卡里·泰勒、第14任富兰克林·皮尔斯、第21任切斯特·阿瑟、第32任富兰克林·罗斯福、第38任福特、第41任老布什。
长老会：新教三大流派中的加尔文宗，强调因信称义，信徒凭借信仰就可以与上帝直接交通得到救赎；传播福音是教会的职责，圣经是福音的见证；屏弃祭台、圣像和祭礼；使用方言，强调教会自治；地方选出长老，组成由牧师主持的会堂进行管理；教规严格，并由长老监督执行。	第7任安德鲁·杰克逊、第15任詹姆斯·布坎南、第22和24任格罗弗·克里夫兰、第23任本杰明·哈里森、第28任伍德罗·威尔逊、第8任范布伦、第34任艾森豪威尔、第36任林登·约翰逊、第26任西奥多·罗斯福（信荷兰归正会，与长老会类似）、第40任里根、第45任特朗普（自称是长老会）。
美以美会：新教的卫斯理宗，主张认真研读圣经、严格宗教生活、遵循道德规范，故又称为“循道宗”，重视内心的宗教体验，强调人之得救仅凭信仰；看重慈善、禁欲，要求信徒艰苦朴素，发扬基督普遍之爱；实行圣洗和圣餐两种圣礼。	第11任诺克斯·波尔克、第18任格兰特、第19任拉瑟福德·海斯、第25任麦金莱、第43任小布什。
唯一神教会：基督教的一个分支，其特点在于它反对“圣父、圣子、圣灵三位一体”，认为基督是上帝派到人间引领人类的宗教领袖，是上帝的人格化但不是神；认为基督教主要不是一整套的教义，而是一种生活方式。他们共同的道德伦理在于强调人的精神世界，强调理性，强调在坦诚怀疑的基础上追寻真理；认为上帝在创造世界之后让人类自由面对造物主的天意，这种天意就隐藏在自然之中。	第2任约翰·亚当斯、第3任杰斐逊、第6任昆西·亚当斯、第13任菲尔莫尔、第27任塔夫脱。
贵格会：又称教友派，特点是不庆祝复活节、圣诞节类的基督教节日，没有成文的信经、教义，最初也没有专职的牧师，信徒一律平等，生活俭朴，宣传爱与宽容的原则，反对暴力与一切战争。	第31任胡佛、第37任尼克松。

（续表）

公理会：主张各个教会独立，会众实行自治（即公理制）、强调个人信仰自由，尊重个人理解上的差异与其他教派可兼容。	第30任柯立芝。
天主教	第35任肯尼迪、第46任拜登。

五、从种族上来看

大多数的美国总统都是英裔美国人，换句话说，大多是盎格鲁－撒克逊白人，爱尔兰裔、苏格兰裔、荷兰裔、德裔的美国总统也反映出了美国白人主要少数族群的构成。当然，有色人种的总统只有奥巴马一人，也反映出美国少数族裔的政治参与只是自民权运动以来才刚刚开始，它对美国总统大选的影响虽然日益增强，但是尚不构成决定性的力量。其实，美国是一个充满种族色彩的国家，在过去，这种色彩以种族歧视、种族隔离的方式表示出来，在现在，它隐藏在身份政治之中。奥巴马的当选曾经让人以为美国也许走出了种族歧视的阴影，但奥巴马的执政不仅没有促进种族和解，反而刺激了白人极端势力的激烈反弹，并最终导致了种族主义色彩空前浓厚的特朗普的上台。

英裔	第1任乔治·华盛顿、第2任约翰·亚当斯、第3任托马斯·杰斐逊、第4任詹姆斯·麦迪逊、第6任约翰·昆西·亚当斯、第9任威廉·亨利·哈里森、第10任约翰·泰勒、第11任詹姆斯·波尔克、第12任扎卡里·泰勒、第13任米勒德·菲尔莫尔、第14任富兰克林·皮尔斯、第16任亚伯拉罕·林肯、第17任安德鲁·约翰逊、第18任尤里西斯·格兰特、第19任拉瑟福德·海斯、第20任詹姆斯·加菲尔德、第23任本杰明·哈里森、第25任威廉·麦金利、第27任威廉·塔夫脱、第29任沃伦·哈丁、第30任小约翰·柯立芝、第36任林登·约翰逊、第38任杰拉尔德·福特、第39任詹姆斯·卡特、第41任乔治·赫伯特·布什、第42任比尔·克林顿、第43任乔治·沃克·布什、第46任小约瑟夫·拜登。
苏格兰裔	第5任詹姆斯·门罗、第7任安德鲁·杰克逊、第28任托马斯·威尔逊。
荷兰裔	第8任马丁·范布伦、第26任西奥多·罗斯福、第32任富兰克林·罗斯福。

（续表）

爱尔兰裔	第15任詹姆斯·布坎南、第22和24任格罗佛·克利夫兰、第35任约翰·肯尼迪、第37任理查德·尼克松、第40任罗纳德·里根。
北爱尔兰裔	第21任切斯特·阿瑟。
德裔	第31任赫伯特·胡佛、第34任德怀特·艾森豪威尔、第45任唐纳德·特朗普。
肯尼亚	第44任贝拉克·奥巴马。

坦率而言，即便白人种族主义者激烈反弹，美国人口结构的变化也是大势所趋，到2050年，美国的白人可能就会成为这个国家的少数民族，这将对美国政治尤其是总统选举产生重大影响。根据美国人口普查局按种族分列的统计，在2010—2019年期间，美国的白人人口小幅减少了近2万人，这意味着2010—2020年的十年将是自1790年第一次人口普查以来，第一次白人人口负增长的十年。近几十年来，美国白人老龄化、低生育率的问题日益严重，白人人口的增长从1970—1980年的1120万下降到2000—2010年的280万，再到2010—2020年的负增长。与此相对应的是其他种族人口的增长。美国在2010—2019年期间总共增长了1950万人，拉丁裔增长了1000万人，亚裔增长了430万人，黑人增长了320万人。美国会选出越来越多的有色人种的总统，而且在将来的某一天，也可能是黄色的。

第十八章　杀出党内重围

争取提名之路

与伟大的苏联革命和中国革命不同，美国革命的成功不是在一个强有力的政党领导下取得的。这可能是因为美国革命并没有遇到类似于中国革命和苏联革命所遇到的凶恶对手，北美殖民地的荒凉与广阔、英帝国的欧洲列强对手们的介入，都让美国的建国一代在不需要强力政党的组织下，以有限而分散的地区力量取得成功。在这一点上，中国社会与美国社会存在巨大的差异，美国社会仅靠分散的地方自治给殖民者造成的困难，再利用欧洲列强尤其是法国对英国的复仇情绪就足以取得独立，而中国人民面对的则是人类历史上最凶恶的侵略者与半殖民地半封建社会中存在的强大的反动力量。美国社会的建国之战其实是相隔很久的两场战争，一场是各州联合起来脱离英国的独立战争，一场是将各州塑造为一个国家的南北战争。而中国不同，中国人民反抗外来侵略的抗日战争和组建新中国的解放战争几乎是连续的，在这个连续的过程中，中国人民必须完成反抗侵略与塑造国家两个任务，这意味着仅靠给侵略者制造统治的困难是不够的，中国社会还必须有主动建设的能力、战略与计划，而这离开了强有力的政党是不可能的。所以新中国是先有党才有国，党的建设是推动国家建设的根本力量，党管干部、归口管理是中国社会建设国家组织的内在逻辑，党的初心是中国社会塑造国家目标的精神力量。而美国是一个先有地方自治，再有联邦集权的国家，一个先有国家组织，再有政党的国家。与中国社会是政党的活动推动了国家的形成不同，美国社会是国家权力的运作以及围绕对于国家权力的争夺刺激了政党的形成。总统候选人提名制度的变化亦是美国政党政治发展中的关键性内容，大体上来讲，它经历了从党团精英提名到政党全国代表大会提名，再到以初选为主的混合提名制度的变化。

一、从党团提名向全国大会提名的转变

在美国建国之初，虽然对于当选总统已经有了以选举人团票数绝对多数当选的法律规定，但是有资格来选举人团面前争夺选票的规定却没有细化。老实讲，在那个时候，美国的政治精英的关注点并不在白宫，而是在国会和州议会，所以宪法并没有关于总统候选人的产生的规定，关于如何产生有权选举总统的选举人，仅仅是说了一句产生办法由各州决定。那个时候，州议会是最大的政治组织，它们的代表在国会当中为本州的利益而竞争，但是在涉及国家建设、外交、发展战略、内政方针、重要政策这些方面时，反而依赖的都是非组织化的、志同道合的、政治精英圈子的推动。说白了，在那个时候，地方政治怎么玩，美国人是清楚的；中央政治怎么玩，美国人还懵懵懂懂的。而且就美国当时枝强干弱、州权比联邦还强的情况，中央政治也远没有今天有吸引力。所以美国第一任总统选举根本没有什么竞选，更别谈什么政党，大家都是熟人，碰碰头，酝酿酝酿，也就差不多了。1789 年，在不存在政党及其提名程序的情况下，乔治・华盛顿由各州制宪者组成的“选举人团”一致推举出任美国首任总统。老实讲，华盛顿当时还真不是很愿意，那个年代的美国总统虽然受人尊重，但没有多少实际的权力，约束很多，待遇也不是很好，完全没有自己的大庄园舒服自在。所以虽然有了一些规定，但是总统到底怎么选，还没有人琢磨呢。然而在华盛顿之后，如何产生总统候选人就逐渐成了重大问题。华盛顿这个人居开国首功，德高望重还为人谨慎，可以讲是各方各面都能照顾到的人，但他下面的兄弟们可就是各有主见了。当时在建国一代，逐渐形成了以财政部长汉密尔顿和国务卿杰斐逊为核心的两大山头。汉密尔顿代表东部工商界的利益，主张搞工业、重金融、对英和解搞贸易；杰斐逊代表南部农场主的利益，主张搞农业、重地方、联合法国干革命。在国内政策方面，汉密尔顿推崇强大中央，主张工业立国、学习英国发展金融；杰斐逊推崇各州自治，警惕强权中央、主张农业立国，强烈反对发展金融。在外交方面，汉密尔顿亲英，认为杰斐逊亲法是牺牲美国的国家利益为自己的革命理想买单；杰斐逊亲法，认为汉密尔顿、亚当斯这些亲英派背叛了建国的革命理想，有卖国嫌疑。在意识形态上，平民出身的汉密尔顿也许因为太了解大众而推崇贵族政治，对民主充满警惕；贵族出身的杰斐逊也许因为太了解贵

族而赞美大众民主，甚至对法国大革命的恐怖与流血不乏赞美。双方从话不投机到彼此争斗，逐渐各自形成了一个圈子，并带来了美国政治中互为反对派的对抗式的二元制风格，不经意间居然为美国的两党制奠定了一个基础。

在华盛顿坚决拒绝继续连任之后，在他身上没有暴露出来的，关于如何产生总统候选人的问题就成了一个重大问题。在国会议员已经形成两派的情况下，由汉密尔顿的联邦党人与杰斐逊的民主共和党人各自的党团会议酝酿总统候选人人选就成为一种必然。这种做法其实与美国行政权与立法权分立的原则是有冲突的，因为如果总统候选人由议会党团产生，那么为了避免总统选举成为议会选举而设计的临时性的选举人团选举，在分权的意义上肯定大打折扣，因为选举人团最终也只能在议会提供的候选人中进行选择。但政治就是这样，它有时候要高瞻远瞩，有时候也只能走一步算一步。有趣的是，很多时候走一步算一步的需求最终深刻地改变了曾经的高瞻远瞩。由党团会议推举候选人的现象的出现，反映出美国政治的重大变化：1）围绕总统选举，出现了政党。政党通过党团会议产生候选人，通过组织竞选，力推自己的候选人成为总统。2）在候选人产生阶段，政党拥有极大的影响力，这种影响力在后续的美国政治发展中长期存在。3）两个党团会议推选出自己的候选人，并不意味着只能有两个总统候选人，但随着日后赢家通吃制度的成形，两个主要政党的候选人才有实质当选可能成为常态。

在当时，杰斐逊派当然是由革命领袖杰斐逊亲自出马当候选人，联邦党人这边情况就复杂得多，喜欢躲在暗处的汉密尔顿非常清楚，阴恻恻的自己树敌太多，如果出来选举，肯定不是革命之子杰斐逊的对手，所以必须酝酿出一个形象好、气质佳又听招呼的人出来和杰斐逊竞争。左挑右选，汉密尔顿选中了同为联邦党人的老好人副总统亚当斯。其实，杰斐逊当时的人气颇高，为了赢得选举，杰斐逊甚至还采取了在很多精英看来不够体面的在媒体上发公开信呼吁选民投票的方法，但是因为汉密尔顿掌管财政，手里有钱，而且擅长交际，尤其善于拉帮结派搞政治交易、玩密室阴谋，所以人气颇高的杰斐逊最终以 3 票之差输给了亚当斯。据说汉密尔顿甚至策反了多位本属于杰斐逊派的选举人，将票投给了亚当斯。这样的结果当然是难以令人接受的，但杰斐逊最终还是选择了接受，并接受了亚当斯政府中副总统的位置。在接下来的四年里，他痛定思痛，索性不再和汉密尔顿比赛小圈子的经营能力，而踏踏实实地将自己的党团发展成为一个围绕选举而运作的大众党：民主共和党。他通过推动民主共和党在各州改革选举人团制，以赢家通吃制度，保证自己的政党只要在州内获胜就可以获得全部选举人票，从而堵住了汉密尔顿密室政治的玩法。四年之后，杰斐逊带领一个更现代的大众型政党——民主共和党卷土重来，彻底打败了小圈子的联邦党人。但是，故事讲到这里并没有结束，在汉密尔顿于决斗中被伯尔杀死之后，联邦党人就不可避免地走向灰飞烟灭，民主共和党一家独大，总统选举又成了小圈子的产物。只是由以前联邦党人的密室小圈子变成了民主共和党党团会议的小圈子。从杰斐逊第二任期再到麦迪逊、门罗，20 年时间三任美国总统都是民主共和党人小圈子酝酿、妥协、交易、密谋的结果，都是候选人一经党团会议确定则大局已定的过程。这好像与汉密尔顿、亚当斯当时的所作所为也并没有太大的区别。这就是政治，你所反对的不公平，往往只是反对由你来承受不公平。屠龙少年很可能终究会成为恶龙。

党团会议对总统候选人的提名制度在 1824 年遇到了新问题，那就是随着建国一代的凋零，能够在小圈子里毫无争议的大佬们越来越少了。小圈子外的少壮派、地方实力派，对这种脱离地方高高在上的“国王党团”的不满日益增加，这种不满在美国出现第一位“总统二代”的现象时达到了高潮。在 1824 年的大选中，出于对国会党团提出人选——财政部长威廉·克劳福德的不满，各州的民主共和党组织绕开国会党团的人选，先后提名了另外三位候选人：国务卿约翰·昆西·亚当斯、众议院议长亨利·克莱、参议员安德鲁·杰克逊。在这届分裂的大选中，平民战争英雄安德鲁·杰克逊无论在选举人票还是在普选票上都取得了明显优势，他获得了 99 张选举人票（亚当斯 84 张、克劳福德 41 张、克莱 37 张）和 43.1 % 的普选票（亚当斯 30.5 %、克劳福德 13.1 %、克莱 13.2 %），但由于四人都未过半数，所以最后总统由众议院在前三名中一州一票选出，第四名克莱直接出局。为了抵制来自南方的大老粗安德鲁·杰克逊，首都的小圈子放下成见，一波暗箱操作，让昆西·亚当斯成了美国历史上最具争议的总统，其争议程度甚至比他父亲老亚当斯还高。安德鲁·杰克逊当然咽不下这口气，和当年的杰斐逊一样，玩不过小圈子的人就掀桌子换玩法，安德鲁·杰克逊与东部的政治掮客范布伦结盟，成立了从民主共和党中分裂而出的民主党，开始了轰轰烈烈的大众政治新时代，以至于有观点认为，安德鲁·杰克逊另组民主党的事情是比特朗普的胜利更早也更纯粹的民粹主义运动。在四年以后的1828年，安德鲁·杰克逊带领民主党以绝对优势击败了以亚当斯为领袖的“国民共和党”，彻底终结了美国自建国以来长期存在的贵族政治，也开创了美国的现代政党时代。而这一次，屠龙少年并不打算成为恶龙，安德鲁·杰克逊所在的民主党创造性地采取了“全国大会”的方法来产生总统候选人，以取代小圈子政治的党团提名模式。全国代表大会制度的主要特点就是先由各州的基层党组织推选出本州出席全国代表大会的代表，再由各州代表在全国代表大会上共同决定本党总统候选人的提名。

从国会党团提名到政党全国大会提名可以看出三个变化：其一，地方影响力在增强，这是美国国土增大、中西部地区发展迅速的必然结果，由传统发达地区控制的首都政治圈必须承认这种政治现实，也必须通过权力上的分享适应这种政治现实。政党全国代表大会的提名方式实现了政党权力从联邦立法机构向各州政党组织的分散与下沉，不但具有更为广泛的代表性，而且也符合政党政治扩展到各州及地方的趋势，为各州及地方的利益表达提供了渠道。其二，大众政治在兴起，这是美国的教育、传媒甚至交通发展的必然结果。政治不再是首都里的一群贵族精英的事情，而是越来越多普通人关注的事情，总统候选人也不再是小圈子能定下来的事情，它必须考虑大众的意见。当然在安德鲁·杰克逊时代以及其后很长的时间里，这种大众的参与并未表现为各州直接选举其全国代表，而是采取州长、州政党组织指定，或者州内部各地方层次政党组织逐层推选等不同方式产生代表。其三，总统候选人的提名将发展为全国性的竞选，这是各地党组织将对总统候选人提名发挥影响的必然结果，但总统候选人提名竞选的方式，最终将由全国大会制度的发展与变化来决定。在一些地方，这种党内总统提名人的竞选最终发展成为今天美国总统大选中一些州的党内初选。当然，这种全国大会制度虽然相比于党团提名制度在民主性上有很大进步，但它仍然有两个明显的问题，一是各层级政党组织参与决定，意味着地方政治精英同样可能形成腐败、裙带的小圈子。相比于党团提名，这无非是许多个地方上的小圈子来替代一个首都的小圈子。二是全国大会制度的设计仍然存在不足，比如大会往往对候选人介绍不足，在大众传媒和选举民调时代来临以前，来自基层的党代表们往往缺乏对总统候选人的了解，很难作出理性选择，这种问题直到 1930 年以后民意调查方法的科学性与调查结果的可信性有了显著的提升才得到缓解；又比如在 1912 年的俄勒冈模式（党代表必须遵从选民投票结果）出现以前，各州的党代表在全国大会上的投票几乎没有限制，这导致勾兑现象泛滥。

最重要的，总统候选人提名制度中隐藏着一个根本的紧张关系，正在随着候选人提名制度的改革逐步暴露在美国的政治过程当中，那就是政党的控制权与民意在总统选举中的关系。作为有纲领、有组织、有纪律的利益团体，政党当然需要控制住总统候选人，若非如此，不足以实现其政治纲领与利益诉求，但是在变得越来越冲个人而非冲政党投票的美国总统大选中，能胜选的总统候选人又表现出越来越多的不可控性。既听话又能赢的总统候选人不是没有，但的确不多。这让政党在候选人初选制度的设计过程中，往往面临鱼与熊掌难以得兼的困难。党选的人赢不了大选，党就白选了；赢了大选的人不听话，党还是白选了。所以很多时候，初选就成为一个“既要又要还要”的混合过程，而这种混合都会在初选的制度中得到体现，那就是党的控制、支持者的民意、赞助者的青睐、胜选的希望，都会成为总统候选人提名过程中的重要参考因素，这几方面的意见都要表现为或大或小的挑选总统候选人的权力。

二、初选制的产生及其与党团提名、全国大会制的结合

很多对美国政治不够熟悉的朋友谈到美国总统大选，总是想当然地以为美国总统的党内预选与大选一样，这是因为随着近几年越来越多的州采用了与大选类似的初选普选制，而党内初选作为总统大选的垫场赛也引起了媒体的热烈关注。但实际上，美国民主党与共和党两大党的总统候选人的产生并不完全是党内初选的结果，而是党选与民选的一个混合。所谓民选指的是党内初选，它包括关门、半关门、开门三种选举类型，而党选则包括地方上的党团会议推举与政党超级代表在全国大会上的选举。

1. 初选提名制的产生与流行

初选提名制是由选民直接参与投票的初选提名方式，这个制度最早在进步主

义时代就已经出现，但这个制度在1916年于新罕布什尔州建立以来的很长时间里几乎没有发挥什么实际作用，其主要原因在于：这个制度虽然政治正确，却有一个非常大的问题，那就是太贵。在总统大选之前，先全国初选一遍，这已经足以把大多数总统候选人挡在民主的大门外了。这笔钱对于在党内声望很高、稳操胜券的候选人来说纯粹是浪费，甚至是花钱买罪受，对于只是想试一试、借着竞选提名来刷刷声望、发表一下政见的党内新秀来说，又实在是代价太大。所以除非像共和党在2016年、民主党在2020年那样，面临党内严重分歧的情况（特朗普与建制派、希拉里与桑德斯），花这么多钱和精力去自相残杀真的未必值得。就像奥巴马在2012年谋求连任的时候，由于他获得党内提名毫无悬念，所以民主党采取党团会议提名而不是初选提名的州就达到了创纪录的24个。一句话，留着钱对付对手多好，何必打内战呢？要知道，民主的费用越昂贵，在民主的过程当中，金钱的分量就越重。在初选阶段，选民的热情不高，小额捐款的数量不足，如果初选花费巨大，那么候选人除了求助利益集团的资助几乎毫无办法。这恰恰使以提名制度更民主为出发点的初选制度得到一个与其初心相悖的结果。除了太贵之外，政党在其提名过程中不愿意采用初选制度还有两个因素：一方面，这个制度会严重削弱政党对于总统候选人的控制能力。初选提名制改变了由政党产生代表并最终决定总统候选人的旧有模式——全国大会制，从而削弱了政党在提名过程中的主导作用，给了不可控的候选人利用大众支持对抗政党的机会。最典型的就是2020年大选中的桑德斯。另一方面，相比于党团提名，初选有成为一场失控的内战的风险，它不仅会给真正的对手提供伤害自己的炮弹，而且激烈的党内竞争一旦失控，很可能造成分裂，反而削弱了本党在未来总统大选中的力量。所以，尽管初选提名制度早就出现，但是直到第二次世界大战结束时，历届两党总统候选人中没有任何人是因赢得初选而获得提名的，甚至两党都出现了根本不参与初选而获得提名的总统候选人。

那么为什么初选提名制度现在成了美国总统候选人提名制度的主要方式呢？

原因其实特别简单，那就是采用初选的政党赢了，没有采用初选的政党输了，而输不起的政党就变了。尽管政党有非常多的理由不采取初选制，但由于两党之间围绕总统竞选每四年搏杀一次，总会有输得不想再输，输得穷则思变的一方，要在不改革就死亡的压力下去尝试通向胜利的新方法。

1968年的美国总统大选是初选提名制度一举成为主流提名制度的关键节点。在经历了漫长的罗斯福—肯尼迪—约翰逊的民主党统治时期（在1933—1969年的36年时间里只有艾森豪威尔一位共和党总统，而且其共和党色彩还很弱）之后，共和党已经面临不胜选就边缘化的巨大危机。在这个时刻，通过初选制度选出一名能够充分回应美国社会反对越战、打击犯罪民意的候选人就成为共和党的制胜手段。曾在1960年被肯尼迪轻松击败的笨拙的尼克松，这一次赢得了14个州及哥伦比亚特区初选中的10场，最终获得了共和党提名。而与之对应的是，作为执政党的民主党，却放弃了在初选中表现最好的麦卡锡，选择了更可控的时任副总统汉弗莱作为总统候选人。这个选择不仅带来了1968年总统大选的失败，而且也开启了共和党近20年的强势期（除了水门事件让卡特捡漏一届之外，共和党赢得了7次总统选举中的6次）。与共和党一样，惨败推动了民主党的改革，变革的一个重要内容就是改革提名制度，以确保本党候选人更能回应民意。民主党在1972年和1981年分别成立了“政党结构与代表遴选委员会”和“亨特委员会”，专门研究初选提名制的改革，并最终为当代美国两党的初选制度奠定了基础。尽管目前民主党、共和党的初选提名制度存在一些不同，但总的来说具有如下一些共同特点：其一，各州各层次政党组织的会议向基层民众开放；其二，规定非民选代表人数的比例；其三，增强各州代表的代表性，民主党对这点更为在意；其四，民选参会代表要明确自己支持哪位总统参选人；其五，保留了政党代表以保持党对提名的影响，避免过于激进的候选人当选。民主党将这种代表称为超级代表，共和党称其为非承诺代表。初选提名制度削弱了政党对提名的控制，也促使其对民意更加敏感，在美国总统大选高度“个人化”的大背景下，在初选阶段进一步“去政党化”，塑造了一种美国式的“以候选人为中心”的竞选政治。当然，初选提名制也面临三个问题：其一，选民投票率低导致代表性不足；其二，初选的投票者与大选的投票者不同，经常出现本党选民支持的候选人在中立选民中不受欢迎的情况，而中立选民往往是总统大选的关键；其三，初选加重选举负担，容易造成党内撕裂。

2. 初选提名制度主要包括谁来投票和如何计票两个方面的内容

一方面，从谁来投票的角度，初选可以分为“关门”“半关门”“开门”三种类型。

所谓开门还是关门，主要就是指在选举中是否允许非本党成员投票。美国社会与欧美社会、中国社会不同，党员身份比较模糊，很多人并不清楚自己的党派立场，多次改变自己的党派是社会常态，所以政党活动的门槛往往比较模糊。所谓“关门初选”指的是，只有被明确认定或注册为本党长期支持者的选民才可以参与初选投票，共和党在2020年大选中有30个州采用“关门初选”的方式。它的好处是能够反映出候选人的基本盘，它的问题是容易产生虔诚者偏差，选出激进者的少数派。“开门初选”则不要求选民申明关于党派的任何信息，谁都可以参加初选，但每人只能参与一个党的初选。这也是目前比较流行的初选提名制度，它的好处是能够吸引中间选民，有助于选出符合大众主流认知的温和派候选人，缺点是不能反映出基本盘，毕竟在政治中一声响亮的反对通常会压倒大多数人软弱的赞成。2020年的大选中，民主党有24个州采用了“开门初选”的制度。“半开门初选”介于关门与开门之间，指的是初选对所有申明不会支持另外一党的注册选民开放，目前采取这一制度的州并不多，大致上两党都是9个左右。

另一方面，从如何计票的角度来说，民主党与共和党也存在比较大的差异。民主党主要采取比例制的原则，即各参选人按照在该州的初选得票比例分配该州在全国大会上的代表票。这主要是因为民主党在最近几十年中，与少数群体进行了深度捆绑，所以它的初选制度也采取更能够体现少数人群利益的比例制。与民主党不同的是，共和党比较主流的做法是在初选中采取与总统大选一样的“赢家通吃”模式，即获得简单多数的参选人获得本州所有的党代表票。值得注意的是，共和党自2016年大选开始对党内初选进行了改革，共和党全国委员会要求在当年的3月15日即第二个“超级星期二”之前进行初选的各州采取“比例分配”方式，这样有助于避免各候选人很快分出高下，保持党内初选的竞争性，不至于让本党初选早早失去媒体关注，而在3月15日之后各州主要采取的都是“赢家通吃”，这样有助于快速明朗初选局势，避免初选消耗过大，影响随后的大选。这也带来了共和党党内初选中的一个现象，那就是前期候选人越来越多，反正按比例分票不至于太难看还可以刷声望，到了3月15日以后大量退选，避免无望地陪跑。

3. 初选与党团会议、政党选票的混合

初选提名制虽然已经成为美国总统候选人提名制度的主流，但政党、利益集团、地方党团对于总统候选人的产生仍然有其重要的影响。

从竞选的实际情况来看，在提名制度中对这些方面进行总体权衡也是必要的。这里面主要有党团会议推举票与超级代表票或叫作非承诺代表票两方面的机制：

一方面，“党团会议”方式仍发挥着重要作用。所谓党团会议与以前的国会党团提名不同，它是在一个州内从地方到州逐层协商产生提名人选的方式。与“初选投票”不同，它体现了协商民主的某些特点。一般来说，一些地广人稀的农业州或具有浓厚乡村自治色彩的小州，比如艾奥瓦州会采用这种逐级协商产生人选的方式。具体操作往往是社区—选区—州三级的协商，先由州党组织在基层设置会议点，本地选民在召集点协商确定本地的代表和提名人选，再派代表去参加众议院选区的协商，然后再到州政党组织代表会议上协商，最终确定本州支持的全国代表和提名人选。协商的方式也很灵活，有不记名投票的，有举手发言举手表决的，还有为了照顾不识字的居民简单粗暴地直接两边选边站的。在 2016 年、2020 年两次大选中，民主、共和两党分别有 18 个和 16 个州采取了党团会议推举候选人的方式。

另一方面，非初选的政党票对于总统候选人的产生也具有重要影响。在总统候选人提名中，政党为了保持其影响力，都在全国大会中保持了相当数量的非选举投票权，即这种选票由不受选民决定的政党精英代表投出，而非通过初选产生。这种代表在民主党被称为“超级代表”，在共和党被称为“非承诺代表”。当党内提名中出现势均力敌的僵局时，代表政党选择的“超级代表”往往可以扮演关键角色。由于美国政治在近年来出现了极化现象，两党都出现了类似于桑德斯、特朗普这样的极端派，他们虽然在党内很受欢迎，但是却很容易失去中间选民的选票，从而导致大选失利。所以两党都采取了一些措施来平衡这种极化的趋势。尤其是民主党，因为其政党基础中包含一定的左翼力量，且计票方式是有利于少数派的比例分配制，所以它尤其注意运用非选举票来控制激进左翼的候选人。在 2016 年的大选中，民主党方面极其露骨地运用超级代表制度来拉抬希拉里、打击桑德斯。希拉里和桑德斯所得的初选票数比例分别为 41% 和 34%，但两人在“超级代表”中的支持比是悬殊的 70% 和 6%，这最终也让桑德斯知难而退。但如果在初选中候选人之间相差过大，那么“党票”的作用也相对有限，即便党票能够在一定程度上改变初选结果，政党精英也会担心得罪主流选民而遭到报复。这就是共和党建制派虽然非常厌恶特朗普，却不敢阻拦其获得总统候选人提名的根本原因。一方面，共和党的党票比例远低于民主党，民主党的超级代表票是 15% 左右，而共和党不到 10%，这意味着共和党干预总统候选人提名的能力大不如民主党；另一方面，与桑德斯、希拉里的势均力敌不同，特朗普在共和党的支持者中获得了压倒性的支持，在这种情况下，如果共和党希望利用党票来遏制特朗普，那么不仅他们的候选人可能在大选中被选民抛弃，甚至可能面临特朗普制造分裂、另立新党参加竞选的重大风险。

值得注意的是，美国总统候选人提名制度虽然在一定程度上削弱了政党的控制力，造成了两大党出现了“候选人中心主义”，但党内预选的普及对两党制的稳定却是有好处的。党内的竞争公开化，一方面为日益多元化的选民提供了更广的选择范围，可以避免选民被第三党吸引；另一方面也让小派别有机会发出声音，争取权力。两党内部的小派别虽然难以获得提名，但却经常可以通过党内竞争，迫使主流派系做出妥协进行招安。在美国赢家通吃的竞选机制下，这些小派别出去单干几乎没有出路，但是留在大党内部在党内初选进行有限叛乱，却往往可以得到招安。当不了总统，还当不了一个副总统吗？哪怕当不了副总统，总可以推动一两项自己主张的政策吧。由于两党力量接近，所以一党内部的重大分裂几乎不可避免地会让自己在竞选中面临失败，也正因为此，激烈的党内竞争最后也总是一个竞争 + 合作的过程。这种党内预选制度带来的党内有派的现象，让欧洲小党林立的政党政治内化在美国的两党制中，一定程度上弥补了两党制的不足，也回应了美国多元化、碎片化的社会现实。

第十九章　没有筹款就没有竞选

硬钱、软钱与暗钱

俗话说兵马未动粮草先行，想当总统就要招兵买马，当不当得上不好说，但是钱可要提前准备好。一般而言在选举几年前候选人就要开始筹款，美国的政治献金的法定接受时间以一个选举周期为限，即从上次选举投票日之次日起，至本次选举投票日止。当一个候选人要开始竞选总统之路的时候，他要做很多事情：

第一，他需要组建竞选团队。团队最起码也需要六个部门——决策组、外联部、通信组、筹款部、行政部、调度推进部，现在很多竞选人还有专门的民意测验科学小组、新媒体部和调查部。

第二，他需要投放大量的竞选广告。自从艾森豪威尔第一个投放竞选广告以来，这就成为竞选中最重要的一项花销。以前主要是在报纸、电视、广播等大众传媒上打广告，现在还要在新媒体上打广告（特朗普在媒体费用的支出上不同于希拉里的是，他将大量的资金用在以互联网为代表的数字媒体上，特朗普在数字媒体的支出占其媒体支出的47.2%，而希拉里在数字媒体上的支出仅占其媒体支出的8%）。

第三，他需要时刻进行民意调查，不断更新竞选策略。民意调查专家与竞选专家都是非常昂贵的专业人才，如果想要操纵民意，恐怕还需要专门的公关人才，还需要算法媒体的专家，这又是一大笔钱。

第四，他需要坐飞机、坐火车、坐汽车四处奔走，他需要租场地、办集会、发材料，还要准备帽子、旗帜、标语、纪念品、文化衫，每样都是钱。

据说1757年的时候乔治·华盛顿竞选弗吉尼亚州议员，只请朋友们大吃了一顿，而小气鬼林肯当年拿下美国总统也就花了10万美元，但那都是过去式了，而且据说在林肯之前的美国第一任平民总统安德鲁·杰克逊，在1828年竞选的时候，就花了上百万美元。美国的政治已经成了一项奢侈的游戏，尤其是总统选举，更是奢侈品中的奢侈品。如果你找不到人来买单，自己又不像布隆伯格那样财大气粗，那么你很难坚持到最后。1999 年共和党领袖多尔的夫人伊丽莎白被誉为能够改变历史的女人，筹集到 480 万美元竞选经费，最后没有撑到党内预选就含泪退出竞选。2012 年共和党众议院院长金里奇、2016 年德克萨斯州州长佩里都因为筹款不力而退选，2020 年民主党的哈里斯在前三个月内募款 1200 万美元，同样因为资金困难退出，转而被拜登收编。一分钱难倒英雄汉，候选人不仅要有金光闪闪的政治形象，也要有实实在在的真金白银。由于大多数政治家都不是特朗普、小布什、布隆伯格这样的大富人家，所以找人买单往往是筹款的关键，事实上在参加党内预选赛之前，筹款活动就已经展开，并且是最重要的工作。

对于总统候选人而言，赢得了党内的提名之战，意味着要开始更加激烈的大选之战。从政党全国大会正式提名候选人、公布政治纲领开始，总统大选就进入了白热化。总统候选人在 8—9 周的时间里，要马不停蹄地穿梭在各个选区，参加竞选活动、发表竞选演讲；在传统媒体、新媒体上进行政治营销、宣传与动员；在募集竞选资金、进行电视辩论等一系列令人筋疲力尽的活动之后，还要在公众面前表现出精力充沛没有一丝倦怠的样子。

在党内总统候选人提名竞选结束之后，美国的民主、共和两党通常会在 8 月中下旬召开全国大会，并在全国大会上决定总统、副总统的本党候选人。从某种意义上来说，全国代表大会是总统选举的发令枪。

随着初选提名制度的普及，两党的总统与副总统候选人通常在全国代表大会之前已经确定，这让很多人对全国代表大会缺乏重视，但其实作为总统竞选第一枪，全国代表大会还是有三个重要功能的：

其一，提出政治纲领。为了顺利举办全国代表大会，两大政党的全国执行委员会要选举产生一些必要的机构，主要包括代表资格审查委员会、规则委员会和纲领委员会。其中最重要的就是纲领委员会。纲领委员会将会公布全国大会最重要的文件——本党竞选纲领，也称党纲。党纲的内容为该党中长期的政治愿景和未来施政重点，说白了就是告诉选民们，我要做什么，我要怎么做，这些内容通常也是媒体宣传、政治广告、竞选辩论的焦点。

其二，为竞选造势。在近几届总统选举中，因为总统、副总统候选人与政治纲领都已经在全国代表大会之前确定，全国代表大会的时间也只有几天会议时间，所以干货越来越少，造势越来越多。两党都越来越将全国代表大会当作为自己候选人撑腰打气的重要造势机会。在2020年，两党都把全国大会放在了摇摆州，民主党选的是威斯康星，共和党选的是北卡罗莱纳，就是希望可以借机拉升在关键地区的选情。

其三，筹款。对美国的企业和富有的个人而言，相比于其他的政治献金，对党代会的捐款制度最为宽松，而且还通常被算作对当地公共事务的捐赠，可以作为公司的商业支出而免税。有相当多数的捐款人会出于理念、偏好甚至对敌对派别的厌恶捐款，但是也有许多的捐款人是基于利益的交换，甚至权钱交易的目的来捐款，这就导致了巨大的腐败。为了遏制选举中的腐败献金，从1907年开始美国社会也进行了一系列的立法，并一度取得了一些效果，但坦率而言，近十几年来，随着联邦最高法院在2010年的“联合公民诉联邦选举委员会案”和2014年的“麦卡琴诉联邦选举委员案”的两次重要判决，美国对政治献金的控制走向明显宽松，这将会对美国政治带来严重的影响。

美国政治献金的主要立法及其影响：

1907年《迪尔曼法案》	法案明确禁止企业和银行在联邦一级的总统、副总统和国会议员选举中进行政治捐款。
1910年《联邦腐败行为法》	要求在选举后必须公开众议员的竞选收支情况，它是美国选举经费制度历史上第一个规定竞选收支必须公开的法律。
1911年《联邦腐败行为法》修正案	要求联邦参议员同众议员一样也必须公开竞选收支，公开竞选收支的时间从选举后扩展到选举前和选举后。在美国历史上首次对竞选开支做出限制：众议员的选举开支不得超过5000美元，参议员的选举开支不得超过10000美元或者是遵从各州规定。（该法案对竞选开支的限制在1921年“纽贝里诉美国案”中被联邦最高法院推翻）
1925年《联邦腐败行为法》修正案	要求提供政治捐款的团体组织必须公开捐款100美元以上者的姓名和住址；捐款50美元以上者在选举前的15天或者选举后的30天内必须向国会两院进行申报；参议员竞选开支不得超过2.5万美元，众议员竞选开支不得超过5000美元。

（续表）

1939 年《哈奇法》及 1940 年修正案	禁止联邦政府运用权力去影响选举，为联邦政府工作的群体不得向联邦候选人提供捐款；跨州活动的政党委员会一年内接受或支出的经费不得超过 300 万美元，普通公民一年的政治捐款不得超过 5000 美元。
1943 年《史密斯—康纳利法》	禁止公司和工会向联邦候选人捐款。这一法案开启了"政治行动委员会"时代，因为工会不能使用工会资金来进行政治捐款，所以只能设立政治行动委员会来规避。
1947 年《塔夫脱—哈特莱法案》	永久禁止工会、公司和跨州银行向联邦候选人捐款，包括初选。
1971 年《联邦选举法》	肯定了政治行动委员会在筹集和使用选举资金的合法地位；要求选举经费公开化；设立总统竞选公共资金；自费竞选总统、副总统不得超过 5 万美元，参议员为 3.5 万美元，众议员为 2.5 万美元；候选人用于购买媒体版面的钱在初选、政党提名大会和大选中均不得超过 5 万美元；收音机与电视竞选广告的开支不得超过媒体花费的 60%。
1974年《联邦选举法》修正案	每次选举（初选、决选和大选）个人对候选人的捐款不得超过 1000 美元；个人向政党委员会和政治行动委员会每年的捐款总额不得超过 2.5 万美元；政治行动委员会给每位候选人的捐款不得超过 5000 美元，但是没有年度总额的限制（政治行动委员会向无数候选人进行捐款）；个人或者团体的"独立支出"一年不能超过 1000 美元；超过 100 美元的政治捐款不能以现金进行。
1976年《联邦选举法》修正案	联邦选举委员会的成员由总统提名参议院同意后任命；不接受公费补助的候选人在选举经费的支出上不受限制；取消个人和团体的独立支出限制。
1979年《联邦选举法》修正案	规定政党组织的行政开销和"议题广告"不算是对候选人的政治捐赠，开支也不受限制。（该规定使得许多富豪、企业和社团组织纷纷以党建名义向政党组织捐款，促使了"软钱"的崛起）
2002 年《两党竞选改革法案》：众议院《谢司—米汉法案》+ 参议院《麦凯恩—芬古德法案》	禁止联邦一级的两党接受来自个人、企业和工会的"软钱"捐款；禁止在选前 30 天和大选前 60 天播出；个人在每次选举中（初选和大选）向单一候选人提供捐款的额度由 1000 美元提高到 2000 美元，个人向政党全国委员会的捐款额度由每年 2 万美元提高到 2.5 万美元，个人每年的捐款总额由 2.5 万美元提高到 3.75 万美元；当一方候选人自有资金竞选超过一定数额，弱势方接受来自政党委员会的资金资助没有金额限制。

（续表）

2010 年联邦最高法院“联合公民诉联邦选举委员会案”	联邦最高法院判决政府无权限制企业、工会和政治团体的独立支出，这意味着企业和工会虽然不能直接向候选人提供政治捐款，但是可以利用不受限制的资金通过独立支出的形式来对选举活动施加影响。
2014 年联邦最高法院“麦卡琴诉联邦选举委员会案”	联邦最高法院判决《联邦选举法》对于个人每年向候选人、政治行动委员会和政党捐款的总额限制违宪，意味着虽然针对单个对象的捐款金额受到限制，但是公民可以向无数的候选人和政治行动委员会提供政治献金，无总额限制。

美国从 1907 年至今 100 多年的围绕政治献金的立法过程中，呈现出两个特点：

其一是管放结合，一方面要避免过度的金钱介入对政治的腐蚀，一方面也要面对政治正在变成金钱游戏的现实。政府在限制软钱、防范黑钱的同时，也在不断提高候选人的硬钱标准，并以公共基金补贴、政党基金补贴的方式来缩小竞选过程中的贫富差距。

其二是道高一尺，魔高一丈，金钱总能找到进入政治的办法。1925 年《联邦腐败行为法》限制个人捐款最高限额，结果政治献金就化整为零，让同一公司、同一工会的众多个人捐款；1943 年《史密斯—康纳利法》禁止公司和工会向联邦候选人捐款，政治献金就变硬为软，用“政治行动委员会”的方式捐款；在 1974 年《联邦选举法》修正案对选举经费全面规范之后，政治行动委员会的软钱成为美国竞选当中最重要的力量；2002 年的《两党竞选改革法案》虽然禁止了政党组织来筹集和使用软钱，但是软钱又以“527 组织”的方式影响竞选；在 2010 年“联合公民诉联邦选举委员会案”、2014 年“麦卡琴诉联邦选举委员会案”后，美国对于金钱政治的限制实际上被极大放宽了，超级政治行动委员会成为竞选当中的决定性力量之一，其在选举周期的收支从几亿美元上升到了数十亿美元。它的崛起意味着在一个选举经费系统内，候选人和政党的资金是有限制的，但是不负责任的极端外部群体的资金却没有限制，这种现象是美国政治极化，竞选日益激进化的重要原因之一。

"527 组织"是指根据《国内税收法》第 527 条成立的享受税收豁免的政治组织，这些团体主要参与议题宣传，不允许明确告知公众投票支持或反对某一候选人，一些大的企业和富豪自从不能向政党直接捐赠软钱之后，就纷纷向"527 组织"提供捐款以影响选举活动。在 2010 年之后"527 组织"可以直接参与各种政治活动，包括要求公众投票支持或反对某一位候选人。克林顿竞选的成功就与"527 组织"密切相关。

超级政治行动委员会被称为独立支出委员会，不同于传统的政治行动委员会，它们可以从企业、工会和个人那里筹集无限的捐款，然后将其用于公开支持或反对某位候选人的活动，但是该项活动的支出不得与候选人相协调，它们也被禁止直接向政治候选人捐款。

在当代，美国总统候选人的经费根据其来源可以分为官钱（联邦政府的总统竞选基金）、私钱（候选人个人财产）、硬钱（候选人收到的直接捐款）、软钱（第三方为候选人竞选花的钱）、暗钱(不明第四方通过非营利性组织为候选人竞选花的钱)五种。其中官钱、私钱、硬钱属于直接选举经费，而软钱、暗钱则属于间接政治献金。值得注意的是，美国《税收法》上第 501 条 c 款所指的非营利性组织，经常在竞选中扮演非常重要的角色。这些 501c 组织根据法律不需要向社会公开捐献来源，因此可以有效地规避监管，隐藏捐献者的身份。501c 组织中主要有四个类型：一是教育、宗教、慈善或科学性质的组织，如美国有色人种协会；二是社会福利组织，如美国步枪协会；三是劳工和农业组织；四是贸易协会，包括行业协会、商会、房地产董事会和贸易委员会等。在美国的选举中，社会福利组织和贸易协会组织是最强大的暗钱组织。

总统竞选基金补贴：官钱	财政部设立的总统竞选基金。总统竞选基金分为初选基金与大选基金，候选人自主决定是否接受基金的补助。申请条件：初选阶段，总统候选人必须在至少 20 个州的每个州都筹集到总数不少于 5000 美元的个人小额捐款（250 美元以下）；大选阶段，接受了补助的两大党候选人除了 5 万美元的自有资金外，必须将支出限制在接受的补助金额以内（2020 年不得高于 8400 万美元），而且不能再接受私人的捐款。两大党提名的总统候选人都获得定额补助，2016 年是 9614 万美元；小党候选人必须在上次选举中获得不少于 5% 的选民票数才能获得大选阶段的补贴。
个人资金：私钱	个人资金包括候选人的工资、出售股票或其他投资的收益、获得的遗产、在选举开始之前成立信托基金的收入与私人礼物、在彩票等合法游戏中获得的收入。 注意：为了避免竞选中过于悬殊的贫富差距，2002 年《两党竞选改革法案》中增加了“百万富翁修正条款”，规定当一方候选人使用个人财富投入选举活动超过一定额度，政党委员会对处于弱势一方的候选人的捐款不受限制。就是说政党可以帮助弱势一方。
直接对候选人捐款：硬钱	个人在每次选举中（初选和大选）向单一候选人提供捐款不超过 2000 美元，个人向政党全国委员会的捐款额度不超过 2.5 万美元，个人每年的捐款总额不超过 3.75 万美元。任何政治行动委员会在一年内对同一候选人的捐款不得超过 5000 美元，对同一政党的全国委员会捐款不得超过 15000 美元，参议院的民主党、共和党两个参议员选举委员会对同一候选人的捐款不得超过 17500 美元。超过 200 美元的捐款都要上报联邦竞选委员会，公众可以通过网站详细追查每笔大额捐款来源。
“独立支出”资金：软钱	“独立支出”是指个人或者超级政治行动委员会在大选期间与竞选有关的单独花费，该花费被视为政治表达不受限制。超级政治行动委员会可以不受限制地从个人、工会、企业或非营利组织那里筹集捐款，但他们不能向候选人直接提供政治捐款，只能通过独立支出的方式支持或反对某位候选人。条件：该资金的使用没有和候选人或者候选人的授权委员会、代理人进行过协商。这类组织也必须在规定的时间内向联邦选举委员会报告他们的收支情况和捐助者的信息。
公益组织资金：暗钱	据 501c 条款登记的公益组织、社会福利组织或特定的本地雇员联合会可以参与游说和政治活动，参与政治选举，公开支持候选人或反对候选人。因为其捐赠者不享受减税待遇，可以不公开，所以又被称为暗钱。501c 组织政治活动支出不得超过总支出的一半。

美国曾经对第三方独立支出有严格限制，2002 年的《两党选举改革法案》禁止企业、工会以及其他非营利性团体在初选前 30 天或大选前 60 天内资助任何与竞选

有关的，或变相诋毁候选人的“议题广告”。但在“联合公民诉联邦选举委员会案”中，最高法院以 5∶4 的判决认为该法案违反言论自由。美国联邦最高法院认为，企业、工会、财团应享受与个体公民一样的言论自由，它们在竞选中的“独立开支”不得受限制。这一判决造成了近 10 年来利益集团深度介入竞选活动。2020 年，15 个政治上支持民主党的非营利机构投入了 15 亿美元，15 个支持共和党的非营利机构也花费了 9 亿美元。在 2021 年，某美国富豪以股票捐赠的形式，向右翼政治团体“大理石自由信托基金”一次性捐赠 16 亿美元，刷新了美国非营利机构单笔政治捐赠纪录。当然，软钱再多，也不能直接被自己在竞选中使用，候选人获得直接捐款的能力仍然是非常重要的。总统候选人获得的直接捐助往往来源于两个方面：一方面是支持力度很大的熟人圈子，最典型的代表是小布什，小布什通过熟人圈子募集到了 3 亿美元，他建立了一个 650 人以上的权势朋友网络，这里面的每个人都有能力帮他获得 10 个人以上的捐助，而每个人的捐款都是法律规定的上限；另一方面则是来自大众的小额捐款，这方面的典型代表是奥巴马，奥巴马虽然没有布什的关系网络，但是他以社交媒体为平台，通过发动网上的志愿者以不断发展下线的“传销式”筹款，成功地筹集到了创历史纪录的 7.5 亿美元资金，其中 5 亿美元都是通过网络筹得。

女性专用软钱　1985 年成立的“艾米丽名单”是美国最大的几家政治行动委员会之一，主要资助支持堕胎权的民主党女性候选人竞选公职，目前，它也是美国影响力最大的支持堕胎权的政治行动委员会。它已经为民主党女性候选人筹集了 4 亿多美元的竞选资金，其日常工作包括“招募和训练候选人，支持竞选活动，研究女性问题，吸引女性选民”。“艾米丽名单”累计培训了超过 9000 名女性竞选，并帮助 100 多名女性成功竞选众议员，19 名女性成功竞选参议员，11 名女性成功竞选州长，700 多名女性成功竞选州一级和地方的职位。

第二十章　你只需要让人喜欢

竞选中的形象、动员与议题

在给研究生上课的时候，我曾经对年轻人们提过一个问题：美国总统选举和寝室长选举、班长选举以及校学生会主席选举有什么区别？

寝室长是熟人推选，一个宿舍谁责任心强、人品好、热心肠，大家心里都有数。一个宿舍如果真的推寝室长都要搞个选举，打个水、扫个地都要把规矩议好、写好、贴墙上，这宿舍里的关系很可能不会太好。班长是半熟人选举，大家大致上有个印象，一个班里谁不适合干班长，大家基本上有个共识，但是到底谁适合，恐怕还要私底下聊一聊、议一议，总有了解的人能把这个人的大致情况说得差不多。校学生会主席就不同了，候选人对于大多数同学而言都是陌生人，所以要有演讲，要有宣传。我曾经一直以为这都是孩子们过家家，直到有一次专门去观摩了一下校学生会主席的竞选，发现大多数学生代表都是很认真地对待候选人的演讲，而且他们的决定往往深受这个演讲的影响。这就是竞选的规律，竞选的规模越大，选民对候选人就越陌生，即便是所谓家喻户晓的名人，对于大多选民而言也都是个遥远的陌生人，所以宣传就是决定性的。这种宣传不能仅仅满足于达到“他是可靠的选择”，而且还要达到“他是我们的人”“我们必须为他做点什么”“这是我们共同的选举、共同的理想、共同的战斗”的地步。从某种意义上而言，总统竞选不仅是将候选人推销给选民的一个过程，而且是将选民感同身受地动员起来，以主人翁的精神参与到竞选之中的一个过程。半开玩笑地说，在中国社会最接近美国总统选举的活动是当年“超级女声”的选秀。很多男人的手机都被女朋友、妻子、母亲和女儿抢去给李宇春投票，其实美国的总统选举何尝不是一场大规模的政治选秀，而且与选秀一样，重要的是观众为眼里的你投票，而不是为真实的你投票。这个选民眼里的你是如何塑造出来的呢？简洁、有力、朗朗上口的政治口号；清晰、坚定、不打折扣地面对重大议题；帅气、诚实、充满责任担当的个人形象；还有辩论台上的机智、幽默、反应敏捷的领袖魅力，这些都是选民支持你的理由。

一、竞选口号

人人都爱金句，这就是竞选口号的重要性。什么是好的竞选口号？它应该简单、直接、朗朗上口，能够迅速抓住人心，唤起热情。奥巴马的“Yes We Can”到底意味着什么呢？这不重要，重要的是这句话很能抓住人。所以，相比于涉及方方面面、近百页的政治纲领，竞选口号更引人关注，更适合媒体传播，它类似于“选战的旗帜”。在美国历史上，比较成功的竞选口号有：

1828 年 民主党 安德鲁·杰克逊	口号：“人民的意志！” 安德鲁·杰克逊是美国大众政治的第一人，这句口号突出了强烈的平民候选人的色彩。
1844 年 民主党 波尔克	口号：“54°40' 或战斗！” 54°40' 指的是当时社会关注的焦点——54 度 40 分的俄勒冈州北部边界问题。波尔克用这个口号来动员支持扩张主义的选民。
1848 年 辉格党 扎卡里·泰勒	口号：“为了人民！” 扎卡里·泰勒是家喻户晓的战争英雄和被精英贵族看不上的大老粗，他的口号就是要突出自己的平民色彩。
1852 年 民主党 皮尔斯	口号：“我们在 44 年刺了你一次，我们将在 52 年再刺你一次。” 在民主党空前强大的情况下，用挑衅竞争对手的口气，引起自己支持者的同仇敌忾。
1856 年 民主党 布坎南	口号：“除了皮尔斯，谁都可以！” 以快意恩仇的口号，引起了对皮尔斯总统不满的社会大众的强烈赞同。
1864 年 共和党 林肯	口号：“不要中途换马。” 让处于内战之中的美国大众意识到“稳定压倒一切”。

（续表）

1869 年 共和党 格兰特	口号："让我们拥有和平。" 由于此时内战刚刚结束不久，这个口号引起了渴望南北和解的社会大众的强烈反响，尤其是这还是内战中的战争英雄格兰特将军提出的。
1884 年 民主党 克利夫兰	口号："布莱恩！来自缅因州的骗子。" 直接攻击对手人格，来煽动投票。
1900 年 共和党 麦金莱	口号："再过四年就可以吃饱饭了。" 口号有利于争取贫苦百姓的支持，是美国版的闯王来了不纳粮。
1904 年 共和党 西奥多·罗斯福	口号："为每个人提供一个公平交易。" 激发了对垄断深恶痛绝的美国大众投票的热情。
1916 年 民主党 威尔逊	口号："他使我们免于战争。" 威尔逊在第一个任期之内保持了美国的中立，这赢得了不愿参战的美国大众的支持。
1920 年 共和党 哈丁	口号："回到正常状态。" 在"一战"和大流感之后，这个口号符合了美国社会人心思定，孤立主义思潮兴起的现实。
1924 年 共和党 柯立芝	口号："与柯立芝保持冷静。" 在美国经济繁荣的时代，迎合大众保持现状的心态。
1928 年 共和党 胡佛	口号："家家有鸡，家家有车。" 朗朗上口，突出这一时期共和党政府的经济成绩。
1932 年 民主党 富兰克林·罗斯福	口号："快乐的日子又来了。" 鼓舞了大萧条中的美国社会。
1936 年 民主党 富兰克林·罗斯福	口号："一个英勇的领袖。" 提醒大众是罗斯福的勇敢新政拯救了美国。
1952 年 共和党 艾森豪威尔	口号："I like Ike." 这个口号必须用英文表示，因为这是一个毫无营养但是朗朗上口的谐音梗。
1960 年 民主党 J·F. 肯尼迪	口号："伟大时代。" 让内部矛盾激化、处于冷战的焦虑不安中的美国社会重新找到了方向感。这个充满了想象空间的口号让乏味、普通的竞争对手尼克松相形见绌。

（续表）

1968 年 共和党 尼克松	口号："这一次，世界取决于投票。" 这个口号让正处于"越战"、犯罪浪潮中的美国大众对捍卫传统价值、结束现政府一意孤行进行的"越战"，产生强烈的使命感。
1980 年 共和党 里根	口号："让美国再次伟大。" 针对美国国内对卡特政府软弱的不满，里根以强硬立场的口号激发选民的爱国热情。
1992 年 民主党 克林顿	口号："笨蛋，这是经济问题。" 将大众的注意力从布什政府海湾战争的胜利引向了美国国内经济问题。
2004 年 共和党 小布什	口号："一个更安全的世界，和一个更有希望的美国。" 主打反恐牌，迎合大众的安全焦虑，尤其是激起家庭妇女对安全的高度重视。
2008 年 民主党 奥巴马	口号："相信改变。""我们可以。" 激发了互联网一代的主人翁意识，也激发了进步主义团体改变政治的热情。
2012 年 民主党 奥巴马	口号："前进！" 在遭到右翼团体强烈攻击的情况下，用战斗性的口号，激发了支持者坚持变革、拥护变革的政治热情。
2016 年 共和党 特朗普	口号："让美国再次伟大。" 利用美国制造业衰败和中国崛起的危机感，动员右翼选民。这个口号剽窃了里根。
2020 年 共和党 特朗普	口号："修墙。" 虽然特朗普竞选失利，但是这个修墙的口号却是美国社会面对移民危机的敏感点，在已经彻底失去左翼群体选票的情况下，特朗普只能用更加撕裂和挑衅的口号去迎合右翼群体。
2020 年 民主党 拜登	口号："为美国的灵魂而战！" 这个充满战斗力的口号是为了动员选民结束特朗普的极右翼政府统治，重回美国精神。在撕裂严重的美国社会，起到了战斗口号的作用。

总的来说，美国总统竞选口号通常要有如下几个特点：第一，与候选人的气质匹配。无论候选人是平民主义、和平主义、保守主义或进步主义都能在口号中体现其特点。第二，言简意赅、朗朗上口。美国的竞选口号和国内的脱口秀一样充斥着

谐音梗。第三，直戳人心，围绕社会情绪的痛点、敏感点做文章，怎么撩动社会情绪怎么来。

政治往往是复杂的，大众往往是肤浅的，大众政治本身经常就是一对反义词的组合。所以，在美国的大选中，那些不愿意做简单断言的政治家、那些总是考虑真实政治的复杂性的候选人通常都坚持不到最后，如果你要受人喜欢，你最好不要那么深奥。大众接受不了复杂的东西，大众需要的是直接而强烈的刺激。在美国总统的选举中，热情往往比思考更重要，事实上在大规模的选举当中，一个理性的选民很容易就会发现他个人的选票其实根本不足以产生任何影响，他最理性的选择就是不要为此浪费时间与精力。头脑清醒的结果往往就是对集体行动的冷漠，而解决集体行动的困境，诉诸的从来不是理性而只能是激情、狂热甚至是仇恨。和选秀节目一样，选手们要的是观众的投票而不是观众的脑子。

二、形象与议题

在一场选举当中，形象有多重要？形象就是一切！我参加过一档辩论综艺《奇葩说》，在与著名辩手黄执中场下讨论的时候，曾经自信满满地和他说："虽然我的形象并不招人喜欢，但是我有信心说服观众给我投票。"黄执中用看傻子一样的眼神看着我说："如果观众不喜欢你，谁会有耐心听你说呢？"我在《奇葩说》上经常遇到一种观众，他们也知道以貌取人是不对的，所以他们经常会说"我不是一个以貌取人的人，但是我相信相由心生"，这是我遇到过的最无可反驳的混账话。很多中年男性总喜欢在酒局上给年轻小姑娘人生建议，他们不清楚的是，小姑娘们看到他们油腻的样子，耳朵上已经自觉屏蔽了他们充满"爹味"的忠告了。她们的心里会不断地回荡着一个声音"不听、不听，王八念经！"这就是形象的重要性，当人们不喜欢你的时候，你通常不会有机会去说服他们，而且你表现得越有说服力就越会激发出他们讨厌你的情绪。因为你在说服他们的时候，不仅是长得不招人喜欢，实际上也在证明他们的第一印象是错的，这通常会让头脑简单者更加莫名愤怒。不幸的是，大多数人想的都比较简单且容易愤怒，所以想要成为总统，首先就要让人们信任你、喜欢你、支持你。你不必为自己的伪装心生惭愧，毕竟竞选在很大程度上就是短时间诈骗选票的比赛。当希拉里对美国人说“选择我，你们什么问题都能解决”的时候，当小布什对美国人说“我们可以有减税的保守主义，我们也可以有增加福利的有同情心的保守主义”的时候，他们和那些在抖音上对“中国大妈”兜售财务自由的秘密、人生幸福的真谛的骗子们又有多大的不同呢？

在当代的美国大选中，聘请有经验的广告和公共关系专家为候选人全方位打造个人形象是选举当中最重要的事项之一，很多时候这甚至比候选人对政策的了解还重要，肯尼迪、克林顿都曾被视为政治新手，但相比于稳重严肃的老男人对手，在一些问题上略带笨拙、青涩的帅哥甚至还更有魅力。是的，当广播时代来临的时候，候选人的声音往往比他的稿子更重要；当电视时代来临的时候，候选人的票数更多取决于他的形象魅力而非政治主张。坦率而言，这真不能怪选民，因为在很多时候，候选人的政策主张都是团队操刀的四平八稳又了无新意的套话，但是候选人的形象却充满了值得关注的个性化与新鲜感。

在选举政治里，公众是在为这个形象投票。这就是很多国家的选举越来越多地选出运动明星、演艺明星的重要原因。最有趣的例子其实是乌克兰的泽连斯基，他因为演总统演得好，而被乌克兰公众选成了总统。在美国，过去政治精英们只会把候选人个人形象看作在政治上的一个非本质的附属问题，但在今天越来越被大众传播所影响的公众已经把候选人的个人形象看成了政治上一个本质的决定性问题。这带来了大选中的两个变化：

其一，政策辩论越来越成为一场秀，最典型的形象定输赢的例子是成熟老练的尼克松输给了阳光帅气的肯尼迪。在1960年的总统电视辩论中，休假回来的参议员肯尼迪在电视画面上显得年轻英俊、精神抖擞，而连续加班的副总统尼克松则是疲惫不堪、情绪低落，加上尼克松的胡子长得太快，早上刮过之后到下午就生出一大片“五点钟的阴影”，更显形象不佳。这让许多选民转而支持肯尼迪，并导致肯尼迪最终以微弱优势胜选。这反映出在电视媒体的时代，“形象”已经越来越压倒“实质问题”。这个形象甚至也不再是总统的个人形象，而是涉及家庭所有成员的形象。坦率而言，林肯备受争议的悍妇妻子，放在今天可能会毁掉林肯的总统之路。

其二，形象越来越重要，竞选就越来越成为形象之战。形象之王奥巴马喜欢选择在举办大型文体活动的现代体育场演讲，而不是传统的竞选集会，这让他不像是一个严肃的政客，而像是一名演艺明星或是超级运动员，从而打造出了自己充满魅力的英雄形象。值得指出的是，除了树自己的人设，破对方的人设也是形象工程的重要内容。由于负面信息比正面信息更容易得到受众的关注，更容易增加受众对信息的兴趣与卷入度，美国的总统选举越来越成为突破底线的泼粪运动，这在特朗普和希拉里的总统竞选中达到前所未有的程度，双方大多数的政治广告都不再是宣传自己的政策或是形象，而是以攻击对方的人格为目的。希拉里正面宣传自己的广告为 43.1%，批评特朗普的达到了 56.9%；特朗普攻击希拉里的广告则高达 70%，相比于 2012 年奥巴马四分之三的广告是批评罗姆尼的减税政策，这两位围绕对方进行的主要负面宣传都不是针对不同的政见，而是近乎赤裸裸的人身攻击。

在短视频、新媒体的时代，这种形象决定一切的竞选趋势将会进一步被强化。主要有三个方面的原因：

其一，新媒体时代的公众日益丧失长文章阅读能力与逻辑思维能力，碎片化、娱乐化、情绪化成为受众的主要特征。金句、段子、短视频主要传递情绪、直觉、形象而非严肃思考与深度认知。肤浅成为偏好，愚蠢成为权利，而算法媒体又让肤浅和愚蠢成为自我强化的潮流。

其二，候选人的名人形象比他的政治主张更容易引起大众的注意与再传播。因为它满足了大多数人都有的窥视他人尤其是名人私生活的欲望。奥巴马在互联网时代、特朗普在新媒体时代的成功传播，证明了当你有料的时候，互联网、新媒体会围绕你的形象进行大量的二次加工与再传播，这将极大地节约竞选资金，并提高选民参与竞选的主动性。

其三，形象传播比政策传播更有亲和力，更能引起选民的情感共鸣。政策广告定位于向公众阐释政治理念、政治主张，很难产生跨党派传播。形象广告中展现的多是候选人如何为人父、为人妻，如何奋斗、成长的故事，无论从内容还是形式上都更有趣味性和亲和力。它有助于实现与选民的共情，让选民产生“自己人”的亲密感。这种亲密感对于化解选民在大选期间由于饱受各种竞选广告信息轰炸而产生的抵触情绪有极大的帮助。在总统竞选的过程中，参与打造候选人形象的往往是美国顶级的广告精英、电视制作人、网络传播专家与公关专家，他们要根据候选人的特点、选民的需求、社会的潮流去塑造候选人的良好形象。既要符合主流价值观，又要个性化，要根据不同的目标人群打造不同的人设重点。

1984年的里根是一个风度翩翩、和蔼可亲、重传统价值观念的父亲形象；2008年的奥巴马是一个年轻有为、富有责任感与使命感，勇于变革、健康、时尚、重视家庭和出身于“草根”的富有亲和力的形象；2016年的特朗普是一个义愤填膺、直言不讳、反抗白左政客的保守白人形象；2020年的拜登则是一个比特朗普更正常、更温和、更理智的成熟政治家形象。值得一提的是，在总统大选中，候选人的家庭成员尤其是配偶的形象对于大选的走向往往有着非常重要的影响。美国社会由于其主流阶层的清教徒传统，在婚姻家庭方面相较于欧洲其实颇为传统。社会公众对政治人物的婚姻家庭生活有着颇高的要求和期待。所以在美国大选中，我们经常会看到候选人与其爱人、家人的恩爱秀。几乎所有的候选人都要努力向选民展现其充满家庭责任感、珍视家庭和亲情的形象。这也意味着在总统竞选中，夫人已经成为候选人形象中最为重要的因素。比如里根一直被认为是站在妻子肩膀上的总统，他的夫人南希专门聘请名作家出版他的自传为选举造势，甚至可以为了胜选修改年龄、隐瞒孩子的出生日期。她和里根的爱情，让里根成了最具魅力的好男人。又比如布什父子也受益于其夫人良多，老布什的夫人组织了一次“香皂行动”，要求所有布什竞选班子成员把宾馆房间的香皂和化妆品带出来，然后向无家可归的妇女分发，这个活动事实上挽救了丈夫的政治命运。小布什的太太劳拉虽然在婚前与布什有君子协定，绝不参与政治，但是在丈夫面临大选的关键时刻也走向前台，在电视上为丈夫反对堕胎的立场辩护。当然，最牛的还是希拉里·克林顿，她在哥伦比亚广播公司的一个《60分钟》新闻节目中怒斥关于克林顿的绯闻，可以说是力挽狂澜。如果没有她对克林顿在州长期间性丑闻的有力澄清，克林顿可能一辈子也没有机会在椭圆形办公室和莱文斯基闹出美国总统最轰动的性丑闻。这么说绝不是在揶揄希拉里，而是觉得克林顿真的是辜负了他生活中也是政治上最重要的依靠。

倒霉的杜卡基斯 尽管尼克松在辩论中被肯尼迪在形象上碾压导致竞选失利，但说到形象灾难，1990年总统大选输给老布什的民主党人杜卡基斯，在一次选举中居然出现了两次。一次是“坦克上的憨豆先生”，当时共

和党的候选人、时任副总统老布什的竞选主题是主打国防与国家安全牌，老布什是飞行员出身，拍了一个驾驶战机的竞选广告。杜卡基斯打算拍一个坐坦克的片子突显其男儿本色，结果他带上钢盔的侧脸看上去和英国的喜剧演员憨豆先生几乎一模一样，这造成了巨大的公关灾难。另一次则是有关死刑的采访，围绕是否支持死刑，CNN 的主持人尖锐地向杜卡基斯发问："如果凯蒂（杜卡基斯夫人）被人先奸后杀，您是否赞同死刑？"主持人给杜卡基斯两分钟回答问题，但杜卡基斯略一犹豫，而后大谈召开国际禁毒首脑会议的必要性，这甚至是比"坦克上的憨豆先生"更大的形象灾难，因为选民不会要一位怯懦的总统。据说杜卡基斯事后见到太太的第一句话就是："凯蒂，我们完了。"

除了形象之外，议题的选择也非常重要。在大选期间，候选人对于议题的选择可以直接影响到公众对候选人的偏好。钻石联系上了爱情的主题才从工业原料成了奢侈品，街头犯罪被赋予了种族歧视的主题才从治安问题成了社会结构性不公的问题。候选人与传媒共同为大众设置议题，可以把受众的注意力导向某些特定的问题或争端上，它既可以影响人们思考什么问题，也能影响人们怎样思考。美国社会是一个高度撕裂的社会，在堕胎、移民、禁枪、宗教、种族等问题上，不同社会阶层、利益群体往往高度对立，而且这种对立通常与政党高度捆绑。对于候选人而言，寻找合适的议题是最好的政治动员，它能够极大地激发"自己人"出来支持自己。候选人总是试图让总统竞选能够在自己舒适的议题之内进行，这有的时候需要媒体的合谋，有的时候则需要自己会带节奏。特朗普之所以能够在 2016 年击败希拉里，很大程度上就是因为他具有无与伦比的制造议题、带节奏的能力，而这种能力在算法媒体时代正变得空前重要。在传统媒体时代，媒体的精英集团是最重要的议题设置者，他们通过对新闻报道、新闻评论的内容审核，通过对电视采访、电视辩论的议题设置，可以掌控民众获得信息的进度和方向，大众对于政治的认识，取决于媒体对各种议题的重视程度。但在新媒体时代，由于社交网络发布信息门槛极低、互动性极强，平台主要依靠算法决定热门议题，这种真实的流量话题往往比经过筛选与审核的传统媒体中的议题更热、更爆，从而可以有效地让候选人突破传统媒体的壁垒，直接动员社会大众，并在互动中与民众共同成为“议程的设置者”。在美国历史上，印第安人问题、奴隶制问题、美英关系问题、宗教自由问题、参战问题、腐败问题、教育问题、种族隔离问题乃至2020大选中的疫情问题都曾经是大选中动员群众、区分敌我的焦点问题。在近几十年中，随着美国国际国内形势的变化，这些在大选中用来站队的议题也发生了很大的变化，民主党与共和党在这些议题上也是针锋相对：

其一，种族议题尤其是黑人问题。美国种族歧视问题尤其是底层黑人问题，在近10年来有激化的趋势，并成为美国大选中的核心问题。造成这一现象的原因主要有五个：一是黑人族群的政治觉醒，在奥巴马执政以后，黑人群体的政治动能更足，而引发的白人反弹也更猛烈；二是全民直播时代的来临，让日常生活中的种族歧视尤其是警察暴力更容易引发重大舆情与政治危机；三是黑人贫困化的加剧让在经济与教育上处于弱势的黑人群体更热衷于政治斗争，以通过福利和补偿政策来实现自身诉求；四是“黑命贵”运动谋求黑人族群的特惠待遇，造成了与拉丁裔、亚裔的矛盾激化；五是白人群体在奥巴马执政之后反弹的种族情绪与复仇情绪，“黑命贵”的身份政治与“狗哨政治”的反向身份政治同时激化。民主党充分利用了黑人的种族问题，并与“黑命贵”运动进行政治联盟，取得了2020年的大选胜利，但实事求是地讲，2020年拜登的胜利更主要的原因是疫情对特朗普选情的冲击。民主党在黑人族群中的支持率已经基本达到顶点，其在黑人问题上的进一步激进化反而引发了对此问题不满的白人中间选民与亚裔、拉丁裔的不满。2016年大选，代表共和党右翼的特朗普采取了“先分裂后征服”的竞选策略，开始用种族歧视、排外主义和“反穆”的仇恨言论来争取和动员保守派白人选民投票，出乎意料的是，这种策略极大地激发了白人的投票热情，并赢取了大选的成功。如果不是特朗普在连任选举中吓坏了中间派，这种政策很可能将帮助他连任。对于共和党来说，在未来的一段时间内，很可能只会适度调整而不是放弃这一策略。共和党更倾向于联合具有保守价值观的拉丁裔和亚裔，去组成白人、拉丁裔、亚裔的新的族群联盟去对抗民主党的种族议题。

狗哨政治 狗哨（dog whistle）是牧羊人呼唤牧羊犬使用的一种高频口哨，其声音人听不到，只有牧羊犬能够听到。它指的是在政治正确的压力下，一些不正确的话语只能用隐晦、暗示的方式进行表达。用中国社会的话来说就是“你懂的”。在民权运动兴起之后，抱有种族歧视的群体往往用赤裸裸的暗示、坦荡荡的含蓄来动员与组织自己人。这种政治策略在20年前就已经为白人保守主义运动所运用，并导致了美国种族主义在近10年间的大反扑。

其二，堕胎议题。2022年6月，美国最高法院推翻了1973年“罗伊诉韦德案”的先例，认定堕胎权并非美国宪法自然赋予的公民权利，而应交由各州自行决定。这意味着堕胎权将会成为未来十几年甚至几十年间美国社会的焦点问题。它不仅意味着保守派掌控的最高法院与民主党的意识形态“战争”，而且由于堕胎是否合法成了一个州权问题，这也意味着堕胎权将会成为民主党控制的蓝州与共和党控制的红州之间的“战争”。美国社会具有强烈的宗教色彩，福音教派的宗教保守主义者与女权主义者、进步主义者在堕胎权的问题上一直是旗帜鲜明地针锋相对。随着共和党与宗教保守主义者的结盟，女权主义者、进步主义者成为民主党内的政治正确，堕胎权具有了鲜明的党争色彩。在1973年联邦最高法院以从基本人权中引申出来的隐私权承认了堕胎权之后，堕胎问题从政治问题变成了法律问题，也一度远离了中央层面的政治中心，但是随着特朗普在任内成功任命了三位保守派大法官，将最高法院内部保守派与自由派的比例变成了6∶3，这个法律问题又被保守化的联邦最高法院变成了政治问题，而且是政治中的焦点问题。由于共和党控制的州多禁止堕胎，这一判决意味着全美半数以上女性的堕胎权可能被剥夺。这将无可避免地成为总统大选中自由派和保守派的焦点议题。82%的民主党人反对最高法院这一判决，70%的共和党人则表示支持。这也意味着没有比这个议题更能帮助双方巩固自己的基本盘了。美国现任总统拜登在2022年8月3日以行政命令的方式“对抗”最高法院，提出不得限制女性跨州寻求堕胎的权利，确保各州女性可以获得美国政府核准的堕胎药物，加强生殖保健信息的隐私保护，呼吁志愿者为禁止堕胎州的女性提供法律援助。民主党更利用这一议题加强选民动员，呼吁更多的女性用选票捍卫权利、惩罚保守派。

美国的堕胎权　美国社会对于堕胎权的确认源于1973年联邦最高法院对“罗伊诉韦德案”的判决。罗伊是一名居住在德克萨斯州的单身女性，于1970年3月对该县的地方检察官提起诉讼。她主张德克萨斯州的刑事堕胎法违宪，剥夺了她的个人隐私权。美国最高法院于1973年1月22日以7:2作出有利于罗伊的裁决，认为美国妇女在不受政府过度限制和打击的情况下有选择是否堕胎的基本权利，堕胎禁令违反了妇女的宪法隐私权。注意！美国最高法院虽然确认了妇女堕胎的权利，但是引用的却是一项在公民基本权利的边缘被发现的权利。美国的权利法案当中从来没有明确过隐私权与堕胎权，自由派的最高大法官们为了对抗宗教保守派的遗风陋俗，费尽心机地从宪法第十四修正案对正当程序条款的自由保障中找到了隐私权，又多少有些牵强地把堕胎权认定为一项隐私权。“罗伊案”的另一个重要成果就是否认了反堕胎派保护胎儿生命权的理由，最高法院不承认胎儿的生命权，并认为女性的健康利益高于胎儿。当然，为了平衡隐私权和孕妇健康、胎儿潜在生命利益，美国最高法院提出了“三个月”孕期标准，在孕期前三个月，主治医生在与患者协商后，可以在不受国家规定的情况下自主确定终止妊娠；三个月之后，国家可以对堕胎程序进行规范。但“罗伊案”的判决依据是存在重大争议的，甚至可以讲是法官造法的结果。隐私权本身是最高法院在1965年的“格里斯伍德诉康涅狄格案”中通过所谓“半影”理论从无到有创造出来的，当时最高法院认为宪法除了保护那些已经写明的权利，还应该保护一些隐含的、边缘性权利。那些“隐含的”和“边缘性”权利（即所谓“半影”）拼在一起，就构成了所谓的隐私权。“罗伊案”则通过主张堕胎属于隐私而确认了堕胎权。这“两步走”尽管是大法官创造性地推动社会变革，但在法律上的确牵强。也正因为法律基础的薄弱，在最高法院被保守派控制以后，2022年6月24日，美国最高法院在“多布斯诉杰克逊妇女健康组织”案中以6:3推翻了“罗伊案”，保守派大法官认为堕胎不是一项宪法权利。这个判决不仅激怒了女权组织，事实上也激怒了同性恋群体，因为他们能够避免受到鸡奸罪的刑事指控，也是依靠隐私权的引申。

其三，禁枪问题。近几十年来随着枪支泛滥造成的巨大社会危害，美国社会围绕是否禁枪存在激烈争论。美国是世界上民用枪支拥有率最高的国家，总人口3.11亿的美国拥有约2.7亿支私人枪支。支持禁枪的群体认为，美国每年有大约10万人遭遇枪击，其中超过3万人死于枪击事件，不断发生的校园枪击案更是令人触目惊心，禁枪势在必行。反对禁枪的群体则主张，拥枪是宪法第二修正案赋予的基本权利。该修正案规定：“管理良好的民兵是保障自由州的权利所必需的，人民持有和携带武器的权利不得侵犯。”虽然法律界、政治界、学术界对宪法第二修正案的解释持不同说法，主张禁枪的观点认为所谓持枪权仅对民兵这一特殊团体而言，即持枪权是一种“集体权利”，它不意味着个人持枪自由；反对禁枪的观点则认为民兵不是集体称呼，持枪是一种“个人权利”。联邦最高法院在2008年的“哥伦比亚特区诉赫勒案”和2010年的“麦克唐纳诉芝加哥政府案”中，以微弱的5:4确认了持枪权属于个人权利而与民兵服役无关，美国宪法保障个人在国内任何地方拥有和携带武器的权利。这标志着持枪权在全美各地正式确立。在2010年以后，民主党除了党内少数激进派主张全面禁枪外，大多数支持者已经接受持枪权存在的现实，主张严格实行枪支管制政策。共和党则抨击民主党的枪支管制政策，反对禁止攻击性武器的立法行为，也反对联邦对守法的枪支拥有者实行许可证和全国枪械登记制度。

美国步枪协会 该协会被视为美国支持持枪的最大的利益群体。1871年成立至今的美国步枪协会拥有近500万会员，它是美国枪支问题上最大的单一问题利益集团。协会起初的目的是加强热爱枪支人士的交流，相互切磋提高射击水平，但在禁枪运动日益扩大的情况下，该协会逐渐成长为反对控枪、维护持枪权利的巨大影响力的利益集团。有意思的是，该组织的口号“枪不杀人，人杀人”来自被刺杀过的共和党总统里根。尽管该协会通常被视为共和党的传统支持者，在2016年该协会为特朗普的竞选花费了接近3000万美元，但实际上该协会对民主党、共和党两党都慷慨解囊，该协会也是民主党总统奥巴马非常重要的赞助者。

必须指出的是，大选中的议题设置固然反映出选民的强烈诉求，但也存在很严重的失真效应：一方面，议题固然牵动人心，但在很多时候议题恰恰遮蔽了社会重大的问题。这经常被视为美国总统竞选最大的问题，那就是当大众因为敏感议题被激发得严重对立、消耗得筋疲力尽的时候，那些真正重大的问题反而被忽视了，以至于有观点认为，美国社会那些真正重大的问题经常是不被提及的问题。另一方面，有一些议题可以被放大，以达到竞选获胜的目的。最常见的现象就是制造“楔子议题”，即用一个具有高度分裂性或争议性的议题，来使对手的传统支持者产生分裂。比如共和党在近几年的大选中，就非常热衷于用同性婚姻这个“楔子议题”来分化民主党选民阵营中重视传统婚姻制度的南方黑人群体与主张同性恋婚姻的白人自由派。最后，当议题取代了问题，斗争性政治就取代了共识性政治，这在两党之间造成了恶性的党派斗争，而在两党内部则造成了斗志更加旺盛、立场更加坚定、政治更加正确的激进派系甚至极端派系的兴起。共和党内的茶党团体与民主党内的LGBT团体就是这种斗争政治的最大受益者。

第二十一章　给你两个翻盘的机会

辩论和上网

美国的政治辩论由来已久，1858 年在伊利诺伊竞选参议员时，亚伯拉罕·林肯和史蒂夫·道格拉斯就在七个国会选区共同举办了七场公开辩论，据说辩论长达三小时，在当时吸引了大量民众围观。自 1960 年以来，美国总统的候选人若要进军白宫，必须经过电视辩论这一关。大选辩论的全过程由美国几大电视网向全国实况转播，是整个大选过程中最重要的一场秀，也有人将这场电视辩论称为“全民面试”。辩论能够让选民更加清晰地了解候选人的政策立场与个人性格，也能够增强社会公众对总统选举的关注与认同，正因为此，目前世界上包括美、英、德这些传统西方民主国家以及韩国等新兴西式民主国家，都在大选中进行了电视辩论。

从美国大选电视辩论的发展来看，它表现出了三个重要的特点：

其一，规则越来越细致复杂。美国总统候选人辩论最初是由美国妇女协会来组织，现在则由专门的辩论委员会来组织。在辩论之前，双方的律师要先就辩论规则进行谈判，围绕各种技术问题达成协议。比如布什与克里的电视辩论关于规则与细节的协议就有 32 页之多。

其二，火药味越来越浓，斗争性越来越强。1960 年肯尼迪与尼克松的辩论非常注意绅士风度，甚至更像一场联合记者招待会，辩论双方只是围绕具体问题，先后陈述各自政策主张，双方并没有撕破脸皮的互相攻击。然而随着政治极化、社会撕裂、党争日甚，这种温情脉脉的局面最终被剑拔弩张的彼此攻击取代。而媒体为了提高热度也有意识地在规则上、议题上去激化双方的对立，比如在现在的大选辩论中，主持人都会刻意留出时间让双方直接对话，以求出现斗牛般的场面。为了能够吸引选民、展现个性、提高收视率，在辩论规则的演变过程中，候选人、协调方与媒体都倾向于将辩论的冲突性一步步地向前推，让辩论中的火药味越来越足，最终导致了2016年特朗普对阵希拉里、2020年特朗普对阵拜登时，特朗普完全无视规则地野蛮打断对手的场面，甚至让主持人都加入争执。

其三，民众的参与越来越强。在早期肯尼迪与尼克松的辩论中，双方并不直接交锋，而是由多家媒体组成的记者团对两位候选人进行提问。在90年代之后，辩论场地从电视台演播室换到了美国各高校礼堂，可以由双方候选人共同接受的主持人进行提问，在2012年奥巴马对阵罗姆尼时，大选辩论中民众的参与性越来越强。出现了“市民会议”式的总统辩论，即由80多名尚未决定意向的选民直接向双方候选人提问。

在辩论发展历程中，美国总统大选候选人之间已经经历了30余场辩论，其优点在于提高了总统选举的公开性、民主性和公平性。辩论不同于竞选中大量的自卖自夸的造势与宣传活动，不同阵营候选人一同出镜，可以给选民提供一个直观的“是骡子是马拉出来遛遛”的感受机会。其缺点在于辩论越来越流于形式，成了形式大于内容的政治秀。辩论往往涉及国计民生、外交内政等重大政治问题，但是候选人对于这些重大问题，却往往只有短短的一分半钟来回答。这使得辩论立场先行、口号先行的现象日益明显，也使得辩论往往失去了实际意义。

肯尼迪与尼克松的历史之辩　肯尼迪对尼克松的辩论是第一次美国总统候选人辩论，一共吸引了7000万到1亿的观众，其中55%的观众从头至尾收看了全部辩论。这场辩论直接决定了总统大选的结果，也让总统候选人辩论从此成为总统大选中最为社会关注的大事件。这次辩论的推动者是肯尼迪，他年轻、帅气、形象好、气质佳，但也缺乏知名度，并且是天主教徒。肯尼迪希望通过电视辩论展示自己的才华，纠正社会对他可能产生的偏见。令人奇怪的是，一开始拒绝辩论的尼克松最终同意了辩论。有观点认为尼克松同意辩论的原因主要在于当时两者形势接近，他希望利用自己的辩才一举锤爆肯尼迪。毕竟尼克松在中学时期就是演讲比赛的冠军，并且做过四年众议员，两年参议员，八年副总统，经验丰富，辩才甚佳。尼克松提出，双方不准备文本，不做笔记，不打断对方，各方自由充分地表达自己。但最终的结果让尼克松大失所望，辩论结束举行的民意测验显示，肯尼迪的得分率从 44% 增加到 49 %，而尼克松则从 50% 降到 48 %。大选的结果也非常相似，肯尼迪得票率为 50.1%，尼克松为 49.996%，两者只差 14000 票，肯尼迪侥幸取胜。到现在还有很多人认为，尼克松并没有输掉辩论，而只是形象被肯尼迪压倒，但是辩论赛的胜负本来就是个主观的结果。对于大多数电视观众而言，颜值就是正义。尼克松输得天经地义，肯尼迪赢得堂堂正正。很多时候辩论的胜负不取决于讲得好，也不取决于讲得对，而是取决于谁讲得惹人爱。电视传播在辩论之前，它是整体形象的传播，而不是讲理。事实上，在所有的辩论赛里，更想讲理的一方总是更容易输掉比赛。

在美国的总统竞选运动中，候选人的行程有一个有趣的特点，那就是他们的竞选活动通常按主要媒体中心的分布而安排，总统候选人为了确保当地每一家重要媒体都能得到有关他的所有信息和材料，必须到每一地区进行宣传，而不再以州为单位旅行。人们关于竞选过程的消息大部分来自媒体，大众媒体对一个问题作为大事报道得越多，公众对该问题的重视程度也就越高。大众传媒成为候选人和选民之间的关键纽带，候选人被报道得越广泛，其获得公众支持的可能性就越大。当媒体成为国王的制造者，一个默默无闻的候选人如果能够得到媒体的垂青，很快就能成为总统竞选中最有力的竞争者。

比如卡特、克林顿和奥巴马，在竞选以前几乎都是没有背景、缺乏履历的无名小卒，但媒体将他们推向了王座。1976 年 1 月盖洛普民意测验表明，只有 3% 的人知道吉米·卡特，但《纽约时报》《华盛顿邮报》《华尔街日报》都用头版新闻对他进行专题报道，ABC、NBC、CNS 三大广播电视网每晚的头条新闻都有他的消息，到了 1976 年初选结束时，他已为 80% 以上的人所了解，并且领先于其他民主党总统提名候选人和福特总统。1992 年的克林顿在民主党提名竞争中脱颖而出也借助于《时代》《纽约客》《新共和》将他年轻帅气的照片登在了封面上，从而引起了大众关注与喜爱。2008 年的奥巴马更是媒体的宠儿，他甚至把个人形象嵌入了流行的网络游戏当中。能否适应媒体的变化，就成了总统竞选成败的关键。

美国的总统大选根据媒体的变化可以分为 5 个时代。

1. 报纸时代。早期的总统竞选，最重要的信息主要由报纸传递，也正因为此，在美国建国初期，得报纸者得天下。

2. 广播时代。在大萧条以后随着广播的兴起，竞选的格局出现了重大的改变，敏锐地捕捉到这一新变化的罗斯福用著名的炉边谈话绕开了亲共和党的报纸，直接将罗斯福的声音送达美国家庭的客厅，从而以极大优势战胜了得到大部分报纸支持的共和党候选人。

3. 电视时代。在 1960 年以后的电视时代，电视成了最有力量的政治媒体。肯尼迪与尼克松的电视辩论不仅是美国竞选史上的大事件，也是肯尼迪扭转劣势、反败为胜赢得总统大选的关键。因为在民意调查中，有 400 万选民是在看了电视辩论后才决定投票的，其中 300 万人倒向了肯尼迪。

4. 互联网时代。在 1990 年代以后，互联网的出现让竞选出现了新的变化。相比于从报纸到广播、从广播到电视的变化，这个变化不仅仅是在用户与传播途径上的，而且是在议题设置与传播权力上的结构性变化。如果说在小布什竞选的时候，候选人还只是把互联网当作一个主要面对年轻人的宣传平台，在奥巴马竞选时，整个竞选活动已经根据互联网的交互性、自主性的特点发生了革命性的变化。奥巴马在竞选中改变了传统的话语权结构，大幅放弃对图文、信息和竞选活动的控制，赋权其成千上万的支持者自主展开宣传与动员互动。奥巴马团队为支持者提供了各种软件工具和应用程序，供他们自行组织活动，例如在社交平台创建筹款页面、开设竞选博客，或向选民发送准备好的信息。这些软件工具和应用程序因而将成千上万的线上支持者从简单的线上支持者变成了竞选的志愿者、参与者甚至是组织者，从而将竞选变成了影响力巨大的社会运动。

5. 新媒体时代。特朗普在 2016 年的胜选标志着一个全新的竞选时代的来临，如果说奥巴马的竞选胜利是一场互联网时代的竞选胜利，那么特朗普的胜利则是一场典型的“后真相”的新媒体时代的胜利。它表现出四个非常明显的特点：

其一，新媒体受众表现出强烈的反精英、反传统的民粹主义品味。视频用户主要是年轻人，他们喜欢那些别出心裁、富有创意的内容。竞选者要放下精英口吻的、道貌岸然的宣讲和说教，学会直接面对选民谈话，以他们的方式说话，以他们的方式思考，以他们的方式影响他们。特朗普粗野、直接的话语风格，虽然为大多数主流媒体所不齿，但却赢得了网络上大多数人的喜爱。从报纸—广播—电视—互联网—新媒体（短视频），大众的素质经历了从文字阅读—语言理解—形象认知—碎片化接受—情绪感知的快速下降。在今天的舆论场中，用户的智识与理性都已经下降到了一个令人担忧的地步。新媒体时代意味着大多数文化程度较低、情绪胜于理智、难以进行深度思考的人成了主流，而且在多数人的旗帜之下，这个网络中的主流正以前所未有的粗鲁且傲慢、无知且自信的姿态，去面对他们其实难以理解的社会议题。当希拉里发表辞藻华丽的竞选演说时，我的黑人邻居，一位资深的民主党地区活动家，一个劲地摇头叹气，我问他为什么叹气，他说：只有上过高中的人才可能明白希拉里讲的东西，但美国太多人的高中基本上都是混过去的。希拉里太“over-educated”了。这个词我琢磨了很久，用中国话来讲，就是“不接地气”。希拉里的支持者大多数是受过良好教育的独立女性、大城市居民，但正因为她不够接地气，很难真正像特朗普一样“low”下来，去赢得竞选。在2016年大选期间，主流媒体几乎一边倒地支持希拉里，有243家日报、148家周刊、15家杂志公开支持希拉里，而仅有20家日报、3家周刊选择支持特朗普。在后12周的竞选中，CNN、NBC和ABC三大电视网对特朗普的报道中有91%的负面内容，而有关希拉里的报道则79%都是正面消息。甚至许多传统上支持共和党的传统媒体如《圣地亚哥联合论坛报》《亚利桑那共和报》《今日美国》和《达斯拉晨报》也因为无法忍受特朗普的粗鄙而支持希拉里。但那又如何呢？在Twitter平台上得到更多支持的特朗普最终击败了希拉里。这并不说明大众媒体死亡了，但这的确说明，大众媒体其实一直是小众，只是在新媒体以前，真正的大众往往被各种门槛挡在了政治之外。

其二，新媒体表现出强烈的后真相特征。随着个人对真相生产机构的信任恶化，以及社会日益严重的撕裂，情感价值高于事实真相成为新媒体的主要传播特点。在后真相的语境下，不同立场的群体对事实和数据的分析与解释分歧巨大，真理与普遍价值观被视为偏见中的一种，个人的经历、意见在数量和影响力上胜过普遍意义上的社会真实，对之前备受尊重的权威不再信任。网络社交媒体通过煽动恐惧与仇恨言论，影响与重塑了公民的政治立场，并在很大程度上影响了选民的投票行为。特朗普的选民并不认为有关希拉里的假新闻是真的，但他们仍然热衷于传播这些假新闻，因为他们认为这些假新闻是与他们的立场相一致的。后真相带来了在政治过程中的真相衰退与真理退场，这让竞选成了比烂的游戏。

其三，新媒体时代加剧了“信息茧房”，导致了政治的极化。短视频平台和社交媒体通过大数据记录与分析用户喜好，针对用户偏好进行视频与内容推送，以增强用户黏性。这让大众更容易接触与自己观念相似的信息，而忽略其他不同的信息，最终导致了大众的“偏见强化”与“信息窄化”。因为算法技术而产生了网络上的集体意识与集体行动，在身份认同与群体压力的共同规训下，这又让群体内部成员逐渐使自我观点和行为向群体靠拢，丧失了自我意识和判断，从而最终造就了算法时代的乌合之众。2020 年大选争议引发的国会山骚乱，其发生的原因之一，就是共和党极端选民在特朗普或其他共和党候选人的推特评论下发现彼此、取得联系，最终发酵成为有组织的极端行动。

其四，在竞选的过程中，算法技术力量日益成为胜负关键。它意味着竞选人团队要有对算法的理解与掌控，要有对流量的引导与控制，更要有对话题的设计与传播，其中也包括如何运用假新闻、假账号、假流量作弊的技术。在2016年大选中，支持特朗普的机器人社交账号是支持亲希拉里的 4 倍，许多关于候选人的假新闻都是在 Facebook 等社交平台上进行生产和扩散的，其中大部分都是对民主党候选人希拉里不利的传闻。这让民主党大为恼火，甚至怀疑特朗普阵营得到了俄罗斯技术力量的支持。

奥巴马的选举革命　巴拉克·奥巴马的竞选活动是美国总统竞选历史上的一场革命。他让美国政坛意识到，得互联网者得天下。奥巴马竞选团队的互联网攻势操盘手是 Facebook 创始人之一的克里斯·休斯，他为奥巴马在 Facebook 上建立的竞选网站，吸引了 100 万“粉丝”，5 倍于共和党的候选人战争英雄麦凯恩，并将巨额资金支出于互联网上的竞选宣传，尤其是将 80%、近 280 万美元的经费用于 Google。奥巴马团队在 Google 购买了包括奥巴马英文名在内的很多热点话题的关键词，包括奥巴马、油价、伊拉克战争、金融危机等。只要网民搜索类似热词，就可以关联显示奥巴马对这些热点问题的观点与主张。奥巴马也是历史上第一次把电子游戏植入广告的美国总统候选人。在热门游戏《第二人生》、赛车游戏《狂飙天堂》、运动类游戏《麦登橄榄球》《冰球 2009》《滑板》上都有奥巴马的植入广告。

第二十二章　打下摇摆州
一场选战的决胜点

随着美国政治的极化，两党的基本盘日益固化，在2020年拜登击败特朗普的大选中，有强烈党派倾向的选民增至44.3%，中间选民的比例已经处于历史最低点。这让两党在自己的安全州的优势日益明显，也让立场未定的摇摆州变得空前重要。在选举人团制度与赢家通吃的制度下，几个大的摇摆州已经成为总统大选的关键战场。

2016、2020两届总统选举摇摆州的细微差距都对最终选战的结果造成了重要影响。在2016年，特朗普凭借在3个摇摆州的微弱优势——密歇根0.2%、宾夕法尼亚0.7%和威斯康星0.8%获得了大选胜利，而2020年拜登则凭借佐治亚0.2%、亚利桑那0.3%和威斯康星0.6%的微弱优势击碎了特朗普的连任梦。

在美国的大选历史上，随着两党的选民基础不断变化，摇摆州也在不断发生变化，19世纪的缅因州、20世纪的密苏里州和本世纪的俄亥俄州都曾经是非常重要的摇摆州。它们之所以成为摇摆州，经常是因为两党力量在州内势均力敌导致选情不确定性增大，或是因为州内的人口结构、经济基础以及城市化水平出现变化从而带动选情的剧烈摇摆。

在美国的历史中，两党势力范围的此消彼长大致可以分为四个阶段：

1828—1932年，南北对峙阶段。美国政治从联邦党人、民主共和党人的贵族政治，转变为以安德鲁·杰克逊为开端的大众政治以后，在很长时间内其政治版图基本呈现出南北对峙的特征。代表南方的民主党与代表东北部的共和党长期对峙，即便内战最终以北方的胜利告终，也没有改变这一局面。中部和西部作为摇摆地区，在观念上倾向于保守的南方白人，在经济利益上则与北方更为紧密。

1932—1964年，南北部对峙中西部阶段。1932年民主党人富兰克林·罗斯福上台实行新政，大量的补贴措施让东北部大城市中的少数族裔获益，使得民主党的势力范围从美国南部迅速扩展到东北部，在民主党的挤压下，共和党势力退缩到中西部保守地区。

1968—1992 年，南北互换阶段。民主党人的新政造成了两个结果，一方面在社会心理上，因为民主党关注少数族群福利，南方白人感觉遭受背叛，产生怨恨；另一方面，在人口结构上，美国出现了南方黑人北上，北方白人南下的现象，也改变了南北的人口结构。在共和党人利用白人怨恨心理，主打“南方策略”的影响下，共和党在南方、中西部取得优势，这导致了民主党与共和党的势力范围从传统的民主党控制南方代表白人保守主义，共和党控制北方代表开明进步力量，演变为共和党控制南方与白人保守主义者结盟，民主党控制北方大城市与自由主义者结盟的局面。民主党与共和党在基本盘上出现了南北互换。

1992—2016 年，东西包围中部阶段。从 1992 年民主党人克林顿获胜以来，美国的社会现实与政治现实进一步变化。随着信息经济的崛起与太平洋沿岸的大城市经济走向繁荣，民主党的势力范围逐渐涵盖了太平洋沿岸、大湖区、新英格兰地区，民主党以自由主义和多元主义为主，其主要选民群体包括新经济阶层、工会会员、移民、天主教徒、犹太教徒、黑人及自由派知识分子，大城市和大城市近郊成为民主党的主要票仓；共和党阵营则集中在中西部的农业区、大平原地区、山区和偏保守的南方地区，共和党倡导自由竞争的资本主义、个人主义、保守主义，其选民群体主要包括制造业阶层、福音教派、中老年白人、古巴裔等偏保守少数族裔，中小城镇、农村与远郊成为共和党的主要票仓。由此，崇尚自由与多元的民主党受到年轻人、精英阶层、下层人士、黑人等少数族裔的支持，而共和党则以保守主义的思想吸引了大批白人、农民、基督教徒和中产阶层。两党阵营基本固化，民主党阵营集中于东北部地区和西海岸，而共和党则聚集在中西部农业区。

2016 年至今，南北重组阶段。随着人口结构与产业结构的变化，美国的政治版图也发生了变化。一方面，由于拉美裔人口的快速增长，南部共和党长期经营的“阳光地带”正在出现变色的趋势。近年美国拉美裔人口增速最快的州几乎全部是“阳光地带”州。这些拉美裔移民正在不断改变“阳光地带”的选民结构，到 2020 年，拉美裔已占新墨西哥州合格选民的 43%、加利福尼亚的 30%、德克萨斯的

30%、亚利桑那的 24% 和佛罗里达的 20%。由于共和党在移民问题上迎合白人保守选民，对拉美裔并不友好，除偏保守的古巴裔外，大多数拉美裔都是民主党支持者，这让共和党曾经的票仓佛罗里达、北卡罗来纳、内华达、佐治亚、亚利桑那和德克萨斯都有成为摇摆州的迹象。在即将到来的新一届美国总统大选中，佛罗里达和德克萨斯都是民主党人主攻的战场。另一方面，由于"铁锈地带"人口结构与产业结构的原因，民主党人也面临着共和党人翻盘的威胁。由于传统工业制造业发达的中西部"铁锈地带"在近 20 年经历了惊人的衰退，这些州出现了两个明显的变化，其一，工人选民经济状况长期恶化，日益右转，逐渐与民主党"解绑"，转向共和党；其二，由于经济衰退，受过良好教育的知识精英、寻求更好经济前景的白领、没有固定资产的年轻人快速流失，而这些人通常是民主党的支持者。走不了的通常是年纪较大、生活稳定、具有较强地域认同的保守派白人，而他们通常是共和党的支持者。这两个变化让"铁锈地带"成为共和党的增长点。

从当前美国的政治版图来看，两党的优势地区主要包括：

民主党	共和党
深蓝州： 夏威夷州和哥伦比亚特区； 新英格兰地区的马萨诸塞州、康涅狄格州、缅因州、罗得岛州、佛蒙特州； 中大西洋的特拉华州、新泽西州、纽约州、马里兰州； 五大湖区的伊利诺伊州、明尼苏达州； 太平洋沿岸的加利福尼亚州、俄勒冈州、华盛顿州	深红州： 中西部的密西西比州、堪萨斯州、内布拉斯加州、北达科他州、南达科他州、南卡罗来纳州、亚拉巴马州、德克萨斯州、俄克拉荷马州； 山区州的怀俄明州、爱达荷州、犹他州； 太平洋沿岸阿拉斯加州
浅蓝州：新罕布什尔州、新墨西哥州、密歇根州、宾夕法尼亚州、威斯康星州、弗吉尼亚州	浅红州：北卡罗来纳州、印第安纳州、蒙大拿州、阿肯色州、肯塔基州、路易斯安那州、密苏里州、田纳西州、西弗吉尼亚州

当前美国摇摆州主要集中于两个区域，分别是因拉美裔移民大举涌入逐渐由红转蓝的"阳光地带"，和因制造业工人政党认同改变而由蓝转红的中西部"铁锈

地带”。在 2016 年大选，宾夕法尼亚、俄亥俄、佛罗里达、北卡罗来纳是关键摇摆州。在 2020 年大选，亚利桑那、佛罗里达、密歇根、北卡罗来纳、宾夕法尼亚、威斯康星和佐治亚是两党竞争激烈的摇摆州。从目前的形势来看，佛罗里达、俄亥俄和亚利桑那很可能成为未来美国大选争夺最激烈的摇摆州。德克萨斯、佐治亚和艾奥瓦也存在一定不确定因素。

佛罗里达，从 1880—1948 年一直支持民主党，1952 年后逐渐变为摇摆州。2008 年、2012 年都支持民主党奥巴马，2016 年和 2020 年则是共和党特朗普获胜。该州南北部因为古巴裔、老年人、产业工人聚集而支持共和党，中西部旅游区与高科技经济区支持民主党。老年白人与拉美裔的博弈遂导致佛罗里达州在两党之间不断摇摆。

俄亥俄州，在 1928 年以后一直是摇摆州。在 2008 年、2012 年民主党奥巴马获胜，2016 年和 2020 年共和党特朗普获胜。俄亥俄内部存在势均力敌的两股力量，分别是非裔、拉美裔、产业工人的民主党支持者与新教白人、古巴裔的共和党支持者。

亚利桑那州，曾经是共和党的铁票州，但是由于人口结构的变化，在 2020 年被民主党拿下，成为拜登获胜的关键性因素。州内拉美裔支持民主党，老年白人支持共和党。

德克萨斯州，曾被认为是深红州，但近年来随着高科技经济的发展与移民的涌入，民主党支持率不断上升，在 2020 年大选中，共和党的优势已经降到 5.6%，被认为是未来大选中可能最大的变数。州内大城市支持民主党，农村与郊区支持共和党。

由于摇摆州日益成为竞选胜负的关键，所以也成为两党争夺的焦点。在 2020 年总统选举中，民主党和共和党共花费约 10.2 亿美元进行电视广告投放，其中 77% 以上都用于关键的 5 个摇摆州：佛罗里达、宾夕法尼亚、密歇根、北卡罗来纳和威斯康星。在 2008–2020 年的 4 届大选中，两党共举办 1164 场线下拉票活动，其中 95% 都集中于这一时期的 14 个主要摇摆州。相对应的则是两党的铁票仓被理性地忽视，有 9 个州在这 12 年间总共只有过一场竞选活动，另有 22 个州连一场重要的线下活动都没有举行过。如果说赢家通吃的选举人团制度让州内的少数没有意义，那么摇摆州则是一个国家的少数州成了选战实质上的裁判员，它造就了一种少数绑架多数的政治，而这恰恰是美国的国父一代在建国时试图避免的“小州绑架大州”的政治泥潭。

参考文献

老摇：《美国草根政治日记：第一本中国人亲身参与写出的原生态实录》，社会科学文献出版社，2005。

林宏宇：《美国总统选举政治研究》，天津人民出版社，2017。

游天龙、华建平、林垚：《总统是怎么选出来的？美国总统选举通识读本》，台海出版社，2016。

波尔斯比、威尔达夫斯基：《总统选举：美国政治的战略与构架》，管梅译，北京大学出版社，2007。

渡边靖：《逆说美国的民主》，米彦军译，新星出版社，2019。

龚小夏：《亲历民主：我在美国竞选议员》，复旦大学出版社，2011。

松尾文夫：《持枪的民主：所谓美国的成立》，刘星译，世界知识出版社，2020。

倪春纳：《"金主政治"是如何形成的——美国竞选资金改革的历史》，《马克思主义研究》2016 年第 10 期。

陈迹：《20 世纪 60 年代以来美国种族政治研究》，博士学位论文，中国社会科学院大学，2020。

王丽霞：《20 世纪美国犹太人对总统选举的影响》，硕士学位论文，陕西师范大学，2012。

闫星、李治军：《527 组织与美国联邦选举》，《国际论坛》2006 年第 2 期。

谢韬：《2020 年总统选举与美国的政治衰败》，《当代世界》2020 年 12 期。

谢韬：《从大选看美国的历史周期、政党重组和区域主义》，《美国研究》2012 年第 4 期。

刘坤：《传媒议程设置下的美国总统竞选运动》，《国际新闻界》2000 年 3 期。

林垚：《第六政党体系与当代美国右翼极端主义》，《文化纵横》2016 年 8 期。

宋腊梅：《华盛顿的政党思想》，《江汉大学学报》2008 年第 6 期。

赵可金、史艳：《极化还是保守化——冷战后美国政治保守化运动及其根源》，《探索与争鸣》2022 年 10 期。

冉平：《美国第一夫人与总统竞选》，《今日湖北（理论版）》2007 年第 4 期。

刁大明：《美国联邦政府拨款制度研究》，博士学位论文，南开大学，2010。

钱文华：《美国两大政党组织结构研究》，博士学位论文，华东师范大学，2008。

李少文：《美国两党建立初选制度的原因、过程与效果》，《当代世界与社会主义》2018 年第 1 期。

张业亮：《美国选举人团制：历史演变、制度缺陷和改革》：《美国研究》2021 年第 2 期。

王联合、陶丽娇：《美国选举政治的社会结构分析（1992—2020）》，《美国问题研究》2021 年 1 期。

王浩：《美国政治的演化逻辑与内在悖论》，《世界经济与政治》2017 年第 8 期。

倪春纳：《美国政治献金中的“暗钱”及其影响》，《南京政治学院学报》2017 年第 6 期。

杨悦：《美国众议院选区划分及其政治含义》，《国际论坛》2012 年第 4 期。

刁大明：《美国总统候选人提名制度的演进及争论》，《美国研究》2016 年 2 期。

杨帆、龙华丹：《美国总统竞选经费不断上涨之浅析》，《东南大学学报（哲学社会科学版）》2011 年第 S2 期。

何建友：《美国总统竞选口号的多维分析》，《东北农业大学学报（社会科学版）》2014 年第 5 期。

周淑真、郭馨怡：《美国总统选举中摇摆州的两党争斗——以威斯康星州为例》，《当代世界与社会主义》2019 年第 6 期。

郭馨怡：《美国总统选举中的摇摆州及其“去摇摆化”——以“风向标”俄亥俄为例》，《世界政治研究》2021 年第 4 辑。

Michael Edward Donovan, *The History of Presidential Elections: 1792-2012,* Independently Published, 2018.

Nelson W. Polsby, Aaron B. Wildavsky and David A. Hopkins, *Presidential Elections: Strategies and Structures of American Politics*, Rowman & Littlefield, 2008.

Andrew Gelman and Gary King, “Why are American presidential election campaign polls so variable when votes are so predictable?,” *British Journal of Political Science,* no.4, 1993, pp.409−451.

James WCeaser, *Presidential Selection: Theory and Development*, Princeton University Press, 1979.

James E. Campbell, *The American Campaign: US Presidential Campaigns and The National Vote*, Texas A&M University Press, 2008.

Larry M. Bartels and John Zaller, “Presidential Vote Models: A Recount,” *Political Science and Politics,* vol. 34, no.1 (2001): 9-20.

Alexander Keyssar, *Why Do We Still Have the Electoral College?*, Harvard University Press, 2020.

James David Barber, *The Presidential Character: Predicting Performance in the White House*, Routledge, 2019.

Richard Ben Cramer, *What It Takes: The Way to the White House*, Open Road Media, 2011.

第六部分

作为社会运动的总统选举：宗教、种族、性别与社会运动

在法国，你看到的是政府；在英国，你看到的是等级；在美国，你将必然会发现协会。

——托克维尔

在一场理想的选举中，人民通过对候选人的政策进行审慎考核，最后将选票投给他们认为最好的政策提供者。这就是罗伯特·达尔所描绘的理想的多元民主的竞争。在那里，选举颇像是逛商场的货比三家，竞选者努力向顾客兜售他们的政策，顾客们在不同的竞选者之间比价，用选票去购买他们心仪的政策。

然而这种理想距离真实的政治实在是相差太远，有时候你会发现，你越了解人性，你就越怀疑理性人的假定。我记得在原单位工作的时候，隔壁的好友，经济学专业的羌教授经常和我争论理性人的假定。经济学的霸权逻辑在于，任何的选择，只要你选，那么就难逃理性人的假定。因为你的选择必然是你根据理性做出的最优解，甚至你掷骰子也是你所认为的最优解。我部分承认他的观点，那就是只要你动脑子了，那么不管结果如何，你都是在选你所认为的最优解，但有趣的是，很多人在很多事情上是不动脑子的。你会思考进门先左脚还是先右脚吗？你会考虑受到惊吓的时候是大叫还是哑然吗？人们经常因为习惯、本能、直接而无意识地做出选择。经济学的霸权主义让人讨厌的地方就在于他们忽视了人的本能与直觉，所以一个纯粹的经济学人真的是既乏味无趣又丧失人性。当然了，老羌是个极有趣的人。我和他、老许、老马在学校后门小饭馆的酒局永远是我最美好的记忆。

言归正传，罗伯特·达尔的假定需要的是一种负责任的公民，他们对于候选人的选择不仅是有理由的，而且是负责任的，但恰恰这一点是几乎不可能实现的，

大多数选民不仅头脑简单，而且任性自私，这和受教育程度无关，和人性有关。在一场熟人之间的大学班级选举当中，有人也许会在乎竞选班长的同学到底做出了什么承诺，但也有很多人仅仅是出于“谁和我关系好，我就投谁”的理由去投票。在一场较为陌生的大学校学生会的选举当中，谁又真正会了解这一位候选人与那一位候选人呢？投票往往是基于印象、传闻或者是不是本系的自己人。不只是学生，其实教授们的投票也大同小异。那么在一场规模更大的、选民往往远离候选人的竞选中，选民又是如何做出选择的呢？那些利益、身份、族群、宗教信仰以及正在发生的社会运动，往往都会比理性更能决定选民的选择。我们经常惊诧于特朗普粗野不堪的白人支持者，我们也同样常常惊诧于奥巴马同样粗野不堪的黑人支持者。事实上，“白老头”与“黑大妈”，究竟谁又比谁更高尚呢？这就是民主，人性的鄙俗、偏执、扭曲与狂热都会反映在选举之中。如果你无法正视人性的幽暗，可能你并不适合研究民主。

第二十三章　政治就是一门特殊的生意

利益集团的政治

如果没有利益，就不会有政治。对于美国政治来说尤其如此。在美国早期的政治中，代表东北部工商集团的政治力量、代表南部种植园集团的力量、代表中西部农场主的政治力量就是最主要的政治势力，但是在当时，由于资讯不发达，中央与地方相对遥远，所以利益集团的博弈往往体现在国会各地方代表的博弈之中。然而随着美国国家一体化建设的推进、联邦权力对全国的影响力日益提高、全国性利益网络的形成，尤其是总统选举日益成为全国性的政治运动，利益集团与政治的捆绑也变得日益紧密。利益集团对政治的影响早已不再局限于以地方大佬支持、操控某个国会代表的传统形式，而是发展成为系统化的游说、智库、旋转门、选举支持与社会运动的复杂体系。从好的一面来说，一个社会的政治结构本就应该充分回应这个社会的利益诉求，这本就是上层建筑为经济基础所决定的应有之义。一个以自身好恶来决定社会利益，而不是为利益所决定的政治结构，很容易发展成为一个基于强制力量甚至暴力进行掠夺的专断政府。但是从坏的一面来说，这又意味着政府成了不同利益集团争夺的对象，而很可能因此丧失作为国家机器本应具备的中立性，尤其是在专家政治的今天，这将导致政治以不恰当的方式影响行政，而国家的政策沦为了某些集团谋求私利的工具。在今天的美国社会，华尔街金融集团、传统能源集团、环保利益群体、军工复合体、少数族裔群体、教师集团、警察集团、公务员集团、工会组织都是最强大的利益集团，他们的争夺当然可以实现某种均衡，但也很有可能意味着他们对某些不能在这种利益集团政治中发声的群体实行共同的剥削与压迫。比如最近在美国政治中吵得很热的高校录取配额制的问题，这个问题产生的根源其实是黑人要求给予优录政策，以弥补历史造成的不公正，保守白人则要捍卫白人不受逆向歧视，最后黑人、白人、拉丁裔达成的妥协却是以牺牲勤奋好学的亚裔尤其是华裔的入学名额为代价的。

由于美国的政党制度一直发育不足，不论是组织性、纪律性，还是更为重要的意识形态相比于其他国家的政党都有所不足，美国的政党更接近“利益的组合体”，即利益的政党而非主义的政党，这一点民主党尤其如此。政党与其支持者在意识形态上的共识，往往没有在利益上的一致性重要。最典型的例子就是保守黑人新教徒虽然在意识形态上和共和党一样对 LGBT 深恶痛绝，但是在选举的时候，他们却始终是民主党的坚定支持者。在革命型政党的国家如中国、苏联，虽然无产阶级政党是无产阶级利益的最忠实的捍卫者，但正如列宁所说，仅凭无产阶级自身是不足以产生无产阶级意识形态的，无产阶级意识形态是无产阶级中的先进分子自上而下灌输、教育给无产阶级的。这也就是说，无产阶级政党不仅代表无产阶级的利益，而且在意识形态上领导无产阶级，就革命的最根本利益而言，无产阶级政党比无产阶级更了解无产阶级的利益所在。这一点是中美政党制度的一个巨大差异。因为缺乏意识形态的引领，美国政党与其代表的利益集团不是领导与被领导的关系，而是政治同盟、选举同盟的关系。利益集团与政党的关系在很多时候类似于甲方与乙方的关系，也正因为如此，美国的利益集团才如此强势地干预政治，它从来不是向政党祈求什么，而是平等地提出交易要求，并以赞助者、消费者的心态去监督政党的表现。这种独特的态度，是美国作为一个商人国家独有的文化现象。这在日本、韩国一些“官主”社会是不可想象的，美国的官僚、政治家是不可能具有日本、韩国的官僚与政治家一样的威严的。

美国的利益集团又被称为压力集团、院外集团，它们就是在政治生活当中，为实现自己的利益诉求而对政府的运作、政策的制定、政治人物的选举施加影响的政治性组织。相比于政党组织，它们的诉求更具体、更单一，它通常只关心某一方面的政策，而不像政党一样追求全国性的权力，但在很多时候，它们也可能以政党或是社会运动的形式出现。美国利益集团的发展与社会利益结构的变化密切相关，大致可以分为四个时期：第一个时期是 19 世纪中期的蓄奴问题激化时期。在东北工商业集团的支持下，全国性的反奴隶制团体纷纷成立，到 1838 年，全国已有 1300 多个废奴协会和 20 多万的会员，成为当时最强大的政策性利益集团。第二个时期是 19 世纪末工业化加速时期。这一时期出现了很多直到今天仍然非常强大的利益集团。大企业与劳工阶层、工商业与农业之间的矛盾激化，让各阶层都组织起来去争取对自己有利的政府政策。企业家组织了地方商业协会，工人则组建了全国劳工联盟、全国劳工联合会、劳动骑士团等劳工组织，农场主也抱团成立了全国农民协会。第三个时期是新型利益集团开始出现的1930年代。一批族裔团体、职业团体、妇女团体、行业团体开始出现，比如美国医学协会、美国律师协会、美国独立石油协会、美国天然气协会。这些团体因其在特定领域的专业性或重要性而对政府政策产生重要影响。第四个时期是1980年代以后的利益集团大发展阶段。各种新行业、新集团的出现，以及身份政治带来的"碎片化"让美国社会出现了利益集团的大发展。如今华盛顿已经有超过14000个特殊利益集团。

今天美国社会的利益集团主要通过"选举支持""政策游说"和"社会影响"三种手段来影响政治。首先，利益集团对于选举有重大的影响力。由于美国联邦法律禁止工会、公司以及行业协会直接参与竞选捐款，许多强大的利益集团都通过组建政治行动委员会（PACS）来影响选举。政治行动委员分为六种类型：公司利益集团的伊斯特曼政治行动委员会，劳工组织的政治行动委员会，贸易协会与社会组织的政治行动委员会，农业合作组织的政治行动委员会，金融系统如银行、保险、储蓄和贷款等部门的政治行动委员会，非政党性的独立政治行动委员会。这些形形色色的政治行动委员会的主要功能就是为自己支持的候选人筹钱和花钱。筹钱的功能很容易理解，在前面竞选筹款的章节中我们讲过，筹款能力是竞选成败的关键。不同的政治行动委员会筹款的方式不同：通常来说，企业的政治行动委员会的筹款渠道较多，既可以从管理人员和职员那里募集经费，也可以直接用企业开支的方式来资助；工会、协会的政治行动委员会则相对单一，它们主要利用会费和从会员那里另外募集的资金来筹款；意识形态和单一问题的政治行动委员会的筹款往往最不稳定，他们主要依靠捐助。

这些政治行动委员会筹到钱以后，怎么把钱花出去也是一个学问。由于直接的政治捐款是受到法律的严格控制的，所以政治行动委员会以自己的名义为支持的候选人花钱就成了最主要的花钱方式。这就是我们在前面章节中介绍过的"软钱"。最常见的就是政治行动委员会在选举过程中，花钱推广的"事务广告"，这种广告不会明确指出支持或反对的对象，但是会用大家都知道说的是谁的方式来不点名地点名。要不就是使劲赞扬某位候选人的立场和观点，要不就是使劲批评某位候选人的立场和观点，而且通常以批评为主。必须指出的是，在通常情况下，除了一些与政党深度捆绑、几近政治同盟的利益集团，大部分利益集团的政治行动委员会习惯于两边下注，因为他们通常仅对自己的利益感兴趣，而并不是很在意谁上台谁下台，但如果某一候选人真的成了他们的眼中钉，那么他们也会毫不留情地使绊子。一些利益集团会按照自己的标准，对政客在“关键性表决”中的投票记录进行评议，并对敌对势力进行重点打击。最有名的就是美国的环保组织从 1970 年起就开始对众议员们的投票行为记小本本，他们把一些议员定义为“反对环保分子”，并集中力量重点打击。从 1970 年起，被记上小本本的 31 名众议员，到 80 年代初只剩下 7 人，一时间让众议员们人人自危。

其次，美国的利益集团非常善于通过游说来实现利益诉求。所谓游说有广义和狭义之分：广义泛指所有对政策制定、政治过程施加影响的行为，比如在美国法院审理案件过程中常见的各种各样的“法庭之友”出具的意见书；而狭义的游说行为则指有法定“游说”资格，在法定框架之内，接触政府官员、国会议员，参与政策制定的听证、讨论，提供信息、意见的行为。美国的说客不是谁都能干的，根据 1995 年的《游说公开法》，说客必须进行登记，并向管理机构汇报经费支出与游说活动情况。任何个人、组织只要有超过 20% 以上的“有薪时间”从事影响政策的活动，就要向众议院书记处或参议院秘书处进行注册登记。说客必须以书面报告的形式登记其姓名、办公地址、雇主姓名和地址、所代表和维护的利益、受雇期限以及领取的酬劳，并每个季度向主管机构汇报上一季度游说工作的主要内容与费用收支，其工作内容必须足够详细，包括发表的评论文章、参与听证活动与组织社会活动的情况、支持或反对的具体议案等。美国的说客通常包括三类人：前政客或前政府官员、律师、业内专家或公关专家，他们通常有广泛的人脉、良好的社会声誉、长袖善舞的社交能力和与政策、法规相关的专业知识和经验。说客必须了解有关游说的法律法规和准则，熟悉国会制度设计和运作机制，密切关注政治事件和政府行为才可能有效展开游说。至于游说方式，往往是因人而异，有同国会议员及其助手直接接触的，有打电话、发邮件，甚至社交媒体上 @ 一下的，也有安排宴请、旅游、邀请演讲的，还有发表时政评论文章或参加电视谈话节目的，总之就是要用一切有效方法去代表利益集团施加影响，将利益集团的利益诉求传递给政府决策者，并变成对己方有利的决策。在美国，利益集团的游说已经是一项巨大的生意，在政府管理部门登记注册的说客已经超过了 25000 人，而实际从事游说的说客早已超过 10 万人，平均 1 名议员周围就有近 60 名说客。在 1998—2017 年的 20 年间，游说花费排名前三的游说公司的业务都超过了 4 亿美金。

埃金冈普律师事务所	5.65 亿美元
派顿・博格斯律师事务所	5.25 亿美元
卡西迪联合事务所	4.2 亿美元

这些院外游说活动当然会造成扭曲公共政策的危险，但它也有其合理之处，一方面，它在许多专业性问题上有效解决了政府知识不足的问题。美国的政治可能是发达国家中最不专业的政治，美国人甚至从文化上就反感专家治国。我们经常可以在美国国会的听证会上看到"宝相庄严"的议员们一脸严肃地问出文盲级别的问题。在一些重要的专业性问题上，一知半解甚至一无所知的立法者们离不开利益集团提供的信息与知识，而且越是社会分工细密、专业性强的问题，立法者们就越需要这样的帮助。如果说中国社会是通过专家入仕，通过把内行变成领导的方式来解决外行领导内行的问题，那么美国的游说制度可能就是美国社会解决外行领导内行的办法。另一方面，这些游说活动也及时将社会诉求传达给了政治系统，从而可以实现美国式的密切联系群众。如果说中国社会是通过大兴调查研究之风，通过领导深入基层来让政策制定与社会发展紧密衔接，那么美国社会则是通过大兴游说之风，通过基层的利益集团主动接触政府部门、立法部门乃至高级政治人物来让政治与现实紧密互动。利益集团经常组织民众向议员、官员发邮件、打电话，甚至直接到办公室请愿、申诉，这的确可以对政策决定者施加巨大的压力。最善于此道的当推代表犹太人利益的"美以公共事务委员会"。它被《财富》杂志评为"外交政策第一大院外活动集团"，甚至有一个令人生畏的外号：国会山之王。在卡特政府时期，老好人卡特曾表示，一个公平的巴以和平谈判是让巴勒斯坦解放组织享有代表权，并且保证巴勒斯坦人民的合法权利。此言一出，白宫在四天之内就接到了 827 个抗议

电话和7268份抗议电报，到最后，卡特也不得不屈服于巨大的压力而排除了巴勒斯坦解放组织的代表权。

美国对游说的限制 为了避免游说中的腐败现象，尤其是为了避免外国势力借游说干预美国内政，美国国会与政府也出台了多部相关的法律与规章。1946年美国国会通过了《联邦管制院外活动游说法》，规定以影响国会在立法方面的决定为主要目的而寻求和募集金钱的个人和团体，必须向众议院秘书或参议院秘书登记；必须把收入和支出记账；必须每季呈交院外活动报告，报告必须包括其薪水开支、其他开支以及它支持或反对的议案。1966年，美国国会通过修订后的1938年的《外国代理人登记法》，防止外国在美国用政治宣传来干扰国会的正常立法。1976年，美国参议院通过了《公开院外活动法》对1946年的《游说法》进行修改，要求以一个组织而非个人来确定利益集团，并且还有以此组织中是否有人员受薪，来最终判定它是否严格意义上的利益集团。1978年美国国会通过《政府道德法》、1989年通过《政府道德法修正案》严格限制游说中的不当接触。1995年美国国会通过《游说公开法》、1998年通过《游说法修正案》规范游说行为。2007年美国国会通过《诚实领导和政府公开法》，2009年美国政府颁布《行政部门人员道德承诺》，2011年美国政府颁布《行政部门雇员道德行为准则》，其中都有关于游说的严格规定。

最后，除了竞选支持、游说外，利益集团也经常通过制造社会影响的方式来介入政治。除了民权组织、LGBT组织经常采取的游行、示威活动以外，最常见的就是通过法律诉讼来表达利益诉求。如果一个利益集团认为某项政策不利于自己的利益时，它既可以以原告的身份直接通过诉讼来表达利益诉求，也可以通过支持原告或被告打官司的方法，来将某一个案上升为具有普遍意义的利益诉求，并通过美国的判例原则，将某一案件的诉讼结果最终变为公共政策的制定与变革。最为典型的例子就是代表黑人利益的全国有色人种协进会从20世纪20年代起，就不断向法院提出诉讼，控告南方各州的种族隔离法违反宪法，并最终在1954年的“布朗诉托皮卡教育局案”中赢得胜利，一举动摇了美国南方长期以来实行的种族隔离制度。值得一提的是，近年来，利益集团通过智库运作的方式来制造社会影响力的现象正变得越来越多。智库不仅成为利益集团影响决策的重要工具，而且也成为“旋转门”机制里非常重要的一环。一方面，在美国政府政策的形成过程中，智库在锐化问题和利益权衡中起着重要的作用。它与基金会、政策讨论小组一起，为政策制定过程提供了必不可少的、专业性的、非正式的酝酿空间与相应的人际和利益网络。另一方面，智库也因为可以在媒体和国会听证会等场所发表观点、塑造公众舆论、主导公众言论、影响政治人物的能力而具有强大的游说功能。最重要的是，智库本身还可以成为“旋转门”的一部分，不仅可以接收从政府内走出来的高级官员，而且也可以随时为政府提供高级官员。它既是高官的归宿，也是高官的摇篮，在进退之间，它逐渐成为一个庞大关系网的重要节点。除了像兰德智库这样带有强烈情报色彩的智库主要依靠美国政府的资助之外，大部分智库都是依赖私人资金的支持，这也让智库容易为利益集团所捕获。也正因为此，近几年各种利益集团纷纷渗透智库，或者自己开设智库。尤其是企业界，更是与智库存在大量的利益输送关系。美国有25个常被媒体引用的大型智库，其中至少有16个智库收受来自石油公司的资助，这16个智库里面有13个受埃克森美孚国际公司资助，9个受雪佛龙资助，7个受科氏工业集团资助，4个受壳牌公司资助，3个受康菲和英国石油公司资助。军工、银行、金融和医疗业也在资助者之列，并且在25个最大的智库中都有董事代表。根据美国“透明化”组织对美国35家智库的调查，其中只有2家相对透明，公布了捐款的明细，而其余智库都很少提供甚至不提供所获捐助的相关信息。

第二十四章　击穿世俗之墙的宗教之火

美国政治中的宗教运动

美国的选举政治在常态意义上是利益集团的政治，由于候选人需要为种种服务支付大量金钱，利益集团的支持往往就具有了决定性的意义。利益集团利用政治行动委员会向候选人提供政治捐款，是美国政治不可或缺的日常。随着信息技术的发展，以及随之而来的社会网络的重构，候选人逐渐有能力脱离传统的束缚，进行“自己”的竞选。这让他们的选举越来越具有运动的特征，而非传统意义上利益集团赞助商模式。不论是奥巴马还是特朗普，他们的成功都更接近一场运动的胜利。相比于比较稳定的利益集团的常态政治，美国的选举越来越呈现出社会运动的特征。

在美国的政治过程中，与利益集团紧密联系、常态化的竞选通常能够反映出社会的利益博弈，但所有的常态化都有固化的趋势，当常态化的政治日益固化以至于不能够反映出社会的深刻矛盾、不能够代表社会中急切的利益诉求的时候，这种相对静态的政治结构就会和运动的社会现实发生尖锐的矛盾。在一些时候，这两者的矛盾就如同在地下沸腾的岩浆与岁月静好的地表风景一样，运动的社会现实正急不可待地试图冲破常态的政治结构，塑造出新的结构。这种重新洗牌的诉求在一些国家表现为激烈的社会革命，而在另一些国家则表现为震荡的社会变革，在美国则表现为对现实政治冲击巨大甚至带来政治力量重组的社会运动。从美国的发展历程来看，美国社会多次经历了汹涌激烈的社会运动，这些社会运动往往带来了政治力量的重组与政治结构的变化。这些社会运动经常对总统竞选产生极其重要的影响，比如废奴运动促成了林肯上台与南北内战，进步主义运动造成了共和党分裂并让威尔逊获胜，民权运动让民主党与南部白人分道扬镳，新保守主义让里根开启共和党时代，“黑命贵”与 MeToo 运动则重创了特朗普的选情。美国社会的大规模社会运动根据其运动性质大致上可以分为宗教复兴运动、劳工运动、民权运动、自由主义运动与保守主义运动几类，不同的社会运动之间彼此有交叉与合作，比如宗教复兴运动与保守主义运动就往往彼此呼应，而民权运动则与自由主义运动联系紧密。从社会运动的主要群众基础来看，美国的社会运动可以大致分为以宗教信徒为基础的宗教运动、以劳工阶层为基础的劳工运动、以中产阶级为基础的社会进步运动、以少数族裔为基础的民权运动以及以女性为基础的女性运动等几类，而周期性的宗教运动则是最重要的社会运动之一。

尽管美国是一个世俗化国家，也长期践行着政教分离与宗教信仰自由，但美国一直是一个具有强烈宗教色彩的国家。宗教一直对美国政治有着重要的影响力，基督教右翼长期以来都是共和党的重要同盟。很多中国学者由于其世俗化背景，往往很难对美国的宗教运动有足够的重视，但美国的宗教运动的本质往往都是具有强烈政治性质的社会运动。它往往意味着，美国社会在试图寻找对于当前主要社会精神危机、社会矛盾的解答，而且相比于知识分子发动的社会运动，这些由宗教人士发动的社会运动往往因为其贴近大众而更具有热情与爆发力。总的来说，除了第一次宗教大觉醒是美国更加自由包容的本土政治现实对保守反动的欧洲宗教进行改造之外，美国的宗教运动基本都是较为保守的清教徒对社会急速变化的某种反动，在宗教复兴的背后，往往都是本土社会对城市化、现代化、外来移民、多元社会的反动，这往往都对保守政治力量有益。每一次的宗教思潮都对美国政治产生了非常重要的影响。自 18 世纪第一次大觉醒爆发后，在 19 世纪初、19 世纪末以及 20 世纪 60 年代，美国社会又经历了以福音新教崛起为代表的第二次大觉醒，以禁酒运动为代表的第三次大觉醒和以新福音教派、基督教右翼兴起为代表的第四次大觉醒，而第三次大觉醒和第四次大觉醒都对美国政治产生了直接的影响，尤其是第四次大觉醒对于共和党的复兴更是有着重要的作用。第四次宗教大觉醒发生于 1960—1970 年代，其主要特点是美国社会的基督徒发生严重分裂，较为宽容的主流清教徒派别被大大削弱，而更加保守的路德宗、基本教义派等原教旨主义派别兴起。这些保守派别对同性恋、堕胎等民主党支持的社会现象深恶痛绝，而共和党则敏锐地与其结盟，从而掀起了新保守主义运动，并在里根成功当选之后，迎来了长期的强势期。

发生于18世纪20—60年代的第一次大觉醒运动，是一场争取宗教复兴、宗教自由的社会运动，结果却奠定了美国社会的世俗化、民主化与平等化。它是北美殖民地的新社会现实对带有强烈封建属性的欧洲旧宗教制度的改造。大觉醒运动前，北美殖民地教派林立。安立甘宗、清教、加尔文宗、浸礼派、贵格派随着信徒进入各个殖民地都有了长足的发展。南部的弗吉尼亚、马里兰和卡罗莱纳主要是英国国教安立甘宗的地盘，北方的马萨诸塞、康涅狄格、罗德岛、宾夕法尼亚和新泽西则是清教徒的势力范围。各个殖民地虽然教派不同，但除了罗得岛和宾夕法尼亚之外，都实行政教合一的欧洲政治制度。这种情况如果继续发展下去，北美殖民地之间甚至也可能会发生在欧洲曾经多次发生的宗教战争。但是北美殖民地的社会现实与欧洲存在巨大差异，这让简单复制欧洲的政教合一制度面临巨大的困难。一方面，殖民地人员流动性极大，这让建立起类似老欧洲的静态的教区制度非常困难。各个教派要想发展壮大就必须放弃画地为牢、守株待兔的做法，而要跟着移民的步伐，去各个地方与其他教派进行竞争。另一方面，殖民地的政府力量薄弱，这使得各个殖民地主流教派试图利用公权力镇压异端、搞垄断的做法难以取得效果。各个殖民地之间的不同教派互相渗透、互相影响的局面始终存在，而且还存在着包容各种教派、政教分离的罗得岛这样的自由之地。最重要的是，随着殖民地的发展壮大，一个由各个不同移民群体融合、凝聚，逐渐成形的美国民族正在形成，而这个民族基于自身的社会实践对宗教有着不同于欧洲社会的理解与需求。各个由欧洲而来的教派如果不能满足这种需求，就不可避免地会在新大陆日渐式微。以爱德华兹、怀特菲尔德为代表的新派宗教人物，无论在打破教区的流动传教上，还是在通俗易懂地传播福音上都迎合了美国社会的这种内在需求，也因此开启了美国社会的大觉醒。大觉醒虽然被视为宗教复兴，但实际上却是基督教美国本土化的过程，它与其说是复兴，不如说是新生，而这个新生的宗教也必须适应美国社会的现实，表现出远高于欧洲社会的宗教宽容。大觉醒运动让基督教的影响深入从大城市到边疆的方方面面，也极大地改变了传统宗教派别的力量对比，不肯与时俱进的圣公会、公理会和贵格派都逐渐衰落，那些更能适应美国本土社会现实的浸礼会、长老会和卫理会的教会则迅速壮大。

如果说第一次宗教大觉醒是美国的社会现实拒绝了清教徒试图复制欧洲国家政

教合一的企图（尽管他们自身就是这种政教合一的受害者），那么第二次宗教大觉醒则是宗教在脱离了国家暴力的支持之后，通过融入美国社会而壮大自身的尝试。这一次的宗教大觉醒在两个方面深刻改变了美国社会：

其一，更能适应美国社会现实、体现美国精神的福音运动的兴起，极大地增加了各地教会与教徒的数量，新教重建了对于美国社会的强大影响。世俗化背景的中国人习惯用科学理性的视角去看待宗教，也因此经常对美国社会的宗教热情难以理解。必须指出的是，美国社会的宗教热情并不是中世纪欧洲的那种愚昧、禁锢的社会制度造成的。当代美国社会的宗教色彩很大程度上是奠基于 1800 年左右的第二次宗教大觉醒，而这一次的宗教运动是发生在一个信仰自由、世俗化的社会之中，尤其是发生在美国社会的西进运动之时。在那个时候，虽然美国大众的受教育水平不高，但理性思想已经深入人心，宗教大兴已经不能用大众愚昧、信息闭塞来解释。从思想本源上而言，美国宗教复兴其实植根于康德对宗教的论述，即信仰建立在理性之外。这是宗教在 19 世纪科学大爆发之际为了自身存续所做的根本性调整，说白了，当科学的发展越来越证明了自然界里神迹难寻之时，宗教必须为神找到存在的位置。这是任何一个宗教在社会的现代化过程当中必须完成的任务，如果不能完成，则这种宗教与现代化、世俗化的社会很难兼容。也只有完成这一任务，宗教才能褪去迷信与封建的旧色彩，适应一个科学理性的新时代。当信仰建立在理性之外，体验就成为信仰的关键，也只有这样宗教才不必焦虑地试图在科学上证实自己，而只需要将宗教的真实性建立在人的生命体验之上，这恰恰是福音运动兴起的根本原因。第二次大觉醒运动从美国东部开始，相继传到中部、南部和边疆地区。在觉醒运动中，大量的群众加入了教会，使教会人数迅速增加，其最主要的特点就是诉诸心灵体验来重建宗教热情。在中西部的传教过程中，传教者普遍采取了大规模野外集会的独特形式，与会者情不自禁地狂喊乱叫、浑身乱颤，表达他们狂热的宗教情绪。以查理・芬尼为代表的福音觉醒运动者提出了奋兴神学，认为检验任何神学的标准是看它是否有助于拯救。他使用不定时的礼拜仪式、延长礼拜时间的大规模聚会，在布道时使用粗俗的口语，在祈祷和讲道时特别指出个人的姓名，使用研讨会、焦虑凳等方法，极大地提升了参与者的宗教体验。宗教不再是冷冰冰的理论、信条，而是与社会紧密联系的激情。这种方法，让失去了政府公共权力与财政支撑的教会重新在大众之中获得了影响力与生命力，卫斯理宗、浸礼宗和长老宗都普遍采用了奋兴运动模式，都取得了显著的传教效果。第二次宗教大觉醒以美国的方式重建了新教，新教徒占全国人口的比例从1800年的6.9%变为1850年的15.5%，再到1900年的35.7%，让世俗化的美国也变成了新教美国。在宗教本土化的大背景下，许多美国的本土小教派如摩门教等也应运而生、发展壮大。

摩门教 摩门教又称为耶稣基督后期圣徒教会，简称LDS。它诞生于第二次宗教大觉醒期间。1820年，年仅14岁的约瑟夫·史密斯创立了摩门教。与许多宗教创始人一样，他也宣称自己见到了上帝与耶稣，而上帝告诉史密斯，基督教会已经完全腐败了，丧失了真理和神圣权柄，所以选择他将上帝真正的教会重新带到世上。这就是摩门教的“第一次异象”。3年之后，史密斯又宣称莫洛尼天使通过金页片向他揭示《摩门经》的内容。这两次神启正式奠定了摩门教的基础。摩门教长期被视为异端，遭遇迫害，史密斯也被杀死。为了逃避迫害，摩门教徒在第二任领袖杨百翰的带领下一路迁徙来到墨西哥的大盐湖谷地定居，该地区就是后来美国的犹他州。摩门教徒认为《圣经》有缺失，并在后人的篡改中失真，除了《圣经》，摩门教还有三部正典，分别是《摩门经》《无价珍珠》《教义和圣约》。主流的基督教派认为圣父、圣子、圣灵三位一体，上帝是无形的存在，而摩门教则认为圣父、圣子、圣灵三位三体，是分开独立的三个神灵。上帝与耶稣一样是人形的存在，有着血肉之躯，所有人类都是上帝的灵体儿女。尽管摩门教以一夫多妻制而闻名，但实际上摩门教主流团体早已放弃一夫多妻，目前一夫多妻只在小教派中存在。摩门教在政治上与共和党非常接近，属于保守派别，但是它对于移民的态度却比较开放，这可能与其在历史上长期为主流团体迫害有关。由于摩门教教徒都交十一税，所以尽管它的教徒只有不到2000万人，但财力非常充沛。2012年大选的共和党候选人罗姆尼就是摩门教徒。

其二，当宗教要与大众的心灵体验发生紧密联系的时候，宗教与社会、政治就不可能不发生紧密的联系。卫理公会派主教吉尔伯特·黑文坦言："最可怕的危险就是阻止牧师讲政治与社会问题。基督的福音无所不包，它不论是在世间还是在天堂都是生命力之源泉，十字架是精神宇宙的中心，因此也是物质宇宙的中心，是检验'文学、科学、政治、工商业、社会地位、所有慈善事业、所有改革'的神圣分水岭。唯有如此，基督的王国才能普遍地建立起来。"说白了，一个世俗社会的宗教本身也是世俗生活的一部分，并且如果它放弃了对世俗生活的责任，那么它也会迅速地被世俗社会所抛弃；反之，如果它要保持对世俗社会的影响力，那么它就必须不再将宗教复兴本身作为唯一的目标，而是要同其他社会目标紧密联系起来。牧师和教徒不仅要关注社会问题，而且也要积极加入社会改革的行列之中，在第二次大觉醒期间，美国的慈善与公益社会组织都在宗教力量的支持下取得了长足的发展。大量牧师与教徒根据自己侧重关心的问题分别自愿加入各个从事社会改革的协会，并构成了该协会的坚强核心。当社会问题成为宗教运动的重心时，宗教组织实际上也围绕问题进行了重组，这可能是美国这样一个缺乏官僚制社会的"以问题为中心"的文化特色，半开玩笑地说，美国人多谈点问题、少谈些主义的实用主义气质，即便在宗教领域方面也有所体现。在第二次宗教大觉醒期间，为了解决新教各派别之间的关系问题，也为了进一步团结一切可以团结的力量推动社会改革与宗教发展，"自愿组合体系"应运而生，该体系由各种目标不同的协会构成，每个协会都由来自许多教派的人为解决某一共同关心的社会问题而自愿组成，比如"美国禁酒协会""美国和平协会""美国反奴隶制协会"等对美国社会与美国政治产生了深刻影响的社会组织。值得指出的是，这种自愿组合也体现在各教派共同成立传教协会上，而这本来是各教派竞争最为激烈的领域。为了让福音新教传播到边远、偏僻的新地区，新教各教派放下门户之见合作传教，比如1796年长老派、浸礼派及荷兰改革教派联合成立的"纽约传教协会"，1826年新教各派在纽约联合成立的"美国国内传教协会"，1810年美国新教各派共同成立的"美国国外传教专使董事会"以及"美国圣经协会""美国宗教小册子出版协会""美国主日学校联合会""美国宗教教育协会"等都是这种自愿组合模式的体现。当然，在宗教运动与各种进步社会组织紧密结合的时候，它固然推动了社会的进步，激发了传教与慈善的社会热情，但也让一些政治问题最终被激化，而其中的废奴运动最后带来了内战的爆发。

美国的废奴运动 美国的废奴运动以废除奴隶制和奴隶贸易为目标，其发展大致可以分为两个阶段，在1840年之前，废奴运动以舆论和“地下铁路”为主，在1840年后出现了反奴隶制政党和暴力废奴。自美国建国以来，奴隶制问题就是一个定时炸弹，正是因为意识到奴隶制问题会带来南北分裂的巨大危险性，长期以来，美国的政治精英在政治议程中有意识地对这一问题进行了搁置。这套策略之所以能够成功，不仅仅在于精英阶层的政治智慧，而且也有深厚的“民意基础”。大众也倾向于承认这种不道德的现状，以避免解决这一现状所带来的风险。但是第二次宗教大觉醒带来了改变现状、消灭罪恶、建立人间天国的大众运动。福音派宗教复兴的热情鼓舞了一系列社会进步运动，带来了禁酒、监狱改革、妇女权利运动、公立学校运动等一系列社会改革，这也最终让公众向着实力强大的奴隶制进攻。尽管在19世纪30年代，支持奴隶制的民主党在当时的美国社会建立起长期的统治地位，奴隶制已经成为一种无比强大的全国性政治权势，但第二次宗教大觉醒所带来的通过消灭具体罪恶来建立人间天国的社会改革冲动，直接赋予了废奴运动强大的动力。福音派新教构建出了一套以“道德—权利”为核心的反奴隶制理念和话语，并成功地塑造了反奴隶制的公众意见。这种公众意见最终打破了现实主义的妥协与沉默，把南北双方不可调和的矛盾激发出来，并最终带来了林肯的大选胜利与南北战争的爆发。

第三次宗教大觉醒发生于1900—1930年左右，它的标志性运动是禁酒运动。清教徒一向有禁欲主义倾向，禁酒更是有长久的历史，但是在大多数时期，美国社会的禁酒都是温和的、自愿的。在20世纪初期禁酒运动之所以成为一场轰轰烈烈的社会运动，其主要原因在于，一方面工业化、城市化对传统乡村社会秩序造成了严重的冲击，而城市里的酗酒现象成为农村新教主义者不满情绪的发泄口；另一方面，大量的外来移民通常是酒精的主要消费者，禁酒运动背后是美国本土清教徒对移民不满的一次大反击，其实质是所谓捍卫美国本土道德文化纯洁性的本土主义运动。禁酒运动是美国历史上一场独具特色的“清教徒理想主义社会实验”，禁酒条款甚至在 1919 年被写入宪法，这就是著名的《第十八条宪法修正案》，根据这项法案，凡是制造、售卖乃至于运输酒精含量超过 0.5% 以上的饮料皆属违法，最高可被罚款 1000 美元及监禁半年。但这场美国版的存天理灭人欲的道德实践最后也是以一地鸡毛结束。它留下的最重要的遗产有两个：一个是男女混合的酒吧文化，禁酒以前美国社会的饮酒习惯是男女分开，但禁酒以后饮酒男女只能一起挤在非法的小酒吧里买醉；一个则是黑帮的崛起，禁酒带来了地下酒业的发达，而黑社会则成为这个非法产业链的最大受益者。

早在北美殖民地时期，出于清教节制、禁欲的宗教教义，各殖民地相继出台过关于酒类饮料的管制政策，但基本上都是主张节制饮酒而非完全禁酒，强调道德感化而非法律的强制暴力。1619 年弗吉尼亚的禁酒法令与其说是禁酒，不如说是反酗酒法令。但在美国南北内战之后，美国社会发生了两个重大变化，其一是美国的工业化与城市化以惊人的速度推进，美国社会在 50 年间从农业社会快速进入了工业社会，城市生活快速取代乡村生活；其二是美国社会在几十年间迎来了史无前例的移民浪潮。这个史无前例不仅仅是在人数上，从 1860—1915 年美国社会大概接收了近 2900 万移民，而且在移民来源国上也发生了重大变化，大量的东欧及南欧移民成为新的移民主体，与传统的来自英国、德国的新教徒移民不同，这些爱尔兰移民、东南欧移民大多为天主教徒、犹太教徒。这些“新移民”大多聚集在能够提供就业机会并得到同乡庇护的大城市中，他们的生活方式、宗教信仰都对美国本土社会造成了巨大冲击。其中“新移民”的饮酒就成为非常引人侧目的社会堕落问题。酗酒现象的蔓延已经不再仅仅被视为一个不良的生活方式问题，而是被视为威胁美国本土社会道德与文化存亡的问题。它的背后其实是美国社会在从农业社会转型为工业社会、乡村社会转型为城市社会中的价值观与生活方式之争，是保守的农村新教徒与外来的不同文化移民的道德权力之争。禁酒运动实际上体现了所谓的正宗美国人对善饮的爱尔兰人、德国人的蔑视与排斥，是当时在美国社会占据主导地位的农村新教徒以道德的名义打击非主流的外来移民和新兴大城市消费主义的生活方式，企图一劳永逸地消灭美国社会的各种现代化和工业化的罪恶的政治运动与文化战争。

从某种意义上讲，禁酒运动是清教徒的本土美国人试图将清教徒生活方式法律化的政教合一的尝试，而当时美国各州的州议会普遍为乡村代表把控，这意味着他们也有权力将乡村的价值观与生活方式变为法律，强加给移民聚居的大城市。然而在联邦制的美国，禁酒运动虽然在农村势力占上风的州内取得了很大进展，但在联邦层面上却一直难以取得突破。直到第一次世界大战爆发，禁酒派利用战争成功推动了全国意义上的禁酒运动。禁酒主义者把禁酒与爱国主义联系了起来，一方面提出了禁酒可以为战争节约粮食，另一方面又将酒和德国人联系在一起，将反对德国的情绪引申到了禁酒问题上，从而最终取得了禁酒运动最大的成果：《宪法第十八条修正案》。但是随着“一战”的结束，禁酒的社会基础开始出现显著的滑坡，虽然禁酒的主要支持者仍然保持着对政治的强大影响力，比如希望借此机会抵制天主教影响、重振基督教会影响力的社会福音运动者，长期深受酒后家暴之苦并且希望通过参与禁酒运动获得参政议政权力的女性团体，农村保守主义者以及城市中的进步主义者等，并且这些力量还在 1928 年的美国总统大选中，帮助共和党主张禁酒的胡佛战胜了民主党提名的反对禁酒的天主教徒史密斯，赢得了干湿之争（干派指禁酒派，湿派指反禁酒派）。但形势比人强，城市化带来的世俗化与移民潮带来的多元化，最终让社会大众对清教徒的道德狂热越来越厌倦。尤其是在胡佛后期，大萧条的发生让禁酒形势出现了重大变化，压抑已久的困苦大众要求拥有喝酒的权力，而财政危机的政府也需要有新的税源。1933 年反禁酒的罗斯福赢得大选胜利，修改《沃尔斯特德法案》，使得啤酒和葡萄酒生产、销售和饮用合法化。1933 年 12 月，《宪法第二十一条修正案》正式通过，经历了百年之久的戒酒和禁酒运动在大众的冷漠与奚落中走向终结。

芝加哥黑帮与禁酒令　在“禁酒令”颁布之前，美国大多数黑帮的非法活动主要集中在卖淫、赌博、敲诈勒索业务上。“禁酒令”让美国黑帮获

得了巨大的商机，合法酒商被消灭，庞大的地下酒业就成为利润巨大的行业风口。早在禁酒令颁布之前，芝加哥黑帮就敏锐地意识到了商机，他们开始收购酒厂、囤积大量的各种酒类。在“禁酒令”生效以后，合法商人被排除在外，贩卖私酒成为黑帮一本万利的独家生意。虽然面临着很大的风险，但仍吸引了无数犯罪分子加入其中。在“禁酒令”期间，美国每年消耗私酒至少达到1亿加仑。为黑帮的做大做强提供了扎实的经济基础。美国的有组织犯罪从此进入了快车道，并诞生了卡彭集团这样年利润数百万美元、可以控制市政府、组建犯罪王国的庞然大物。当时的芝加哥地方媒体哀叹，警察需要卡彭来发奖金，地下酒吧和他们的顾客需要卡彭来批发啤酒，市长则需要卡彭来维持芝加哥表面上的和平。一旦没有卡彭，警察会沦为穷人，酒吧会没有生意，老百姓会没酒可喝，而街头则会爆发战争。

1960年代以后，由于美国社会陷入深刻的意识形态危机中，许多人对传统上基于宗教观念而树立的责任与义务等观念淡漠，取而代之的是享乐主义和性解放主义等。这些思想的泛滥导致婚姻、家庭道德原则的解体，以及离婚率、非婚同居、同性恋、色情书刊、吸毒、犯罪的增长，这批垮掉的一代让教会的权威受到了根本的动摇。尤其是受到民权运动冲击的南部白人，更是感受到国将不国。各宗教团体特别是基督教福音派日益积极地涉入美国政治和社会生活，希望通过政治途径重建宗教集团的权威，恢复基督教道德文化传统。他们利用各种渠道参与到美国国家政策的制定和执行过程中，试图用其信仰和主张影响决策者。第四次宗教大觉醒的标志是以杰里·福尔韦尔为代表的基要派，在1979年组建了“道德多数派”团体，发动了“净化美国运动”。净化美国运动的重点就是抨击世俗人道主义，他们反对合法堕胎、婚前性生活、同性恋、性滥交和进化论，以捍卫传统道德和价值观的名义，把政治和宗教密切结合起来，并最终形成了美国社会中最重要的保守势力——新基督教右翼。第四次宗教大觉醒的本质是基督教右翼运动，它也可以被视为新政以来，代表新自由主义进步力量的民主党政府不断扩大社会干预引起的保守力量的反击。其中导致宗教力量团结起来的有两个关键点：一个是 1973 年美国联邦最高法院对“罗伊诉韦德案”做出支持堕胎权利的裁决，这让罗马天主教派与新教的基要派、福音派联合起来。一个则是 1978 年美国国内税务署要求所有 1953 年以后创办的学校，必须遵守有关取消种族隔离的公共政策，否则就无法享受慈善事业免税法令。这让大批浸礼会牧师与新基督教右翼结成政治联盟。传统的福音派本来是美国社会政教分离的坚定支持者，具有某种天然的政治冷感，但是当进步主义者所控制的国家机器开始干预它曾经的自治空间时，他们也必须介入政治了。第四次宗教大觉醒对于美国选举的政治联盟重新组合产生了重大影响。在里根两次竞选总统的过程中，福尔韦尔及其领导的道德多数派同里根结成了公开同盟，并终结了自罗斯福以来长期存在的民主党强势执政期。

第二十五章　要改良不要革命

进步主义运动

在19世纪末，美国经济现代化的推进并没有给美国政治带来稳定，相反它在许多方面动摇了传统政治赖以存在的经济基础，并引发了政治的动荡。一方面，金钱腐蚀政治的现象日益严重，垄断资本不仅通过党魁集团操纵政治选举，而且大肆行贿国会议员和各级政府官员。这带来了美国政治的退化与溃败。另一方面，个人普遍热衷于追逐物质财富，道德沦丧，社会风气败坏。莫里斯将这一时代的弊病归结为六大问题：一是从农业社会向工业社会转变中所造成的道德标准的紊乱；二是对自然资源和劳力的滥用；三是财富分配不均和社会差别的加大；四是城市勃兴带来对公共工程的需求；五是政治上的正直诚实已经土崩瓦解，行政管理制度已经过时；六是黑人没有被给予最基本的权利。在这种危机状况下，已经在工业化、现代化、城市化中发展壮大的美国中产阶级领导了一场社会改良运动。这场进步主义运动发生在1900—1917年间，是一场以中产阶级为主，社会各阶级广泛参与的资本主义改革运动。这场持续了数十年的全国性改革运动涉及市政管理、公共预算、文官制度、产业规制、社会管理等诸多方面，通过进步主义运动，美国社会改良了其政治结构，让美国前工业时代的政治结构通过变革得以适应工业化和城市化的社会现实，而这也许是其最终没能爆发社会主义革命的最重要原因。这场运动的本质是中产阶级开始成为美国政治的决定性力量，并推动了美国现代国家建设和国家治理模式的深刻转变，从而让美国较为成功地应对了现代化与城市化快速发展所造成的一系列“经济—社会”危机。伴随着工业化所引起的经济现代化进程的日趋深入扩展，中产阶级逐渐成为政治生活当中最为关键的中坚力量，而进步运动则成为中产阶级进入政治生活的转折点。尽管涉及“扒粪者运动”“社会服务处运动”“反对个人主义运动”和“政府改革运动”等多个领域，但进步主义运动及其推动的政治改革的实质可以归纳为四个主要方面：一是地方政府改革，主要目标在于解决城市化进程中的政府失灵现象，消除腐败，提高效率，扩大政治参与；二是联邦政府改革，主要目标在于遏制资本无序扩张，减轻垄断资本对社会的危害，调整金融、货币、资源等经济政策，保证经济稳定；三是社会改良运动，主要目标是改善城市大众，尤其是工人的生产生活状况；四是公民道德建设，主要目标是复兴公民的道德和社会责任感，协调个人与社会的关系。

进步主义运动大致上可以分为三个阶段：第一阶段是舆论准备阶段，以新闻界为主的黑幕揭发活动，为进步主义运动进行了舆论准备和群众动员。黑幕揭发让美国大众直视美国社会高速经济发展背后的负能量，触及了美国生活的每个阴暗角落，揭发报道涵盖了政府、工会、大企业、华尔街、食品工业、童工、贫民窟、学校等方方面面。黑幕的揭发让改革成为社会大众共同的心愿，并最终反映在美国大选当中进步主义者的胜选。无论是共和党的西奥多·罗斯福，还是民主党的伍德罗·威尔逊，他们都是进步主义者。第二阶段是遏制垄断资本阶段。在 1901 年，进步主义者西奥多·罗斯福上台之后，立刻展开了一场长达 7 年的反托拉斯之战。美国政府根据《谢尔曼反托拉斯法》解散了意图垄断西部铁路的北方证券公司。在 1905 年连任之后，西奥多·罗斯福还对洛克菲勒控制的美孚石油公司和美国烟草公司进行了起诉。在这一阶段，大量进步主义运动的诉求最终体现为约束资本无序扩张的一系列政策制定与立法。第三阶段则是政治改革阶段。除了出台一系列加强政府权力，提高政府效率的政策制度之外，进步主义运动对各州选举制度的改革也开始产生重要影响，包括弱化党魁权力的直接预选制得到了普遍运用；地方官员罢免制度在各个地方广泛确立；联邦参议员直选制度确立；各州选区的重新划分，改小选区为大选区以增强议会对更大公共利益的关注。尤其值得指出的是，女性的选举权成为进步主义运动最重要的政治成果之一。1910 年和 1911 年，华盛顿州和加利福尼亚州首先赋予了女性选举权。到 1917 年，美国各州都承认了女性选举权。

必须指出的是，进步主义运动的一大特色就在于它是建设性的、改良性的，而非革命性的，所以进步主义运动在推动美国社会改良的同时，也削弱了美国社会爆发社会主义革命的可能性。尽管进步主义者抨击时政，揭露腐败，但他们对现存社会制度的根本态度是乐观的。这是因为中产阶级尽管对社会弊病不满，但他们仍然是受益者，其根本利益仍然与其意图改革的社会制度具有一致性。美国社会虽然从来不缺乏激进群体、民粹政治，但是自进步主义时代以来，其重大社会运动的领导权却始终为中产阶级所主导，这一方面固然是因为美国是一个严重碎片化、多元化的国家，所有底层的群众运动都是一个由各个秉持短期目标的群体拼凑的结果，很难长期保持凝聚力，另一方面也是因为美国的中产阶级起到了协调社会各阶层的领导作用。这些在教育背景、生活趣味、道德伦理上与资本阶层具有一致性，在生产生活中又与社会底层具有密切联系的中产阶级，能够将对社会制度抽象的愤怒聚化为对于具体问题的改革动力。从某种意义上而言，这种在寡头与暴民之间存在的中间阶层提供了美国社会政治稳定的基础，而由这个群体发起的社会改良运动，也是美国政治陷入阶层固化、阶级对立时重要的自我调整。在 21 世纪美国的总统选举中，民主党人在选举中所强调的平权、环保等政治正确议题，都体现了某种进步主义运动的特征，即它在很大程度上体现了中产阶级、知识精英对社会进步的看法，并在政治议程当中形成了对宗教保守派、极右民粹派的对冲。

第二十六章　从进步同盟到怨恨同盟

逐步衰落的劳工运动

美国的劳工运动对美国总统大选的结果一直保持着重要的影响。特朗普胜选的一个重要原因就是"铁锈地带"的蓝领工人选择了更加具有贸易保护主义倾向的共和党，而工会曾经长期被视为民主党的重要同盟。从美国工人运动的历史来看，美国政府对于劳工运动经历了压制、承认、限制与分化的过程。在北美殖民地早期，劳动阶层就包括自由劳工、契约仆和奴隶三种类型，但有组织的劳工运动是 19 世纪初美国工业化的结果。在当时，由于美国工人面临着劳动条件恶劣、工时长、工资低下等严重问题，美国工人开始组织起来。美国早期的工会主要集中于纺织业、采矿业与建筑业，到了 19 世纪中期，劳工运动开始向跨行业整合发展。其中一个重要的里程碑就是 1869 年美国工会联合会 AFL（American Federation of Labor）的成立。到了 19 世纪后期，由于工会的影响力日益扩大，美国的行政和司法机构开始引用 1890 年的《谢尔曼反托拉斯法》来限制工会的活动，其主要理由在于认为工会利用了其组织结构来垄断劳动力市场。随着劳工运动的扩大，尤其是工会与国家机器的斗争，美国政府开始有限地承认了工会的地位，1914 年通过的《克莱顿反托拉斯法案》在法律上确认了工会组织和集体谈判的权利。1935 年"罗斯福新政"期间通过的《国家劳动关系法案》确定了雇主和雇员的权利以及劳资关系中的不公平行为，并设置了对劳方的救济制度。值得强调的是，虽然在 20 世纪 30 年代的大萧条时期，美国的工会组织了大量的罢工和示威，但总的来说，劳工运动仍然是罗斯福为代表的民主党新政的重要同盟者。强调政府干预、青睐大政府的罗斯福，巧妙地借助了劳工运动来迫使美国的既得利益阶层接受社会改革，并最终在长期秉持自由放任资本主义的美国推动了劳工法律和社会保障制度的建立与完善。在罗斯福之后，美国的劳工运动在长时期内一直是民主党重要的支持力量，但这种情况在近20年内逐步发生了变化，其主要原因在于美国在全球化的进程中出现了产业空心化、去工业化的现象。民主党人与新自由主义、全球化经济的紧密联系，让他们逐步失去了铁锈地带深受全球化冲击的劳工阶层的信任。铁锈地带的蓝领工人阶层，日益成为共和党怨恨同盟的一员。这也是让特朗普在2016年总统选举中获胜的关键因素。特朗普的“让美国再次伟大”以及他对于全球化的攻击和对贸易保护主义的强调吸引了大量蓝领工人。

1970年代之后，美国的劳工运动逐渐衰落，美国工会的衰落，大致上可以归结于四个原因：其一，美国政府对工会运动的严厉打压。在里根政府之后，美国进入了一个共和党强盛期，而共和党政府相比于民主党政府对待劳工运动通常更加严厉。1981年里根政府对美国机场空中交通管理员工会采取的强硬措施（里根政府援引《塔夫特—哈特利法》宣布进入紧急状态，对全国机场塔台实施军事管制，下令解雇全部12000名坚持罢工的空中交通管理员，并且永不录用），2002年小布什政府对美西港口工会罢工的强制叫停，都被视为美国工会衰落的重要转折。在今天的美国社会，工会的形象并没有得到修复，大工会与大公司一样被视为垄断组织，而工会的腐败案件也进一步影响了公众对于工会的认可与支持。其二，美国工人阶级始终没有完成从自发到自觉的转变，也就是他们虽然能够意识到工人阶级的利益，却并没有产生无产阶级意识形态。在冷战时期，美国工人阶级的意识形态经常被视为苏联的渗透而遭到民族主义的对抗。美国的工会非常担心被扣上支持共产主义的帽子，他们往往在政治上与美国资本主义精神与爱国主义保持一致。其三，美国的产业结构发生了变化，一方面，随着科学技术的进步，美国的第三产业迅速发展，第三产业劳动力所占的比例不断提高，而第三产业是参加工会人数较少的产业；另一方面，数十年来，美国的信息、生物产业迅速发展，钢铁、汽车产业成为“夕阳产业”，大量制造业迁往国外，从事体力劳动的工人减少，而美国的白领技术工人普遍具有劳资的二元属性，即他们一面作为劳动者获得劳动收入，一面又深度卷入资本市场。他们并不像蓝领工人那么热心地加入工会，他们不仅对雇主拥有较大的议价能力，而且更加认同雇主的文化。目前在美国社会，工会势力最强大的领域往往在公共部门，工会成员长期稳定在行业从业者的 1/3 左右，而在私营经济领域，工会成员所占比例长期呈下降态势。随着就业市场流动性的增加，体力劳动者稳定工作的日益减少，在制造业、零售业内的工会影响力也在持续衰退。根据 2019 年 1 月的最新调查结果，美国工会成员的比例已经跌至 10.5%，私人部门的会员比例已经降至 6.4%，在金融业和专业技术服务业等行业，参加工会的劳动者不足 2%。大约半数工会会员集中在 7 个州之中，它们是加利福尼亚州、华盛顿州、纽约州、宾夕法尼亚州、伊利诺伊州、密歇根州和俄亥俄州，这些州大部分处在“铁锈地带”之中。美国工会已经成为特定部门、特定行业、特定族裔乃至特定地方的现象，其对工人的普遍代表性正在日渐丧失，其政治影响力衰败也就成为一件自然而然的事情。其四，美国的中低端劳动力市场中的劳动者往往被种族问题、宗教问题等议题切割，难以形成一致的共同行动。大量移民工人的存在严重削弱了劳动阶层的议价能力，也严重破坏了底层劳动者可能的团结。尤其是在中低端体力劳动领域，大量非法移民与移民工人让劳工阶层组织对资方的博弈能力显著下降。随着美国国内各产业在全球化进程当中的分化，美国国内制造业的体力劳动者与以硅谷、好莱坞为代表的高新技术产业的技术劳动者出现了严重的利益分化，这也进一步破坏了美国劳工阶层的团结。丹尼斯・吉尔伯特将美国社会划分为九个阶级：资本家阶级、上中层阶级、受到大学培养的专业人员和经理、中层阶级、工人阶级、劳动贫穷阶级、下层阶级。其中下层劳动者与专业人员、经理、中层阶级的分化是美国劳工运动在 20 世纪 80 年代后期逐步走向衰落的重要原因。虽然美国劳工组织尤其是工会在美国总统大选中仍然扮演着重要的角色，他们通常会通过捐款、宣传和动员选民等方式支持那些倡导劳工权益、支持工会权益保护和劳动法改革的候选人，但这种支持仍然是以诸多利益集团中的一个的角色来发起的。美国工会相比于欧洲社会的同行，其能量完全不可同日而语。尤其值得注意的是，随着美国政治的极化，美国的极右与极左力量的兴起，进一步压缩了传统意义上工会、劳工运动的空间。在当代美国社会，身份政治遮蔽了劳动者的阶级意识，而一系列左右的政治话术，最终弱化了传统意义上建立在经济基础之上的劳资议题。

为什么美国没有爆发大规模的共产主义运动？一方面，相比于欧洲国家，美国的工人运动出现是在两党制之后的现象。更成熟也更有力量的两大党对工人政治力量的吸收，削弱了工人政党成功的可能，美国特殊的选举制度（赢家通吃、选举人团制度）也让工人党难以获得成功。在历史上，美国不乏农民、平民、工人政党的存在，但都昙花一现，最后被两大党吸收。另一方面，美国存在广袤而荒芜的西部，可以吸收工业化中的失业人口，缓和社会矛盾。大萧条期间，城市里的失业人口仍然可以到西部去做自耕农或小业主，甚至开矿致富。也就是说，相比于欧洲工人，美国工人始终存在个人奋斗实现成功的可能。这让无产阶级意识形态难以在美国工人阶级中占据主流。虽然美国共产党在“一战”期间就已经存在，但是由于其路线政策长期专注于武装斗争，忽视了当时美国劳工阶层的实际要求，导致共产党人一开始便脱离于工人运动之外，错过了发展壮大的历史机遇。

第二十七章　从黑人、女人到彩虹

走向身份政治的平权运动

在狭义上平权运动经常被理解为美国黑人争取平等的运动，但在广义上平权运动可以泛指一切边缘群体获得平等权利的运动，就此而言平权运动包括黑人、女性、同性恋等多个群体。值得注意的是，这些群体并不天然是同盟关系。黑人的民权运动者曾经背叛女权主义者，同性恋群体曾经与女性群体尤其是母亲群体发生过激烈冲突，而南部白人女性主义者、女性进步主义者都曾经与三 K 党有着密切联系。尽管在今天平权运动通常被视为与民主党关系更加密切，但黑人基督徒与保守的母亲群体都曾经在选举中支持保守主义的共和党。

一、黑人的民权运动

尽管美国曾经因为奴隶制的存废发生过惨烈的内战，但那与其说是黑人争取自由的内战，不如说是南北方白人之间的内战。尽管北方的胜利让 400 万黑人奴隶获得了自由，但在内战后所谓的重建时期过后，被解放的黑人又被歧视性的隔离制度与泛滥的私人暴力所压迫。南方农村的黑人群体在战后不仅没有获得自由和平等，反而陷入了由《黑人法典》、三 K 党和《吉姆·克劳法》共同构成的种族隔离的制度当中。早期的黑人领袖如布克·华盛顿，在黑人群体无论在经济、政治、文化上都处于绝对弱势的情况下，倾向于先经济后政治的平权之路，即试图通过在政治上的妥协来换取白人在经济上的扶助，从而逐步改善黑人的弱势地位。一方面，他们主动以白人价值观来要求和改造黑人，推动黑人融入主流社会；另一方面，他们将提高黑人的谋生技艺、道德品质作为首要任务，以实现黑人的经济独立。他们认为发展智力、拥有财产和培养道德修养，远比政治斗争更为重要，为了避免刺激白人种族主义者，黑人应该通过放弃政治斗争，甚至暂时接受低下的社会地位，最终通过黑人自己的勤奋努力融入美国社会，并争取平等的社会地位。某种意义上，这颇类似后来华裔族群在美国先经济后政治的平权之路，然而长期奴隶制下形成的懒散特点与当时美国社会严重不公的种族压迫，让黑人族群难以实现平权目标。最终更为激烈的、主张政治斗争的杜波依斯派占据了上风，他们主张先政治后经济的维权路线，即把黑人的选举权和其他政治平等权利作为斗争的目标，并积极争取包括教育平等权利在内的其他公民权。杜波依斯发起成立了名为“全国黑人委员会”的组织，后改名“全国有色人种协进会”，其主要目标是借助政治斗争尤其是法律途径挑战种族隔离和种族歧视。

美国的黑人民权组织主要包括 1）全国有色人种协进会，成立于1909年，是历史最悠久、规模最大的民权组织。它由黑人上层知识分子和上中产阶层的白人自由主义者组成，主要通过法院诉讼的方式为黑人争取平等权利。2）学生非暴力统一行动委员会，成立于1961年，是最激进的民权组织。它主要由南部大学青年学生组成，该组织以选举作为发力点，致力于动员南部黑人投票。3）种族平等大会，成立于1942年，提倡用非暴力手段，号召各种族共同发起静坐活动，废除公共场所中的种族隔离。该组织发起了震动美国社会的自由乘车运动。4）南部基督教领导联合会，该组织主要由黑人教会人士组成，专注于组织和发动大规模的群众性非暴力直接行动。

作为经济、政治以及暴力上都处于绝对弱势的少数群体，黑人的平权运动在很大程度上受益于国际形势的变化。从某种意义上而言，在“二战”期间，美国国内反法西斯的政治宣传以及罗斯福提出的“四大自由”，就是对黑人民权运动者最好的政治启蒙，为他们在国内争取民权提供了前所未有的机遇。 而美国政府在冷战期间对“自由 vs 专制”的政治宣传，更是让黑人民权运动迎来了难得的历史机遇。美国自我宣称的自由信仰与国内的种族主义政策产生了不可调和的矛盾冲突，这让黑人问题从南部的地方问题逐渐成为美国的国家问题，并进而成为冷战当中的国际问题。黑人民权领袖开始把种族问题国际化，利用冷战的外部压力来推动民权改革。他们主张，改善黑人民权有助于“提升美国国家形象”，以及“在全世界推进反对共产主义的斗争”。1947 年 10 月 23 日，全国有色人种协进会向联合国人权委员会递交了《向全世界呼吁》请愿书，批判美国民主建立在剥夺黑人公民权利的基础上，导致美国不能在全世界发挥领导作用。这种政治压力，不仅让民权观念从此深入人心，而且让民权逐渐成为美国社会政治正确的重要标准，并迫使美国政府逐渐改变了对待种族问题的消极态度，杜鲁门成为历史上第一位访问哈莱姆黑人社区的美国总统，并成为第一位向国会提交民权咨文的总统，他颁布了行政命令禁止政府文职机关中的种族歧视，取消了武装力量中的种族隔离。在 1948 年的美国总统选举中，黑人对杜鲁门的支持让他以绝对优势胜出，创造了美国历史上最大的选举冷门之一。

也正是为了充分利用美国在冷战中所面临的政治压力和美国政治中政治正确的道德制高点，美国黑人的民权斗争最终采取了以马丁・路德・金为代表的非暴力抗争方式。一方面，相比于传统的法庭诉讼、选举策略，这种方式更强调以直接行动作为主要的斗争方式，因为在大众传媒时代，这种直接行动比法庭斗争更能让残酷的种族问题直接以画面的形式呈现在冷漠的公众面前，并促使联邦行政部门和国会保障黑人民权；另一方面，这种大量黑人走向街头，不断举行游行、示威、静坐和联合抵制挑战种族隔离和歧视的现象，也能够最大限度地造成轰动性的国际和国内社会影响，从而让黑人民权问题从一个社会边缘性问题成为一个具有重要影响的国际问题和道义问题。就此而言，黑人民权运动与其后的女性平权运动、同性恋少数群体平权运动，乃至当代的 BLM、MeToo 运动一样，都秉持着同一个美国特色的社会运动逻辑，那就是一个社会问题只有在它获得进入公共话语论坛的渠道时，才能激发抗议活动。出生于中产阶级家庭的马丁・路德・金深受甘地的影响，他强调以群众性非暴力直接行动唤起白人道德羞耻感。他认为非暴力抵抗只有在统治集团对它采取暴力镇压的时候才能成为有效的斗争形式。因为只有当政府的暴力镇压被媒体披露传播，才可以让黑人民权运动最大限度地争取白人进步群体的同情与支持。通俗而言，这是一种通过“卖惨”来制造压力的抗争方法，在集会、静坐、向市政厅进军等一系列抗议活动中，马丁・路德・金要求他的追随者们在抗议活动中与警方发生暴力冲突时不作任何反抗和还击，以此来显示自身道德上的优越性。公允而言，在力量处于绝对弱势，暴力革命难以成功，并极可能被妖魔化为苏联代理人的情况下，这种非暴力抗争的方式的确是当时黑人民权运动的最优解。即，黑人的民权运动不是以颠覆者的角色出现的，更不是以苏联支持下的民族解放者的面目出现的，而是以要求美国兑现自身的政治承诺，让美国成为真正的美国的爱国者面目出现的。对于马丁·路德·金这样的黑人民权领导者而言，他们并不是真正意义上的革命者，他们并没有怀疑过美国的建国原则和宪法精神，相反，他们认同美国的文化价值观，主张黑人应该融入美国社会，而不是争取民族独立。他们对美国政治制度、社会现状的不满，是因为美国并未把这些价值观和原则真正兑现。黑人反抗的最终目的并不是为了推翻美国的政治制度，而是要让美国真正成为美国，要让美国的社会现实符合美国所宣传的自身的价值观。所以，尽管60年代席卷美国的民权运动被称为“第二次内战”甚至是“第二次革命”，但它的本质仍然是改良主义的、进步主义的，而非革命的。它在白人占据绝对优势的美国社会，以考验白人道德良知的方式争取了白人进步主义者的同情与支持，废除了种族隔离制度，但是它并没有从根本上改变美国社会深层次的种族主义，所以当民权运动的发展开始要求美国社会对历史形成的不公平进行补偿与纠正的时候，它最终激起了新保守主义、极端右翼运动的猛烈反弹。

黑人与西瓜　在今日的美国社会，将黑人与西瓜联系在一起通常被视为一种种族主义，甚至请黑人朋友吃西瓜都可能会被视为一种带有种族主义色彩的冒犯。但在内战前，西瓜不存在明显的种族歧视色彩。在南部地区，种植园主有时以赏赐的方式将西瓜奖励给那些工作卖力的黑人奴隶。西瓜成为贬损黑人的符号，主要源自种族隔离时代，在1909年，一副题为“进化”的漫画将西瓜与黑人结合在一起，暗示黑人是进化不完全的劣等族群。白人将黑人与西瓜联系在一起，延伸出了懒惰、贪吃、不讲卫生、小偷小摸的文化内涵，从而造成西瓜在今天的美国社会成了一个种族关系中的敏感词。

在1960年代民权运动之后，黑人群体的政治地位在美国得到了极大提高，从积极意义上而言，这种地位的提升不仅让黑人得到了更多的补贴与扶持，而且也为女权、LGBT等边缘群体在通过身份政治寻求权利平等上提供了有益的基础；然而从消极意义上而言，政治上的成功在很大程度上遮蔽了黑人在经济、教育等方面的无所作为。大量黑人政治精英满足于用选票交换甚至勒索社会资源，善于用政治正确去争取补偿，但是却没有像亚裔那样，对教育、经济给予足够的重视，这造成了黑人族群政治地位提高与经济地位低下的不对称扭曲现状。尤其是随着美国的去工业化，大量蓝领黑人失去工作，黑人社区普遍衰败并沦为犯罪社区，黑人甚至在美国的日常生活中被视为犯罪种族。在近几十年中，由于黑人的高犯罪率，黑人群体与其他族群尤其是警察群体产生了激烈的冲突，其中当然有美国左派控诉的结构性歧视的问题，但是也的确与黑人群体的高犯罪率密切相关。随着黑人经济状况的不断恶化，这种潜藏在治安矛盾之下的种族矛盾也不断激化，并最终在2013年爆发了BLM运动。

TIPS

BLM运动 BLM即Black Lives Matter，又称“黑人的命也是命”运动。这场运动的起因是2012年2月，拉丁裔社区治安志愿者乔治·齐默尔曼在佛罗里达州桑福德枪杀手无寸铁的黑人少年特雷沃恩·马丁却被无罪释放。齐默尔曼是一名社区志愿者，他看到身着帽衫的马丁在社区闲逛，觉得“可疑”而报警。虽然齐默尔曼被告知不要做任何事，但他还是跟随马丁，与他发生了争执，在两人打斗中开枪打死了他。当执法人员赶到时，齐默尔曼声称他遭到了马丁的袭击，出于自卫开枪，并被判无罪。黑人群体认为这是司法不公，并引发了进一步的全国抗议活动。

与曾经获得白人中产阶级同情的1960年代民权运动不同，BLM运动从始至终并没有获得美国社会的普遍支持。受困于黑人暴力的其他族群对BLM运动往往抱有复杂的心态，一方面他们也认可美国的司法体制、警察体制中存在一种不言而喻的种族主义，可是另一方面，他们也认为BLM是在将黑人犯罪问题、暴力问题合理化甚至特权化。尤其是在一些民主党执政地方，在 BLM 运动中对黑人轻罪问题进行除罪化、无罪化，造成了黑人对其他族群尤其是其他少数族群的盗抢之后（这种肆无忌惮的违法盗抢被称为“零元购”），对 BLM 的异议更加普遍。这让 BLM 引发了诸如白人的命也是命、亚裔的命也是命的多种抗议，并让当代黑人的平权运动最终成了党派政治。对于BLM运动及其诉求的支持度具有极其鲜明的党派分野，BLM 运动成了族裔身份政治与政党政治的混血儿。皮尤中心发现，共和党、民主党对于 BLM 运动存在巨大的党派差异：民主党人的支持率为 81%；共和党人表示支持的比率仅为 17%，反对者则高达 80% 。在 BLM 运动中，民主党高层人士对本次运动展现出了极大的支持，南希 · 佩洛西带头在纪念弗洛伊德之死的活动中单膝下跪表示哀悼，并且谴责警察对非洲裔的暴力行为。甚至在 2020 年美国总统选举中，民主党诞生了美国历史上第一位非裔黑人女性副总统。但有趣的是，弗洛伊德本身是一名针对黑人女性甚至孕妇施暴的毒贩，在被警察暴力执法致死之后，他一夜成圣，成了一名好公民、好丈夫、好父亲。

黑人群体与民主党的同盟关系引起了共和党的密切注意。虽然保守白人一直是共和党自戈德华特提出南方战略以来的基本盘，但由于白人男性在美国人口占比逐年下降，共和党越来越担忧自己沦为美国政坛的少数党，少数族裔和年轻选民的人口增加给共和党带来了越来越大的选举压力。这让共和党近 10 年来，有意淡化了种族色彩，而以保守主义意识形态和政策主张吸引少数族裔中的保守意识形态群体。2020 年共和党取得了自 1960 年以来最多的非白人选票，其在非裔、拉美裔、亚裔群体中支持率均有所上升，甚至在部分弱势群体，如黑人女性、同性恋群体中的支持率均有所上升。这里的主要原因在于，一方面，民主党的平权运动带来了治安的普遍恶化，而少数族裔往往是这种治安恶化的重要受害者。特朗普对黑人的宣传就把重点放在社会秩序和经济复苏这两方面政策。对于经历了平权运动的年轻黑人而言，对历史的清算没有工作机会和安全的街道更有吸引力。另一方面，少数族裔尤其是拉美裔、亚裔往往重视家庭，反对堕胎和同性恋婚姻合法化，共和党控制的最高法院则用相应的判决来取悦这些保守群体。除此之外，美国的底层少数族裔尤其是有些古巴裔，对社会主义、共产主义持有强烈偏见，共和党集中对民主党各级竞选人的“左翼倾向”发起攻击，指责民主党在经济政策、治安政策和种族政策上的“共产主义”倾向。

二、女性的平权运动

美国的女权运动通常被分为四个阶段：1） 1920 年代之前的以争取受教育权、财产权、选举权为主要内容的第一阶段。在美国建国初期，不论是 1787 年宪法还是后来补充的《人权法案》，都没有把妇女、黑人、印第安人算在内，甚至略带讽刺意味的是，尽管女性在废奴运动、黑人的平权运动中都是黑人的重要同盟者，但当黑人群体获得政治权力之后，他们迅速抛弃了女性群体，以至于在历史上，美国女性获得政治权利要明显晚于黑人。由于新教将宗教权力从教会下沉到家庭，男性家长成了家庭中的“神父”，这意味着在新教徒家庭中，传统意义上的父权甚至具有了神权的含义，从而极大加强了新教家庭对女性、子女的控制力度。加之美国在早期移民社会时期，非常缺乏劳动力，这使得美国家庭从一开始就倾向于严格控制女性与子女，并最终导致在标榜自由的美国，女性被普遍奴役于家庭之中。美国女性的解放运动从一开始并不体现所谓独立女性的政治诉求，而是少数教派试图对困在家庭后院的女性传教的意外结果。这种传教加强了女性之间的联系，并且为了争取女性教徒，这些后院传教的小教派又试图尽可能地迎合家庭女性的自尊心。随着富裕家庭女性受教育程度的逐渐提高，一些不事生产却具有较高文化程度的女性成为美国早期女性运动的先驱。在 1795—1835 年第二次宗教大觉醒期间，大批受过教育的又被困于家庭之中的富裕阶层、中产阶级的家庭妇女投身于福音运动，她们在宗教组织的引领下，先后发起和投入了妇女道德改革运动、禁酒运动和废奴运动，这些运动极大地提升了女性的自尊心与自信心，并使她们开始争取政治权力，尤其是在废奴请愿结束后，大批美国富裕女性在社会改革中被唤醒，开始主张性别平等并争取女性自身的权利。从 1840 年代起，美国妇女发起了争取财产权、监护子女权和受教育权的运动，在 1848 年的塞纳卡福尔斯大会上，68 名女性和 32 名男性代表签署了一份以独立宣言为蓝本的《情感宣言》，宣布妇女是与男性平等的公民，享有不可剥夺的选举权。从 1861 年南北内战开始至 1869 年，女权主义者与废奴运动者成为政治盟友，然而在内战后的重建时期，共和党不愿把妇女选举权与黑人选举权一起解决，这是因为共和党担心赋予女性政治权力，会得罪400万黑人男性选民。在遭到黑人与共和党背叛之后，女性群体在“一战”期间卷土重来，通过更加激烈的抗争，最终在1920年获得了选举权。美国宪法的第十九条修正案规定：“合众国公民的选举权，不得因性别缘故而被合众国或任何一州加以否定或剥夺。”2）“二战”到1960年代以追求平等权利为主要内容的第二阶段。“二战”爆发后，由于大部分男性都参加作战，妇女大批进入劳动力市场，这从根本上改变了美国女权运动的社会基础。女权运动的主力军从富裕、有闲、道德感强烈的富裕家庭、中产阶级家庭女性，变成了职业女性。女性开始进入以男性职工为主的重工业，开始以“白领”身份出现在政府的办公机关，尤其是大量已婚妇女走出家庭，成为职业女性。在“二战”期间参加工作的650万美国妇女中75%是已婚妇女。职业女性开始在具体生活与工作当中追求享有平等权利，她们更加关注平等的就业机会、培训机会、工作福利、产假与产后复工的权利、控制生育的权利即堕胎合法化。3）1990年代至2017年初以改造社会文化为主要内容的第三阶段。在这一阶段，在新左派运动中成长起来的女权主义者，开始以一种激进的、排斥男性的方式反对性别歧视，与追求平等权利的前辈不同，这一代女权主义者追求的是颠覆男权文化，或者说她们追求的是一种文化意义上的“妇女解放”。激进女权主义运动提出了一项全新的“个人政治”理念，她们主张要在个人生活以及家庭领域范围内去颠覆传统生活秩序，去实现思想和行动上的女性权利。她们鼓励妇女大胆地提出在生活中遇到的问题，并可以依照自己的思想去解决。更加激进的女权主义者甚至主张通过排斥男性来迫使男性思考妇女行动的原因和目的。4）2017年以来以“发声文化”为主要内容的第四阶段。随着互联网尤其是社交媒体的日益普及，以女性为主体，经由社交媒体分享性别化的亲身经历而形成的“发声文化”，成为当代女权运动的重要内容。通过围绕性骚扰、性别歧视、厌女症、荡妇羞辱、强奸文化等概念开展的在线话语行动，女权主义者有意识地将女性群体在生活中的痛苦、同情、羞耻和抑郁等情绪转化为“愤怒”，并让这种愤怒最终转化为对具体目标的斗争行为。这一运动的好处在于“在线发声”有助于受害者消除耻感，并通过共情实现对弱势者的支持，但这一运动的问题在于，它往往更注重情绪的对立，诉诸的更多是非理性的情感政治，尤其是当这种运动不用承担法律责任而又可以带来具有重大商业价值的流量时，它就非常容易成为猎巫的人血盛宴。

TIPS

MeToo 运动 2017 年 10 月，好莱坞制片人韦恩斯坦性骚扰事件曝光后，女演员米兰诺（Alyssa Milano）在推特上写道："如果所有被性骚扰或侵犯过的女性都能发一条 #MeToo 的状态，那人们或许能认识到这个问题的重要性。"数以万计的女性响应了米兰诺的提议，24 小时内就有 470 万人在脸书的 1200 万条状态中提到了该标签。该运动迅速扩展至全球，中国也不例外，由此形成了在社交媒体上勇敢曝光、控诉性侵的社会风潮。由于指控成本很低，运动逐渐成为对男性有罪推定的流量狂欢，并带来了该运动的信誉受损。

1970 年代以后，美国民主党和共和党在妇女问题上的立场因为女性生育权产生了尖锐的对立。共和党的新保守主义立场让他们在堕胎权问题上坚定地秉持生命优先的立场（反堕胎），而民主党则坚定支持妇女选择优先的立场（堕胎合法化），这让女权主义者逐渐成为民主党的支持者。共和党虽然在保守女性尤其是关注社会治安的家庭妇女群体中拥有较大的影响力，但是在中产阶级女性、职业女性群体中显著占优的人仍然是民主党。

三、同性恋群体与 LGBT 群体的平权运动

早期北美殖民地社会继承了英国习惯法和清教教义，对同性恋活动严加打击，对同性恋者往往也处以极刑。到 1776 年独立，美国社会对同性恋虽然不再处以死刑，但同性恋活动依然是当时的一项重罪，仅次于谋杀、强奸和绑架。随着工业化、城市化带来的传统农业社会解体，美国社会的同性恋现象逐渐成为可见但不可说的灰色现象。在 20 世纪初期，虽然美国的同性恋活动仍然违法，"鸡奸罪"在多数州仍然存在，主流社会对同性恋者普遍抱有歧视厌恶的态度，影视行业也依据天主教会的审查制度，严禁同性恋者形象出现，但是社会对待同性恋已经比较宽容，

同性恋群体开始以街道、沙龙和酒吧为主要的活动场所开展定期的聚会活动。到了三四十年代，美国的同性恋亚文化开始形成，“Gay”一词逐渐为社会所熟悉。在“二战”以后，由于退伍的同性恋士兵往往不会回到自己的家乡，而是选择更加开放包容的沿海大城市定居，美国东西海岸同性恋数量开始激增，并形成了规模庞大的同性恋社群，诸如马特辛协会、单一公司和比利提斯的传人等主要同性恋权利组织在50年代也相继出现。马特辛协会虽然是同性恋组织，但它在意识形态上属于同共产党保持有密切联系的左翼群体。其领导人哈里·海将黑人运动的斗争理论运用于同性恋群体之中，将同性恋视为一种被美国主流压迫的少数族群。这种逻辑后来也为LGBT人群所沿用。

TIPS

LGBT 按照当代西方自由主义者的说法，所谓LBGT指的是Lesbian（女同性恋）、Gay（男同性恋）、Bisexual（两性恋）、Transgender（跨性别者，一个人在心理上无法认同自己与生俱来的性别，相信自己应该属于另一种性别）。在一种更广泛的集合少数群体LGBTTTQQIAAP+中，还包括Transsexual（变性人，通过手术改变了原本生理性别的人）、Two-Spirited（双灵人，所谓男性的肉体住宿着女性的灵魂，或女性的肉体中住宿着男性的灵魂，或者男、女的灵魂同时存在一个人的身体里）、Queer（酷儿，对性爱表达方式所持立场与传统标准不同的人）、Questioning（疑性恋，性别认同尚在探索中的人）、Intersex（两性人、阴阳人）、Asexual（无性恋者）、Ally（直同志，认同同性恋、对同性恋友善的异性恋者）、Pansexual（泛性恋，对任何性别皆能产生爱情和性欲的人）、Agender（无性别者）、Gender Queer（性别酷儿，性别身份拒绝被定义的人）、Bigender（双重性别者）、Gender Variant（流动性别，在男女两者或以上的性别认同之间流动）、Pangender（泛性别，没有固定意义的性别）。

在1960年代，美国社会的激进左翼力量发起了一系列的社会抗议反叛运动和文化激进主义运动，其斗争对象直指正统的清教文化。这也推动了同性恋群体的平权。与得到基督教同情的黑人平权运动不同，同性恋的平权运动具有更强烈的边缘性与反叛性，它也只有在那个摇滚、毒品与嬉皮士的年代才能够赢来挑战主流文化的历史机遇。在“做爱不要作战”的反战口号下，美国社会发生了一场影响巨大的性解放，而随着性革命引发社会观念的剧烈动荡，人们开始对男性气质和异性恋价值作出反思，也开始用更加开放的态度看待不同的性行为方式。美国的自由主义者开始接受弗洛伊德的“性压抑理论”，在意识形态上为同性恋行为去罪化。

TIPS

石墙骚乱 在美国自1930年代以来，由于正规酒吧服务同性恋顾客是违法的，所以大多数同性恋酒吧都是由黑手党经营，久而久之就形成了由黑社会、黑警控制，剥削同性恋顾客的地下经济。引起石墙骚乱的石墙酒吧位于纽约市的克里斯托弗街区，也是由黑社会控制经营的同性恋酒吧，在1960年代后期它逐渐成为纽约市同性恋者的大型室内俱乐部。酒吧的顾客大多数是男同性恋者，也有一些女同性恋者和跨性别者。在当时，黑社会控制的同性恋酒吧要定期上交保护费给警察，从而形成一种心照不宣的猫鼠游戏，但在1969年6月27日，一位廉洁的好警察——纽约警署的副督察西摩·派恩打破了这种惯例。派恩对黑社会控制的同性恋酒吧深恶痛绝，认为这是当地社区的毒瘤，打算一劳永逸地关闭石墙酒吧。其实这次突袭行动主要针对的是酒吧的黑帮经营者，警方对同性恋顾客仅打算在登记身份之后就放其离开，但在突袭中，部分男警员对女同性恋者的骚扰、羞辱行为引发了冲突。在随后的几天当中，冲突不仅持续而且逐步升级，最终发展为同性恋者与警方的大规模冲突。冲突一共持续了6天，这次事件让美国的同性恋现象成为重大的公共议题，也让同性恋者群体公开要求平等的权利和自由，这次事件也被称为石墙起义。

然而，从1960年代开始的同性恋平权运动，因为80年代初的艾滋病蔓延遭到了重大打击。对艾滋病的恐惧，加剧了主流社会的恐同倾向。代表着新保守主义的里根政府主张回归传统的家庭价值，对同性恋采取了更加严厉的态度。直到1990

年代后期，随着艾滋病的蔓延得以基本控制，相对沉寂的非异性恋者平权运动才又逐渐恢复。2003年，联邦最高法院裁决，同性恋者拥有“根据适当程序条款不受政府干预而从事亲密行为的权利和自由”，确认了同性恋的合法化。2004年，马萨诸塞州宣布同性婚姻合法化，成为美国第一个承认同性婚姻合法的州。2012年，奥巴马公开宣布支持同性婚姻，成为美国第一位支持同性婚姻的在职总统。2015年，美国最高法院在“奥伯戈菲尔诉霍奇斯案”中，以5∶4的多数裁决同性伴侣结婚的基本权利受宪法第14条修正案的保护，要求联邦所有州向同性伴侣颁发结婚证，同时承认其他州合法的同性婚姻。坦率而言，同性恋以及LGBT群体的平权运动，在很大程度上受益于民主党自奥巴马以来的强势期，甚至在今天这些群体的权利诉求已经成为政治正确，但这种与民主党结盟的激进左翼运动也引起了保守主义力量的反弹，而这种反弹正体现在特朗普留下的右翼联邦最高法院的一系列判决之中。

必须指出的是，不论是黑人、女性还是其他少数群体，其平权运动都正在向更加激进的身份政治转变。这里面的原因在于，美国社会正在进入后工业时代，传统社会运动所依赖的相同经济基础走向消亡，美国社会正在变得高度多元化、碎片化，这意味着人们只能依赖那些不变的元素去进行组织与动员，比如肤色、族裔、性别，从而让跨阶层的社会运动最终让位于小圈子的身份政治。与传统的社会运动不同，由于缺乏相同的经济基础、社会实践，身份政治在很多时候更接近于感觉的政治、偏好的政治，而由此展开的社会运动主要基于象征性的身份而非真实的人际网络。这意味着，社会运动只是一个人表达观点、偏好的机会，而非参与集体行动。换句话说，它批判的声音越来越大，而建设的力量越来越弱。如黛布拉·明考夫（Debra Minkoff）所言，美国当代的社会运动尤其是左翼社会运动经常沦为一种缴纳会费式的参与，它往往只能提供象征性的联系而不是一种真实的人际网络。这是它与20世纪六七十年代左翼社会运动的重大不同。那时的黑人、学生、妇女、反战和平主义者关系紧密、相互团结，是真实地在共同理想的激励下走上街头，参与到社会运动当中，而今天的左翼社会运动，越来越接近于个人主义者的简单叠加，而非集体行动。黑人与黑人之间，女性与女性之间，少数群体与少数群体之间只有共同的话语，而缺乏真实的交往与联系。

第二十八章　走向彻底决裂

美国的极左与极右社会运动

自奥巴马政府以来，美国社会运动呈现出极化的趋势。极左与极右的社会运动不断出现，对传统意义上立足于中间选民的两党制运作造成了很大影响。相比于成功地抑制了党内极左运动的民主党，共和党甚至已经被极右的茶党运动裹挟。造成这种现象的原因当然离不开互联网、社交媒体的影响，但坦率而言，美国社会本就有周期性头脑发热的传统，甚至可以这么讲，人类本就是理性与癫狂的结合体，任何一个社会都会有头脑发热的极端主义运动，关键在于在这个社会之中是否存在制衡与纠错机制。“二战”之后美国社会首先出现了极右的麦卡锡主义运动，而麦卡锡运动对左翼力量的压抑，又在一定程度上激发了更加凶猛的1960年代的激进左翼运动。

麦卡锡主义，是指在1950—1954年间，以共和党参议员约瑟夫·麦卡锡为代表的极右反共势力，通过指控和调查“政府中的共产党人”的言论和活动，在美国政治和社会生活中掀起的一股反动政治潮流。爱尔兰裔的麦卡锡以酗酒和撒谎而闻名，1950年2月9日，为了拯救自己摇摇欲坠的政治生命，他在一次发言中声称民主党政府已经被共产党渗透，而自己已经掌握了国务院中共产党人的205人名单。由于当时刚刚爆出阿尔吉·希斯间谍案，美国社会正处在对苏联间谍渗透的歇斯底里的冷战恐惧之中，麦卡锡的指控被媒体迅速放大。共和党试图利用这一机会，动摇自新政以来民主党的强势统治，民主党则担心对麦卡锡的反击被用来证明自己亲共，麦卡锡在这种情势下一举成为美国爱国主义的象征。他肆意捏造事实、扣帽子、打棍子，一时间人人自危，但是在艾森豪威尔上台之后，麦卡锡对共和党政府与军队的指控让他为共和党所厌弃，最终导致了自己的政治垮台。麦卡锡的主要特征是缺乏事实依据的公开不忠诚指控和捕风捉影的不公正调查。杜鲁门直接抨击麦卡锡主义是以国家安全的名义大肆利用谎言和虚假指控来抨击他人。尽管麦卡锡现在已经被当作道德败坏的政治小丑而遭到唾弃，但在当时他的确一度成为人人畏惧的大众爱国领袖。即使他的很多支持者也承认他的指控是建立在捏造事实、断章取义的基础上，但在他们看来，抛开事实不谈，麦卡锡仍然是爱国的。尽管麦卡锡去世时已经声名狼藉，但他的葬礼仍然聚集了近3万名群众，其中有大批共和党名流。

1960年代的激进左翼运动尽管目标多种多样，但不论是黑人民权运动、言论自由运动、反战和平运动、同性恋反抗运动，其共同之处都是对权力秩序、社会规范和主流价值观的全面批判，这些运动虽然在本质上仍然不是革命性的，但却是以反政治的特质进入了政治过程当中。在美国政治的发展历史中，主流政治过程对这种反建制性的反政治力量的吸收与整合一直是一个特别有意思的现象，它对于我们今天理解茶党运动、激进左翼运动与美国政治的关系仍然具有十分重要的意义。从某种意义上而言，1960年代的激进左翼社会运动不仅是当代美国极左社会运动的奠基者，而且由它所刺激发生的极右运动、基督教右翼运动，也对当代美国极右社会运动有极其深远的影响。美国社会左派立足于话语权的创设，右派立足于基层社区组织的特点也可以说自1960年以来一脉相承。这里必须指出的是，由于美国极左运动的领导者通常是大学里的教授与学生、大城市里的文化精英以及依赖政府补贴的社会组织，他们的活动呈现出碎片化、小众化的特点，为弥补这一弱点，他们有意识地以普适性的话语创设来让自己的小众性呈现出普适的、大众的表象。这导致了左翼运动的声势与真实的大众影响力的不匹配。即便是在媒体上轰动一时的占领华尔街运动，最后也只是以一地鸡毛的结局不了了之。这造成了左翼运动难以在政治过程中形成真正的力量，这也是民主党虽满口政治正确，在党内却轻视甚至不断抑制极左力量的根本原因。而极右翼力量之所以能够绑架共和党，其根本原因在于，与极左力量不同，极右力量更加注重社区组织等地方性组织的建设，扎根于宗教右翼的教会组织网络让它的群众基础更加扎实，其与政党政治联系得更加紧密。相比于诉求五花八门的极左社会运动，极右社会运动的诉求相对统一，集中于社会政治与道德等议题，这也便于它得到更多民众在传统道德与价值观上的认可。

在近20年中，美国社会爆发了占领华尔街运动、茶党运动两场带有极化特点的社会运动。就政治效果而言，极左的占领华尔街运动的影响力已经为民主党建制派成功吸收与化解，而极右的茶党运动则几乎捕获了共和党。这两个左右翼社会运动都带有反精英与反体制的特点，也都是美国社会矛盾激化的产物。其区别在于就反精英而言，茶党运动的斗争对象是建制派的政治精英，他们认为不论是民主党还是共和党的精英都违背了小政府的美国原则，都在全球化的过程中背叛了美国的底层白人。而占领华尔街运动则认为资本尤其是大资本是万恶之源，华尔街贪婪的经济精英是美国危机的根本原因。

茶党运动与占领华尔街运动 茶党运动爆发于2009年2月19日，茶党运动的名称源于1773年的“波士顿倾茶事件”，它首先为财经评论员里克·桑特利在芝加哥商品交易所的直播中提出。桑特利抨击奥巴马政府的金融救助计划，呼吁组织茶党抗议奥巴马政府。这一呼吁得到了保守派的热烈响应，迅速发展成为大规模社会运动。茶党运动将国家出现问题归咎于美国自由派精英与团体以及已经不够保守的共和党。茶党的支持者是深受奥巴马新政刺激的保守主义者，他们关注的重点是联邦政府债务、恐怖主义与联邦政府的规模与权力。全国性与州层面的茶党组织一般将运动诉求集中在经济议题方面，如低税、自由市场、平衡联邦政府预算、削减政府开支、反对奥巴马医改法案、反对碳减排法案等，地方性茶党组织的运动诉求则包括反堕胎、反枪支管制、反非法移民、反同性婚姻等。在2009年之后，茶党的声势有所减弱，但是其对选举的影响力却在增强，共和党内的茶党派的筹款能力仍然在不断增加。与具有本土性质的茶党运动不同，占领华尔街运动具有外国色彩，它是美国在 2011 年推动阿拉伯之春的抗议运动对美国社会的出口转内销。早在 2011 年 7 月，受埃及开罗解放广场抗议运动的影响，一家名为“Adbusters”的加拿大反消费主义非盈利性组织建立了“占领华尔街”网站。在 2011 年 9 月 17 日，占领华尔街运动在纽约市爆发，运动持续了约 2 个月。占领华尔街运动的一个显著特点就是完全依赖网络信息技术，它从最初的倡议、组织动员到运动发展都是通过建立的网站以及其他社交网络进行。但正因为此，它也缺乏现实生活中草根组织的支持以及人与人之间的真实交流，所以在被强制清场之后，早期通过虚拟社会关系建立起来的集体身份认同就迅速溃散，目前该运动已经显著衰落。

美国社会目前呈现出一个社会生活“白左”化与社会运动右翼化的不对称局面。一方面，自 1960 年代以来，左翼社会运动所追求的相当多数的目标都已经成为社会现实。右翼的基本盘保守白人男性在不断缩小是一个无法改变的社会现实。另一方面，左翼运动造成的社会现实让作为对现实批判的右翼运动日益强劲。美国社会的右翼运动尤其是新基督教右翼运动，更接近一场对社会现实的绝望反抗，它是长期的左翼多元文化主义政策在过去的 30 年里不断冲击下的一种反弹。右翼运动在短时期内仍然具有强大的爆发力，但是在下一代人的世界里，它的战斗力将不可避免地衰落。相比于自由主义，保守主义更多是一种维持现状的努力，但这种现状本身就是在不断地被塑造和定义之中。明天的保守主义者所保守的现状，恐怕已经是一个完全不同于今日现状的现状。从某种意义上而言，美国左右翼的关系类似于进两步退一步的关系，但改变不可避免，改变终将发生。有意思的是，不同于扎根基层宗教组织的中老年右翼白人，美国的年轻人中也出现了以互联网、社交媒体为主要依托的，类似激进左翼的激进右翼，他们是最早发迹于互联网上的政治团体，其典型代表就是“4chan”网站以及班农参照“4chan”建立的“Breitbart”网站。这些年轻右翼认为西方式的政治正确限制了他们的言论自由，于是在各种边缘论坛聚集抗争。他们绝大多数并不是纯粹的种族主义者，而只是对左翼的话语霸权强烈反感。这些年轻的另类右翼与其他右翼的根本区分在于其年龄层普遍年轻，并且深谙互联网与社交媒体，他们能否在未来创造出一种新型的右翼运动值得长期观察。

第二十九章　最牢固的身份政治

种族与总统选举

1970 年代以后，少数族裔在美国人口中的比例迅速上升，少数族裔与移民对美国政治的影响也日益提升。除了黑人和印第安人之外，拉丁裔、亚裔乃至犹太人、穆斯林，对美国政治都在发生越来越大的影响。少数族裔不断上升的政治影响力也同时激起了保守白人的深刻担忧，从而造成了美国政治的种族化。如果说在 2007 年总统竞选时，奥巴马为了争取自由主义白人的支持，还有意识地采取了淡化种族色彩的“后种族主义”战略，但是这种战略并没有使得美国的种族政治有所缓和，相反由于奥巴马的黑人身份以及共和党的“狗哨战术”（不明说的种族主义），在奥巴马时代，美国的政党认同变得更加种族化与两极化，奥巴马的经济政策、医疗政策都被高度种族化了，都被共和党批判为剥削白人以讨好黑人的政策，这让更多的保守派与蓝领白人大量涌入了共和党，构成特朗普战胜希拉里的关键选民。而美国政治“种族化”现象在特朗普时代越来越严重。特朗普用恶毒的种族歧视、排外主义和反穆仇恨言论来争取和动员保守派白人选民投票，采取了“先分裂后征服”的竞选策略，成功地击败了希拉里。即便拜登在 2020 年击败了特朗普，也没有改变美国政治过程中的种族极化现象，种族主义成了现代美国选举政治中的核心驱动力之一。在当代美国政治中，多数政治议题都可能被转化成种族问题，选民更多透过种族立场来理解公共政策，选择政党与政客。当然，如果就此认为，美国正在大踏步地倒退回过去的种族主义时代，也是不公平的。虽然美国的确是一个充斥着种族主义的国家，而且在历史上，种族主义的确是美国国家构成的一部分，在左翼的多元文化主义的“政治正确”话语权没有建立之前，美国种族歧视和种族隔离是公开化和制度化的，但今天美国政治的“种族化”趋势，其实是对美国少数族裔不断平权的一种反弹，今天的保守派白人与其说是希望回到白人至上的过去，不如说是觉得黑人、拉丁裔等少数族裔已经从平权运动当中获取了太多好处与特权，是时候说“不”了。著名的民意调查机构皮尤中心曾经围绕“国家应该继续改变，赋予黑人与白人平等权利”为题进行了民意调查，调查结果显示，两党支持者观念的差距在2009—2017年间进一步拉大，但拉大的原因不是共和党的选民变得更保守，而是民主党支持者明显变得更自由化，让共和党的支持者显得更保守了。保守白人以及相当部分的中间白人选民认为黑人已经获得了足够的平等自由和政治权利，种族已经不再是不同族裔之间经济生活差异的决定性因素，甚至黑人的问题主要是由其自身的负面行为所导致。他们对于不断要求进一步扩大民权的自由派心生厌倦，甚至认为一些诸如“肯定性行动”的措施是对白人群体的“逆向种族歧视”。主流保守派白人要求的不是白人至上，而是在社会、政治、经济等诸多议题上采取“无视肤色”原则。

奥巴马的后种族主义战略 奥巴马坚信自己将获得黑人族群的支持，因此他将竞选的重点放在打消中间立场白人的种族情绪之上。奥巴马竭力避免自己与共和党白人候选人之间的竞选成为黑人 vs 白人的较量，他在费城发表的总统竞选演讲中强调，各种族在政治中并非零和游戏，你的成功并不一定要建立在我的失败之上。他甚至表示种族问题是非裔美国人和白人共同造成的，要解决这些种族顽疾也离不开两者共同的努力，黑人要相信社会可以变革，也要提升自己以对自己的生活负责。为了打消白人中间选民的疑虑，奥巴马甚至刻意缺席了两场重要的民权活动，以便将自己塑造成一个追求种族中立和全体族裔团结的总统候选人。在2008年胜选之后，奥巴马有意识地淡化种族议题，甚至表示美国已经进入了“后种族时代”。当被问及对种族议题的焦点问题——肯定性政策的看法时，奥巴马也采取了冷处理的方法，他认为“肯定性行动”政策既没有像其支持者所说的在促少数族裔发展方面起到巨大作用，也没有像政策反对者所说的对白人入学产生很大的负面影响。

随着平权运动的发展，民主党逐渐变为一个行动主义、进步主义政党，支持少数族裔的权利、多元文化主义与经济再分配政策，而共和党则在收获了南方的保守白人之后，进一步收获了“铁锈地带”的北方白人蓝领工人。这使得共和党成了一个更白的政党，而民主党在选举的过程中往往更受非白人的少数族裔的青睐。2018 年的一项研究发现，各少数族裔对民主党的支持率都相当高，整体上对民主党的支持率分别达到了 74%，其中黑人达到了 89%，拉丁裔达到了 66%，亚裔达到了 65%。值得指出的是，在拉丁裔中的古巴裔与亚裔中的华裔通常被视为更接近共和党保守立场的少数族裔。在近几年中，由于对民主党所力主的对底层黑人、拉丁裔在教育和就业领域予以照顾的“肯定性行动”计划不满，亚裔尤其是印度裔、华裔正与共和党逐渐走近。

肯定性行动　“肯定性行动”是 1960 年代民权运动期间出台的一项少数族裔优惠政策，旨在克服对黑人等少数族裔的歧视，以保证他们能够在就业、教育等方面有与白人平等竞争的机会，说白了就是通过在教育、就业当中的扶持与优惠，扭转历史上种族歧视带来的黑白之间严重的不平等。该政策大致上经历了 1960—1980 年、1980 年至今两个阶段。“二战”前夕的《8802 号行政令》被视为“肯定性行动”的萌芽，该政令强调政府要在缓解种族歧视问题上有所作为，并设立了公平雇佣实践委员会。随着黑人民权运动的爆发，民主党政府在 20 世纪 60—80 年代里根上台之前，推进了以结果公平为导向的“肯定性行动”政策。其标志是 1961 年肯尼迪政府的《10925 号行政令》以及随后的《11246 号行政令》,《10925 号行政令》首次提出“肯定性行动”一词，指的是防止基于种族因素、宗教信仰、肤色或族裔背景而造成的歧视；设立了总统平等雇佣机会委员会，强调对不同族裔的平等雇佣。《11246 号行政令》则要求联邦政府和私人企业增加“未获充分代表的”少数族裔员工比例，这些少数族裔包括非裔、拉丁裔、亚裔以及美国原住民；而且要加强对少数族裔员工的职业培训，使他们具备行业内的必要技能。如果企业没有达标，联邦合同履行办公室（OFCCP）

就会对其给予一定的惩罚，包括暂停其现有合同。尽管尼克松政府是保守白人选出的共和党政府，但在民权运动的大势下，他们仍然进一步推进“肯定性行动”，要求企业在规定时间内解决平等雇佣问题，并且必须保证少数族裔群体占一定比例。其后的卡特政府甚至将这种配额制引入了教育领域。这虽然大大改善了黑人、拉丁裔等少数族裔群体的教育与工作条件，但这种“配额”的方式也引起了强烈的争议。尤其是在1970年代，由于高等教育领域的“肯定性行动”开始在各高等学校得以广泛应用，这种行动是否对其他族裔的逆向歧视，已经成为一个巨大的法律问题。美国最高法院最终确认，虽然大学有保持多样性的办学权利，但配额制是违法的。在21世纪，“肯定性行动”的反对者认为，非裔等少数族裔的生活状况已经得到了很大改善，各族裔现在已经处于公平竞争当中，“肯定性行动”对白人造成了“反向歧视”，“肯定性行动”反而使得白人成为受歧视群体。因此，该政策的反对者认为不应该存在“肯定性行动”。相比于自认为被逆向歧视的白人，“肯定性行动”对亚裔造成了更大的不公，亚裔因为其“勤奋”“自律”“重视教育”“经济成功”反而无法被“肯定性行动”照顾，相反自1980年代末起，还要开始面对录取中的限制。美国社会的主流对“肯定性行动”的抵触情绪日益增加，这也导致自里根总统起，无论是共和党的老布什、小布什、特朗普，还是民主党的克林顿、奥巴马、拜登，他们对于“肯定性行动”都很难有肯尼迪与尼克松般的热情。21世纪以来，加利福尼亚州、华盛顿州、佛罗里达州、密歇根州、内布拉斯加州、亚利桑那州、新罕布什尔州、俄克拉荷马等多个州都取消了州内的“肯定性行动”政策。但值得一提的是，以“禁穆令”等种族色彩强烈的各项政策而闻名的特朗普，对“肯定性行动”却是比较温和的，甚至他还是自民权运动以来，第一位不明确反对“配额制”的共和党总统。他大大咧咧地表示：“我觉得这项政策不错，毕竟它已经实施很长时间了。”

尽管很多人将特朗普视为美国种族政治激化的罪魁祸首，但实事求是地说，特朗普更应该被称为种族政治激化的一个结果。在奥巴马第二个任期中，美国政治中的种族关系已经开始激化。2014 年的一次调查显示，67% 的白人、65% 的非裔美国人以及 55% 的拉丁裔美国人认为种族间的紧张关系正在加剧，有一半的州认为种族关系更加恶化。对于平权运动，黑人认为还不够，白人认为受够了，亚裔则是既感到白人的歧视又感到黑人的特权。奥巴马的执政不仅没有将美国社会带入后种族时代，反而让种族身份成了美国最重要的身份政治。在 2016 年的总统大选中，特朗普的成功被视为保守白人的复仇，而 2020 年的总统大选则是拉丁裔、黑人对白人复仇的复仇。在 2024 年的总统大选中，尽管拜登试图以稳健老派政客的形象淡化族群政治，争取中间派的白人，但收效如何仍然需要观察。如果共和党推出的是复仇的特朗普，那么中间派白人可能被保守派白人吓坏而选择民主党，但如果共和党推出的是一个秉持特朗普主义的其他候选人，那么这个不是特朗普的特朗普则可能有助于共和党团结那些虽然厌恶特朗普，但是内心深处同样厌恶有色人种特权化的沉默的白人。自特朗普以来，美国政治的种族化正在加速，它一方面表现为在种族政策方面，民主党与共和党都在极化。两党中在种族问题上的中间派与温和派越来越少，过去民主党内有在种族问题上持保守立场的罗伯特·伯德，共和党内有在种族问题上持自由立场的乔治·罗姆尼，而现在他们都已经被边缘化。另一方面，两党的经济政策也开始种族化。两党都开始从种族的视角看待就业问题与贫富差距，共和党认为，是少数族裔的优越地位与移民的大量涌入造成白人的贫困，民主党则认为是结构性的不公让黑人无法摆脱经济上的弱势。这让一切都成了种族议题，也让种族议题成了一切。值得注意的是，美国的人口结构正在发生显著的变化，冷战结束后，美国少数族裔的人口数量迅速增长。在 1980 年，白人居民几乎占全国人口的 80%，黑人居民占 11.5%，拉丁裔或西班牙裔居民占 6.5%，亚裔占 1.8 %，但是从 2010—2020 年，美国历史上出现了第一个白人人口下降的 10 年，在 2016—2019 年，全国白人人口连续三年下降，从 197845666 下降至 197309822，3 年来损失了超过 50 万人。白人现在人口为 1.91 亿，占美国总人口的比例从 63.7% 下降至 61.7%，西裔人口规模从 5050 万上升至 6210 万，占美国总人口的比例从 16.3% 上升至 18.7%，非裔人口规模从 4036 万上升至 4478 万，占美国总人口的比例从 13% 上升至 13.5%，亚裔人口规模从 1526 万上升至 2017 万，占美国总人口的比例从 4.9%

上升至 6.1 %。非拉丁裔白人生育率的下降将让盎格鲁－撒克逊的新教白人美国在 2050 年变成一个少数族群接近 60% 的国家，但这并不意味着美国会变成一个黑人国家，因为黑人的生育率也在下降，拉丁裔和亚裔的高生育率将会成为改变美国人口结构的重要原因。拉丁裔人口可能将达到 1.33 亿，达到黑人的两倍，占全国人口 30% 以上，而亚裔人口会接近翻倍，增长到 9% 左右。这意味着美国的政治可能将会发生重大改变。

一、翻身做主人的黑人？

美国的少数族裔问题有其特殊性，它既有本土的少数族裔印第安人，也有自北美殖民地开拓以来就被输入的准本土的黑人。准确地说，这些本土黑人可以被称为非洲裔黑人，他们与拉丁裔黑人无论在宗教、文化还是生活习惯上都有很大不同。前者往往是福音教会，后者往往是天主教会；前者盛行单亲家庭，后者则更看重大家庭文化；前者通常说黑人英语，而后者则经常以西班牙语为主。笔者在美国的时候曾经听一位黑人学者抱怨，美国警察与黑人的冲突，往往不是白人警察与黑人的冲突，而是拉丁裔黑人警察与黑人的冲突，相比于白人，拉丁裔黑人警察甚至对黑人更加粗暴。在当代美国的政治中，拉丁裔黑人往往更“拉丁”一些，而不是更“黑”一些。虽然在 2000 年后拉丁裔已经达到了 3500 万人，取代黑人成为美国第一大少数族裔，但是就政治影响力而言，非洲裔美国人仍然是美国最重要的少数族裔。美国黑人最早主要集中于南部农村地区，但随着美国的工业化与城市化，黑人逐步开始迁徙。黑人的迁徙大致可以分为三个阶段，第一阶段是内战结束到第一次世界大战，美国黑人主要在南部各地区迁徙；第二阶段是从“一战”后到 1960 年代，美国黑人主要由南方向工业化的北方迁徙，完成了从农民向工人的转移，而他们留下的大量农业工作岗位则由墨西哥人填补；第三阶段则是在 1970 年代以后，由于美国开始进入后工业化时代，大量黑人开始离开制造业走向没落的东北部大都市地区，向新兴经济地带的南部“阳光地带”迁移。黑人的迁徙对美国的政治造成了巨大的影响，尤其是在城市选票越来越对选举产生重要影响力的情况下，大量聚集于城市的黑人往往会成为选举中的关键力量。这也是黑人虽然总体经济地位较差，但对政治却始终具有强大影响力的重要原因。一方面，大规模城市化和集中居住让黑人成为更可能凝聚起来的政治力量，在50年代“布朗诉教育委员会案”之后，城市学校的种族隔离制度被废除，大批白人城市居民向郊区逃离，这进一步让黑人成为一些大城市中心的主要居民；另一方面，城市中出现的大批黑人中产阶级也往往比拉丁裔和亚裔更加懂政治和讲政治，这让他们可以在政治中更加主动和强势。1930年代罗斯福新政以后，黑人在政治上长期是民主党的重要同盟。根据皮尤中心的调查，黑人对民主党的认同始终保持在一个较高的水平，几乎在所有黑人团体中，超过50%对民主党有强烈认同感，尤以较年长、收入中等、教育程度较高的黑人与黑人新教徒为甚。尽管在近10年中，黑人群体内部的阶层分化加剧，中上层精英黑人与下层蓝领黑人出现了比较明显的分化，部分底层蓝领黑人因为其经济状况受到全球化的冲击，开始赞同共和党的贸易保护主义诉求，但总的来讲，变得太白的共和党仍然难以获得黑人的支持。共和党之所以在种族问题上日益保守与强硬，在很大程度上也是因为难以与民主党竞争黑人，对于共和党而言，更合算的做法是去争取相对摇摆的拉丁裔与观念相对偏保守的亚裔。在2020年大选中，共和党虽然输掉了选举，但是在争取拉丁裔、亚裔和穆斯林方面取得了相当不错的成绩，有超过1 /3的拉丁裔、超过1 /4的亚裔和超过1 /3的穆斯林投票支持特朗普，均比2016年有较大幅度的增长，这里面一个非常重要的原因就是这些群体在堕胎、性别等问题上对民主党的激进化忍无可忍。虽然非裔是民主党的铁杆，但共和党在保守非裔男性中的影响力也有明显提升，在非裔男性中，共和党获得的支持率达到了18%，比2016年增加了13个百分点。

“布朗诉教育委员会案”　该案是美国历史上最为重要的平权案件。1950年代期间，堪萨斯州托皮卡市的一户黑人家庭要求当地小学准许其子女小布朗进入白人学校就读，遭到学校和学区教育委员会的拒绝，布朗夫妇提起诉讼。堪萨斯州地方初审法院以当时普遍存在的所谓“隔离但平等”的原则，支持了学校和学区教育委员会的决定。该案引起了联邦最高法院的高度重视，最高法院将该案与南卡罗莱纳、特拉华和弗吉尼亚的三起教育诉讼案合并审理。联邦最高法院在参考了心理学家的意见后，认为种族隔离政策会影响学生的心理健康，增长学生和家长对自身地位的自卑情绪，不利于教育成就的公平获得，妨碍了社会的稳定发展。这意味着最高法院认为在当时美国社会普遍存在的“隔离但平等”的现象违宪。此案打破了美国社会黑人上黑人学校，白人上白人学校的传统，极大地促进了种族平等，但也引发了包括校车问题、白人逃离问题等一系列社会问题。

二、从移民到公民的拉丁裔

与本土性质的非洲裔黑人不同，拉丁裔是美国社会在近一百年中因为移民而形成的少数族裔。美国社会的移民历程基本经过了以英国人与德国人为主的新教白人、以爱尔兰人与东南欧人为主的天主教白人以及以墨西哥人为主的拉丁裔天主教徒三个阶段。可以说，拉丁裔的主体是在移民中形成的，这个群体无论在宗教、文化还是价值观上都没有充分地美国化，考虑到拉丁裔人口从2000年的3500万迅速增长到2020年的6200万，像亨廷顿这样的保守主义者不免忧心忡忡。亨廷顿在2004年出版的《我们是谁》(*Who Are We?*) 中，指出美国民族性之主体为“盎格鲁—新教文化”，这一主流文化正遭受少数族裔移民群体带来的多元文化主义的冲击，而他最担心的少数族裔文化就是拉丁裔的天主教文化。当然也有人认为，亨廷顿的担忧是必要的，拉丁裔在改变美国社会的同时也在美国化。比如在2000年，每5个拉丁裔美国人中才有1人在家里只说英语，而现在把英语当作日常用语的人口比例增长到拉丁裔总人口的1/3。在一些拉丁裔社区，公立学校采用西班牙语上课反而引起了拉丁裔家长的不满，因为他们希望自己的子女能够熟练掌握英语，以争取更好的机会。

在1900年以前，美国的拉丁裔移民数量很少，大多数拉丁裔居民都是在1846年美墨战争之后居住在被美国吞并的新领土上的居民。根据《瓜达卢佩—伊达尔戈条约》，美国吞并了包括犹他州、加利福尼亚州、内华达州、亚利桑那州、新墨西哥州在内的190万平方公里土地。由于美国在当时对新领土上的墨西哥裔居民采取了歧视的态度，所以在美墨战争后，尽管墨西哥人可以自由出入长达 2000 公里的美墨边境，但大多数墨西哥裔居民都是从美国迁入墨西哥，而非从墨西哥迁入美国。以墨西哥人为主的拉丁裔是从 20 世纪初开始大量移民美国。其主要原因是在第一次世界大战期间，作为全世界最大的工业国家的美国难以获得足够的欧洲移民，为了缓解劳动力短缺的问题，美国政府有意识地与墨西哥政府合作，引入了墨西哥工人。在其后不久的“二战”期间，美墨两国政府也签订了类似的《墨西哥农业工人临时移民协议》。尽管这些计划并没有打算让墨西哥人永远地留在美国，而是计划在完成劳务合同之后，由墨西哥政府负责这些工人回国，但大量的墨西哥人在进入美国之后就留了下来。这些留下来的墨西哥人又带来了更多的墨西哥人，尽管美国政府在“二战”结束以后发动过数次大规模遣返，但美国农业对廉价劳动力的巨大需求、墨西哥人一人留美全家偷渡的家庭选择，以及组织非法偷渡带来的巨大收益，让美国政府最终面临了前所未有的非法移民问题。在 1940 年代，美国没有身份证明的人口几乎全部来自墨西哥，每年有超过 6 万墨西哥人因非法居留被捕。在 1965 年 10 月《哈特—塞勒法案》通过之后，由于美国公民的配偶、父母及未婚子女可以不受配额限制进入美国，大量墨西哥移民成为该法案的受益者。在法案生效后的 10 年中，墨西哥移民占到了美国西半球移民的 50%—60%。在 1982 年墨西哥陷入经济大危机后，墨西哥非法移民数量更是大量增长，在 1990 年代之前，墨西哥非法入境人数累计已经达到了 3650 万人，至少有 520 万人长期居住美国并最终通过各种大赦获得公民身份。

美国的移民法　美国的移民法经过了多次重要变更。美国最早的移民法案是 1790 年的《归化法》，该法案非常宽松，几乎对移民采取了自由放任的态度，但仅对白人。该法规定，只有自由白人才能成为美国公民。美国第二任总统亚当斯于 1798 年相继颁布了《国籍法》《外侨法》《处置敌对外侨法》《处理煽动叛乱法》，把严重威胁美国政治安全分子、罪犯等社会败类排除在移民之外。1802 年的《归化法》建立起一个松散的归化系统，联邦、州、县或市的“任何记录法庭”都可以归化新美国公民。由于该制度非常宽松，因此每到选举之前，总会发生大量的外国人突击归化现象（为了解决这一问题，在1906年，美国国会通过了《基本归化法》设置了标准归化程序，将归化权力收归联邦）。在1850年代，美国西部的“淘金热”吸引一大批移民前去淘金，其中也包括大量华人。美国政府为了吸引更多的华人到美国，还与清政府在1868年签订《蒲安臣条约》，规定在美国的中国人与在中国的美国人在旅行和居住方面享有同样的利益、豁免权和申述权。由于内战造成了人口减少，林肯在1862年和1863年分别颁布了鼓励外国移民开发西部的《宅地法》，鼓励外国移民定居美国的《鼓励外来移民法》。美国在1868年大萧条后开始出现反移民运动，1875年美国通过了《佩奇法案》限制华人女性入境，1882年通过的臭名昭著的《排华法案》更是成为美国历史上针对和歧视特定族裔的标志性法案，该法案禁止华人进入美国、加入美国国籍和拥有投票权等。美国政府在1885年通过《福伦法》宣布合同劳工非法，在1888年通过《合同劳工修正法》规定违反《合同劳工法》进入美国的移民一年内离境。在19世纪末期，国会通过了美国国内第一部移民法，设立了移民局，并在1924年通过《移民限额法》确立了移民配额制度，继续限制亚洲移民，并将欧洲每年移民数量由35万降到16万，这一配额制度规定了每一个国家的具体移民数目，其目的是确保大部分移民来自英国与德国等白人基督教国家。在“二战”期间，罗斯福政府在1940年放宽了除德国以外的外国移民签证的限制，并于1943年通过《马格纳森法案》废除了《排华法案》。在“二战”以后，美国政府颁布了允许美国海外军人的妻子子女进入美国的《战时新娘法》《美国军人未婚妻法》，并在1953通过《难民救济法》接收东欧、朝鲜、越南、古巴的亲西方难民。约翰逊政府在1965年制定了奠定当代美国移民制度基础的《移民和归化法》，它体现了民主党对移民的开放性态度，以平等的原则对待各国移民，并对家庭团聚、专业人才、政治难民给予优惠。1965年移民法对东半球的移民采取详细的配额制，但是对于西半球移民，该法只是做出每年12万限额，并没有制定详细的各国配额。这让墨西哥移民利用在美国的亲属关系，大量进入美国。这种情况迫使美国国会在1976年颁布了《西半球移民法》，规定应用于东半球的移民优先权以及每国最高2万限额的原则同样适用于西半球。1979年，卡特总统取消了东、西半球独立的移民限额，实施全球每年29万移民的统一限额。至此，美国最终确立了以国籍为基础的全球限额的移民政策。除了移民法之外，美国还针对领土上的非法移民进行过数次大赦。在1986年《移民改革控制法》之前，美国分别于1940年代、1970年代推行了两次“特赦”，允许已经进入美国的留美、居美人士，不论其是非法进入美国抑或逾期滞留美国的非法移民，申请合法居留权或永久居留权。

相比于黑人群体，拉丁裔人群中的多数虽然也倾向对移民更为包容的民主党，但其保守的家庭价值观以及机会主义、待价而沽的政治态度，让其表现出一定的摇摆属性。简单来说，就是在移民政策、福利政策上，拉丁裔倾向于民主党，但是在同性恋、堕胎权、社会治安等问题上，拉丁裔则倾向于共和党。与新教黑人不同，拉丁裔大多是天主教徒，他们对同为天主教徒的肯尼迪的大力支持（拉丁裔85%支持肯尼迪，而肯尼迪当选后，也回报以超过40名拉美裔美国人进入政府任职），成为肯尼迪以微弱多数战胜尼克松的关键力量。近10年来，由于拉丁裔人群在日益重要的“阳光地带”大量聚集，他们正在成为美国大选中的关键力量，但坦率而言，他们却是一股捉摸不定的关键力量。在总统大选中，2004年拉丁裔选民支持了共和党的布什，2008年则支持了民主党的奥巴马。造成这种摇摆现象的重要原因是，拉丁裔与经历了平权斗争、经济状况与政治地位有了很大提升、产生了中产精英的黑人群体不同，他们进入美国时间较短，亟待改善生存状况，因此在政治中往往缺乏稳定立场，更看重眼前的短期利益。以墨西哥移民为主的拉丁裔，当前在美国的职业结构中处于底层边缘，大部分拉丁裔由于受教育程度低且面临社会偏见，多数从事低薪、低技能、高风险、不稳定的工作。在他们进入美国的100余年来，其职业变化大多是横向流动，而向上流动则很少发生。拉丁裔移民从事管理与专业类工作的比例远低于欧洲、亚洲及非洲移民。因此对于他们而言，两党谁给的利多就支持谁自然是一件十分合理的事情。在近几十年以来，为了争取拉丁裔的支持，不论是共和党还是民主党都对拉丁裔的语言、文化和生活方式给予了极大包容。在多元文化主义政策下，“阳光地带”的公立学校甚至不再要求英语作为唯一的语言，以至于白人保守主义者开始担心一个不说英语的美国正在形成。值得注意的是，由于拉丁裔和黑人是美国规模最大的两个少数族裔群体，他们不仅宗教、文化、家庭价值观都存在明显差异，而且由于社会地位都比较低，以至于在社会福利上经常存在竞争关系，所以两个族群之间的关系十分微妙。一方面，黑人在提倡种族平等、争取少数族裔权利方面是拉丁裔的导师，“拉美裔美国公民联盟”“墨西哥裔美国人政治协会”“拉美裔全国委员会”都是拉丁裔对黑人的效仿；另一方面，两者又在就业机会、社会福利、政治影响力等方面存在竞争。非洲裔美国人担心拉丁裔挤占其就业机会、压低薪酬待遇并抢夺社会关注，拉丁裔则担忧黑人文化瓦解拉丁裔的家庭文化，黑人犯罪威胁拉丁社区，并对黑人试图垄断蓝领劳动力市场愤愤不平。事实上，引发BLM运动的，恰恰是拉丁裔的社区治安志愿者与黑人青少年的冲突。

三、作为模范少数族裔的亚裔

美国的亚裔与拉丁裔一样，是移民的产物。最早来到美国的亚裔是华裔，在1848年美国西部淘金热时，约1.5万至2万名中国劳工来美修建中央太平洋铁路，几乎占到所有工人的90%，但是随着美国国内的反华浪潮，尤其是在1882年通过《排华法案》之后，美国的亚裔始终处于严重的种族歧视之中。直到“二战”期间，为了巩固与中国的同盟关系，美国才废除了《排华法案》。在当代美国的国家叙述中，不同于黑人、白人和印第安人，亚裔始终处于外国人的角色之中。这种叙述反映在今日美国社会对亚裔的态度上，就是一方面美国的主流媒体把华裔和亚裔打造成“模范少数族群”，另一方面他们又始终把亚裔看作“永远的外国人”。到2020年，美国的亚裔人口规模已经达到了2017万，占美国总人口的比例从4.9%上升至6.1 %，华裔、印裔、韩裔、日裔、越南裔、菲律宾裔是人口规模最大的前6个族群，其中美国华人人数已经达到了约570万人，占美国总人口的1.7%左右。由于重视教育，工作努力，在政治上通常表现得温顺与理智，与“好斗”的黑人、“抱团”的拉丁裔相比，美国社会的亚裔一直被当作模范少数族裔。这也让亚裔对“平权”运动表现出一种类似白人的冷感。但这种冷感的形成其实有非常复杂的原因：其一，不同于黑人与拉丁裔，亚裔是高度分散的。东亚、南亚、西亚不同族裔之间存在着巨大的差异，这让亚裔难以如同黑人和拉丁裔一样形成强有力的集体行动。历史上的复杂恩怨让亚裔之间呈现出高度分裂的状态，华人、韩裔与日裔很少有往来，东南亚的华裔也通常与其母国的主体民族保持距离，甚至在同一族群内部还存在着明显的碎片化，比如越南裔就分为支持前南越政权的难民后裔、支持北越和现政权的移民后裔以及和双方关系都不融洽的越南华裔，又比如在北美华人圈的所谓新华人、老华人、广东人、福建人的各种区分，更不用说在北美华人圈根据移民途径是非法偷渡、家庭团聚、工作签证还是投资移民而产生的“鄙视链”。其二，亚裔内部的阶层分化十分明显。相比于开餐馆、打黑工起家的老亚裔，在1965年以后来的亚裔，特别是东亚裔中的大多数是经过美国移民制度“超高筛选”过的“高技术移民”。比如从中国出来的华裔移民中接受过大学以上教育的人占50%，而美国本国接受高等教育的人也只有总人口的28%，越南裔移民高等教育普及率达到了23%，远高于留在越南本国的5%。这意味着亚裔哪怕到了美国也可以凭借自身掌握的知识、技能、资金、人脉等资源接受优质的教育，从事体面的工作，生活在安全的社区，从而有能力避开美国底层少数族裔日常生活中频繁遭遇的种族歧视。其三，与黑人和拉丁裔不同，亚裔的大多数为第一代移民。2014年，美国有近1944万名亚裔，而其中1275万人为“出生时拥有非美国国籍”的“外国出生人口”，占全部亚裔人口的65.6%。这意味着，大多数亚裔都面临入籍或是拿绿卡的压力。和那些再怎么闹都是美国人的黑人不同，亚裔的违法成本更高。多达几十种罪名会导致移民被移民局认定为“不可入境”或“可被遣返”，移民们无法承受参加平权运动带来的法律风险。亚裔入籍往往需要经过非常漫长的等待。每年美国仅发放大约100万的永久居民资格。在最常见的亲属移民、工作移民两类中，印度、中国、墨西哥、菲律宾来的申请者往往面临短则五六年多则几十年的超长等待。即便是高学历的申请者也要经历1—6年的等待。其四，大多数亚裔第一代都成长于注重集体价值、强调服从权威的亚洲社会，他们缺乏参与政治的热情与经验，维权的意识也比较淡薄，对政治比较冷感。这让他们很容易把平权当作闹事而敬而远之。最后，大批在民权运动之后来到美国的高素质亚裔，能够迅速适应郊区白人中产的生活方式，他们更倾向于通过接受更多的教育和训练来适应，而不是改造美国这一高度种族化的社会。正是因为亚裔对平权运动的冷感，相对优越的经济状况以及保守的家庭价值观，长期以来，一直表现出某种亲共和党的倾向，但在近年来，美国国内对亚裔的歧视越演越烈，也让亚裔中认同民主党的比例快速升高。从 2019 年到 2020 年，美国针对亚裔的仇恨犯罪增加了 149%，全美 16 个最大的城市和县报告的针对亚洲人的仇恨犯罪同比上升 164%，这让越来越多的亚裔意识到反对种族歧视的迫切性，如我的一位朋友所说，虽然他烦透了民主党搞的 BLM 和 LGBT，但是底层白人对亚裔的仇恨让他只能把选票投给对少数族裔更加友好的民主党，这一点在年轻亚裔中表现得尤为明显。

四、精英化的犹太人

在美国的身份政治中，犹太人一直是一个敏感的话题。一方面，犹太族群在政治、经济、文化上都拥有巨大的能量，反犹言论仍然是一个可以直接导致社死的话题。比如著名的侃爷——黑人说唱歌手坎耶·韦斯特，一直因为其黑人身份而口无遮拦，但却因为反犹言论而遭到全面封杀；另一方面，犹太民族又的确是一个小民族，美国犹太人口约为 569 万，与美籍华人数量接近。相比于长期备受挤压的华裔，犹太民族为什么能够在美国呼风唤雨呢？这主要是因为四个原因：其一，自北美殖民地时代开始，盎格鲁－撒克逊新教徒的主要对手就是天主教而非犹太教，这让犹太人在北美地区可以摆脱那种在老欧洲所遭受的压迫。在老欧洲被视为最大异端的犹太人，在异端成群的北美大陆得到了前所未有的宽容，早在 1655 年他们就在荷兰殖民地——新阿姆斯特丹（后来的纽约）获得了公民权。其二，在重商的美国社会，犹太民族由于其商业传统而如鱼得水。犹太人注重族群、家族联系、重视教育的传统，让他们在美国与欧洲的贸易中脱颖而出，而亚洲与美国贸易的发展相对滞后，这让早期的亚裔很难有同样的历史机遇。其三，犹太人与华人虽然都被称为模范少数族裔，但与华人不同的是，自 1654 年首批犹太人定居美国开始，犹太人就积极参与政治。早在美国独立战争时期，犹太人就成为美国革命的积极参与者。以哈扬·所罗门为代表的犹太金融精英为独立战争募集了大量军费。在1781年到1784年间，所罗门掌管着大陆会议财政办公室，为独立战争提供了超过65万美元，他与华盛顿、杰斐逊、汉密尔顿都保持着密切的关系，甚至被称为美国革命的理财师。在“一战”期间，总计有20万犹太人为美国而战，在罗斯福新政期间，犹太人更成为新政最重要的支持者。强调大政府的罗斯福，更青睐于专家政治，这让犹太人迎来了从政的历史机遇，罗斯福的新政财政部部长就是犹太人亨利·摩根索，此外还有国会对外关系委员会主席布鲁姆·梭尔、驻法国大使施特劳斯、最高法院大法官法兰克福等许多犹太精英。在当时犹太人口不足美国人口总数的3%，但罗斯福任用的高级官员中，犹太人所占比例超出15%。可以说，犹太人成为美国政治中的重要力量始于罗斯福新政。也正因为此，犹太人在特朗普之前一直是民主党的坚定盟友，他们甚至称罗斯福为犹太人的救世主。在“二战”以后，犹太人因为以色列问题而空前团结，这极大地提升了犹太人的集体行动能力，“犹太联合会委员会”“犹太社团关系咨商理事会”“反诽谤联盟”等犹太组织成为美国最强大的利益集团。它们通过组织集会、游行、院外游说等方式推动着美国政府和主流社会对犹太和以色列问题的关注，并在美国的总统大选中发挥着重要的影响力。其四，犹太人在美国已经成为最为精英化的民族。一方面，犹太人是美国最重要的科技人才。60%的美国犹太人接受过大学教育，其中包括28%的硕士、博士，犹太裔院士占美国国家科学院经济科学部的40%，计算机与信息科学部的45%，数据与应用数学科学部的50%，美国诺贝尔奖获得者中40%是犹太裔（全世界有23%的诺贝尔奖获得者是犹太人或有一半以上的犹太血统）。另一方面，犹太人也对美国的经济，尤其是金融业有重要影响力。美国最顶级的富豪中有25%属于犹太裔，他们与新教白人精英集团一起控制了美国经济的命脉。除了科技与经济，犹太人在文化方面也有重要地位。在好莱坞，犹太裔的演员、导演与制片人构成了强大的利益联盟。

犹太人在美国参与政治有两个特点：其一是犹太人特别抱团。与分散的亚裔不同，犹太人不仅仅是肤色、血统或是地域的概念，而是一个与宗教、社群生活紧密相关的族裔。犹太人本身就意味着一种宗教、一种组织方式和一种生活模式。美国是世界上仅次于以色列的第二大犹太人国家，其国内的犹太人占全世界犹太总人口数的近 39%。美国社会虽然有世俗化、流动性强、个人主义倾向的特点，但这并没有改变犹太人的强大民族习惯。坦率而言，世界上融合犹太人能力最强的文化是中国文化，美国社会虽然可以包容犹太人，但是它始终难以融合犹太人。美国犹太人在文化、宗教、习俗等各方面都保持着“流而不散”的独立的民族特性，全美 520 万犹太人中有约 46% 的犹太人坚持在犹太会堂注册，有近 1 /3 到 1 /2 的犹太人常规性地参与不同形式的犹太活动。其二，美国犹太人的政治重心是以色列问题。美国犹太人与其他少数族裔一样，来自多个国家和地区。西欧的犹太人与东欧的犹太人，无论是在进入美国的时间还是其政治理念、经济状况上，都存在巨大差异。美国犹太人的团结，离不开 1948 年的以色列建国，东、西欧的犹太人为支援以色列建国的共同目标而迅速接近，并最终形成了“犹太裔美国人”。笔者的一位犹太朋友就对同为犹太裔著名学者的乔姆斯基对犹太复国主义的批判大为不满，他直截了当地表示，没有犹太复国主义就没有以色列，没有以色列就没有美国犹太人，所有犹太人都有两个祖国，一个是生活中的美国，一个是信念中的以色列。在罗斯福新政以后，犹太人曾经长期是民主党的坚定支持者，一方面是因为历史上的反犹惨剧让美国犹太人对少数族裔的公民权极度关注，而民主党在这一问题上比种族主义色彩日益强烈的共和党更值得信任。此外，美国犹太人与世界其他各国犹太人的最大不同就是前者获得了完全的公民权。另一方面，也是因为东欧犹太移民中有很多人都了解甚至深受社会主义、共产主义等左派思想的影响，这让他们更喜欢民主党。当然，对于罗斯福的感恩之情，也一直是犹太人对民主党慷慨解囊、坚定支持的重要原因。在 1916 年至 2016 年的 26 次大选中，有 24 次美国犹太人对民主党的支持率都高于其对共和党的支持，但是这种情况在奥巴马后期有了明显改变，这里的主要原因是奥巴马为了达成伊核协议，与以色列的关系日益紧张，民主党政府对内塔尼亚胡掌舵的以色列右翼强硬派政府的批评也日益公开。相比于奥巴马，特朗普则表现得极为亲以色列，他不仅在以色列扩建定居点、吞并巴勒斯坦领土等问题上大开方便之门，而且在耶路撒冷问题上为以色列提供了前所未有的复国机遇。这让许多美国犹太人对特朗普感恩戴德，也让一直以来坚定支持民主党的犹太社群发生了分裂。可以说，以美国国内民权问题为重的犹太人倾向于民主党，而以犹太以色列为重的犹太人则倾向于共和党。拜登政府的中东政策相对比较稳健，一方面，他虽然宣称要恢复奥巴马的伊核协议，但实际上却延续着特朗普对伊朗的严厉制裁；另一方面，他大力推动以色列与沙特走近，实际上是创造一个对以色列有利的中东和平。因此，犹太族裔很可能会恢复对于民主党的支持，尽管两头下注、广交朋友一直是犹太人在美国政治中长期以来保持的传统。

第三十章　被动摇的新教之国

美国各教派与总统大选

宗教对于美国有着极为重要的影响，甚至可以说美国的产生本就是宗教运动的结果。相对于已经高度世俗化的欧洲传统基督教国家，美国成年人信仰基督教的总人数却能常年保持在 80% 以上，其中持基督新教信仰的人数保持在 56% 以上，65% 的美国人属于某个教会团体，且每 10 个美国人中有 4 个每周参加教会活动。相比于基督教明显衰落的欧洲，美国社会为什么始终存在强烈的宗教热情其实是一个非常有趣的问题。这可能是因为，在美国并不存在一个类似于欧洲中世纪国家与宗教激烈竞争的历史时期。自异端教派移民北美大陆之始，地方自治与异端教派组织的结合就形成了一种不同于欧洲政治社会的宗教社会。美国政府尤其是中央政府发育的迟缓，让宗教身份在很长时期成了某种意义上的公民身份，马克斯·韦伯发现，在美国社会的私人往来尤其是商业往来中，“你属于哪个教派？”是一个总被提及的关键问题，在一个充满了陌生人的流动社会，新教教派的成员资格成了美国社会成员的信用资格与道德资格。对于商业生活中的陌生人来说，教派的成员资格，意味着人的伦理资格。如果是教派的一员，首先意味着已经通过了最严谨的背景审查。就此而言，我们似乎可以理解，为什么中国传统社会里很少会出现美国式的福音运动，而是更为灵活、宽松的禅宗成为主流，这可能是因为中国社会是一个以家族网络为资质担保的熟人社会，人们可以在孝的体系与家的网络里去完成社会成员资格的审查，而不必通过宗教的网络来完成社会化。在美国，政府治理体系的晚熟与熟人人际网络的缺失让“教派”成为某种排他性的社会网络。教派成员自发地寻求接纳并经受宗教考验，自觉遵守严苛的团体纪律。一旦他因为伦理过失而被逐出教派，不仅意味着经济上信用的丧失，而且还将面对社会地位的下滑。

虽然将美国的建国简单地描述为五月花号上的新教徒创造新世界的过程，对于天主教、犹太教等许多其他宗教来说是不公正的，但新教的确在某种意义上塑造了美国的核心文化。这里面大致有三个方面的原因：其一，新教将宗教权力从教会下沉到家庭，不仅有助于打破具有强烈封建属性的教区制度，而且更适应美国地广人稀、人员流动性强的具体国情。其二，新教将拯救的责任从教会转移到个人，从而让教徒有着强烈的个人责任意识与个人主义倾向，相比于天主教来说，新教打破了人—教会—上帝的传统关系，最大限度地释放了人，也让个人的财富、欲望最大限度地与宗教相适应。这种新教伦理对于资本主义早期发展的促进作用已经被韦伯在其名著《新教伦理与资本主义精神》之中详细阐述。其三，美国在进入工业化、城市化、现代化与多元化之后，宗教在不同历史时期以各种方式对社会矛盾进行了反应，美国社会的宗教热情始终是进步主义、保守主义等社会运动的重要驱动力。所以，尽管美国自建国以来就确立了政教分离的原则，但是美国的宗教始终是塑造美国最为重要的力量之一，并且它始终对美国的政治保持着强大的影响力。坦率而言，虽然政教分离与宗教信仰自由是美国社会最为重要的两条宗教原则，但这并非当年逃脱英国安立甘宗迫害的清教徒的初衷。尽管清教徒来到北美的原因是逃避宗教迫害，追求宗教自由，但他们追求的是自己的宗教自由。清教徒的专制主义倾向一点也不弱于迫害他们的安立甘宗，达则政教合一，穷则宗教自由，人类的宽容永远是均势与妥协的结果，而非仁慈与理性的选择。当新教徒在北美殖民地得了势之后，他们一样试图照搬欧洲大陆的政教合一与宗教迫害。五月花号订立契约的马萨诸塞殖民者，就发起了以残害妇女、侵夺财产为主要内容的美国宗教历史上最为臭名昭著的猎巫运动。在当时，反而是新教徒眼中的异端聚集地宾夕法尼亚、马里兰和罗得岛实行了宗教宽容。美国最早的宗教宽容法可以追溯到 1649 年安立甘宗控制的马里兰殖民地。即便是在启蒙主义思想的普及与第一次宗教大觉醒运动之后，美国建国一代的精英们虽然在宗教信仰自由上达成了共识，但是在“政教分离”的原则上却仍然存在分歧。美国的第 1 任与第 2 任总统乔治·华盛顿和约翰·亚当斯都认为，官方宗教制度是合众国的道德基础，华盛顿甚至明确要求美国军队要向上帝发誓。而之所以政教分离制度成为美国的立国之本，其主要原因是在于宗教信仰自由的支持者非常担心政教合一将会带来联邦权力对异端教派的迫害。所以在美国立宪之时，作为地方实力派同意成立一个联邦政府的交换条件之一，政教分离被写入了《权利法案》："国会不得制订设立宗教或者限制其自由实践的法律。"必须指出的是，尽管许多学者认为"政教分离"是美国宪法第一条修正案确定的原则，但事实上，在美国宪法第一条修正案中从来没有"政教分离"这个术语，在当时美国人更担心的是主流教派利用联邦权力对异端进行宗教迫害，因此相关的立法活动与其说是要让政治与宗教区分开来，不如说是要通过宪法以及修正案去保护异端的政治权利。比如美国宪法第六条第三段规定："参议员和众议员、各州议会议员以及合众国政府和各州一切行政、司法官员均应宣誓或郑重声明拥护本宪法，不得以宗教信仰作为担任合众国任何官职或公职的必要资格。"真正意图建立"国家与教会之间的分离之墙"实现政教分离的说法，其实是美国第3任总统杰斐逊在1802年答复浸礼会教徒有关宪法第一条修正案的提问时提出的。他在答复中写道："我以至高的敬意注意到全体美国人民宣布他们的立法机构不得'制定确立宗教或禁止宗教活动自由的法律'，因之在政教之间竖起了一道分离之墙。"这一说法更准确地讲是总统对于宪法修正案的个人见解。直到1947年，美国最高法院才在"艾沃森诉教育委员会案"中，对第一条宪法修正案中的宗教条款做出明确解释："不论州政府还是联邦政府，都不得将一个教会确立为州教或国教；不得通过援助一种宗教或所有宗教，或偏护某一宗教而歧视另一宗教的法律；不得强迫或影响某人违背本人意志加入或不加入一个教会，或强迫他宣布信奉或不信奉任何一种宗教。任何人不得因持有或宣布宗教信仰或不信教，去或不去教堂做礼拜而受到惩罚；不得课征任何数量的税收以支持任何宗教活动或机构，不论它们以任何名目出现，也不论它们采用任何形式传教布道。不论是州政府还是联邦政府，都不得以公开或隐蔽的方式参与任何宗教组织或集团的事务，反之亦然。"

然而有意思的是，政教分离的隔离墙与宗教信仰自由虽然是美国社会关于宗教信仰的两大原则，可两者的关系却十分暧昧。尤其是当政府机构、公立学校与宗教活动发生联系的时候，政教分离与宗教信仰自由就不可避免地会产生紧张关系。美国强大的宗教力量，一直希望能够对公立学校、政府机关传教，并认为这是宗教自由的一部分，而美国的世俗化力量则坚持认为政府机关和公立教育领域应严格使用政教分离的隔离墙，双方围绕这一问题一直在激烈博弈，其中最为典型的案例就是1962年引起全美震动的"恩格尔诉瓦伊塔尔案"，在1960—1970年代带有强烈自由主义色彩的沃伦法院顽强顶住了宗教保守势力对隔离之墙的冲击。在1980年代新保守主义兴起之后，通过南方战略重新占据优势的保守派强化了美国政治的宗教色彩，甚至连民主党的克林顿政府也必须对这一潮流做出让步。美国的政教分离政策也在这一时期受到了强大的冲击，美国国会曾在1993年通过了《宗教自由恢复法案》，它明确限制立法和政府对宗教实践的限制，规定政府要限制某项宗教实践的自由，必须符合两个条件：一是"国家的迫切利益"使然；二是这种限制应是权衡各种代价中最小的。克林顿政府则在1995年和1997年签署了两个对宗教活动在隔离墙内予以进一步放开的行政法案：《公立学校中的宗教表达备忘录》与《联邦工作场所宗教实践与宗教表达指导》。《公立学校中的宗教表达备忘录》主张：第一条修正案丝毫没有把公立学校变成无宗教区域的意图，公立学校的学生有权自由组织课余宗教祈祷和查经活动，有权在毕业仪式上祈祷，有权身着有自由的宗教信仰特色的服饰，基于宗教信仰的学生团体在享受校方提供的资金和设施方面同其他学生团体"机会均等"。《联邦工作场所宗教实践与宗教表达指导》规定：联邦各机构的工作人员有权在联邦工作场所自由地表达宗教信仰，并允许同事之间私下进行传教，要求各联邦机构应最大限度地提供宽松的环境以满足员工宗教表达的需要，各机构不得强制或禁止员工参加宗教活动，对员工宗教表达进行限制的唯一条件是员工的宗教表达妨碍了该机构的工作秩序和工作的正常开展。这一系列向宗教让步的法案激起了世俗派与自由派的强烈反弹，1997年6月，美国最高法院在"博恩市诉弗洛斯案"中以6∶3裁定国会的《宗教自由恢复法案》违宪，重新确立了政教分离的隔离之墙。

TIPS

公立教育中的政教分离"恩格尔诉瓦伊塔尔案"　本案起因是1958年纽约州拿骚县教育委员会根据州教育委员会的建议，在全县公立中小学校中推行课前祈祷，31字的祈祷词带有鲜明的基督教色彩——"万能的上帝，我们承认您是我们的依靠，祈求您赐福于我们、我们的父母、老师和国家。"以史蒂文·恩格尔为首的5名异教徒家长（他们分别是犹太教徒、唯一神教徒和无神论者）对此提出了强烈抗议。他们认为这一祈祷是政府试图向所有学生强制灌输基督教义，严重违反了《权利法案》所确立的政教分离原则。这一案件让美国社会卷入了“要上帝还是要权利”的争论之中。部分观点认为，课前祈祷并不违反政教分离原则，它的目的是进行道德教育，而不是让信仰其他宗教和持无神论观点的学生去接受基督教。这里的祈祷和美国法庭证人手持圣经发誓诚实、美国总统演讲以上帝保佑美国作为结束语一样，只是文化意义上的、道德意义上的而非宗教意义上的。最终，除保守派斯图尔特大法官外，其余参审的 6 名大法官一致认定，县教育委员会的行为违反了第一条宪法修正案的“禁止确立国教”条款。布莱克大法官在判决中表示，审查一项政府行为或法律是否违反了“禁止确立国教”条款，并不依赖于政府是否直接强迫人民信仰某种宗教或教派。只要政府以其权势、威望和财力支持了某一宗教或教派，就已经对其他宗教组织构成了“间接强制力”，并使它们在宗教事务中处于劣势。因此，这就违反了政府应在宗教事务中保持“中立”的宪法原则和《权利法案》所规定的“禁止确立国教”条款。联邦最高法院必须对此加以坚决制止，否则就会出现宗教或教派之间的相互“憎恨、不敬和蔑视”，甚至宗教迫害的潜在威胁也有可能化为现实，因为确立国教与宗教迫害往往比肩而立。

在 2020 年代的今天，美国社会并没有由于科技的进步、世俗化的发展而呈现出宗教衰落的态势，相反，由于社会的极化，宗教正在日益深刻地卷入政治的过程之中。在南方战略之后的几十年中，共和党与基督教右翼的捆绑，让其越来越成为保守的“宗教党”，也让美国的总统选举越来越变为价值观之战的宗教竞选。在 2016 年特朗普的胜选中，这一策略几乎达到了历史的最高点，但在 2020 年，这些曾经把特朗普送上总统宝座的基督教福音派保守势力虽然仍然对特朗普全力支持，却依然无法阻止在堕胎、性少数群体权利等重大议题上持自由派立场的天主教徒拜登，以至于有观点认为 2020 年大选是美国福音教派走向衰落的关键转折。

一、不断老化的美国新教诸派

历经200多年的发展，美国的新教主要分为八大教派：浸礼宗、卫理宗、长老宗、主教制教会（早期称“圣公会”）、路德宗、公理宗、摩门教和“五旬节派—灵恩派”。虽然天主教最近几十年因为拉丁裔的人口增长而快速增加，但总的来说基督新教仍然是美国民众宗教信仰的主流。其中摩门教和“五旬节派—灵恩派”信众的数量仍然在增加，其原因主要在于摩门教徒的高生育率与灵恩派在拉丁裔人群中的传播。在1970年代之后，新教中的自由派、基本教义派都呈现出下降的趋势，而以“全国福音派教会联合会”为代表的福音派则不断发展壮大，并在几十年间逐步取代了原有的主流教会（基督教自由派）成为美国基督新教中的主导性力量。在美国，87%左右的人口是各种宗教的信徒，而超过三分之一的美国人是福音派，其总数超过1亿人，据调查，在美国基督徒中的福音派占28.6%，天主教徒占24.5%，而基督教自由派信徒仅占13.9%。美国新教是宗教中的多数，而福音教派（Evangelicalism）则成为多数中的多数。所谓福音，在基督教语境中指的是关于耶稣的生平事迹和教诲，福音派的核心教义就是“宣示基督通过他在十字架上的受死而救赎以及个人对其永恒救赎之信仰的必要性”。在新教的发展史上，福音派出现于18世纪，它在思想上是“改革宗”神学与清教阿米尼乌派相结合的产物。福音派具有四个特征：皈依主义、行动主义、圣经主义、十字架中心主义。它强调要以积极行动来自我拯救，要严格遵循圣经，也正因为此福音运动从一开始就带有强烈的保守色彩与参与现实政治的倾向。从福音运动发展的历史与其政治主张来看，福音运动其实就是新教对于城市化、工业化的一种反应，一方面他们与时俱进，强调个人主义式的道德救赎，即所谓的认信皈依与灵性重生，另一方面他们又对城市化、工业化时出现的社会问题进行批评，强调用忠实于圣经的社会运动来避免社会的腐化与堕落。在欧洲的一些地区，所谓福音派经常被用来与天主教相区别，它一般被视为强调因信称义的新教的另一种称呼，使用福音派是为了强调新教的基本精神，即个人的救赎可以通过个人对圣经的信仰而实现。但是在美国，福音派的称呼则是用来区别于新教当中的自由派与基本教义派。在第一次大觉醒运动之后，来自英国的严苛的传统新教在北美广袤而自由的土地上出现了与时俱进的变化，逐渐转向了以灵性皈依、虔敬生活及福音见证为主要特点的福音运动，与在封建等级制度森严的欧洲强调自我觉醒的新教不同，在地方自治的美国，教会必须承担起对社会的责任。虽然信仰与救赎属于个人行为，但参与到社会改革运动中使社会道德实现转变，让更多的人感受到上帝的福音，则是美国福音派必须承担的历史使命。相比于欧洲的福音派，美国的福音派体现了强烈的进取心，他们致力于教育、办学、改变社会风气，积极支持参与了许多社会改革运动，如禁酒运动、女权运动、废奴运动等，并产生了深远的社会影响。简单来说，欧、美福音运动的最大不同在于欧洲福音派是在一个敌意的环境中，强调通过圣经的自我救赎，而美国福音派则从一开始就是在改革社会中来实现自我救赎。这种特点让美国的福音派对内热衷于社会变革，对外则热衷于宗教输出。今天美国人权外交、价值观外交的干涉主义倾向，从某种意义上来说也深受美国福音派的影响。

必须指出的是，当代美国社会的福音派与第一次宗教大觉醒时的福音派已经存在很大不同。在 19 世纪，随着自然科学和社会科学的发展，尤其是达尔文进化论的提出，福音派内部也围绕着如何处理宗教与科学的关系、是否坚守传统基督要义的问题而分裂为基本教义派和自由派两大阵营。自由派一度占据主流地位，该派在教义上强调社会正义和个人救赎，在社会问题上对同性恋、堕胎等议题持宽容态度，主要联合组织为“全国教会理事会”。自由派不再坚持传统的基督新教教义，将科学和新学说容纳到基督教信条中，改变了传统福音主义将上帝置于至高地位的做法，甚至把耶稣视为人而非神。这种做法尽管具有一定进步性，也调和了基督教与科学的紧张关系，但是这种做法却有一个致命的缺陷，那就是当自由派用科学性取代神秘性的时候，也瓦解了宗教的神圣性和大众对宗教的热情，并不可避免地带来了宗教的衰落。在 20 世纪初，新教内部的保守派和自由派发生了严重分裂，坚持新教传统信仰的基本教义派开始成为福音派的主流，基要派教会是与主流教会相对立而产生的，其代表性组织为“美国基督教联盟”，基要派认为《圣经》具有绝对权威且字字无误，他们坚决反对自由主义神学对正统基督教义的修改，要求维持圣洁的宗教生活以及《圣经》不可置疑的权威地位。基要派（Fundamentalism）的本质就是新教中的原教旨主义派，它有五条基本原则：其一，《圣经》无误；其二，基督乃童贞女所生；其三，基督乃为拯救人类而受难；其四，基督死后复活；其五，《圣经》真实可信。这五条基本原则充分体现了基要派的宗教狂热，但是与现代社会的科学进步存在着严重的冲突，甚至可以说反映了宗教极端派的愚昧与偏执。这种逆时代潮流而动的宗教激情可能在一时得势，但是随着社会教育水平、文化水平的提高，它却必然难以持久。拒绝时代进步的基要派，最终退出了社会生活的中心，沦为在小圈子里自我封闭、自我确信的边缘群体。随着基要派的衰落，更加开明、温和的新福音派开始出现。1942 年，新福音派成立了全美福音派联盟组织，1947 年，卡尔·亨利发表了《现代基要派的不安良心》，标志着新福音派与基要派的正式决裂。新福音派以富勒神学院为神学中心，决心寻找一条恢复传统基督教义的新路，一方面，他们拒绝基要派故步自封的狭隘状态，寻求与现代科学的调和，并能够适应更加多元的城市化生活，从而让新教在快速工业化、城市化的当代社会中实现现代化；另一方面，他们也不认同自由派新教淡化宗教色彩的做法，他们强调宗教对于社会的洁净作用，对于社会正义、社会道德的维护功能。从某种意义上来说，新福音派更接近基要派，但是新福音派更为灵活与温和，也更注重社会责任，这让新福音派在短短几十年间迅速成为美国新教最主要的派别。同传统的福音派一样，新福音派也是一个边界模糊的多样性宗教联盟运动，其特征包括四个方面：基督神圣、圣经无误、接受基督是救赎的唯一方式、坚信信仰并传播福音。1970 年代末以来，基督教福音派在道德多数派、700 人俱乐部、宗教圆桌会议 、基督教联盟等宗教组织的动员下积极介入政治，成为美国政治向右转的重要推手。福音派与共和党长期结盟，先后使共和党人罗纳德·里根、老布什、小布什和特朗普问鼎白宫，创造了一个新保守主义的高潮期。然而，在 2020 年大选中，基督教福音派并没有成为竞选中的决定性因素，除了特朗普的极度保守吓坏了中间选民的原因之外，一个更深层次的结构性原因是基督教福音派的信徒人数正在日益萎缩。据皮尤研究中心的调查，2019 年有 65% 的美国成年人信奉基督宗教，比 2009 年的 77% 下降 12 个百分点。其中 43% 的成年人是基督教徒，比 2009 年的 51% 下降了 8 个百分点。在 1928—1945 年间出生的美国人中，84% 信奉基督教，50% 每周至少上一次教堂；在 1946—1964 年间出生的美国人中，76% 信奉基督教，35% 每周至少上一次教堂；在 1965—1980 年间出生的美国人中，67% 信奉基督教，32% 每周至少上一次教堂；而在 1981—2000 年间出生的美国人中，只有 49% 信奉基督教，22% 每周至少上一次教堂。基督教福音派正在迅速地老龄化，其最大宗派美南浸信会信众数量已经连续13年下滑。基督教福音派正在成为老白人的宗教，这意味着它现在虽然可以通过高投票率来维系政治权力，但时间是它最大的敌人。再过10—20年，福音派的影响力很可能将为天主教所超越。除了福音派之外，新教的两个新兴派别摩门教和灵恩派也值得关注，因为这两个派别，前者还在保持人口增长，后者则在拉丁裔、亚裔中拥有较大的影响力。摩门教兴起于19世纪上半叶，正式名称为“耶稣基督后期圣徒教会”，虽然它在教义方面和基督教联系密切，但由于它早期奉行“一夫多妻”制，自奉先知，因此长期被视为异端。虽然近几年中，摩门教徒的社会地位有了很大提高，但还不足以成为重要的政治力量。值得高度注意的是灵恩派，它在最近几十年的发展势头很猛，而且对天主教群体也有很大的渗透力。灵恩派起源于20世纪初的五旬节派，在1960年代因灵恩运动而得到很大发展，在1980年代又因新灵恩运动发展出新灵恩派。

五旬节派—灵恩派 该派与摩门教的创教有类似性质，就是传教者自认为受到神启而创设新派别。在1906—1909年期间，洛杉矶市的一位黑人牧师威廉·西摩根据《新约》中《使徒行传》的内容，发起了“阿祖撒街复兴”运动。其最大特点是要求信徒说方言，因为《使徒行传》中有“于是他们都被圣灵充满，就照着圣灵赐给他们的话，开始说出别种语言”的说法。这种传教方式，非常有利于在美国的非英语人群参加宗教活动，所以在拉丁裔与亚裔当中得到了发展，更成为美国向非英语地区传教的主力军。该运动由于强调所有基督徒都应寻求“灵洗”和灵洗后“说方言”，故得名“五旬节派”。五旬节派最大教会之一的神召会于1914年成立，这也标志着五旬节派运动正式发展成为一个新的基督新教派别。在1950—1960年代“灵恩运动”不再单一地强调“说方言”的重要性，而是注重圣灵给予信徒的各种“恩赐”，这让它对天主教的渗透力大为增强，“灵恩运动”迅速扩散到各大天主教会和东正教会中，得到了不少传统教会信徒相当程度的认可，自称为“灵恩派”信徒的传统基督徒迅速增加，独立的“灵恩派”教会也纷纷出现。在1980年代，灵恩派结合大众传媒，以非教会、独立灵恩派团体的方式推动更加大众化、平民化的传教潮流。美国四大著名的电视福音布道家都是灵恩派信徒，其中的帕特·罗宾逊还曾参选1988年共和党总统候选人提名。灵恩派的主要特点是教义简单、不重外在仪式而重视信徒以感性方式表达内在的宗教体验，因此它对底层蓝领阶层、移民群体拥有更强的影响力。由于灵恩运动专注在穷人中传教，并且灵活地与当地传统信仰相结合，其在亚非拉地区大获成功。其中最具代表性的当数韩国和巴西，韩国的灵恩派教会信徒已超过100万，巴西人口的1/7是五旬节派信徒，1/3是灵恩派信徒，合计占到巴西总人口的近一半。

灵恩派又被称为复兴主义，它已经成为当代基督宗教中增长最快的派别，其在亚洲的韩国、非洲的肯尼亚、南美洲的巴西都已经成为最重要的宗教派别。有学者认为，复兴主义者可能已占到全世界基督徒的1/4，而且在继续保持高速增长。该派在神学教义上大致在福音派与基要派之间，都强调所谓“圣灵的恩赐”。与福音派主要为保守白人不同，灵恩派包括了大量拉丁裔与亚裔，目前占美国总人口也接近23%。灵恩派在价值观上与福音派较为接近，他们通常持强烈的道德保护主义立场，强烈反对同性恋并主张积极参与政治。作为美国移民的主体，新近的拉丁裔移民中有大量的灵恩派信徒，这也意味着灵恩派将成为重要的保守拉丁裔的政治力量。在2020年大选中，至少有76%的基督教福音派投了特朗普的票，其中主要为白人福音派教徒，黑人新教徒则主要支持民主党。民主党的拜登所吸引的宗教选票主要来自天主教，这和拜登自身是虔诚的天主教徒有关。不过，自从1980年以来，民主党和共和党就存在明显的“宗教差距”，即越信教的越支持共和党，越不信教的越支持民主党。

二、持续增长的天主教

与更加本土化的新教徒相比，天主教体现了比较强的移民色彩。早期天主教移民主要来自爱尔兰、德国、意大利、法国和波兰，“二战”以后的天主教移民主要来自墨西哥等拉美国家。天主教进入美国可以追溯到1565年西班牙人在佛罗里达建立的第一个永久定居点圣奥古斯丁。在北美殖民地时期，占统治地位的新教对于天主教高度警惕并进行了宗教迫害，除了宾夕法尼亚州对天主教比较宽容以外，北美殖民地都将天主教视为不受欢迎的异端。到独立战争时，北美13个殖民地的天主教徒一共才25000人，仅占当时人口的1%。直到19世纪，随着德国、东欧及南欧各国的天主教移民大批地涌入美国，天主教才发展起来，但即便天主教在1950年代已成为美国最大的教会，其在美国政治上也长期被边缘化。

直到1960年代，约翰·肯尼迪当选美国总统，天主教会才逐步成为影响美国政治的重要力量。与派系林立，分散性的新教相比，由于在老欧洲有着长期实践，天主教在组织性、系统性、层级制的建设上有其自身的优势。尤其是作为二等移民，他们更需要加强组织建设来争取与新教徒的平等地位。因为早期的天主教移民主要来自爱尔兰，美国的天主教会早期基本上复制了爱尔兰的天主教会，但随着不同地区的天主教移民的进入，天主教的美国化也在发展。天主教会一方面不断加强教区的集权，将教会的管理权从老移民理事手中转移到统一培训出的美国本土主教手中，另一方面则在教义、宗教仪式上不断调整，逐步适应了美国社会的新现实，并与新教达成了和解。在1884年的第三届美国主教全体会议，又称巴尔的摩会议上，美国总统阿瑟和数位内阁成员出席了会议的开幕式，即将上任的新总统克利夫兰也致信表示祝贺，标志着美国天主教会作为一个美国化的宗教利益集团，已经开始得到美国社会的尊重和承认。这种美国化的进程，对于天主教摆脱新教徒对天主教属于“外国人势力”的疑虑极其重要。在1898年的美西战争中，美国天主教会不惜激怒梵蒂冈教廷，也无条件支持了美国对天主教西班牙的军事行动，虽然这一本土化的进程最终为梵蒂冈所压服，但却是美国天主教会对美国社会递交的投名状。在第一次世界大战期间，美国天主教会通过对战争的坚定支持，完成了和美国社会的彻底融合。在当时，由于相当一部分美国天主教徒是德国移民及其后裔，加之爱尔兰移民传统上的反英情绪，使得美国天主教徒在战争初期大多同情德国一方，然而在“卢西塔尼亚号”事件发生以后，随着美国正式参战，包括德国移民在内的广大美国天主教徒坚定地站在了美国一边。天主教以举办祝捷弥撒、为前方士兵祈祷、鼓励教徒认购战争债券等方式表达对美国的支持，并在1917年成立了以团结天主教徒力量，支援战争为目的的“天主教战时联合会”。在1930年代罗斯福新政期间，由于在社会改良方面立场接近，民主党与天主教逐步走近，天主教开始在政治中产生更大的影响。尤其是在1931年，教皇庇护十一世发表《四十年》通谕之后，美国民主党政府与梵蒂冈关系有了很大改善，这更有利于美国天主教会在宗教与政治之间发挥自己的重要作用。

TIPS

《四十年》通谕　通谕继承了利奥十三世要求实行温和改良的社会立场，表达了天主教对于新政的支持，有利于民主党巩固其在爱尔兰、意大利、波兰等东南欧天主教工人群体中的支持度。由于美国天主教会在当时与工人运动联系紧密，这种改良主义的立场对于美国推进新政改革，有很大的作用，所以当时还在竞选总统的罗斯福立即做出回应，称这一通谕为“现代最伟大的文献之一”。

“二战”以后，来自东欧、亚洲、拉美的移民成为美国移民的主流，其中大量为天主教徒。与早期爱尔兰裔天主教徒不同，这些天主教徒大多数不说英语，其融入美国社会面临更多的问题。在这些天主教徒中尤其是亚裔与拉丁裔，比英语天主教徒更加需要教会的保护与帮助。以我在美国的亲身体验来说，在美华人通常与华人教会发生紧密联系的原因，不是因为这些人在大陆期间就是教徒，而是因为在美国生活的实际需要。华人教会提供的社交资源、互助与情感联系是大批深受无神论教育的大陆移民加入教会的最主要原因。我曾经在威斯康星州的麦迪逊市长期生活，在当地华人教会每周五的学习会上，我总能看见一位老同志大声与信徒们辩论，强调这些东西都是迷信，我当时很好奇地问了神父两个问题：“他根本就不信，为什么还要来？”“他几乎就是来砸场子的，你们为什么还要欢迎他来？”神父也是一位大陆背景的名校理科生，他笑笑说大部分大陆的教友都是因为寂寞和无助才来教会的，并不是因为他们信教。对于这位老同志来说，每周五的这一次学习，是他非常重要的精神生活，平时他的子女上班忙，社区里中国人又少，他不会英语，几乎没有社交。而教会之所以欢迎这位砸场子的老人，是因为天主教会一直以提供社会服务作为吸引教徒的重要方法，宗教是精神空虚的富人可有可无的朋友，却是生活窘迫的穷人必不可少的庇护者。教会欢迎不信教者出于功利目的来参加教会活动，因为这本就是宗教发展教徒的最重要的机会。我现在还记得他自嘲地笑了笑说："我当初参加教会活动，一个原因是想找女朋友，一个原因是这家教会的饼干比其他教会的饼干好吃。"随着拉丁裔、亚裔移民的增多，天主教的影响力也不断扩大，考虑到这两个群体是美国社会中生育率最高的群体，相比于严重老龄化的新教，天主教似乎拥有一个光明的未来。目前天主教徒占总人口的比例已经达到1/3，其中30岁以下的占31%，30—49岁占38%，50岁以上占31%。尤其是在教育方面，天主教一直保持着兴办中小学的传统，在美国的私立中小学中，有超过一半是天主教主办，这非常有助于他们发展壮大。有观点认为在2020年大选中，拜登战胜了特朗普也是天主教对福音派的胜利。因为拜登可能是历史上最为强调宗教色彩的民主党候选人，和有意淡化天主教色彩的肯尼迪不同，拜登甚至故意突出其虔诚天主教徒的身份。甚至有观点认为，对拜登而言，其获得选民支持的因素不在于他"天主教色彩过重"，而在于"天主教色彩不足"。相比于新教福音派，美国天主教会与民主党保持着较为密切的同盟关系，对于民主党候选人通常比较支持。但在堕胎问题上，天主教会与民主党的激进左翼关系一直紧张。在1984年大选中，民主党就因为在堕胎问题上过于激进而与天主教会产生了激烈冲突，并最终影响到了大选结果。但是如果不是在生命权这样的原则问题上产生不可调和的冲突，天主教徒即便在社会议题上的看法靠近福音派，但他们仍然会支持民主党，这就是美国政教关系中非常耐人寻味的"保守但民主党"现象。

三、两面性的伊斯兰教

当前美国穆斯林人口为600万或700万，其政治影响力相对较弱。美国社会在“9・11”后的确存在较为普遍的恐穆症问题，但总的来说美国的伊斯兰教仍然处于不断发展壮大之中。美国伊斯兰问题的特殊性在于，它既有移民问题的一面，也有本土黑人伊斯兰运动问题的另一面。穆斯林向美国移民可以追溯到19世纪末到20世纪初，当时由于奥斯曼土耳其的衰亡以及亚非拉地区的动荡，大量来自北非地区、黎巴嫩、叙利亚、土耳其、阿尔巴尼亚、印度等国的穆斯林移民涌入美国。1915年，阿尔巴尼亚穆斯林在缅因州的比德福特建立了美国的第一个穆斯林礼拜地点。1919年，第一个穆斯林协会在密歇根州的底特律的高地公园成立。在“二战”以后，伊朗、伊拉克、埃及、黎巴嫩、阿富汗、土耳其、阿尔巴尼亚、亚美尼亚、波黑等地的穆斯林构成了美国穆斯林中的外国移民主流。这些人群长期处于美国社会的边缘状态，而且由于这些族群彼此之间充满了矛盾，他们往往各自形成封闭性的小圈子，缺乏政治上统一行动的能力。在美国，具有真正政治行动力的穆斯林群体是美国本土的伊斯兰皈依者，尤其是黑人皈依者。以“美国摩尔人科学圣殿”和“伊斯兰民族”为代表的黑人伊斯兰运动，将伊斯兰教作为斗争工具介绍给了城市底层的美国黑人，以此来推进美国黑人民族意识的觉醒。尤其是在1960年代民权运动之后，大量的美国黑人改信伊斯兰教，并把伊斯兰教作为美国黑人民族主义与白人基督教文化一争高下的宗教武器。在这方面，最著名的代表就是拳王阿里。拳王阿里原名凯瑟斯・马塞勒斯・克莱，他在1964年2月25日成为世界重量级拳击冠军，为了抗议美国社会严重的种族歧视，表达黑人独立的民族意识，他在第二天改名为穆罕默德・阿里，而在那个时代，不管是在与福尔曼还是弗雷泽的比赛中，他更多被视为代表非洲而非美国参赛。必须指出的是，相比于穆斯林移民，美国的伊斯兰体现出强烈的异端性，这也是美国伊斯兰运动与非本土的穆斯林移民难以整合的根本原因。美国的穆斯林移民大部分属于逊尼派和什叶派，但是本土化的美国穆斯林主要是被伊斯兰道德理论吸引，或是喜欢伊斯兰教教义中神秘的部分。美国伊斯兰更接近带有神秘主义色彩、被逊尼派和什叶派都视为异端的苏菲主义，而美国的黑人伊斯兰则更是深受伊斯兰异端教派阿赫迈迪亚运动的影响。

印度阿赫迈迪亚运动 该运动是由米尔扎·古拉姆·阿赫迈德在旁遮普地区发起。来自农村的阿赫迈德教士在1889年宣称得到了真主的启示，自称为新先知，并且还是伊斯兰教、基督教和印度教三种宗教的先知。他称自己是伊斯兰教的马赫迪、基督教的弥赛亚和印度教的克里须那神。这种变异的伊斯兰，本质上是伊斯兰教、基督教和印度教的混合，它自然被伊斯兰视为异端。尤其是他否定了伊斯兰主流社会关于穆罕默德是最后一位先知的正统，这让他遭到了逊尼派的强烈反对。1914年，在印度处境艰难的阿赫迈迪亚运动逃亡到了美国，并将英文版的《古兰经》带到了美国。这一运动由于印度传教士的英语水平和其有色人种身份，而在美国底层黑人中获得了成功。

美国的黑人伊斯兰组织的成员大多是来自黑人聚居区的底层阶级。由于无法和白人宗教竞争，黑人伊斯兰将传教重点放在了被社会遗弃的妓女、骗子、罪犯、酗酒者、瘾君子和失业者等群体上。其中，黑人“伊斯兰民族”组织最独特的招募方式在于面向监狱招募组织成员，目前伊斯兰教是美国囚犯中增长最快的宗教。黑人伊斯兰长期以来对美国政治保持批判姿态，但近10年来也开始试图进入主流政治，并在一些黑人聚集区域产生重要影响。黑人伊斯兰与民主党的激进左翼保持着某种同盟的关系，其代表人物就是与特朗普对骂的著名穆斯林民主党女议员伊尔汗·奥马尔。

参考文献

迈克尔·J. 克拉曼：《平等之路：美国走向种族平等的曲折历程》，石雨晴译，中信出版社，2019。

余卉：《“消失”的浪潮——战后美国劳工女权主义的兴起》，《世界近现代史研究》第15辑。

张聚国：《19世纪30年代末美国有关女权的争论》，《世界历史》2013年第2期。

李会欣：《二战后美国劳工运动的变迁》，《当代世界社会主义问题》2001年第1期。

雷雨田：《论美国基督教女权运动的兴起与发展》，《广州大学学报（社会科学版）》2003年第3期。

冯剑侠：《“发声”作为一种抗争：#MeToo 运动中的情感劳动》，《新闻界》2019 年第 10 期。

王晨晨：《“禁酒令”与美国卡彭集团的兴衰》，硕士学位论文，兰州大学，2021。

雷志伟：《白人至上与恐怖政治：第二次三 K 党运动的兴起》，硕士学位论文，江西师范大学，2018。

王衡：《超越“左”与“右”——国家自主性视角下的美国进步主义运动》，《天津行政学院学报》2013 年第 4 期。

王茂生：《美国禁酒立法的过程及启示》，《政治与法律》2011 年第 9 期。

小夏：《从街头到谈判桌——美国劳工运动发展的一点启示》，《南风窗》2007 年第 9 期。

李强：《当代美国保守主义思潮研究》，《当代美国评论》2019 年第 4 期。

杜华：《道德与政治：19 世纪 30 年代美国废奴运动的起源和特征》，《世界历史》2023 年第 1 期。

陈君静：《关于美国“丢失中国”的讨论及其影响》，《宁波大学学报（人文科学版）》2000 年第 4 期。

蔡宝刚：《“旋转门”调控与法治化反腐——美国经验与中国借鉴》，《法学》2010 年第 1 期。

曾凡锋：《美国利益集团游说政治及其治理研究》，博士学位论文，河北师范大学，2018。

石庆环：《美国利益集团游说高级职业文官现象的历史考察》，《辽宁大学学报（哲学社会科学版）》2009 年第 5 期。

崔恒：《政治民主与政府效能的冲突与平衡——基于美国利益集团参与政治过程的一项研究》，博士学位论文，武汉大学，2010。

陈潇：《利益集团与美国农业资源环境保护政策演变研究（1933—1996）》，博士学位论文，辽宁大学，2020。

崔妍、李刚：《利益集团游说的力量——评〈游说与政策制定：私人利益的公开角逐〉》，《智库理论与实践》2021 年第 4 期。

Peter ladicola：《意识形态以及利益集团在美国智库运转中的角色》，《经济论坛》2015 年第 12 期。

顾美红、张明菊：《美国利益集团政治与政党政治关系比较研究》，《哈尔滨工业大学学报（社会科学版）》2003 年第 4 期。

胡果：《利益集团对美国竞选活动的影响》，硕士学位论文，湖南大学，2009。

James West Davidson, et al., *Nation of Nations: A Narrative History of the American Republic*, 6th ed., Boston: McGraw-Hill, 2007.

Jack L. Walker, “The Origins And Maintenance of Interest Groups in America,” *American Political*

Science Review, vol. 77, Issue 2, 1983, pp. 390–406.

Francis Fukuyama, *Identity: Contemporary Identity Politics and the Struggle for Recognition*, Profile books, 2018.

Samuel P. Huntington, *Who Are We?: The Challenges To America's National Identity*, Simon and Schuster, 2004.

Raphael Sonenshein, *Politics in Black and White: Race and Power in Los Angeles*, Princeton University Press, 1993.

Ken Kollman. *Outside Lobbying: Public Opinion and Interest Group Strategies*, Princeton University Press, 1998.

Allan J. Cigler, Burdett A. Loomis, and Anthony J. Nownes (eds.), *Interest Group Politics*, Cq Press, 2015.

Sidney Tarrow, *Power in movement: Social Movements and Contentious Politics*, Cambridge university press, 2022.

Jeffrey M. Berry, and Clyde Wilcox, *The Interest Group Society*, Routledge, 2015.

Daniel Kanstroom, *Deportation Nation: Outsiders in American History*, Harvard University Press, 2007.

Earl Black, and Merle Black, *Politics and Society in The South*, Harvard University Press, 1987.

第七部分

美国的暴力机器：军队、情报、警察与私人武装

施密特曾经冷冷地说过，国家的本质是紧急状态。或者说，在紧急状态之下，国家的本质才会更狰狞和真实地展现在人们面前。现代国家的文明之处在于，一方面它尽力避免紧急状态的出现，并尊重与保障私人空间；另一方面它尽可能地让统治者的暴力规则化、客观化与法治化。然而这样的一种平衡却很容易被两种情况打破，一种是国家的不断扩张，带来内政与霸权的撕裂，罗马共和国的公民军队最终成了罗马帝国的蛮族雇佣军；一种是国内矛盾的不断激化，带来社会内部日常的内战状态，维护秩序的警察最终成了武装到牙齿的军队，并让日常状态成为一种战争状态。而这正是美国暴力机器在其发展中表现出的两个趋势。在攫取全球霸权的道路上，美国的军队由淳朴的民兵发展成为世界第一军队，在社会治安严重恶化的情境中，美国的警察正在成为另一支强大的军队。美国的暴力，已经成为最能够反映美国社会的本质与变化的观察对象。

第三十一章　从地方民兵到帝国军队

美国军队的发展历程

美国建国246年的军事发展历程，大致可以分为六个时期，分别是建国时期、内战时期、第一次世界大战时期、第二次世界大战时期、冷战时期、后冷战时期。在这六个时期美国经历了独立战争、美墨战争、南北战争、美西战争、“一战”“二战”、冷战、海湾战争、反恐战争、阿富汗战争等多次重大军事斗争，美国的军队也在应对不同军事挑战的过程中，逐渐发展壮大与变革。在不断与不同对手的较量中，美军不仅从地方上的自治民兵逐渐成为全球第一的战争机器，而且也让美国形成了一个对政治具有重大影响力的军工复合体利益集团，这也让美国越来越表现出好斗、好战的倾向。

一、从民兵到帝国军队：“二战”以前美国的军事发展与特点

美国最早的军事制度源于英国的民兵制度，而英国的民兵制度甚至可以追溯到都铎时代。由于常年受到维京海盗的侵袭，英国逐渐形成了全民皆兵的军事制度。自中世纪开始，每一个身体健康的成年男子都要在农闲时期接受军事训练，以便有事时被召集保卫国家。在国家财力薄弱，难以供养职业军队的时代，这种军事制度具有很大的优越性，它既可以节约费用，也可以使全民都接受军事训练，以保障在大战时有充足的兵员供应。在英法百年战争期间让法国人闻风丧胆的英国长弓手其实就是这种制度的产物。在英国，这种制度与封建制度结合在一起，一般由军事贵族领主充当骑兵与领导，由农民充当步兵与弓手，而在没有封建制度的北美殖民地，这种民兵制度逐渐演化为由自治地方议会召集与控制，由武装平民组成的自治民兵制度。相比于英国的民兵制度，北美民兵制度具有两个完全不同的属性：其

一，不同于军事贵族对民兵的掌控，北美民兵是文官治军，议会是军队的掌控者。这一特点一直延续到今日的美军。而之所以会这样，乃是因为从英国逃难而来的清教徒始终铭记着在老欧洲的漫长历史中，常备军对平民的残暴压迫。无论是英王还是克伦威尔，只要军队不为人民所控制，那军队就是国家的主人而非卫士。其二，北美民兵具有强烈的民主色彩。民兵制不是以封建制中农奴—领主的依附关系组成，而是以平等公民的普遍兵役为基础，民兵军官是选举产生的。今天的人们往往很难理解美国社会对于民兵制度与持枪权利的执拗，但如果我们知道了民兵就是美国的起源，北美殖民地从创立伊始，就是一个全民皆兵的准军事社会，那么我们就可以理解为什么在今天民兵与持枪权仍然被很多美国人视为立国之本。

在独立战争之后，美国人为是否保留常备军进行了激烈的争论。以杰斐逊为代表的民兵派主张撤销常备陆军，保持最低限度的海军。这一看法在视常备军为自由之威胁、财政之重负的建国一代中颇有市场。事实上在《巴黎和约》签订的第五天，在英军还没有撤离的情况下，华盛顿的大军就已经就地解散不复存在了。当英军撤出纽约时，大陆联军只剩下总计 600 人的一个步兵团和一个炮兵营。由于在财政上已经破产，美国国会要求除了在西点保留 55 名、在匹兹堡保留 25 名列兵以及相应的军官以外，尽可能解散军队。由于在解散过程中，没有给予军官、士兵相应补偿，甚至差点引发兵变。在这个关键的时刻，以华盛顿、汉密尔顿为代表的强军派扭转了美国去军事化的进程，获得了美国军队建设的主导权。华盛顿和汉密尔顿指出，虽然远离欧洲，美国的安全形势得天独厚，但美国周边仍然存在欧洲列强的殖民军队，美国的海外贸易仍然受到欧洲海上强国的掣肘与威胁。因此，美国不仅要有一支常备陆军，而且也要有一支强大海军。这种看法在第二次美英战争后逐渐成为全国共识。为了解决常备军与人民自由、国家财政的关系，美军的建设从建国一代开始就树立了三个基本原则：

其一，华盛顿原则：军队必须正规化，国家要有常备军，海军不可或缺。民兵是立国之本，军事教育是国家安全的重要支撑。

其二，杰斐逊原则：文官治军的原则。军队独立于政党政治，始终受文官控制与监督。

其三，汉密尔顿原则：规模弹性原则。在财政平衡的原则下，军队的规模是富于弹性的，在战争时期，军队可以迅速扩大起来，在和平时期，又可以迅速缩小到最经济、最节约的规模。这一原则不仅有利于国家财政，而且也有利于打破军队内部的利益固化，为新变革与新军种的建设创造有利条件。美国“一战”“二战”之后的大裁军以及冷战后美军预算、规模、军种的快速调整都是这一原则的体现。

西点军校的创立与美国将官的培养　西点军校其实名为美国陆军军官学院，在美国独立之后，重视军事教育的华盛顿就想在西点建立一所全国军校。西点位于哈德逊河西岸，原为一处要塞，战略位置重要，在这里开设军校不仅可以培养军事人才，而且一旦真有大事，也可以拱卫政府。在 1802 年，美国国会通过了军校建设法案，法案明确指出，学校校长应由工兵主任担任。乔纳森·威廉斯为首任校长，在他的领导下，西点军校很快发展成为美国著名的工程和科学教育机构，但在军事战略战术方面却进展不大，在整个 19 世纪前 50 年，西点毕业生修建了美国大部分初始的铁路线、桥梁、港口和公路。在南北战争以后，西点军校才开始突破仅培养陆军、工兵军官的办校方针，逐渐成为一所名副其实的高等军官学府。第一次世界大战后，名将道格拉斯·麦克阿瑟出任西点校长。他提出了“应着眼于不断变化的世界，着眼于复杂的未来，着眼于军事技术和装备的不断现代化”的原则，大大开阔了美国军事的视野，使美国军事教育实践开始由面向国内问题转向世界性问题，极大地提升了西点军校的现代化。当代美军高度重视职业军官教育，从预任、初级、中级、高级直到将官级教育，已经形成了完整的体系，而且其将官课程的教学模式非常灵活，美军自中级教育普遍采用了研讨会的形式并拒绝低效的灌输教育。美军高级军官往往是以类似普通大学访问学者的身份参加将官教育，通常要求在参与教育实践的基础上，在学期结束后以研究报告的形式进行总结。其教育与研究的重点包括：1）国家安全政策的过程，尤其是支持国家安全和国家军事战略而采用的国家权力工具的整合；2）协调联合条令和联合作战艺术；3）如何整合各军种和跨部门、跨国军事力量来实现国家安全目标；4）如何运用跨国作战空间系统来支持地区战略；5）理解国防采办项目和政策以及它们是如何加强联合军事能力的；6）分析军方与内阁级部门、国会、国家安全委员会、国防部机构和公众之间的关系。这些培养内容已经不再局限于军事技术，而是综合政治、军事、经济乃至文化的大培养模式，其目的是培养文武双全、纵横军政的美军高级将领。

尽管在第二次美英战争之后，美军走职业化的道路不可逆转，但是直到经历了美墨战争、南北战争和美西战争三场大战，美国的整个战争体制才彻底从民兵体制转型到职业军队的建设中。其中美国经历了三场非常重要的制度改革，包括：1）门罗政府时期的以建立职业军官体制和集中指挥机制为目的的卡尔霍恩改革，卡尔霍恩所建立的基本体制，包括一个由在华盛顿的陆军部部长领导的部级业务机构，一支分别编入各地区司令部的野战军，一支战时可扩充的军队，保留一批规模较大的训练有素的军官队伍，作为战时部队的基础。2）林肯政府时期以总体战为指导的美军军事战略改革。“总体战”思想最先由林肯在美国内战期间提出，他强调“要发动一场彻底击败南方的战争，也就是发动一场无限期的战争。不仅要打击南方军队，还要打击南方人民并摧毁他们的意志”。北方名将格兰特和谢尔曼进一步把战争的目的从消灭敌军发展为摧毁敌人进行战争的资源，这种战略思想的改变深刻地改变了美军作战的模式，并成为“一战”“二战”美军制定战争战略、夺取战争胜利的核心逻辑，直到今天还对美军保持着深刻的影响。格兰特认为，取胜的关键就是对敌人的武装力量及其资源继续不断加以打击，凭借消耗迫使它投降。谢尔曼则更进一步指出，战争不仅是在和敌对军队作战，而且是在和敌对人民作战。我们必须使他们不分老幼、无论贫富都感到战争的以及有组织军队的无形力量，从而丧失战争的意志。3）麦金莱政府时期以推动总统战争体制、进行现代化军事体制改革为目的的鲁特改革。改革后，总统被认为是国家政策的主要制定者，而不仅仅是国会意志的执行者。由总统更多地掌管使用军队，意味着军官无权同国会内的各个集团保持广泛的、单独的、个人的联系，彻底结束了建立在地方自治民兵基础上的传统军事体制，对军队与民兵进行了正规化、集中化、标准化的改造，将民兵改为国民警卫队，使其正规化程度大大提高，并随时可以离开家乡投入海外作战。

“一战”期间，美国军队走出了极为重要的两步，第一步就是美国第一次向总体战国家转型，美国的军工复合体由此而生。第一次世界大战极大地推动了美国军政商三界的联盟，这个联盟的标志就是1914年12月美国“国家安全联盟”的成立与1916年的《国防法》《扩军法》《海军法》的制定。美国彻底走出了民兵时代，而代之以军工复合体支撑的举国战争体制。美国国会颁布了一系列增税法令，在印花税、酒类、娱乐、保险、通信、交通等方面增税，其中对于私人公司的所得税甚至加倍征收。美国政府成立了运输局和国防委员会，统一协调陆海军的防务，处理交通、内政、商业、工农业、军需和劳工等各项重大事宜。美国第一次开启了国民经济转入战时体制的总体战动员。第二步就是美军第一次登上了顶级战争舞台，并与顶级对手德国而非西班牙、墨西哥对抗，在现代战争中强化了战争的技艺与对现代战争的理解。在这场战争中，美军从一支以海军为主的边缘列强的防御性军队成了一支能够独立进行大规模海外作战的帝国军队。尽管在“一战”以前，美国就成了世界头号强国，但在军队建设上，美国的存在感仍然是偏弱的。相比于欧洲列强的军队规模，美军长期处于较小的规模。美军总体上而言仍然是一支以海军为主的军事力量，即便打败了西班牙，但是美军陆军仍然被外界视为难以进行大规模作战的军队。从某种意义上而言，在“一战”后期潘兴将军所领导的美国远征军，对于美军来讲是一次跨时代的转折：其一，美军以独立身份而非混编补充身份参与了世界大战，并与最强大的德国陆军直接对抗，这极大增强了美军争霸世界的进取心。在美军参战初期，英法的意图只是把美军作为补充力量编入自己部队，以弥补沙皇俄国崩溃之后的战力损失。一方面，在英国人看来，运送一个携带全部编制装备的满编美军师的运输量是单纯运输支援部队的4倍，所以他们只计划在3个月内，以每月12万人的速度从美国仅运送步兵和机枪手到欧洲。另一方面，英法要的与其说是美军，不如说是美国士兵。英法认为美国的士兵勇敢、淳朴，但军官则是一群没见过世面的土老帽，美军单独成军根本无法对抗身经百战的德军。以潘兴为代表的美军将领，在充分认识了美军的不足之后，通过大规模提高训练质量，仿照英法的参谋制度重组参谋体系，加强后勤体系，让美军的大规模海外作战能力有了质的提高。尤其是在“一战”中，美军首次形成了一个陆海空三军一体的综合作战体系，它是美军在现代意义上的首次联合作战。在联合作战中，美国海军完成了反潜作战、远洋护航、运输部队、炮火支援等任务。空军也参加了警戒侦察、战略轰炸以及配合地面部队发动攻击等任务。这是美军现代联合作战的首演，极大地提升了美军对现代战争的理解，而在不久之后的“二战”中，美军对日作战战略的制定就是这种理解的直接体现。

“一战”之后，美军血战的成果在很大程度上被伍德罗·威尔逊的理想主义所葬送，这也是美国国内孤立主义迅速反弹的重要原因，但已经成为全球头号强国的美国，已经在为下一次大战做准备。从某种意义上来说，美国在“二战”期间的一系列重大战争技术变革都已经在这段时间开始酝酿，美军从“一战”中的“实习生”，逐渐变成了现代战争中的领跑者。美军在陆海空三军协同作战、以航空母舰为核心的大舰队海空立体作战、空军作战、坦克为主的机械化作战思想、情报战、后勤战等方面，都有非常重要的成果。但最重要的，首先是美国在战争策略上相比于“一战”的“替补队员”，有了核心球员般对于比赛整体理解上的提高。美国的“二战”战略采取的是先欧后亚的方针，即先打败德国，然后再打败日本。之所以会采取欧洲第一的战略，主要原因在于美国军政精英意识到，相比于亚洲地区，欧洲地区对于美国更加重要。如果英国被打败，美国将没有基地和德国在欧洲作战，甚至将直接面临德国的兵锋。美军意识到，战胜德国才是战争的主要目的，美国的主要军事投入必须在大西洋和欧洲。1940 年 6 月，法国投降之后，美国一面通过了《两洋海军法案》，抓紧打造两洋舰队，一面修订其亚太战略，以放弃菲律宾的代价来实现战略上的灵活性。美军意识到，在欧洲战局尚未明朗之前，美军只要在阿拉斯加、夏威夷和巴哈马运河一线保持战略防御即可。美军在那时就已经意识到，为了腾出更多的精力与日本海军进行决战，可以牺牲在菲律宾的美军。而在海战中击败日军以后，美军可以通过截断日军后援的方式，让日军在太平洋上占据的岛屿成为使他们困饿而死的墓地。与互相拆台的日本海陆军不同，早已通过军事改革解决了权力集中与协同作战的美军，在战略上表现得更为清晰与连贯，美国海军放弃了直接进攻西太平洋的计划，而等待陆军能够在欧洲大局已定的情况下，抽出资源配合西太平洋上的两栖作战。而之所以美军敢采取这种战略，核心原因在于美军相比于日军有着巨大的资源优势，一场漫长的消耗战对美军更加有利。美国军政高层对战争的总体考虑是依靠战略优势弥补美军战役战术能力不足，进而取得最终胜利。美国的煤、原油、钢铁、炮弹的产量分别是日本的11倍、222倍、13倍和40倍。美军倾向于以消耗战来减少快速决战中的不确定性，在美日的战争中，这种策略大获成功。在太平洋战争第一年，日本是表现更为优秀的一方，美国丧失了约40%的主力舰，日本只丧失了约30 %，但是美军很快建造了更多的战舰，日本却难以从损失中恢复。1943年美国建造了22艘航母，而日本只建造了3艘。美国的国力让美军越打越强，在战前美军只有18万人，在1945年美军达到了1200万人。美国完成了国家的进化，它能够充分将国力转化为可怕的战争实力，而这一点比任何名将都更能决定现代战争的结果，如罗斯福总统曾说的那样，日本输掉太平洋战争的时间，是它的商船队的损失大于其替代能力的时候。

二、新的对手、新的变革：“二战”后美国的军事发展

美军军事体系的构建与变革有一个非常重要的特点，那就是确定主要威胁，设定预期目标，提出解决方案。其本质是将国家安全目标作为初始输入和逻辑起点，将上一层级的解决方案作为下一层级的预期目标，通过逐层迭代式追问，推导出对军事能力建设的各层级要求，最终实现对军事能力体系的完整构建。这是一种体现了美式实用主义风格的应变模式。在“二战”以后，美国的军事制度经历了重要变化。这里面有三个重要的原因：

其一，随着“二战”后欧洲列强的衰退、瓦解和被整合进美国的全球体系，陆权大国苏联、俄罗斯、中国逐渐成为美国的主要对手或假想敌。不同于德国与日本，苏联、近20年崛起的俄罗斯与中国是一种美国在“一战”“二战”中从未遇到过的对手，它们不仅地域广大、人口众多，而且是有着漫长海岸线的陆军强国。大陆强国固然在其海外市场上有重大利益，但它们却有可能长时间脱离外循环，以内循环实现生存，这使得美国的海洋优势难以充分发挥，美国制海权的优势仍然是一种重要的进攻武器，但在对方已经具有了在核能力上毁灭美国的情况下，美军必须调整其传统战略观念以适应这种新的格局。在“二战”之后，美国不断调整其军事制度，其中最为重要的几次改革分别是：

1. 1947—1949 杜鲁门政府时期：全球帝国安全观推动的军事变革。杜鲁门政府通过 1947 年《国家安全法》以及两年后的《国家安全法修正案》，重塑了美国政府制度和社会结构，为与苏联的军事竞争奠定了基础，其实质是美国针对历史上一个完全不同类型的对手苏联，建立了一种新型举国体制的军事制度。其内容主要包括：1）完成了军事集权从州—联邦—国会—总统的最后一步，建立了总统领导下的统一的国防部，对各军种山头林立、恶性竞争的问题进行了彻底改革。国防部由文职国防部部长领导，下设陆军部、海军部、空军部，以及由国防部部长直接控制的战争委员会、参谋长联席会议、军需供应委员会和研究与发展委员会。国防部部长作为总统在国家安全政策方面的首席助手，全面负责国防事务。

战争委员会	以国防部部长为主席，成员包括陆军部部长、海军部部长、空军部部长、陆军参谋长、海军作战部部长和空军参谋长。功能：向国防部部长提供政策建议。
参谋长联席会议	包括陆军参谋长、海军作战部部长、空军参谋长和陆海空三军参谋长。在当时，参谋长联席会议并没有今日之强势，而只是一个规划、协调和咨询部门，并不具有指挥和执行功能，下设联合参谋部。
军需供应委员会	负责向国防部部长提供关于军需生产、军需采购和军需分配方面的政策建议。
研究与发展委员会	围绕军事科学技术方面向国防部部长提供政策建议。

2）完成了国家总体安全观在制度上的体现，设置了国家安全委员会与中央情报局。理顺了国家安全、军事事务与情报工作的关系。国家安全委员会由总统、副总统、国务卿、国防部部长、陆军部部长、海军部部长、空军部部长、国家安全资源委员会主席组成，总统还可以指定各行政部门部长、军需供应委员会主席和研究与发展委员会主席参加会议。其职能主要是向总统提出有关国家安全的内政、外交和军事政策的综合建议。中央情报局是设置在国家安全委员会下的情报机构。国家安全委员会虽然在功能设置上只是一个国家安全的协调机构，用来协调各军种和各部门间的关系，但是由于其与总统关系密切，后来逐渐发展成为具有强大影响力的实权部门。

参谋长联席会议　参谋长联席会议的出现主要是为了解决在1899年美西战争中，美军暴露出来的陆、海军之间缺乏协调、各自为战的问题。美军最初设立了陆海军联席会议，但该委员会自始至终都是一个咨询机构委员会，几乎沦为形式。在“二战”中，为了协调统一英美两国军队，英美两国创立了英美联合参谋会议，负责指挥两国军队协同作战。为了美军自身的协同作战，同时将空军力量能够纳入协同作战，美军也创立了参谋长联席会议，陆海军联席会议则逐步淡化。参谋长联席会议在战时重点指挥美军协同作战，为总统提供军事建议。“二战”结束后，参谋长联席会议被保留了下来，作为总统、国防部部长、国家安全委员会的军事咨询顾问，并成了美国永久性法定机构。1952年，海军陆战队司令被批准参加参联会的大部分会议，1978年成为其正式成员；2012年根据《国防授权法案》的规定，国民警卫队局长成为参联会的正式成员。目前，美军参联会由主席、副主席、陆军参谋长、海军作战部部长、空军参谋长和海军陆战队司令以及国民警卫队局长组成，所有任命均由总统提名并经参议院批准。主席由军队高级将领担任，是美国总统、国家安全委员会和国防部部长的首席军事顾问；其他成员是各军种中军衔最高的现役军人，接受国防部和各军种的双重领导。隶属美国国土安全部的海岸警卫队司令亦可列席参谋长联席会议，享受参联会成员待遇。联合参谋部是参谋长联席会议的常设机构，由参联会主席全权领导，其总部设在五角大楼，由国防部四大军种的人员组成。联合参谋部主任由参联会主席征求参联会其他成员的意见后提名，经国防部部长同意后任命，其职责是协助参联会主席管理联合参谋部。联合参谋部下设诸多职能委员会：联合需求监督委员会、联合物资优先调配委员会、军事通信—电子委员会、联合国军事参谋委员会美国代表团、北约军事委员会美国代表团、美加永久防务委员会、美加军事合作委员会、美洲国家防务委员会美国代表团、美墨联合防务委员会和国家图像测绘局国防部用户管理委员会。这些委员会主要由将级军官组成。联合参谋部共设1个管理部和8个职能部。管理部由联合参谋部秘书办公室、审计办公室、支援勤务办公室、保密办公室和信息资源管理办公室构成。8个职能部包括：

人力人事部	部长办公室、军事秘书处、人事战备处、人事勤务处、联合人力管理处和牧师办公室。
情报部	部长办公室、行政支援参谋部、副部长办公室及所属处。
作战部	部长办公室、军事秘书处、5个副部长及所属处。
后勤部	部长办公室、军事秘书处、后勤战备与需求副部长办公室、医疗战备处、美国运输司令部司令联络办公室、海事管理局联络办公室、后勤战备中心、机动处、发展处。
战略计划与政策部	部长办公室、管理处、军事秘书处、政策计划组、欧洲安全问题美国代表、欧洲盟军最高司令部美国军事代表、6个副部长办公室及所属处。
指挥、控制、通信与计算机系统部	部长办公室、项目与预管办公室、C4评估处、军事通信—电子委员会、军事秘书处、3个副部长办公室及所属处。
作战计划与联合部队发展部	部长办公室、军事秘书办公室。
部队结构、资源与评估部	部长办公室、军事秘书处、联合战区空中与导弹防御组织、资源与采购管理办公室、战斗识别与评估处、3个副部长办公室及所属处。

2. 1953—1958艾森豪威尔政府时期：冷战压力之下的集权改革。在冷战的压力下，艾森豪威尔政府在1953年、1958年先后通过了《第6号国防重组计划》和《国防部重组法》与美国军事制度的变迁，进一步解决了美国与苏联军事竞争当中存在的权力分散、效率低下、各军种相互掣肘的问题。其内容主要包括：1）强化了国防部部长在后勤体系和动员体系中的权力，将军需供应委员会、研究与发展委员会、防务供应管理局等钱袋子部门的权力转移给国防部部长。从而不仅让文官背景的国防部部长可以制约军队中的骄兵悍将，而且也可以避免各军种在经费分配、武器开发、后勤补给上的冲突与扯皮。2）强化了国防部部长对联合参谋部的控制能力，参谋长联席会议选择联合参谋部主任必须通过国防部部长确认。这实际上意味

着在人事制度上建立起政治对业务的绝对控制。3）加强参谋长联席会议主席的权力，以解决各军种之间的山头主义问题。参谋长联席会议的成员分别来自陆、海、空军，其成员选拔机制由各军种推荐，变为由参谋长联席会议挑选，由参谋长联席会议主席选定，并经国防部部长的确认。这极大地强化了参谋长联席会议主席的权力，使其从形式上的协调者，逐渐变为实质上的领导者。

3. 1980 年代里根政府时期：联合作战时代的军事制度调整。随着战争技术的进步，尤其是各军种联合作战的需要，里根政府通过《戈德华特—尼科尔斯改组法》进行了军事制度上的重大变革。这是美国军事制度史上具有划时代意义的制度调整，它对美国军事制度产生了深远的影响，并直接延续到今天。其内容主要为：1）开启了强势参谋长联席会议主席模式，突出了职业军人在军事体系中话语权的上升。虽然在制度上规定，国防部部长可以通过提供书面政策建议的方式，影响参谋长联席会议和各军事部门，但是为了适应不断专业化、科学化的现代战争，作为业务干部的参谋长联席会议主席的权力被极大地提高了。该法案规定参谋长联席会议主席是总统、国家安全委员会和国防部部长的首席军事顾问。这在制度上保证了军队将领对总统和国防部部长的影响力，从此以后参谋长联席会议主席由务虚的协调官员，成为美国战争体制中重要的核心领导者之一。除主席之外，参谋长联席会议还设有一名副主席，为了避免打破各军种在权力结构上的平衡，参谋长联席会议主席和副主席不得是同一军种的成员。2）反映了现代战争的新趋势，一方面，空军的影响力空前提高，甚至被视为最重要的决胜力量，另一方面，针对大国无大战，代理人战争、特种战争成为大国对抗的重要形式，特种部队的地位获得了正式认可。3）以作战司令部为基点，打破了各军种的条条框框，建立了以作战任务为导向的联合作战机制。除非国防部部长另有指示，联合作战司令部辖区内的一切军队都应该归属于司令部司令，并接受联合作战司令部而非各军种指挥部门的指挥。这一作战模式在后来美军针对伊拉克的沙漠风暴作战中取得了显著的效果。

4. 1990 年代中后期的克林顿政府时期：美国的科技强军时代。克林顿政府时期是美军现代化升级的重要时期。美军在这一阶段开始聚焦于信息技术在军事中的广泛应用，其重点在于发展改进型信息、指挥和控制的能力，以提升联合行动的水平。在这一时期，美军建设了一批高技术的作战平台和武器装备。经过克林顿政府的推动，美国军事现代化取得了显著的成就，一大批新式武器和作战平台被研制出来，并在科索沃战争中取得了显著战果。

5. 反恐战争时期的布什政府：打赢未来战争的调整期。基地组织策划的“9・11”恐怖袭击事件对美国的国家安全观以及相应的军事制度产生了深刻的冲击。美国政界、军界对于未来美国面临的威胁以及军事上的对手进行了全面的反思。在拉姆斯菲尔德担任国防部部长期间，对于美国在未来威胁主要来自何方、未来战争对手主要是谁、未来战争的形态以及未来美国主要面对的战争任务都有了广泛的讨论。由于当时中美在反恐中有广泛的成功合作，俄罗斯也尚未复苏，美国在缺乏大国对手的情况下，将其未来威胁主要放在非传统安全威胁之上，因此这一时期的美军建设思想与美国建国以来都是以大国为假想敌的传统并不一致（建国初期以英法西为假想敌，“一战”以德国为假想敌，“二战”以德日为假想敌，冷战以苏联为假想敌）。在这一时期，美军在战略上更多是在为反恐战争和小范围地区冲突做准备，在战术上则延续了克林顿时期重视高科技强军、大力推动部队联合作战的惯性。

6. 以中国为假想对手的后反恐战争时期：以亚太地区为重点，以中国为主要假想敌的军事调整。自布什政府中的反恐防长拉姆斯菲尔德卸任，罗伯特・盖茨上任以来，美国在国家安全方面日益以中国为假想敌。造成这种情况有三方面的因素：一方面是美国的霸权战略无法容忍中国崛起对其全球体系的挑战；一方面是美国一贯以大国为对手的国家安全传统的复归；一方面也是因为美国军工复合体希望通过一场新的军备竞赛乃至冷战来维持既得利益。与关注非传统威胁的拉姆斯菲尔德不同，罗伯特・盖茨认为美国军事改革的目的是满足美国打赢当下战争和赢得未来挑战的需求，尤其是应对新兴大国的挑战，而在资源有限的情况之下，美国军事力量的变革就必须完成在诸多不同目标之间的再平衡。盖茨认为，在美国经济实力已经没有以往那样绝对优势的情况下，美国不能再简单依靠提高国防预算来消除国家安全风险。美国必须确定优先事项，进行各个不同目标之间的权衡。新防务战略起决定性作用的原则就是平衡，美国要在三个方面取得平衡：在力图战胜当前的冲突和准备应对其他突发事件之间取得平衡；在诸如镇压叛乱、向外国提供军事援助等制度化功能和保持美国对其他军事力量既有传统优势及战略性技术优势之间取得平衡；在保持使美国武装部队成功的文化特征和摆脱那些阻碍他们需要做的事情的文化之间取得平衡。说白了就是美国不再是无所不能的，不能再用不惜一切代价的思路去同时追逐所有目标，必须有取舍。这一所谓的再平衡思路深得奥巴马的青睐，并成为奥巴马再平衡战略的重要基础，这也让他成为第一位在不同政党政府中连任的国防部部长。

奥巴马在盖茨的再平衡基础上提出了自己的再平衡战略，而这一再平衡战略实际上是对美国自冷战以来的国家安全战略进行了结构性重塑，并对中美关系造成了深远的负面影响。奥巴马政府认为反恐战争已经成为鸡肋，在中国强势崛起的背景下，美国应该以亚太地区为重点。他的再平衡主要包括四个方面：在当前紧迫的需求和未来最可能出现和最致命的威胁之间寻求新的平衡；在应对传统国家威胁和新型非国家行为体威胁之间寻求平衡；在提升军队投送能力、慑止侵略以及援助潜在威胁中的盟国和伙伴国与应对空海一体战、远程打击、太空和网络空间威胁之间寻求平衡；在完成在当前的战争中取胜、预防和慑止冲突、准备在多种应急行动中击败敌人并取得成功、维持和加强“全志愿兵役制部队”四大优先目标之间对资源和风险进行平衡。说白了就是三句话：反恐不得不反，中国一定要防；其他问题可以妥协，重大问题不能让步；现在的军事遏止要进行，未来的军备竞赛要开展。奥巴马政府的这一再平衡战略，并不是他个人的突发奇想，而是美国各界精英在美国陷入衰落焦虑和中国崛起的大背景下的某种共识，这一战略实际上在特朗普、拜登政府时期也得到了延续，甚至在后拜登政府时代也很难有根本改变。造成这一现象的原因主要在于：一方面，进入 21 世纪以来，美国在欧洲方向压力明显减小，俄罗斯虽然在 2008 年俄格战争以后保持着进取态势，但美国已经确认其真实实力根本不足以对美国造成威胁。俄罗斯仅仅是美国用以凝聚欧洲，压制欧洲自主的外部工具，而非美国的战略对手。在俄乌冲突之后，美国对俄罗斯这种战术上重视、战略上轻视的态度表现得日益明显，甚至即便俄罗斯在俄乌冲突中表现得如此强硬，美国人也仍然将中国而非俄罗斯视为主要对手。另一方面，中国的强势崛起让美国在亚太地区的霸权受到了重大挑战，而这一地区不仅是全球最为重要的贸易区、经济区，也是最有可能挑战西方中心的地区。美国不能接受在此区域的威权受到挑战，更不能接受这一地区在未来形成新的全球中心。

在“再平衡战略”的指导下，美国在反恐战场以及全世界诸多热点地区包括中东、东欧进行了有意识的收缩，以相对克制、离岸平衡的策略来节约战略资源，而在亚太地区则大幅加强军事力量，表现出强烈的扩张趋势。在奥巴马—特朗普—拜登时期，美军完成了冷战后最大的军力调整，在亚太地区部署了一半左右的海上力量和三分之一左右的空中力量。一方面，美军加强了与韩、日、澳等国的军事整合，力图打造围绕中国的遏制链；一方面，美军在西太平洋地区精心构建了三段防御链条。第一段，主要依托在东北亚、东南亚的盟友体系，沿东北亚、东南亚一线配置，以日韩“小北约”、新加坡—菲律宾为两个防御集群，以中国台湾地区为连接点。美国在新加坡修建了规模庞大的自动化地下弹药库，将菲律宾重新纳入美军的“基地圈”，并与泰国扩大了在军事基地和军事设施上的合作。第二段，则是沿关岛及澳洲基地群一线，以关岛为轴心，充分发挥澳洲基地群的补给、支援和作战保障的作用。美军在关岛基地群配备大量军力，重点包括 CH–60 型重型运输机和 B–2 型新型战略轰炸机。第三段是所谓的最后防线，类似于“二战”时美军对日本制定的防御策略，主要是沿阿拉斯加、夏威夷基地群一线配置。这三段式配置，既强化了美军在区域的力量存在，也平衡了“收益”与“支出”的矛盾，进则依托盟友制造钓鱼岛—台湾—南海方向的摩擦，退则回到“二战”时期美—英—澳的最后防线，即拜登时期组建的所谓 AUKUS 同盟。在奥巴马—特朗普—拜登时期，不管是奥巴马的“亚太再平衡”、特朗普的“以实力求和平”还是拜登的“理性强硬”，其军事调整以中国为中心是一致性的。围绕这一战略目标，美军在战略上，强调通过在全球范围内遂行一体化作战行动，维持在范围、规模和持续时长方面都完全不同的冲突中，取得压倒性胜利所需的能力、体量和战备程度。在战术上，则围绕“打赢未来战争”积极推进“武器精确化”“作战信息化”和“战场无人化”，在近几年，美军不断演练针对新兴国家的“反介入”和“区域拒止”战略，其用意已经十分明显。美军以中俄为假想敌，已经在准备 2025—2040 年的未来战争，提出了“多域战”概念，即在未来对地区大国的战争中，美军要打破军种、领域之间的界限，将各种力量要素融合起来，在陆海空天网各作战域以及电磁频谱、信息环境和认知维度等领域密切协同，实现同步跨域火力和全域机动，实施一体化攻击。值得强调的是，“多域战”的最主要假想敌就是中国，甚至隐含了干涉中国统一的军事意图。美军意识到与以往遇到的任何对手不同，中国人民解放军是一支无论在战力还是在战争资源上都与美国势均力敌的对手，所以它必须通过合成兵种来协调实施作战行动。在未来 15 年可能的大国战争中，一场军事行动所涉及的领域将会包括地面、空中、海上、太空、网络空间、电磁频谱。美军在面对前所未有的强大对手时，要在建立具有弹性的作战编成，加强盟友协同，运用合成兵种在太空、网络空间和其他竞争性领域如电磁频谱、信息环境以及认知维度上取得优势，最大限度地利用所有领域，综合运用火力、电磁、网络和心理等各种打击手段以获取战争胜利。笔者现在还记得，在 2017 年美国陆军训练与条令司令部（TRADOC）司令帕金斯提出美国陆军未来“多域战”的八大关键能力，即跨域火力、作战车辆、远征任务指挥、先进防御、网络与电磁频谱、未来垂直起降飞行器、机器人 / 自主化系统、单兵 / 编队作战能力与对敌优势时，还有人怀疑美国人是不是在制造概念，但是正在进行的俄乌冲突已经向我们展示了这种现代作战理念对于战争的巨大改变。

其二，在经历了“一战”“二战”与冷战之后，美国的军工复合体逐渐成形，并对美国的国内政治、经济产生了重要的影响。尽管军工复合体一词是冷战期间艾森豪威尔总统在告别演说中首次提及，也因此被视为冷战的产物，而且冷战的持续也的确强化了这样一种围绕军备竞赛而存在的举国体制，但其实这种体制最早甚至可以在“一战”中发现雏形。1916 年在美国参战前夕，美国军政商精英逐渐达成共识，那就是欧洲的战事表明，世界大战与以往的战争最大的不同在于，它是一场举国体制的总体战，在一场军事胜利中，工业生产应当与策略或战略处于同等甚至更为重要的位置，而一旦发生战争，美国政府不可能在没有私企的情况下，承担为军队提供武器弹药及装备的重任。美国政府必须主要依靠民营工厂获取军用物资，私营工业将是主要的军需品供应者。一方面，这种结论里面当然有资本家试图通过国家战争获益的动机，但是另一方面，这也的确是由美国政府权力不足、资源不足的现实所决定。所以，为了准备迫在眉睫的世界大战，美国国会在 1916 年的《军队拨款法》中规定：创建由 6 名内阁官员组成的国防委员会，充当总统的工业动员问题的顾问团，同时设立国防顾问委员会作为国防委员会的咨询机构，其 7 名成员主要是领取 1 美元年薪或者无偿奉献的商界精英。这个法案将战争从军人的事业变成了军人与商人共同的事业。在 1918 年，伍德罗 · 威尔逊总统把战时工业委员会从国防委员会中分离出来，置于自己的直接控制之下。他任命华尔街人士伯纳德 · 巴鲁克为主席，负责管理战时物价、调配战争资源、处理劳资纠纷、同盟国贸易等重要事务，在战时工业委员会中还吸纳了陆军部与其他机构的代表，以便于军、政、商三方的接触与沟通。这一重要平台的塑造打破了三方的行业壁垒，促进了共同利益的形成，也塑造了美国的“军工复合体”。在第二次世界大战中，罗斯福政府在全面推行战时统制经济的过程中基本照搬了伍德罗·威尔逊政府的做法，甚至有过之而无不及。持续时间更长，动员程度更大的“二战”，让美国形成了以军方为最大消费者和雇主的大军事经济，战时政府总支出是3158亿美元，而陆军的开支高达1799亿美元，海军的开支则为839亿美元。在这个过程中，军界和工业界通过承包军事合同结成军事同盟，在美国经济和政治中的影响日益扩大，美国庞大的战争机器与美国社会的经济紧密地嵌套在了一起，成为美国生活的永久组成部分。

TIPS

艾森豪威尔谈军工复合体　“现如今，一支巨大的军事力量和一个庞大的军火工业相结合，在美国是史无前例的。它的全部影响，经济的、政治的，甚至精神的，在每座城市、每个州议会与联邦政府的每间办公室都能感受到。我们承认这种发展具有绝对必要性，但不应忽视其严重影响。它囊括我们的辛劳、财富、生计，乃至整个社会结构。在政府层面，我们必须阻挠军事—工业复合体追求不正当的影响力，不论它是有意还是无意。僭越权力现象灾难性上升的趋势已经存在，并将继续存在着。我们绝不能让这一联合体的势力危害我们的自由和民主进程。”

当“二战”结束，旋即冷战来临的时候，在美国已经存在着一个非常强大的从军事紧张甚至军事冲突中获益的军、政、商联盟。与许多国家国防工业主要依靠国有企业不同，美国以私人企业为主要供应商的军需模式，在战争结束之后将面临巨大的产能过剩，并引起一系列上游、下游的大危机，这也是美国“一战”之后大萧条的重要原因之一。由于在“二战”时期，美国成为全球反法西斯联盟的兵工厂，美国的军工产业在战争期间成了产能远远大于美国自身需求的庞然大物。在“二战”结束以后，如果美国政府采取与“一战”结束时一样的收缩战略，美国有可能将面临再一次的大危机。虽然，美国“二战”以后的旺盛需求在很大程度上为军转民提供了需求，坦克厂可以转产汽车，炸药厂可以转产化肥，但是这仍然不能够缓解战争行业的巨大利益损失，以及由此带来的巨大社会矛盾。只有冷战才能够解决军工产能过剩的根本问题，甚至相比于热战，这种军工生产对人类造成实际的破坏力要小得多。毕竟这种需求不需血流成河作为代价，而只是需要充满敌意与紧张的军备竞赛。冷战不是战争，而是一种生存状态，一种经济模式，美苏双方皆投入庞大资源进行军备竞赛，而相关的军工利益集团则几乎是最大的获益者。在军事采购上，依据美国国家审计局统计，美军对军工企业采购的主要项目为军机采购，主要飞机制造商大约有 20 多家军工企业，负责美国空军的战机制造、研发。其后依次为电脑装备、飞弹、海军船舰、陆军坦克、弹药与其他武器。除了这些主要一线武器制造商外，在美国各州还有数千家次要承包商或合作厂商，这创造出 300 多万人的就业机会与经济商业利益。更重要的是，相比于热战中资源分配的紧迫性与现实性，冷战还带来了对于更加不确定的科技研发的大量投资。大量的科技投资，在正常社会中很可能由于其不确定性而被搁置，但在冷战中，只需要一句“敌人正在研究”的理由就可以获得国家的赞助。依据美国国家审计局的官方统计，美国的军事研发费用年平均高达 243 亿美金，其中孕育了诸如互联网、卫星通信等未来改变人类社会的伟大技术，但也不乏特异功能、人兽杂交、联络外星人、发掘读心术这样充满着愚昧、诈骗、浪费与腐败的项目。

冷战与技术进步　冷战极大刺激了人类对于科学技术的研究，里根政府的“星球大战计划”甚至奠定了克林顿政府时期美国高新科技产业的基础。美国在弹道导弹技术、卫星通信、遥测技术与电子作战等相关领域的科技成果，由于美国特有的以私有企业为主承担军需的体制而顺利地融入民用的科技发展，带动了美国高新科技产业的崛起。但值得强调的是，这里面重要的原因是美国独特的军工产业造成了军民两用科技使得军事生产无法形成单一封闭的技术领域，这让军民技术的融合变得十分容易，而其他国家则在军民融合上面临更大的困难。比如美苏的卫星科技都受益于冷战时期的太空竞赛，但最终只有美国的卫星科技被广泛用于商业性质的通信与资源探测，而苏联的科技则始终被隔离于高度机密的军事领域之中。更值得注意的是，如果说以前的军民融合是军用科技应用于民用领域带来社会经济的进步，那么今天的军民融合则越来越表现为高科技私人企业的技术成果向军事领域转化，极大地提升军队的高科技战力，而这让美国人的军民融合研发体制体现出更大的灵活性，这在俄乌冲突当中表现得非常明显。

随着军工复合体的影响力逐渐深入美国的国防、内政与外交体系，美国的军事行动与军备竞赛就成为美国经济与政治中最为重要的内容之一。注意，这一复合体不是由制造死亡的商人与军队高级将领勾结而成的阴谋集团，而是由与国防及太空利害攸关的经济、政治等利益集团自然形成的爱国主义联合体。它包含军方、军火商、工会和国会议员、劳工领袖甚至科学家。行政部分内的军事机构、工业和商业、国会、学术和科学团体都从制造敌人、战胜敌人的过程中受益。通过巨大的军费支出，美国政府甚至获得了额外的经济调控职能，它可以通过充当“投资者”“消费者”的双重角色，来平衡区域发展的不平衡，带动落后地区经济的发展。在联邦制的美国，这又进一步催生了中央—地方围绕军费而组成的政治同盟，落后区域内的城市集团主动与军方和工业界联合起来，以政治交换来争取国防预算，大力吸纳各类军事资源，并将其转化为促进城市快速发展的强大动力。最常见的就是地方通过无偿捐赠大片土地，改造与扩建相关的基础设施来吸引军方。在这场竞赛中，议员、政客、商人、劳工领袖乃至大学校长、夜店协会都积极进来。这样军工复合体不仅仅是一个利益集团，它甚至成了美国社会本身。

美国的国防采购小史　“二战”前，美国政府内阁设有军事部和海军部两个军种部，军事部统辖陆军和陆军航空兵，海军部统辖海军与海军陆战队，在装备采办方面没有统一的全军统帅和集中领导机构，两军种部各

设有独立、完整的采办管理机构，两军种之间沟通较少，仅设一个“陆军与海军联合委员会”用来联络与协调。1958年以前，美国的国防采购主要根据1950年的《国防产品法案》进行。各军种都有完备的装备采办管理机构，各自为政、重复浪费现象十分严重。1958年美国国防部设立国防研究与工程署，统一领导全军国防科研工作。1961年麦克纳马拉担任国防部部长后，美国国防部借鉴经济效益理论和大公司的管理方法，提出了规划计划预算编制体系，将国防计划和经费预算集中于国防部部长办公厅统管，以便使资源达到最优化配置。1977年，美国国防部设立负责研究与工程的副部长办公室，既领导国防研究与工程署的国防科研工作，又负责全军重要武器系统的采购与装备工作，成为美国武器装备采办的统管机构，实现了国防科研与装备采购的统一管理。1985年，国防部调整国防采办管理体制，增设负责采办与后勤的副部长，全面领导武器装备采办工作。1986年，美国国会通过《国防部改组法》，对国防部内部组织机构进行了大调整，更加突出强调了科研与装备结合的重要性。根据国防管理特别委员会的建议，设一名负责采办的副部长兼国防采办执行官，负责整个国防部系统的国防科研和装备采办工作。1993年，克林顿政府对国防部进行改组，将负责采办的副部长改名为负责采办与技术的副部长，成立负责后勤保障的副部长办公室，该办公室接受负责采办与技术的副国防部长的统一管理。负责采办的副部长不仅负责采购，而且负责军事装备的生产事宜。这种改革在制度上促进了国防科技工业生产与国防采办体制紧密相连。1999年，负责采办与技术的副部长进一步扩权，成为负责采办、技术与后勤的副部长，进一步实现了国防科研、装备采办和后勤维修的集中统一管理。

其三，一个国家的利益边疆决定了它的安全观，如果说在北美大孤岛时期，美国的国家安全还是立足于物理边疆的防御，那么成为全球帝国之后，美国的国家安全观念也随着美国的利益边疆覆盖全球而发生了重要变化。尽管美国的国家安全观念长期深受孤立主义的影响，但是在“二战”之后，当美国作为全球帝国不仅是一种现实，而且成为一种自觉意识的时候，美国的国家安全也就成了一种全球体系，其军事体系也随之成了一种全球体系。当美国的利益覆盖全球并且与全球化秩序紧密相关的时候，所谓捍卫美国在全球范围内的经济、政治和军事利益，也就意味着在全球范围内的广泛干涉，这就将传统意义上带有强烈防御性质的安全观，变成了全球化语境当中带有强烈进攻意义的安全观，甚至在这种安全观下，世界绝大多数地区内的权力格局变动几乎攸关美国的重要利益。这种全球安全观带来了美国军事体系以全球性的军事基地体系为点，以全球同盟体系为轴，以全球海洋控制权为面的三合一特征。

作为海商帝国的美国，自其走向海权强国之日起，由于其国家利益的根本要求，不论其国内的孤立主义有怎样强大的传统，终究会萌生出马汉这样的海权战略家，并一定会谋求其海外支点。美国最早获得海外战略要地可以追溯到 19 世纪中期，美国在 1857 年占领了贾维斯、贝克、豪兰等岛屿作为运煤站，1867 年占领中途岛，1884 年获得珍珠港。在 1898 年的美西战争之后，作为战胜者的美国从西班牙手里获得了菲律宾、古巴、波多黎各和关岛，其中除了古巴通过社会主义革命摆脱了美国的控制，另外三国至今仍在美国的全球军事体系当中扮演重要的角色，尤其是关岛，它仍然是美国太平洋战略中最重要的军事支点。虽然作为殖民时代的后来者，美国的起步落后了欧洲老牌列强很多，在 1938 年，美国的海外军事基地虽然包括巴拿马、夏威夷、菲律宾等地的多处战略要冲，但总数只有 14 个。随着“二战”的爆发，美国成功地后来居上。其中既有 1941 年利用英国人形势危急，用几百艘旧舰艇换取了英国在加勒比海 6 处基地的巧取，也有以反法西斯大义为借口，从荷兰手里拿到格陵兰和冰岛基地的豪夺。到“二战”结束时，美国海外军事基地遍布全球，在大约 100 个国家和地区建立了 2000 多个基地，大小军事设施 3 万多处，虽然经历了“二战”、冷战后的缩水，但直到今天为止，美国在海外的主要行动基地、前沿行动场所、合作安全点合计也接近 900 处，如果算上随时可以启动的“睡莲”基地则肯定超过 1000 处，而这些海外军事基地就是今天美国全球霸权最核心的支点。其中，近半数基地分布在德国（235）、日本（123）和韩国（87）。从近几年美军的动向来看，美军海外军事基地体系正在形成两翼张开的局面，一面是在欧亚大陆西面，以北约为依托，网络遍布整个欧洲，并延伸至波斯湾和高加索地区；一面是在欧亚大陆东缘，以“小北约”为依托，网络遍布日本、韩国、中国台湾、澳大利亚，连接新加坡、菲律宾、泰国、巴布亚新几内亚等东南亚国家，并延伸至南亚、中亚地区，其核心目的是形成对俄罗斯、中国的遏制与包围。

美国海外军事基地 美国普遍采用签署基地协定、部队地位协定或安全合作条约等双边或多边条约、协定的形式来确定海外军事基地及驻军的法律地位。按照基地的管理方式，美国海外军事基地可以分为三种类型，1）主要行动基地（MOB）：完全由美国经营，拥有永久驻扎的战斗部队、健全的基础设施、维持军人和家属生活的基础设施和强化军事力量的保护设施等。2）前沿行动场所（FOS）：有美国有限的军事支持，有预先部署设备的可扩展的设施，寻求预防危机的爆发而非永久军事存在。3）合作安全点（CSL）：由东道国经营管理，为美国未来进入提供保障并且只在危机发生时才被征用的军事基地。除了这三种基地之外，在小布什反恐战争以后，为了避免法律纠纷与当地社会的抵制，美军还发展出了一种新的海外军事基地模式，又称为“睡莲”基地，它是一种新的小型军事基地。美国仅保持少量驻军，但储备有大量的军事物资作为对大型军事基地的补充。一旦爆发军事冲突，美军可以利用这些前沿作战基地迅速投送兵力，确保作战部队的灵活性和机动性。美国往往通过交给军事承包人管理或通过条约、协议形式从有关国家获得使用权，这在北约框架下的欧洲阻力更小，容易得到支持。在最近俄乌冲突当中，大量波兰、罗马尼亚乃至德国的睡莲基地都被激活。

在近10年间，随着中国崛起尤其是解放军现代化取得了长足进步，美国军界认为中国即将取得西太平洋区域的军事优势地位，并可能将美军挤出西太平洋地区。针对这一挑战，美国的军事战略应以拒止中国在第一岛链内的持续空中和海上优势，并主导第一岛链为目的。在拜登政府上台之后，美国传统的拒止威慑战略逐渐发展为盟友协同拒止策略，它不同于冷战时期，美国对苏联的以防为主的拒止威慑模式，而是一种协同亚太盟友攻防一体的新拒止策略。在这种策略的指引下，美军将战略重心锁定亚太，一方面强化和亚太地区传统盟友的安全合作，推动东北亚日韩军事合作，加强驻日基地，调整冲绳驻军；另一方面，则是不断加强与新加坡、越南、印度尼西亚、马来西亚、文莱等国家的军事合作，在菲律宾、泰国、巴布亚新几内亚等东南亚国家取得多个军事基地的使用权，强化对南海的军事威慑。相比于冷战时期，美军更加注重军事存在的隐蔽性与灵活性，他们在一些国家和地区减少了大型、永久的军事基地，而代之以军事训练人员和军事顾问等方式的“柔性存在”。在和平时期，这种存在往往因其规模不大而为人忽视，但是一旦形势恶化，这种存在则可以迅速扩张为军事行动的前沿支点。

值得注意的是，近几年来如李德·哈特等一些美国的军事家，在以中国为假想敌的战略设计中，多次提出了所谓的海上封锁，而美军在围绕中国海域一线的军力布置与基地设置，似乎有项庄舞剑之意。这里的动机恐怕在于，与对中国发起大陆打击或空海一体战相比，海上封锁对美国来说似乎是一项扬长避短的安全选择。一方面，不需要对中国大陆发动任何军事打击，也不需要在第一岛链之内采取海上军事行动，这可以避免激怒中国而导致军事冲突失控；另一方面，相比于对华作战，美国的亚太盟友们似乎更容易参与海上封锁。美国的一些盟国和伙伴国海军可以参与封锁行动，但不主动攻击中国军事力量，从而避免中国的军事打击。除此之外，由于海上封锁可以不依赖地面部队，也更容易被美国国内接受，甚至在美国媒体的包装下，还可以被美化为限制战争甚至维护和平的手段。为了维护我国的国家利益尤其是应对可能的惊涛骇浪，对于美军的这一战略动向，我们必须在底线思维上对最极端的情况予以严肃思考。

第三十二章　阴影里的庞然大物

美国的情报力量

毫无疑问，美国的情报部门已经是世界上最强大的情报部门，但是如果我们注意到在《联邦党人文集》里，汉密尔顿是如何殚精竭虑地说服美国社会去接受一支最低限度的联邦军队，我们就会忍不住产生一个疑问，那就是相比于军队，对自由来说更加危险的情报部门是如何被美国人接受的。要知道，北美的清教徒们对于国王的密探是多么深恶痛绝。唯一的理由，那就是当美国的敌人试图以阴谋来摧毁美国的时候，以阴谋对阴谋是共同体唯一得以生存的方法。美国的情报机构发展的一个特点就在于，它是通过一次次对敌尤其是对外敌斗争而发展壮大的，而与此同时，它在美国国内一直受到尽可能严格的约束与监督。美国情报部门的对手的变化，决定了美国情报机构、情报体制的变化与发展。早在美国独立建国时期，美国就建立了自己的情报组织，其中尤其以直接对华盛顿负责的、在曼哈顿和长岛活动的“库珀情报网”最为有名，这一地下情报网为大陆军获得英军进攻信息立下了汗马功劳。除此之外，建国一代甚至还把隐蔽战线发展到了国外，在巴黎担任外交使节的富兰克林对英国开展了卓有成效的情报工作。他不仅通过制造假情报，离间了英国与在北美为英国效力的普鲁士雇佣军的关系，而且还策划了一次对英国本土港口不太成功却足够震撼的袭击。然而，在取得了独立战争之后，美国的情报机构就立刻解散了。美国社会非常忌惮情报部门最后沦为统治者镇压人民的工具，虽然在“一战”中，为了防止德国的渗透，联邦调查局在国内开展了严密的反间行动，但是在战争结束之后，这种功能便立刻受到有意识的削弱。美国人以分权限制权力的政治传统，让他们对任何试图建立统一情报体制的做法都报以警惕。在第一次世界大战时期，老罗斯福采纳了被誉为“美国现代情报之父”的威廉姆·多诺万的建议，于 1941 年成立了信息协调办公室试图来整合山头林立的情报部门，但这种改革最终仍然无法撼动分权体制的传统。说白了，在没有面临迫在眉睫的生存压力的时候，美国人宁愿选择一种低效率的、分散性的情报体制，而美国人在“一战”当中所面临的国家安全压力，并不足以推动集权式的改革。当然公允地说，美国社会对于情报部门过于强大的担心并不是杞人忧天，在以后的岁月里，联邦调查局以反间、反共的名义，对国内的左翼、工会、民权活动家进行的秘密侦查恰恰证明了情报部门过于强势所带来的巨大副作用，而这种副作用最终体现在尼克松臭名昭著的“水门事件”当中，造成了美国总统选举历史上最大的丑闻。在“二战”开始之前，美国是全球列强当中唯一没有成建制情报体系的国家。尽管在当时美国军政各部门比如陆军、海军、国务院、司法部，都在自己的体系内设立了很多情报部门，但就其情报体制整体而言，其最大的特点却是混乱、低效、各自为政。这种情况最终造成了美国“二战”中最大的军事失败——珍珠港事件，与后来的“9·11”事件一样，美国的情报部门本来都已经提前发现了威胁，但是分散的情报体制却让这些宝贵的情报淹没在了文件堆里。在当时，美国陆军的电讯情报局其实已经破解了代号为“魔术”的日本外交通信，但他们并没有及时将这一成果传达给海军情报局，甚至也没有传达给同在陆军体系的陆军情报局。而如果能有这些信息，美军本可以避免珍珠港的重大失败。

水门事件　水门事件是美国历史上最大的政治丑闻。在1972年的总统大选中，为了取得民主党的竞选策略，前中情局特工，尼克松总统的首席安全顾问詹姆斯·麦科德带领5人小组潜入民主党总部窃取资料被当场抓获。随着事件的不断发酵，竞选成功的尼克松被迫辞职，成为美国历史上首位因丑闻而辞职的总统。“水门事件”有三个引人注目的交锋：1）总统与独立司法体制的权力较量。尼克松对独立检察官考克斯的解职，对司法部的强权干预，激起了美国社会的巨大反弹，并造成了尼克松的众叛亲离；2）总统与议会围绕弹劾进行政治的较量。这是美国历史上最接近总统被弹劾下台的一次，甚至可以说如果尼克松不主动辞职几乎一定会被弹劾；3）总统特赦与社会民意的较量。尼克松辞职之后，仍然有可能面临审判，事实上美国社会普遍的民意是审判尼克松，但是尼克松的继任者福特总统则坚持运用总统特赦的权力保护了他的政治恩人。这次特赦权的运用是充满了政治腐败意味的合法行为，但也显示出福特的重情重义，而这在冷酷的政治中，的确是稀缺的品质。当然，在这次事件当中，真正的英雄是坚持调查尼克松的独立检察官考克斯，和为了保护司法独立宁愿丢官的司法部部长理查森，他们算得上美国历史上的强项令。

在“二战”以后，一方面，通过反思美国情报体制在“二战”时期的成败得失，美国政府逐渐意识到作为一个全球性的帝国，一个强大的情报机制不可或缺；另一方面，苏联给美国提出了前所未有的安全挑战。在这种情况下，美国的情报力量终于挣脱了其政治传统的束缚，开始逐渐演变为一个强大、一体化的巨大权力。1944 年，战略情报局局长多诺万向罗斯福提交了关于设立一个可以直接向总统提交报告、永久设立的中央情报机构的“多诺万计划”。1946 年杜鲁门签署了建立“国家情报管理委员会”和“中央情报组”的行政指令，并赋予中央情报组对情报活动进行协调、综合和分发等职能。1947 年杜鲁门政府推出了具有美国情报历史上里程碑意义的《国家安全法》，根据该法案，美国了成立国家安全委员会和中央情报局。一方面，这一法案首次承认了和平时期情报工作对于国家安全的重要性；另一方面，它也考虑了美国国内对情报力量的担心，并尊重了传统分权体制下各部门比如陆军、海军、联邦调查局等机构的既得利益。在 1947—1980 的几十年中，通过一系列的改组，一方面，美国总统通过国家安全委员会、管理和预算办公室和总统对外情报顾问委员会，可以有效管理情报组织，尤其是通过国家安全委员会大大加强情报部门的整合能力。根据 1947 年《国家安全法》规定，中央情报主任及其领导下的国家情报委员会是总统和国家安全委员会的情报顾问，负责协调政府的情报活动，他由中央情报局局长兼任，由总统直接任命。另一方面，美国对于情报部门的限制也制度化和正规化。中情局虽然作为一个独立的机构被赋予了进行全方位情报工作的职权，但它没有国内任务也没有逮捕权。到 1970 年代中期，美国国会日益加强了对于情报部门的监督，参议院和众议院都建立了常设情报监察委员会，用以监督情报组织的预算，监控情报分析和生产的运行，监视总统和中央情报主任批准的隐蔽行动，并通过立法来限制、规范情报活动，尤其是对那些可能侵犯美国公民权利的行为保持高度的关注。时至今日，美国情报系统的一大特点就是将国内情报与国外情报分开，实现所谓的内外有别，即对内尊重公民权利、强调法治，对外无视人权、美国优先。在分工上，主要由中央情报局负责国外情报活动，联邦调查局负责国内情报活动。在海外行动时，以中央情报局为主，联邦调查局等执法部门不能脱离大使馆和中央情报局单独行动；在国内行动时，中央情报局则受到严格限制，必须在美国国内法律框架之下展开工作。当然，由于情报工作实际上很难做到国内与国外的严格区分，所以很多时候仍然会产生很多问题，比如美国禁毒署就是一个既在国内执法，又要在国外尤其是拉美地区收集情报的部门，1981 年它被定义为国内执法部门而从情报系统剥离，但在 2007 年它又因为拥有丰富的海外情报资源而被重新纳入情报体系。

在 1947 年国安法之后，美国情报机制虽然一直在进行调整，但基本保持着稳定。大致上它由分属国家情报、军事情报和非军事情报三大体系的 16 个机构组成。在“9·11”事件之后，美国情报部门再次进行了重大改组，这次改组有两个特点：一方面，情报部门的集权进一步加强。布什政府前所未有地打破了传统情报机制的条条框框，在一定程度上重新组织了情报体制，甚至创造出国土安全部这样的庞然大物。另一方面，在反恐的大义驱动下，美国情报力量前所未有地渗透进美国社会，前所未有地对美国公民进行大规模的信息调查，大量社会事务被泛安全化，这造成了美国国内法治环境的恶化，甚至造成了美国进一步向一个密探国家的转型。许多美国法学教授在和我私聊的时候感慨，“9·11”前所未有地改变了美国，不仅是生活的本身，而且还有如何看待生活的观念。

国家情报机构	中央情报局（CIA）、国家安全局（NSA）、国家侦查局（NRO）、国家地理空间情报局（NGA）。
军事情报机构	国防情报局（DIA）、空军与航天情报部、陆军情报部、海军陆战队情报部（MCIA）、海军情报部（ONI）。
非军事情报机构	联邦调查局（FBI）、国家安全侦缉署（NSB）、其他负责国内安全部门下属的情报局。

在“9·11”之后，布什政府在2002年7月发表了《国土安全战略报告》，全面提出了从情报、电信、交通、灾难控制到执法和领土安全等诸多方面改组情报部门，同年通过《国土安全法案》，并在2003年设立总统外国情报顾问委员会，在2004年通过《情报改革与预防恐怖主义法》，这一系列的大动作首先进一步强化了联邦政府对各级情报组织的管理职能，通过设立国家情报总监取消中央情报主任一职的方式，让总统的自己人取代了情报口的自己人。美国驻伊拉克大使内格罗·篷特由布什总统直接任命，成了第一任国家情报总监。他拥有史无前例的巨大权力，负责协调并监察美国的15个主要情报机构，制定和分配400亿美元的情报预算，并可以随时抽调有关机构的情报官员完成特别任务。其次，美国政府不断调整情报机构，对情报体制进行了重大重组，主要包括：1）合并原来互相独立的22个部门成立国土安全部，在国土安全部之内设立国内情报局；2）正式设立国家情报总监及其办公室，统管所有情报机构；3）成立国家情报总监下属重要的分支机构国家反恐中心，国家反恐中心将联邦调查局反恐处、中央情报局反恐中心合并，在同一地点办公，每天撰写恐怖威胁、分析报告，建立了全球恐怖主义数据库；4）专门建立情报管理和监察机构，强化对情报部门的监督，比如常设情报特委会、CIA总检察官等。

目前美国主要的情报部门包括：国家情报总监及其办公室、国土安全部、中央情报局、联邦调查局、国防情报局、国家安全局、国家侦查局、陆军情报局、空军情报局、海军情报局、海军陆战队情报局、国家图像与地图绘制局、国家勘察办公室、情报研究局、隐私服务及财政经济监察局、核威慑特遣队等多个部门。其中主要的部门及其功能如下：

国家情报总监	“9·11”后为加强情报部门统一管理、协调，强化总统对情报部门的控制而设立。 主要职责：向总统、国家安全委员会和国土安全委员会提供与国家安全有关的情报工作；领导和监控国家情报项目、全面负责情报部门内部举报和情报来源信息保护。

（续表）

国土安全部	2002年，为加强反恐、强化情报部门反恐协作而成立。属于重要内阁部级机构，部长由文职人员担任。主要职责：阻止恐怖分子对美国的袭击，减少美国易受恐怖袭击的弱点，在发生恐怖袭击的情况下，将损失减至最少，并尽快恢复正常。国土安全部下辖的信息分析和基础设施保护局还负责分析美国关键性基础设施的安全隐患，评估美国本土面临的恐怖威胁状况，以及为国土安全咨询系统提供有关信息。
中央情报局	前身是“二战”中的战略服务局以及杜鲁门时代的中央情报组（CIC）。根据1947年《国家安全法》建立，是直接隶属于总统和国家安全委员会的独立机构。主要职责：向国家安全委员会提供有关国家安全情报活动方面的情况，向国家安全委员会提供协调政府各部门和机构有关国家安全方面的情报活动的建议，联系和评价有关国家安全的情报，为政府内部适当传播情报，在适当的地点提供有用的机构和设施，联合现存情报机构，从事共同关心的辅助服务，以便更有效、更集中地执行国家安全委员会的决定，履行影响国家安全的有关情报的其他职能。
国家侦查局	1960年成立，总部设在五角大楼。因在美国的情报机构中密级最高而被称为“情报王中王”。主要职责：为美国整个情报界统一安排卫星的侦察计划、设计、研制和维修，通过卫星和设置在全球各地的地面监听站，搜集相关国家的通信信号，然后将其在计算机中筛选和分析。
国家安全局	1952年成立，是从军事部门独立出来的一个密级高于中央情报局的情报机构，也是目前美国最大的情报组织。主要职责：负责对外侦听，对通信情报的管制、协调以及搜集和处理，建立、审查并批准各种通信程序，负责包括国务院、国防部、中央情报局和联邦调查局政府部门的密码和通信安全。
国家地理空间情报局	1996年成立，从国防部的国家图像与测绘局中分立。主要目的是为了满足海湾战争后军方对卫星图像情报的需要，于2003年更名为国家地理空间情报局。近年来这一机构正在迅速成长为新的“全信息源”情报与图像信息融合中心，以支持军事、国家安全和情报系统的部门。

相比于传统情报体制，美国情报部门在近几年的改革表现出四个基本特点：重视多部门协调、重视高科技的应用、重视专家知识、重视开源情报分析。尤其是对于体制外专家知识的利用，更是值得引起我们的重视。自从“二战”开始，美国

情报机构就在摸索如何将体制外专家引入情报工作的模式。在“二战”中后期，美国战略情报局研究分析处逐渐建立了“兰格体制”，它通过搭建体制外专家网络，以及对开源情报的分析，来为国家决策提供情报支持。他们的成果有效弥补了情报系统的知识缺陷，对当时美国的作战规划、外交问题、战后对敌监管和世界安全政策等方面都有很大的帮助。在近几年美国的网军建设中，就参考了兰格体制的很多做法。

第三十三章　是治安还是“内战”?
美国警察的困惑

美国的警察在近十年一直是美国社会的重大问题之一，美国警察的军事化问题、警民冲突问题、警察与少数族群的关系问题，甚至已经成为非常重要的政治问题。相比于其他国家，美国的警察制度充分体现了其国家的特殊性，其中既有其国家权力结构上的特殊性，也有其国家发展历程、种族结构、社会文化上的特殊性。

一、各自为政的美国警察

与德国、法国、中国、日本等国家不同，美国警察不是自上而下为了强化中央政府权威以加强国内统治的目的逐级构建的，它在早期其实更多是因应治安需求而非统治需求而生。这是英美警察制度与近现代法国、普鲁士等国的欧陆警察制度一个极大的区别。在近现代法、德、俄等国，警察制度是服务于中央政权强化其国内统治需要而产生的。警察权力集中于中央，经过授权交给地方政府执行。警察机关严格遵守层级制，上级警察机关对下级警察机关实行垂直领导，全国警察机关服从中央警察机关的统一指挥与监督。它的本质是以中央集权的方式行使内部统治权。它是近现代中央集权的民族王权国家在形成过程中强化内部统治的一种手段，在其制度功能设定上，其防范颠覆与骚乱的统治职能，远重于一般意义上的治安与社会服务职能。比如欧陆国家最早的警察制度可以追溯到1666年的路易十四诏令，其创制巴黎警察总监一职的目的，就是指挥监督首都巴黎及全国大中城市的警察力量去侦察、镇压心怀不满的颠覆者。即便是在300年后的法国，戴高乐也是在内政部之下设立国家警察总局，而在警察体系当中，密探性质的中央综合情报局、反间谍的国土监视局、镇压暴乱的共和国保安部队指挥部也占据了警察体系六大部门的半壁江山，并具备相比于中央城市警察局、中央司法警察局、中央航空与国境警察局等治安部门更大的权力。与欧陆国家不同的是，英美由于并未处于欧洲大陆你死我活的险恶地缘环境当中，因此并不面临强化国家集权以生存的冲突，这带来了其中央集权进程相对迟缓、地方自治势力相对强大的结果，反映在警察制度的发展上，就是全国没有统一的警察组织，而代之以复杂、多样的中央与地方的分权体系。事实上，美国直到 1967 年林登·约翰逊政府时期，执法与司法行政总统委员会才正式确定警察为城市政府的一个部门。

美国的警察体系不仅继承了英国治安体系的分散性与自治性，而且其联邦制尤其是州权主义传统还强化了这一特点。在美国，警察权力在本质上是属于州权的，美国联邦制在联邦中央与州之间的权力分配遵循的是“不确定的，州至上”原则，即除了明确的、被列举属于联邦的权力之外，那些剩余的、不被确定的权力都属于州权。事实上，在美国建国初期，建国精英几乎没有考虑过治安权力的权属问题，在《联邦党人文集》里，汉密尔顿长篇大论地说服州权主义者放下对联邦军队的顾虑，却没有说过一句与警察相关的话。这是因为，治安从来都被视为地方性事务而属于州的管辖范围，由此需求而萌生的治安权、警察权自然是州权的一部分。如果在建国初期，联邦党人试图设置类似于路易十四法国那样的警察权，几乎肯定会遭到千夫所指。美国早期联邦层面的警察权是通过联邦政府在跨州贸易、国际贸易上的权力衍生而来的。根据联邦与州的分权，联邦执法机构只负责法定的专属管辖事务，比如全国性的重大违法犯罪，跨州界的凶杀案、抢劫案和强奸案，走私、逃税的违法犯罪活动以及间谍犯罪等，而一般性的维持秩序、犯罪预防或服务公众的执法功能都属于州的事务，由地方警察机关负责。只有理解了美国特色的联邦制，才能理解美国警察为什么常会给人政出多门、山头林立的印象，也才能理解为什么在美国警察体制里寻找与我们的对口部门经常会遇到困难。在今天的美国，警察执法权力是高度分散与多元的。属于联邦政府管辖的范围内，由联邦政府各部门设警察机构管辖，如司法部所辖的联邦调查局、缉毒署和移民归化局，财政部所属的安全勤务局、烟酒火器管理局和国内收入署。但是具体到各州、各地方的警察机关都有哪些职责与权限，却取决于地方的具体情况。尤其是近几十年随着美国地方自治改革的深化，各城市的治安组织的设立更加多样化和碎片化，以至于有警务专家哀叹，美国的警察制度呈现出一幅地方自治和民主控制的发狂景象。

在美国，没有一个类似于我国公安部一样统领所有警察机构的国家级机构，各级政府之间没有指挥、监督和管辖关系，联邦警察组织与州、县、市等地方警察之间也不存在任何行政或业务隶属关系。即使诸如联邦调查局（FBI）之类强大的联邦执法机构，与地方警察机构也只是协作和伙伴关系。当然了，在多年的联邦制实践中，美国的联邦执法机构与地方执法机构也建立了比较良好的合作机制。联邦警察往往可以从法律上和技术上给地方警察以支持，而地方执法部门也能给联邦警察提供更及时准确的情报。一方面，一旦不同执法机构在执法中产生管辖争议，通常可以依据联邦法优先于州法律，州法律优先于地方法的优先原则来解决管辖冲突；另一方面，联邦执法机构与地方警察机构通常会订立执法合作协议，协议的内容非常详细具体，不但约定执法合作项目，甚至对追缴赃款的分成也有明确规定。除此之外，联邦执法机构由于经常面临警力不足的问题，所以在执法过程中，往往遵循着审慎原则，即当犯罪既是州犯罪也是联邦犯罪时，联邦政府在大多数情况下都不介入这类犯罪的调查和起诉，而是让地方警察和地方检察官来处理。而在碰到跨地区的重要案件时，为了避免各自为政、相互扯皮，美国也会成立类似我国的联合专案小组，由联邦警察、州警察和地方警察协同联合侦查，而且很多合作小组已经机制化，最典型的就是自里根政府时期发起“扫毒战争”后，联邦毒品管理局先后与州和地方的执法机关成立了 44 支联合缉毒队，其中就有美国最成功的缉毒队——纽约联合缉毒队。

由于美国实行的是分散化和地域化的警察制度，因此，各地方可以根据自身需要创设自己的警察力量（与我国不同，美国各地各部门警察的警徽、警车的式样都不相同），这就导致美国社会有数量庞大且在组织形式上存在巨大差异的警察机构。目前全美有 18000 多个警察执法机构、3088 个县警察机构、13578 个市警察机构、49 个州警察机构（除夏威夷外）、50 个联邦执法机构、1626 个特殊警察部门（管辖权限如公园、交通、机场、校园警察局等），通常可以把它们分为两大类：

一类是各种形形色色的地方执法机构。美国有县级执法机构 3088 个，市镇执法部门 13578 个。值得指出的是，其实只有这 13578 个市镇执法部门才是严格意义上类似于我国公安局、派出所的警察局，在这些警察局工作的执法人员才是警察。

在美国，联邦级的执法人员被称为探员，州一级的被称为警员，县级的被称为县治安官，只有市镇一级的执法人员才被称为警察。大多数警察局规模都是很小的。大约51%的警察局只有不到10名宣誓警察，只有5%的警察局有不超过100名宣誓警察。纽约警察局是美国最大的警局，雇用3.6万余名宣誓警察，第二大是芝加哥警局，雇用了1.2万余名宣誓警察，第三大是洛杉矶警局，雇用了9998名宣誓警察。所谓宣誓警察，是指可以佩带武器，拥有逮捕权的警察，执法机构中的非宣誓警察只能从事文职工作。在2020年，美国地方执法部门执法人员总数是113.4万人，其中宣誓警察人数是76.5万。

另一类是美国的联邦警察机构。美国的联邦警察机构不领导地方警察机构，但是在地方都有分局和代办处，可以不经过州和地方政府直接向人民行使自己的权力。这一点上，美国联邦警察机构倒是完全落实了《联邦党人文集》中所说的关于联邦权力必须直接抵达人民的核心逻辑。值得一提的是，美国联邦警察机构的各职能中心往往分散在一些中小城市，这可以有效疏解大城市的行政权能，并给中小城市提供发展支持。联邦政府大致设有分属于不同部门的近60个执法机构，执法人员大约有13.2万人。主要包括：

司法部	联邦调查局、毒品管理局缉毒署、监狱管理局、联邦法院管理局和联邦法警局。
国土安全部	国籍和移民局（原司法部移民归化局）、边境和运输安全局、联邦海关总署、联邦特工局（原财政部）、联邦海岸警卫队。
财政部	国内税收署、执法处、国家公园管理局森林警务处、鱼类和野生动物管理局、国家公园警察局。
卫生与公共服务部	食品与药品管理局。
交通部	联邦航空管理局警察署。
邮政总局	邮政稽查署。
国防部	国防调查署、陆军部犯罪调查局、陆军部情报及保安局、陆军部军事警察总队、海军部调查局、空军部保安警察和特别调查处。

二、从巡逻者到准军队——美国警察的发展历程

早期北美殖民地的治安基本延续了英国模式，其基层治安组织主要是通过邻里守望、十户联防和乡绅治安官来组成。在很多地方，预防、打击犯罪的方式长期处于全民参与的“鸣金捕贼”模式。尤其是在西部开拓时期，联邦政府与州政府都难以对这些定居点进行管理，治安的维持更只能依赖于群防群治，或是类似于西部片中的私人力量。因此，早期的美国警察体系相比于欧陆国家的同行，在权力上要小得多，通常主要负责治安巡逻、犯罪侦查和交通管理三个方面的事务，但是这种村镇式的治安管理模式显然不能适应工业化、城市化的现代生活。在进入 19 世纪之后，由于移民潮、工业化、城市化的兴起，美国的城市快速膨胀，传统的治安模式已经无法适应新的社会现实。为了应对快速恶化的社会治安问题，美国最终与英国一样也开始建立自己的现代警察体系。自 1838 年波士顿组建了美国第一支职业警察队伍起，到 19 世纪后期美国大部分城市都组建了职业化的警察队伍。这一阶段又被称为腐败的业余警察时代，这是因为一方面，在这个时期，美国的警察队伍不仅远未达到职业化、专业化与规范化，警察队伍的存续严重依附地方政治。为了满足地方政治的需求，警察更类似于杂役，除了预防和控制犯罪、维持秩序之外，还要承担大量其他公共职责。像纽约、费城的警察，除了治安巡逻之外，还要防治火警、维持秩序、清扫街道、给穷人发放救济物资、收容无家可归者，甚至还要调查蔬菜市场、驾驶应急车辆。直到 20 世纪初警察专业化运动之后，这种情况才有所改变。比如在 1920 年以后，警察才不再负责收容流浪人员；在 1960 年代以后，警察才不再提供紧急医疗服务。另一方面，大多数警察都是在固定的巡逻路线上步行巡逻，这种巡逻方式的好处是警察非常了解工作地区的具体情况，人头熟、地头熟，坏处是在没有严格监督的情况下，警察的腐败非常普遍和严重。

在 20 世纪尤其是五六十年代，由于美国治安形势的恶化，尤其是民权运动带来的对犯罪行为的宽纵，美国社会开始向新保守主义回潮，自共和党戈德华特开始，尼克松、里根都以打击犯罪、遏制毒品、重回法律与秩序作为选举的重要口号，并取得了显著的效果。以至于约翰逊、克林顿的民主党政府也要紧跟民意，通

过严刑峻法向犯罪宣战。在这种政治潮流下，美国警察制度开始出现一系列重要的变化，并影响至今。这主要表现为三个主要方面：

其一，警察的专业化和暴力化日益明显。随着犯罪问题的日益突出，美国警察的重心逐渐聚焦于打击犯罪之上。在20世纪，那些与打击犯罪关系较弱的公共职能逐渐被剥离。这意味着一方面，警察打击犯罪的专业性越来越强，但另一方面警察与社区的关系也随之减弱，警民关系日益淡漠。警方的着重点从对市民的快速反应逐渐发展为对犯罪行为的严厉打击。随着枪支泛滥问题、毒品问题、黑帮盘踞社区问题的日益严重，警方执法的专业化、暴力化也日益提升。在犯罪问题背后的社会根源没有得到有效治理的情况下，警方与犯罪进行了一场魔高一尺道高一丈的暴力竞赛。从约翰逊时代的对犯罪宣战、里根时代的对毒品宣战到小布什时代的对恐怖主义宣战，再到特朗普对非法移民的宣战，美国警方从一场战争走向另一场“战争”，并在战争当中越来越表现得像只在国内作战的军队。这并不是美国警察体系的选择，而是美国政治的选择。自1960年代约翰逊总统以来，一方面是因为对城市犯罪问题的回应，一方面是因为新保守主义对民权运动的反弹，在尼克松、里根、克林顿等多位民主党与共和党总统的共同推动下，美国逐渐走向了重刑主义的道路，美国政府更加倾向于支持以严刑峻法打击犯罪而不是通过社会经济与政治改革消除犯罪的根源。在尼克松政府“对毒品宣战”时，美国社会的入狱率是0.15%，到里根政府进一步严厉打击犯罪时，入狱率上升到0.3%，到了奥巴马政府时期，这一数据达到了0.8%，而在特朗普、拜登时期入狱率已经超过了1%，美国在强化警察力量、打击犯罪的斗争中，不仅没有消灭犯罪，反而成为世界上最大的警察国家与监狱国家，到2018年全美每日平均在押人数已高达44631人。而不断增加的犯罪率又不断地迫使政府压缩社会福利的开支，从而又让更多的人成为罪犯。就此而言，在近几年美国一些民主党控制的地方，推进“撤资警察”运动也并非完全没有道理。

“撤资警察”运动　在2020年弗洛伊德事件之后，美国一些地方爆发了“撤资警察”运动，一些民主党左翼政治力量呼吁地方政府削减执法部

门预算，将资金转移给教育、医疗保健和社区活动。在一些小城市，这种实践取得了一定的效果，2020年“撤资警察”运动开展以后，洛杉矶、明尼阿波利斯、纽约、波特兰、奥斯汀等大中城市已经将部分资金从警察部门转移到社会服务项目，导致一些警察部门裁员、取消培训计划、降低招聘目标等。福克斯新闻频道有关犯罪分析数据显示，由于警察部门不得不应对预算缩水和支持力度下降的问题，一些大中城市出现了凶杀和其他暴力犯罪急剧上升的局面。

更值得注意的是，随着美国国内犯罪问题尤其是毒品犯罪和恐怖主义犯罪的日益严峻，在军火集团的推动下，美国警察开启了更加激进的军事化。自1990年美国国会通过的《国防授权法案》以来，历届美国政府先后采取多项措施加强警察的军事化程度。尤其是在“9·11”之后，警察军事化的进程更是大大提高，一方面各级警察机构开始配置军事化武器装备，建立重型武器弹药库。1998—2014年，执法部门接收的军事设备价值从940万美元激增至7.768亿美元，累计超过50亿美元。另一方面，警方在打击犯罪的过程中，越来越像军队而非警察，战争理念、巷战战术被日益广泛地运用到打击城市犯罪的执法实践之中。除了联邦执法机构以外，地方执法机构也开始普遍组织军事化的特警队以打击犯罪。在当代美国，不仅人口超过5万人的城市普遍拥有武装到牙齿的特警队，而且人口在2.5万至5万的中小城市当中，90%以上也组建了特警队。1970年代，美国每年只有300余次特警行动，到1980年就增长到3000余次，到2005年达到40000余次，到2015年更是达到50000余次。今天的特警行动早已经突破扫毒、反恐的范畴，而是大量应用在镇压街头示威、突袭少数族裔社区之上。在“对犯罪宣战”和“对毒品宣战”后，美国警察视少数族裔社区为犯罪据点，警察开展行动往往假定进入的不是普通居民区，而是随时可能发生激烈冲突的犯罪现场，这使得各地方警察机构纷纷配置重型装备武装警察。这不仅带来了警察滥用枪械、暴力的结果，近几年中，美国每年被警察击毙的人数已经达到千人以上，而且警察对社会高压引起的怨恨和反弹也给警察带来了巨大风险。2015—2020年，美国警察执法过程中发生的致命枪击案多达

5929起，2021年，全美警察死于故意袭击的人数就高达73人。

其二，在打击犯罪中逐渐形成了警察体制的结构性种族主义。美国警方尽管一直深受种族主义困扰，但其形成所谓的结构意义上的种族主义，其实是向犯罪宣战，尤其是向毒品宣战的结果。这是因为与英国等欧洲国家不同，美国城市化中的犯罪问题在相当程度上与少数族裔尤其是黑人联系在一起。自20世纪初以来开启的美国城市化，带来了南部黑人农民向东部、北部、西部大中城市的大迁徙。到1960年，73%的黑人进城，他们普遍贫穷、愚昧、生活条件恶劣，其聚居地迅速沦为黑帮盘踞的贫民窟，以至于美国的犯罪问题、毒品问题甚至经常被视为黑人犯罪问题。这就意味着，不管是向犯罪宣战还是向毒品宣战，最后的结果都会强化美国警察对于黑人族群犯罪属性的认知。对于警察而言，这不仅是歧视的问题，而且是与自己性命攸关的执法经验甚至生存经验的问题。最后，向犯罪宣战、向毒品宣战，不管是在执法实践中还是在最终结果上都成了向黑人宣战。尤其是在里根政府以后，美国司法体制中结构性的种族主义逐渐展现出一种无法遮蔽的残酷。在里根进行“对毒品宣战”运动前，美国监狱里大概三分之一为黑人，而在其任期之内，黑人占总监禁人口比例迅速超过了一半。在美国曾经有人做过一个调查，那就是一个高中辍学的黑人男子在一生中入狱的概率几乎是90%以上，这远远高于这个人会结婚、生子的概率。到20世纪末，在20—29岁的黑人男性中，每天都有1/3的人受到刑事司法系统的管辖和监督，每14名黑人孩子中，就有1名孩子的父母被关进监狱。事实上，对黑人有犯罪印象的并不仅仅是警察，还有检察官和法官，黑人不仅更可能遭到警察的盘问、搜查和逮捕，而且一旦定罪，会面临更长的监禁时间。在1986年的禁毒法出台前，黑人因毒品相关犯罪被判处的刑期比白人长11%左右，而在1990年该法生效三年后，黑人因毒品相关犯罪被判处的刑期比白人长49%。说白了就是同样的罪行，白人入狱两年，黑人则要入狱三年。在今日美国社会，黑人每10万人入狱超过5000人，其中绝大部分是黑人青年。在1990年代，由于犯罪率激增（1960年美国报警的严重犯罪案件共330万起，1990年报警的严重犯罪案件达到1450万），美国各地纷纷采纳所谓的“三振出局法”，这导致大量轻罪者被施加近乎终身监禁的残酷刑罚，而其中最大的受害者又是黑人。

“三振出局法” 该法最早可以追溯到1984年的《携带武器的职业犯罪法案》，该法规定，如果已经犯罪三次或三次以上，且其中两次是严重毒品犯罪或暴力犯罪，当再次实施携带武器的重罪时则加重处罚，至少判处15年监禁，最高刑为终身监禁及死刑。这一规定类似中国刑法中关于累犯的从重处罚，但是在新保守主义的推动下，对于犯罪者的惩罚越来越高。1993年《加利福尼亚州刑法典修正案》出台，第一次提出了所谓“三振出局”，即一人所犯的三个罪中，前两个所起诉之罪只要有一个是严重犯罪或暴力犯罪，那么第三个罪行，即便是非常小的罪，也要施以重罚。最低刑期不能低于25年，并且第三次重罪被判处无期徒刑的被告人在很长一段时间或者终身都不得减刑、假释，从而形成事实上的终身监禁。1994年，民主党的克林顿政府推出了全国性的“三振出局法”，并获得了国会的通过。到2012年，全美有27个州都颁布了“三振出局法”。

在近20年中，美国社会开始对警察体制内的系统性种族歧视进行反思，美国警察机构也进行了相应改革，其中最主要的措施是增加警察中的少数族裔数量，少数族裔警察在警察总数中的比例已经从1987年的14%增长到2016年的27%，但是这种措施收效相当有限。这一方面是因为，当黑人警察上街巡逻的时候，他所面临的生存压力和执法经验仍然会让他以黑人为主要犯罪嫌疑人，黑人在对待黑人嫌疑人方面，可能比白人警察更狠。另一方面也是因为美国警察群体的“蓝色文化”根深蒂固。这种文化充斥着等级制度、种族主义、白人至上、大男子主义等观念，而黑人警察在入职后经常被这种“文化”同化。他们甚至会为了升职而迎合部门的主流“价值观”，完成从“黑”变“蓝”的转变。当然，美国恶劣而危险的街头执法环境，势如战区的黑人社区，以打击犯罪而非保护公民为主要任务的警察使命，各自为政缺乏监督的警察体系，可能都是美国警察针对黑人滥用暴力的重要原因，但不论原因如何，美国警察的结构性种族主义正成为社会的焦点议题。从2014年到2020年，美国公众中认为白人警察执法中非裔美国人非正常死亡是孤立事件的比例由51%降至26%，认为此类事件反映的是社会治理中更深层次问题的比例由43%

上升至 74%。70% 的白人、94% 的非裔、75% 的西裔、92% 的民主党选民、55% 的共和党选民和 71% 的独立选民认为弗洛伊德事件凸显了美国警察与黑人的对立。对于高度多元的美国社会而言，一旦丧失了对于法治公正性的信念，那将对社会凝聚力造成灾难性的影响。不管是近几年黑人的“零元购”现象，还是白人极右群体对国会山的冲击，其本质都是将法律视为政治之后的一种绝望行为，更糟糕的是在这样一种情绪的驱动下，违法犯罪甚至还被赋予了某种反抗的英雄气质。类似的情况在 60 年代也曾经出现过，左翼青年们把吸毒、滥交、破坏公共设施甚至犯罪都当作反抗体制的革命行为。如嬉皮士的代表人物诺曼·梅勒在《白黑人：对嬉皮士的浅思》中就将两个流氓打烂糖果店老板脑袋的举动称作“英勇行为”，他的理由是，虽然这两个暴徒的做法不能治疗社会，但这还是需要某种勇气的，因为流氓谋杀的对象不只是一个 50 岁的弱老头，而是一个制度。

其三，警察制度变革中的扩权与放权。对于美国社会而言，警察权力的扩大一直是一个高度敏感的话题。在美国漫长的历史中，警察权力从来没有发育到如法德日俄那样强大。在涉及黑恶势力、犯罪题材的影视作品中，美国文化的这一特点表现得非常明显。比如，当地方上出了电视剧《狂飙》中的高启强这样的恶势力的时候，中国电视剧的结局一定是中央派来了打黑组，而美国片的结局则往往是地方上某个孤勇警长或者民间英雄以暴制暴。美国警察权力在大趋势上是不断增加的，这是因为一方面，美国城市化带来的犯罪率爆炸要求警方加强权力以完成职能；另一方面，则是因为自新政以来，美国人对于政府的理解也出现了很大的改变。一个对社会干预更强的有为政府开始更能为美国社会所接受，而这种对政府尤其是联邦政府的新看法为一个更强有力警察权的出现打开了大门。成立于 1908 年的联邦调查局长期软弱无力，直到罗斯福新政时期才真正成为美国最强大的实权部门。他们通过打击芝加哥黑帮，一举改变了美国人对犯罪、治安和犯罪控制的传统看法，也将警察权力塑造为一种积极的社会力量。

美国联邦调查局（FBI）　美国联邦调查局的成立可以追溯到 1908 年，司法部部长查尔斯·波拿巴建立的 34 人调查组。该调查组是一个调查特定

案件的常规特种部门。1909 年该小组升级为调查局，主要负责调查白领阶层诈骗、侵犯公民权利犯罪和贩卖人口。在第一次世界大战爆发后，调查局长期被安排调查间谍、阴谋破坏和暴动等犯罪。在 1920 年《禁酒法案》正式生效以后，调查局和芝加哥黑帮成为该法案最大的受益者。芝加哥黑帮在禁酒期间通过地下私酒做大做强，而调查局则通过打击黑帮而走上了振兴之路。在 1924 年，埃德加·胡佛被任命为调查局局长，他开辟了一个新的时代。他在 1924 年建立国家指纹数据库、1928 年建立特工专业培训制度、1932 年建立调查局第一个犯罪实验室、1935 年建立执法人员专业培训制度，并在 1935 年将调查局升级为今天的联邦调查局。联邦调查局通过打击黑帮而名声大噪，但随着“二战”的爆发，联邦调查局重新聚焦于国家安全。1940 年，联邦调查局设立特种情报处用于西半球的谍战，该情报处就是后来大名鼎鼎的中央情报局的前身。在“9·11”之后，联邦调查局围绕反恐进行了大幅改革，增设了情报理事会和国家安全处等反恐机构以强化反恐工作。目前，联邦调查局是一个以情报驱动的国家安全机构，同时向美国司法部部长和情报部门负责人负责，它承担着情报搜集和执法的双重职能，拥有一支 3.6 万余人的全天候运转、遍布全球的专职队伍，主要负责反恐、反间、调查网络犯罪和其他严重刑事犯罪。联邦调查局可以调查的案件范围包括：1）联邦法律规定的除排他性案件外的所有联邦犯罪。2)《绑架和袭击法案》等法律规定的专门性案件。3）部分违反州法律的特别重大案件，如杀害州执法人员的案件、侵害州际旅行者的暴力性犯罪以及连环杀手案件等。4）根据总统行政令、司法部部长授权调查的国家安全案件。目前，联邦调查局总部位于华盛顿，刑事司法信息服务部门在弗吉尼亚州西部的克拉克斯堡，行动技术部门和培训学院在弗吉尼亚州的匡蒂科，反恐部门和中央情报反恐部门位于弗吉尼亚州国家反恐中心，还有其他一些像高科技、计算机和法医中心这样的专业部门，则基于节约经费、带动地方发展等多种目的分散于全国各中小城市。

但另外一方面，美国社会对于警察权力的扩张也一直保持着高度的警惕，尤其是在“9·11”恐怖袭击发生之后，美国国内执法部门以反恐为重点的权力扩张几乎从根本上改变了美国社会。2001 年美国国会通过《爱国者法案》后，美国执法部门拥有了前所未有的权力，警察机关现在有权搜索电话、电子邮件、医疗、财务和其他种类的记录，而这在以前几乎是不可想象的事情。对于诞生出“米兰达规则”的美国社会而言，它很难长时期地以善意来忍耐警方权力的膨胀，以及由此带来的对公民自由空间的压缩。所以在近十年中，美国社会对于警方权力的膨胀也进行了完全的抵抗。主要表现在两个方面，其一，通过外包、私营来分散警察权力，这样既可以让警方集中资源去办正事，也可以以市场机制来优化警务服务。在新公共管理的理念下，这种警务民营化改革主要表现为：1）通过市场机制提供额外警务服务。即警察不再加班，以节约财政经费，而使用者付费购买法定职责以外的警察服务，如警察为游行、运动会、音乐会等大型活动提供有偿安全服务，警察向区域外联网报警的用户提供收费的响应服务，警察根据与企业的特殊协议提供的额外巡逻服务，警察部门成立保安公司，与社会的保安公司竞争去提供收费服务。2）警务外包。警察部门作为甲方，采购私营企业的服务来完成警务服务。比如雇用保安公司为用户提供报警响应服务和巡逻服务、补贴社区志愿者护送老年人、妇女、参与社区巡逻（美国版的朝阳群众）。

其二，则是通过反思向犯罪宣战、向毒品宣战的得失，根据无法改变的社会现实，对犯罪内容进行调整，以降低警方执法过程中产生的警民冲突。比如小额盗窃行为不入罪、持有小额毒品调整为轻罪、非暴力轻罪行为以训诫为主等。尤其值得一提的是近年来美国对于毒品认定的重大调整。截至 2020 年底，美国已经有 15 个州大麻合法化，包括医疗大麻合法化、娱乐大麻合法化。另外还有 21 个州大麻部分合法化，即医用大麻合法，但娱乐大麻非法。这是美国在 1914 年颁布《哈里森麻醉品税法》以来最大的一次调整。大麻普遍滥用的事实、警察扫毒的巨大代价、大麻合法化带来的巨大经济收益、联邦制下各州民主党政府的理念，都是大麻合法化的重要推动力量。一方面，大麻合法化意味着地方政府的巨大税收。大麻税收可以极大地减轻政府的财政压力，增加更讨人喜欢的社会服务。美国科罗拉多州零售大麻的消费税近三成投入公立学校基金；华盛顿州的大麻消费税主要用于为低收入居民提供医疗保险。但这种政策的副作用也是非常巨大的，从目前来看，软性毒品的合法化并没有带来硬毒品消费的减少，反而进一步刺激了硬毒品的消费。

米兰达规则 我们在律政片里经常会听到这样一句话：你有权保持沉默，你所说的一切都会作为呈堂证供。这句话其实就是米兰达规则的体现。简单来说，警方必须告知犯罪嫌疑人其基本权利，如果没有告知，则犯罪嫌疑人自证其罪的口供无效。这个规则是沃伦法院在米兰达性侵案中确立的规则。1963 年 3 月 3 日，一位名叫芭芭拉·约翰逊的 18 岁女孩在亚利桑那州菲尼克斯市附近被绑架和强奸。犯罪嫌疑人米兰达随后被警察逮捕，并带回审讯。该案其实并没有问题，米兰达的确犯下了这一罪行，但是在审讯中，警方并未告知米兰达有权在审讯时要求律师在场。米兰达的律师利用这一漏洞上诉，美国历史上最具自由主义色彩的沃伦法院（沃伦主导的联邦最高法院），以 5:4 的投票结果推翻了有罪。沃伦法院在判决中写道：除非检察机关明确地表明其所使用的程序保障足以有效确保被告人享有反对强迫自证其罪的权利，否则任何在被告人遭拘禁时通过讯问而得到的供述，不论对被告人有利或不利，均不得作为证据使用。这实际上是确立了警方讯问犯罪嫌疑人的规则，即米兰达规则，它可以简要归纳为几句话："你有保持沉默的权利，你所说的任何内容皆可能在法庭上用作对你不利的证据，你有权在与警方交谈之前委托一名律师，并且律师可以参与审讯全过程，如果你请不起，将免费为你指派一名律师。"该案的判决在法治史上是进步的，但在个案上却放纵了罪犯。米兰达后来继续犯案，又侵害了多位女性。有意思的是，由于该规则对警方的讯问造成了严重的限制，并在事实上让许多罪犯逃脱惩罚，在美国社会向新保守主义摆动的时候，这一规则实际上也被更加保守的最高法院进行了修正。沃伦法院之后的伯格法院时代，确立了修正"米兰达规则"的"爱德华兹规则"，即在讯问前，如果犯罪嫌疑人主张律师帮助权，讯问应当终止，如果他自己主动要求与警察交谈或者做出供述则有效。在更加保守的伦奎斯特法院时期，最高法院对米兰达规则进行了进一步的限制：如果犯罪嫌疑人主张律师帮助权时，态度是模棱两可的，那么警察不必考虑他的请求而可以继续进行讯问，因为警察并没有义务弄清楚犯罪嫌疑人是否需要律师。

第三十四章　暴力也是生意

美国的私人暴力产业

美国社会一个显著的特征就在于其高度的暴力化。一方面它是一个全民拥有枪支最多的国家，人均拥有 1.2 支枪支；另一方面，它也是一个私人暴力组织最多的国家。在今天美国的私人安保人员与警察的比例已经由 21 世纪初的 3∶1 上升为 5∶1，而且与中国的保安不同，这些私人安保人员中很多是武装到牙齿的准军事化人员，他们甚至已经成为美军海外军事行动中重要的力量。在 1990 年代初的海湾战争中，平均每 100 名参战人员中就有 1 名私人安保雇员。在 21 世纪初的第二次伊拉克战争期间，平均每 10 名参战人员中就有 1 名私人安保雇员，在战争的高峰期，有超过 2 万名私人安保人员配合美军行动，他们既会承担美国军事设施的日常安全保卫工作，也会直接参与军事行动。在阿富汗战争期间，在阿富汗境内的美国私人安保雇员大约有 108000 名，占到了美国参战人员总数的近三分之一。私人暴力或者说市场化的暴力组织已经成为美国暴力重要的组成部分。

大多数欧洲国家在从封建制国家转向中央集权的王权国家的过程中，都经历了国家机器垄断暴力的过程。国家提供法律、垄断暴力，严格控制私人暴力，以此来塑造强大的中央集权政府并压制社会中可能存在的反抗者。然而这一过程并没有在英国以及随后的美国充分完成，其原因在于英国的王权自大宪章以来一直受到封建贵族与法治传统的严格限制，而美国更是一个存在严重反政府情绪与传统的国家。地方自治与暴力私人化是英美两国有别于欧陆国家的一个重要特征，即便在英美两国国家机器逐步完善甚至逐渐建立强大中央政府之后，这个特征以及伴随产生的所谓自我保护的理念也从未消失。国家暴力机制尤其是现代警察制度的发展并没有让私人暴力退出历史舞台，相反由于在英美两国，警察体制经常面临资源与权力都严重受限的情况，所以私人暴力事业反而在警察体制正规化的同时也得到了发展，并逐步成为对国家暴力的重要补充与支持。美国社会私人暴力的萌芽可以直接追溯到北美殖民地早期雇用的欧洲佣兵，但其快速发展大致是1840年以后的事情。其主要原因有三：第一，城市警察的警力不足，在当时的美国，警察主要负责白天治安巡逻，夜间的看护仍然要依靠私人安保人员。即便是在白天，警察主要致力于执法和维护秩序，而私人保安则主要负责守护方面的治安工作。这种分工甚至延续到今天，美国政府有85%的关键设施是由私人安保提供看护，其中包括大量的监狱与戒毒中心，目前有大约16%的联邦监狱被私人安保机构承接。全美最大的私营监狱运营商美国矫正公司管理着60所监狱和超过75000名囚犯，是美国第四大监狱系统。第二，美国在19世纪中期开始的西部拓展，也让私人安保的壮大成为一种必然。城市警察无法保护长距离的交通与贸易，远程商业与运输业的安全需求只能依靠市场来满足。在1950年代最为强大的私人安保公司就是美洲快运公司，它主要就是为东部和远西地区的货物运输提供安全服务，该公司不仅雇用大量退伍军人、私人侦探、赏金猎人作为护卫，而且也提供装甲马车和疑犯追踪的服务。在铁路兴起之后，铁路运输的安保问题又成为私人安保公司的最大业务。美国私人安保公司巨头平克顿公司就是通过承担这一业务而起家。第三，西部的执法力量空白，让私人安保成为一种必需的替代品。随着西部的开发，大量三不管的空白地带上开始出现定居点、贸易点，商人、银行家、农场主们为了维护自身的商业利益，以各种形式联合起来成立自己的调查与执法机构，组织私人性质的商业警察。这些私人暴力组织在多数情况下都可以得到官方的认可，有时甚至还被赋予官方执法的权力。

从某种意义上来说，一个国家内部的暴力水平往往深受其在外部所面临的压力的影响。如果说“一战”对于美国而言还只是短暂的战时状态，那么第二次世界大战以及随后的冷战则从根本上改变了美国国内的安全环境，这也对私人保安业在需求种类、组织形式等方面产生了深刻的影响。“二战”、冷战以及随后的反恐战争期间，美国的国家安全重点已经不再是传统意义上的治安问题，而是日常生活状态的保障，对国家秘密的保护以及防止军事、经济、民生乃至社会生活中的重要目标受到攻击、渗透与威胁，这种新的安全形势不仅让美国的军、情、警机构有了巨大的膨胀，而且也让私人安保有了巨大的发展。美国政府不可能单纯依靠地方政府与各州警察去保护工厂、饮用水及其水源、大量的基础设施、通信设施以及服务设施，这意味着社会生活无法离开强大的私人安保。美国铁路公司警察局雇用着300名私人侦探，联邦保护局雇用了15000名保安员为9000处联邦政府建筑和重要场所提供安保，全美有大约50000名安保人员保护着美国的关键设施。私人安保服务和产品逐渐扩展到几乎所有的美国公共和私人部门，尤其是在进入信息化时代以来，围绕互联网的隐私与商业机密保护也成了私人安保业务增长最快的领域。在1980年代以后，美国的私人保安业从业人员在数量上超过了官方警察的数量，在目前则已经接近于官方警察数量的5倍。

平克顿公司 平克顿及其私人侦探公司是美国私人保安业的一个传奇。平克顿是一个苏格兰移民，与许多移民到美国的苏格兰人一样，英伦半岛尤其是高地地区的日常暴力冲突，让他在暴力方面非常擅长，他在美国一开始从事的是炮管的制造，并因此与西部的商行产生了密切的联系。平克顿敏锐地发现了西部巨大的商机，成立了美国历史上第一个合同制的私人侦探机构。最初，他的主要业务就是中西部地区的铁路运输安保。在美国内战时期，平克顿与联军司令搭上关系，为政府军组建了美国第一个军事情报机构，从此成为美国政府最重要的合作伙伴之一。平克顿公司之所以能够做大做强，和他与政府、大企业有密切联系有关，可他走下坡路的原因也同样如此。内战后，平克顿公司为了从大公司那里领取巨额报酬，开始以暴力手段介入劳资冲突，成为大公司大资本的打手。在1892年宾夕法尼亚州钢铁工人大罢工时，300名武装的平克顿公司侦探试图镇压工人罢工，最后导致3名平克顿公司的侦探与5名工人死亡。愤怒的工人包围了平克顿公司的人员，最后迫使其投降。这次事件导致平克顿公司沦为过街老鼠，也被认为是私人保安业在美国发展史上的一个重要的转折点。从此平克顿公司不再介入任何劳资纠纷，而美国国内也通过立法严格限制私人侦探公司介入劳资冲突。

美国法律对私人安保有严格限制，刑事司法标准与目的顾问委员会下专门设有私人保安特别小组，对私人安保发展中的问题进行监控。一般来说，私人安保有保卫和调查两大基本业务。保卫业务主要包括人身警卫、财产保护，如警卫与巡逻以及提供装备和呼叫服务。调查则包括对各种案件和行为的调查，也就是大名鼎鼎的福尔摩斯干的活儿(在这里要强调一下，我国国内对私人侦探有非常严格的限制)。在美国常见的私人安保人员包括：私人警卫，私人警卫的技术支撑与后勤保障人员，私人侦探，赏金猎人，调查员，押运人员以及在机场、住宅、学校中执行安保任务的准公共警察，即我们所说的校警。目前美国约有 5 万名私人侦探、60 万名警卫，其中大概过半数持枪，1.5 万家承接警卫、巡逻的安保公司，150 家负责押送现金等贵重物品的武装护卫公司。一方面，他们在犯罪预防、治安维护等领域发挥了巨大的作用，减少了公共开支和警方的压力，尤其是弥补了美国警察职能当中长期缺乏预防职能的重要缺陷；另一方面，他们也为退伍人员再就业、退休警察发挥余热、现役警察在业余时间增加收入提供了重要平台。必须指出的是，与习惯加班的中国警察不同，美国警方对加班十分敏感，强大的警察工会要求高昂的加班补贴。随着一些美国地方政府受困于财政减少了警察的加班费，警察按时下班，然后以私人安保人员的形式进行有偿服务的情况正在变得越来越普遍。这就带来了一个严重的问题，那就是富裕社区可以通过雇用私人安保甚至警察的有偿服务来保障安全，贫困社区则只能得到最基础的警察服务，而一旦警察下班，这些社区往往就会被大大小小的黑帮盘踞。

美国私人安保的一个显著特点，就是它广泛参与了美国的海外军事行动，这是美国的全球霸权性质带来的一个必然结果。在小布什政府期间，深受新公共管理学派影响的拉姆斯菲尔德对美国军事行动的组织进行了更加商业化的改革，他强调尽可能通过市场化机制、分包来组织军事行动，以降低军费、提高作战效率和避免军人伤亡。黑水公司就是在拉姆斯菲尔德时期名声大噪，成为全球闻名的 私人安保公司，甚至被很多人视为私人雇佣军。但坦率而言，黑水公司在美国是做警察培训业务起家的，它擅长的其实是城市治安中的警察行动。在美国，黑水公司最有名的是它为参与培训的警察提供的可口饭菜和娱乐，而不是军事能力。甚至不客气地讲，全球有 7000 余家私营军事安保公司，其中专注于经营军事业务的接近 2000

家，在这个圈子里，黑水公司是个靠裙带关系上位的票友，它甚至对现代战争缺乏最基本的理解。这也是后来黑水的雇员在伊拉克不仅因为滥杀无辜而臭名昭著，而且也因为军事素质低下而伤亡惨重的缘故。黑水的成功最主要的原因是正好赶上了拉姆斯菲尔德搞改革，而他们和拉姆斯菲尔德又关系密切。与俄罗斯的瓦格纳雇佣军相比，黑水更像是战地保安，而不是战士。他们提供的大多是语言翻译、贴身保镖、审讯疑犯、后勤保障和军事训练等服务，而之所以用他们，是因为他们比美军便宜，而且他们的伤亡不计入美军的伤亡，有利于美国政府逃避战争压力。相比于政治压力巨大、大量伤亡可能引发反战运动的正规军事行动，私人军事公司有其明显的优势。私人军事公司通过网络可以迅速招募人员，这些人员收取费用参与军事行动，属于在商言商的自愿选择，不论是家属还是社会公众，对他们的伤亡通常有较高的忍耐力。军队退役人员的保障与补偿一直是美国政府的巨大负担，私人公司可以完全免除这一负担。私人公司通过建立人才数据库的方式来对其成员进行组织管理。客户下订单后，公司可以通过数据库随时召唤其成员去完成订单任务，任务完成时，公司又可以随时召回解散他们。

海外战争中的私人军事安保人员算雇佣军吗？虽然两者关系密切，甚至在人员上都经常重合，但从法律上来讲这些私人安保是不算雇佣军的，甚至它的出现就是为了避免被当作雇佣军。1977 年的《日内瓦公约第一附加议定书》规定了雇佣军的认定要满足六个条件，并且这六个条件缺一不可：1）在当地或外国特别征募以便在武装冲突中作战；2）事实上直接参加敌对行动；3）主要以获得私利的愿望为参加敌对行动的动机；4）既不是冲突一方的国民，又不是冲突一方所控制的领土的居民；5）不是冲突一方武装部队的人员；6）不是非冲突一方的国家所派遣作为其武装部队人员执行官方职务的人。按照这一标准，大部分私人军事安保公司都不是雇佣军。

与尾大不掉的瓦格纳不同，美国的私人军事公司受到美国政府极其严格的法律控制。美国政府先后修改出台了《国际武器贸易条例》《域外军事管辖法案》《军事审判统一法典》。1998 年克林顿政府时期生效的《国际武器贸易条例》规定，如果美国的私人军事安保公司没有事先获得由美国国务院签发的武器出口许可，那么就会被禁止携带武器出境。2000 年布什政府时期通过的《域外军事管辖法案》规定，私人军事安保人员在国外参与国防部的任务过程中的不法行为受到国内法院管辖。2006 年由于私人安保公司在国外作战中屡屡爆出丑闻，布什政府在巨大压力下推动修改了《军事审判统一法典》，规定在战争或应急作战期间服务或者伴随军队的人员也受到该军法的管辖。应该说，这三部法律让美国相比于许多其他存在大量海外私人军事安保公司的国家来说，对其海外民间力量建立了更严格的控制。但这种控制也不是绝对的，因为战争的需要在很多时候远比人道主义与理想主义更为迫切，所以这三部法律也都留有后门。比如《国际武器贸易条例》中规定如果合同金额低于 5000 万美金，则不必通知国会。在实际操作中，私人军事安保公司完全可以通过分拆业务来逃避监管。《域外军事管辖法案》则仅适用于为国防部服务的雇员，如果是像黑水公司一样是为美国国务院执行任务，则不受管辖。而《军事审判统一法典》虽然比较严格，但是只对战时行为生效，注意是战时，而非军事行动之时，这意味着适用该法的前提是国会必须正式宣战。

参考文献

塞缪尔·沃克、查尔斯·M. 卡茨：《美国警察导论（第八版）》，张小兵等译，中国人民公安大学出版社，2016。

于力人：《中央情报局 50 年》，时事出版社，1998。

迈克尔·华纳：《情报的兴衰：一部国际安全史》，黄日涵译，社会科学文献出版社，2016。

许述：《这才是美军》，中国青年出版社，2017。

约翰·W. 道尔：《无情之战：太平洋战争中的种族与强权》，韩华译，中信出版社，2019。

马克斯·布特：《隐形军队：游击战的历史》，赵国星、张金勇译，社会科学文献出版社，2016。

阿伦·米利特、彼得·马斯洛斯基、威廉·费斯：《美国军事史（1607—2012）》，张淑静等译，解放军出版社，2014。

詹姆斯·M. 莫里斯：《美国军队及其战争》，符金宇译，世界图书出版公司，2013。

凯恩·博斯特尔：《联邦调查局档案》，徐慧译，东方出版社，2004。

詹姆斯·M. 莫里斯：《美国陆军史》，林贤明、蔡晓慧译，湖南人民出版社，2010。

库尔特·艾肯沃德：《谁激怒了美国：秘密与谎言的 500 天》，王祖宁等译，广东人民出版社，2013。

帕诺夫、基谢廖夫、卡尔塔夫采夫：《战争艺术史》，李静、袁亚楠译，军事科学出版社，1983。

杨永康：《"9·11"后美国反恐实践对其宪政体制的冲击》，《西安政治学院学报》2017 年第 1 期。

林治远：《多域战：美国陆军作战新概念》，《军事文摘》2017 年第 19 期。

王宗涛、任安俊：《潘兴与一战美国海外远征军体制的建立》，《军事历史》2020 年第 5 期。

Margelatu：《"黑水"复出搅动江湖：美国要将战争"私有化"?》，戴嘉琦译，《航空世界》2017 年第 9 期。

刘晓华：《"建国时期"美国的军事改革和建设》，硕士学位论文，山东师范大学，2010。

丁聪：《21 世纪初的美国军事改革思想研究》，硕士学位论文，国防科技大学，2017。

杨大志：《奥巴马政府以来的美国军事战略调整》，博士学位论文，中央党校（国家行政学院），2020。

陈海宏：《北美殖民地的军事制度》，《山东师大学报（社会科学版）》1991 年第 6 期。

郑君：《北美殖民地时期宾夕法尼亚民兵制度研究》，硕士学位论文，哈尔滨师范大学，2020。

《被告席上的美国警察》，陈超编译自 2014 年 12 月 13 日《经济学家》，《域外》2015 年第 1 期。

菲利普·W. 雷诺兹：《持续不断的冲突与美国特种作战部队》，毕忠安译，《国外坦克》2015 年第 9 期。

徐佳荣：《从民兵到正规军——美国军队职业化体制的确立》，硕士学位论文，山东师范大学，2007。

张盛发：《从遗忘的战争到重要的战争——俄罗斯重新评价第一次世界大战》，《俄罗斯学刊》2017 年第 4 期。

马亚雄：《大陆型与海洋型两大类警察制度的特征、演变和影响》，《公安大学学报》1993 年第 4 期。

温荣刚：《第二次世界大战后美国海军的战略调整及其海权理论思考》，《辽宁大学学报（哲学社会科学版）》2021 年第 2 期。

戴博元：《第二次世界大战时期美国海军发展研究》，硕士学位论文，西北师范大学，2019。
徐航波：《都铎英格兰民兵制度研究》，硕士学位论文，南京大学，2021。
杨敏：《二战后美国海外军事基地及驻军协定的分类》，《军事史林》2021 年第 8 期。
周华、苗宏：《二战后美国军事工业的发展与演变》，《军事经济研究》2012 年第 2 期。
王敦士、赵继广：《二战后美国军事战略调整对其战略轰炸机发展的影响》，《装备学院学报》2016 年第 6 期。
胡玲、赵文升、张聪：《二战结束以来美国军事制度的历史演进》，《军事历史》2017 年第 4 期。
刘宝坤：《二战期间美国的军事改革》，硕士学位论文，山东师范大学，2010。
卞秀谕：《二战期间美国世界海权霸主地位的确立》，《山西大学学报（哲学社会科学版）》2013 年第 4 期。
韩永利、张士伟：《二战期间美国战争资源的对外投放考察》，《世界历史》2010 年第 1 期。
李帅：《国防开支与美国“军事—大都市—工业复合体”的形成——以奥兰治县为中心》，硕士学位论文，东北师范大学，2017。
孙中华：《国外私人保安》，《中国保安》2004 年第 10 期。
葛汉文：《海上封锁：历史经验、战略功用与当下效应》，《世界经济与政治论坛》2022 年第 1 期。
张小兵：《集中性：美国联邦警察制度的重要特征》，《中国人民公安大学学报（社会科学版）》，2008 年第 1 期。
大卫·维斯伯德、安东尼·巴拉格：《警务革新的普及：美国的经验之谈》，《浙江警察学院学报》2010 年第 5 期。
陈婷：《跨域融合：美国“网军”建设发展新动向》，《信息安全与通信保密》2018 年第 6 期。
韩庆娜：《冷战后美国对外军事行动的动因研究》，博士学位论文，外交学院，2008。
余凌云：《论美国警察权的变迁》，《浙江警察学院学报》2018 年第 3 期。
夏菲：《论美国警政的发展与特点》，《贵州警官职业学院学报》2005 年第 2 期。
张津瑞：《论美国约翰逊政府的“向犯罪宣战”政策》，《历史教学问题》2022 年第 2 期。
王胤颖：《论述二十世纪九十年代美国的犯罪问题》，《犯罪研究》2002 年第 2 期。
乔丽月：《论私营军事安保公司的合法化及其途径》，硕士学位论文，华中科技大学，2019。
刘长煌：《美国“撤资警察”运动》，《现代世界警察》，2021 年第 6 期。
李晓明：《美国 21 世纪的犯罪问题——兼论对中国的借鉴》，《中国犯罪学学会第十八届学术研讨会论文集》（下册），2009。
郭太生：《美国保安业的历史与发展》，《中国保安》2002 年第 10 期。

马小宇：《美国参谋长联席会议的创立与发展（1942—1947）》，硕士学位论文，东北师范大学，2009。

孙进凯、李文君：《美国大麻合法化政策的影响及中国应对策略》，《中国药物滥用防治杂志》2021 年第 4 期。

郭义贵：《美国的私人保安服务业及其借鉴意义》，《武汉公安干部学院学报》2004 年第 4 期。

陈曦、葛腾飞：《美国对华拒止性威慑战略论析》，《国际安全研究》2022 年第 5 期。

徐瑶：《美国海外基地体系的演变：一项基于战略认知的研究》，博士学位论文，复旦大学，2013。

何兵：《美国警察的军事化及后果》，《行政法学研究》2017 年第 4 期。

刘宇辰：《美国警民关系的政治困境："对犯罪宣战"的起源、对策和未来（1965—2016）》，《北大政治学评论》第 13 辑。

Jeffrey T. Richelson, *The Us Intelligence Community*, Hachette UK, 2015.

Charles Tilly, *The Politics of Collective Violence*. Cambridge University Press, 2003.

Russell F. Weigley, *The American Way of War: A History of United States Military Strategy and Policy*, Indiana University Press, 1977.

Samuel P. Huntington, *The Soldier and The State: The Theory and Politics of Civil–Military Relations*, Harvard University Press, 1981.

Deborah C. Kidwell, *Public War, Private Fight?* The United States and Private Military Companies, Lulu.com, 2011.

Walter Millis, *Arms and Men: A Study in American Military History*, Rutgers University Press, 1981.

Richard C. Eichenberg, "Victory has many friends: US public opinion and the use of military force, 1981—2005," *International Security*, vol. 30, no. 1, 2005, pp.140–177.

第八部分
走向大国竞争的中美关系

本书的大多数内容都来自我在国际关系学院讲授的“美国政府与政治”一课，对中国人来说，我们之所以要了解美国，其出发点都是为了中国的国家利益。所以每每上到学期末，孩子们总希望我对中美关系做一个自己的梳理或是展望。我相信本书的大多数读者读到这里，也会有同样的想法。这是一个复杂而敏感的话题，我只能以不那么复杂和敏感的方式和大家在结尾部分，谈一下我对中美关系的过去、现在与未来的理解。

第三十五章　1978 年前的中美关系

从“中国皇后号”来华到中美建交

中美两国的首次相遇，其实可以追溯到美国第 2 任总统亚当斯时代。在 1783 年签署《巴黎和约》获得独立之后，美国人在欢呼之余很快就发现摆脱了英国二等公民的身份，也失去了作为英帝国二等公民的好处。美国人自此不仅丧失了以往作为英国人在英帝国体系内所享有的一切贸易优惠，还遭受了以前欧洲诸国绝不敢施加于英国人身上的重税与苛政。美国前所未有地希望开拓新的贸易市场，建立自己的贸易体系，而中国就是最重要的选择之一。1784 年 2 月 22 日，在纽约和费城商人的支持下，以打开中国市场、建立东方贸易路线为目的的征程就此开启。承担这一任务的商船被命名为“中国皇后号”，从这个名字就可以看出美国人希望把这一趟与中国的初见，变成一场商业的艳遇。事实上，最终的结果比乐观的美国人所期待的还要乐观，贸易发起者共投资 120000 美元，获纯利 37772 美元，利润高达 25%。一时间，到中国去成为美国商界最热衷的话题。值得一提的是，在来华之初，美国人本来还想蹭英国人的威望，毕竟都说英语，但是到了中国以后才发现，英国商人的骄横早就声名狼藉。美国商人立刻与英国人划清界限，以彬彬有礼的谦恭态度获得了中国人的好感。在早期美国海军并不强大的年代，这一套“我爱天朝”的策略非常有市场，甚至美国总统约翰·亚当斯都公开倡议美商们要尊重中国当地法律、风俗，小心做人来打开市场。会做人也会做生意的美国人在中国如鱼得水。从 1792 年开始，美国在华贸易的份额已远远超过了法国、荷兰等欧洲国家，仅次于英国，稳居第二，到 1801 年，美国赴华商船数量已经达到了 31 艘。即便后来美国海军日益强大，相比于傲慢、蛮横的英帝国，大片霸占中国领土的沙俄等列强，美国人也仍然保持着相对灵活、友好的姿态。在晚清被迫签署的多个不平等条约中，美国人半威胁、半强迫中国人签订的《望厦条约》甚至还算是吃相好看的。美国总统约翰·泰勒在对其代表团的指示中就强调，美国的目标是要使美国船只和货物根据英国商人享有的同等优惠条件获准进入这些港口，在缔约手段上，则应以和平为主、武力威胁为辅，要以谨慎的态度和言语消除和缓和中国人的排外情绪，使中国充分相信美国使团来华并不怀有敌意，而是为了向中国表示敬意与友善并建立友好交往。美方代表韦伯斯特甚至在会谈中多次表示，“美国现在或将来都无意鼓励合众国公民违犯中国的通商条例，如果发现合众国公民违犯众所周知的贸易法律，他们的政府不会为了保护他们而进行干涉”。美国不像英国一样傲慢地谋求霸权，而是要客客气气地争取英国霸权所带来的贸易利益。从最终结果上来看，美国人这种策略是相当成功的，《望厦条约》远没有《南京条约》那样刺激中国人，从内容上看它是以解决中美商务问题为主旨的商业条约，不像中英《南京条约》那样被清廷视为奇耻大辱。从晚清时期中美陆续签订了一系列的条约来看，不论是1844年的《五口贸易章程：海关税则》（《望厦条约》）、1858年的中美《天津条约》及其《通商章程善后条约：海关税则》、1868年的《续增条约》（《蒲安臣条约》）、1880年的《续约附款》，还是1903年的《通商行船续订条约》，基本上都以商贸为重心，都体现了美国人既不甘英国人之后，要求搭英国霸权的顺风车，又不愿当出头鸟，得罪中国人民的精明。甚至可以说，美国这种既要蹭殖民者霸权红利，又要与殖民霸权在形象上保持距离的作风一直延续到了太平洋战争的爆发。当然，美国人之所以采取这种做法，也不能完全归咎于其商人国家唯利是图的虚伪性，美国作为第一个独立的殖民地，其立国之意识形态对老欧洲的殖民做法的确有深刻的反感，而美国社会福音教派的宗教狂热，也让他们对道德义务有着远胜于欧洲列强的执着。更为重要的是，中国太大而且距离美国十分遥远，所以美国无法对中国行使门罗主义的霸权，只能采取一种要求机会均等，反对任何国家独占中国的政策。因为只有这个政策才最符合美国的利益。从晚清到1941年，美国人这个原则是一以贯之的，那就是一旦哪个列强试图独吞中国，或是在中国形成某种排他的势力范围，那么美国就要坚决反对。从美国的动机来讲，当然是因其自身利益而出发，但从当时中国社会面临的列强威胁来看，这种做法却的确有利于牵制那些胃口更大、危害更大的侵略者。也正因为此，一直到中华人民共和国成立，的确有很多中国知识分子对美国人存在好感，这些好感在今天看来也许幼稚，但在当时却的确是羸弱的中国社会所必然会产生的一种心理现象。当人无力自救之时，才会期待救世主的到来，而这种幼稚的对美国的期待，在伍德罗·威尔逊任上时达到了前所未有的高峰。

门户开放政策　1899 年，麦金莱政府的国务卿海约翰（John M. Hay）要求驻英、俄、德、法、意、日等六国大使，向各驻在国政府递交一项照会，提出了关于中国政策的三项基本原则：1）对于在中国的所谓利益范围或租借地内的任何条约口岸或任何既得利益，一概不加干涉；2）中国现行条约税则适用于所有势力范围内一切口岸（自由港除外）所装卸的货物，不论其属何国籍。此种税款由中国政府征收；3）在各自势力范围内任何口岸，对他国入港船舶所征收的入港费，不得高于对本国船舶所征收的入港费；在各自势力范围内修筑、管理或经营的铁路，对他国臣民运输的货物，应与对本国臣民运输同样货物、经过同等距离所征收的铁路运费相等。这三项原则体现了美国不谋求改变各国在华势力范围，但是对获得同等商业利益的要求。为了避免挑战列强在中国攫取的铁路、矿山等特权，美国特意只提到了势力范围和租借地内的贸易平等。在 1900 年义和团运动之后，为了避免沙俄、日本大肆吞并中国领土，甚至灭亡中国，美国又修订了"门户开放"政策，将保持中国领土和行政完整加入其中。值得指出的是，虽然"门户开放"政策自 1899 年提出到 1941 年珍珠港事件以来从未改变，但这一政策的实施并非始终如一，它取决于远东的大国博弈，尤其是沙俄、日本这两个对中国怀有最大野心的国家与美英的博弈。在权衡利弊的情况下，美国也可以调整其门户开放政策以避免与列强发生直接冲突，1908 年美日的《罗托—高平协定》默认了日本在东北的优势地位、1917 年美日的《蓝辛—石井协定》即《美日共同宣言》承认了日本在华的特殊利益。即便是在九一八事变、七七事变之后，美国也没有对日本侵华采取实质性的措施，以至于有观点认为，美国推行门户开放政策是以避免卷入战争为前提，倘有卷入战争的可能，它就会让步。

1918 年威尔逊提出了威尔逊主义的十四点原则，迅速引起了中国知识界的广泛关注。以留美的著名记者董显光为代表的大批中国爱国知识分子认为，中国应该争取威尔逊在巴黎和会上支持中国的外交目标，并根据威尔逊主义中的“民族自决原则”收回德国占领的“青岛主权”，其中不乏蒋梦麟、陈独秀、胡适等大知识分子。一时间很多中国青年都将威尔逊视为中国的救星，比如中国共产党的创始人之一陈独秀就认为，威尔逊主义可以归结为“主张公理，反对强权”的原则，并把这个原则作为他创办的《每周评论》的宗旨，而蒋梦麟甚至赞美威尔逊“卫正义而摧武力兮，广四海为兄弟，望彼陆而思颜色兮，庆大同而呼万岁”。但巴黎和会以残酷的事实告诉中国人，威尔逊不是救世主，公道不在人心，是非要靠实力。即便威尔逊在最初根据其道德理想，倾向于中国人民的正义立场，但在无情的现实政治面前，他首先要做的是实现美国的利益目标。在巴黎和会上，日本通过 1917 年与协约国签署的秘密协定，让英国的劳合乔治、法国的克里蒙梭站在了自己一边，而在意大利首相奥兰多离会之后，为了避免日本离会造成国联计划破产，威尔逊最终在 4 月 28 日的“三强会议”上牺牲了中国的利益，同意了日本对山东的要求。这一行为引发了公众舆论关于威尔逊“背叛中国”的巨大争议，威尔逊则认为：该协议只是一个在现实政治中不得不做的折中，将山东的政治主权划归中国，经济权力划归日本，而如果日方能够让出所有的军事权力，他们的协议只是一份纯粹的经济协议。值得一提的是，日本在巴黎和会上有两个主要诉求，其一是赤裸裸的非正义诉求，即获取中国山东的主权，其二则是种族平等原则，即要求白人承认黄种人在国际政治、文明国家上的平等地位，而欧美列强最终宁可满足日本窃取他国主权的需求，也绝不承认种族平等的原则。

不可否认的是，在第二次世界大战中，中美两国人民并肩作战，共同为反法西斯阵营的胜利做出了巨大牺牲，而且在这个过程中也结下了深厚的友谊。这一点，无论中美关系面临怎样的波折，我们也不该忘记，而且它也是中美两国无论何时发展双边关系的一个非常重要的历史资源。在第二次世界大战中，美国战争资源的对外投放最早就是对中国进行援助。从全面抗战开始，美国就在财政上给予了中国重要支持。1937 年 7 月，中美达成白银协议，中国向美国出售价值达 1.38 亿美元的白银，其中 4800 万被允许用于采购战争物资。从 1938 年开始，美国对中国直接援助战略物资。在1938—1940年期间，中国先后获得美国桐油借款2500万美元、滇锡借款2000万美元、钨砂借款2500万美元，在1940年法国败降后，由于日本已经威胁到美英在太平洋的核心利益，甚至开始威胁到美国的国家安全，美国逐渐改变了对日的绥靖态度，逐渐加大了对华援助的力度。美国向中国提供信用借款和平准基金借款各5000万美元，并从给英国的订单中拨出100架P40飞机给中国。1941年美国再次给予中国5000万美元借款，并将中国加入租界法案之中，承诺当年向中方交付2.4亿美元的军火，1942年再交付5亿美元的军火。根据国民党代表宋子文与美国签订的6亿美元的租借物资协议，美方要向中方交付2亿美元的飞机，1.75亿美元的军械和7600万美元的卡车等运输工具以及其他物料等。尤其值得指出的是，当抗日战争进行到最艰苦的岁月，中国对外物资运输近乎完全中断的时候，鉴于中国在反法西斯战争全局中的战略地位和做出的重大牺牲，在中国的一再强烈要求下，美国开辟了极为重要的驼峰航线，并组建了保卫中国领空的传奇飞行大队飞虎队。

驼峰航线 1942年春美国为了把抗战物资送到中国，开辟了一条从印度飞越喜马拉雅山脉，再到中国昆明的空中走廊，称作“驼峰航线”。该走廊在以后三年多的时间里不但是中国获得国际援助的唯一一条运输线，而且是“二战”中最艰难的航线。该航线以美国驻印空运部队的印度基地德钦机场为起点，以中国昆明机场为终点。在最初只拥有27架来自美国国内民航的老式运输飞机，后逐渐发展成拥有飞机超过600架、军事人员近34000人、民工47000人的庞大空运后勤系统。在日军于1942年5月占领密支那之后，驼峰航线的飞行员要将物资运往中国，就必须首先飞越中印之间的喜马拉雅山，因为这些群山高低起伏如同驼峰，所以该条航线得名驼峰航线。这里不存在夏季，山峰终年积雪，云层中悬挂着冰粒，每年6月到8月的雨季，山峦之间多是电闪雷鸣的风暴，许多飞行员一去不返，葬身于群山之间，直到近几年还时有飞行员与飞机的遗骸被发现。在驼峰空运线存在的三年半时间中，美国空运队将约650000吨物资运送到中国，极大地支援了中国人民的抗日卫国战争，但在整个空运期间，一共牺牲、失踪了1000多名人员，损失飞机近60架。

值得一提的是，美国与中华人民共和国的关系，其实也可以追溯到抗日战争时期。在那一时期，美国与中国共产党有了最初的接触。美国不仅关注国民政府抗战，也关注中国共产党的军事与政治动向。事实上，美国对中国共产党领导的抗日武装八路军与新四军都评价很高。1938年春，美国总统罗斯福派遣特使卡尔逊克服了国民党的干扰，专门走访了八路军。在仔细观察了八路军之后，卡尔逊高度评价八路军是中国抗日战争中新的潜力股，并且认为相比于暮气沉沉、腐败泛滥的国民党军队，中国共产党的武装战术可取、战绩可嘉，美国应该考虑援助英勇善战的中国共产党人。1939年1月美国记者杰克·贝尔登也对新四军的游击战术、作战方法和精神面貌给予高度评价。《华盛顿邮报》也高度评价了新四军的游击战术，称新四军有真正的智慧，并且得到了广大农村民众的支持，是一支具有老红军一样英勇献身精神的抗日武装。以毛泽东为代表的中国共产党人也欢迎美国对中国人民抗日战争的支持，并且也与陈纳德飞行队有过密切接触与相互支持，在美国对日宣战以后，美军甚至考虑过与中国共产党武装大规模合作，在华北地区进行特种作战。然而，令人遗憾的是，美国政府最终在中国人民解放战争的过程中，选择支持腐朽反动的国民党政府，并且在中华人民共和国成立之后，继续支持中国台湾的国民党当局。最终中美两国在朝鲜战场进行了一次对双方都意义重大的战争，尽管这场战争的起因有其非常复杂的原因，但主要原因仍然是朝鲜与美国的误判，以至于美国人仍然将这场战争称为在最冷的冬天进行的一场在错误的时间、错误的地点、与错误的对手的一场战争。在朝鲜战争结束之后，中国全面倒向苏联成为必然，而美国对华遏制、围堵，支持中国台湾当局也成为其长期政策。有关于朝鲜战争以及这场战争对世界格局尤其是中国台湾问题的影响，各种研究已经非常详细而专业，我们对此问题就不予详细展开了。在1949—1971年间，中美之间基本上没有任何接触、交往与合作，但双方在尖锐对抗中，也逐步建立了一些卓有成效的沟通管道。自中华人民共和国成立以来，中美之间便处于严重的对立敌视状态，若一方试图给另一方传递信息，大多数时间只能借助与双方均有密切联系的国家，比如“巴基斯坦渠道”“罗马尼亚渠道”“巴黎渠道”以及一套双方都有默契的危机管控机制。在朝鲜战争之后，双方都不愿再次进行大规模军事对抗，美国人再也不愿重蹈朝鲜战争的覆辙，中国共产党人在毛主席的领导下，也基本达成了一个共识，那就是尽管中美之间会不时爆发危机，但要避免让危机激化为战争，要尽可能避免同美国再打局部战争。这就是毛主席多次谈到的“久胜必败”的道理，在1950年代的台海危机、1960年代的越南战争中，尽管多次与美军发生间接对抗，但中美军队都在避免直接交战。炮击金门的时候，我们的原则是打国民党军不打美军，根据福建军区空军司令聂凤智的回忆，为了避免美军误判，当时我国战机起飞落地的朝向都是由毛泽东亲自作出指示。

在1970年之后，中美关系开始出现结构性变化，这里面最重要的一个特征在于，美国开始从全球政治的角度，从中美俄大三角大博弈的角度来思考中美关系。造成这一变化的首先是美苏力量的对比。在1962年美国拥有洲际和中程导弹100枚以上，苏联只有50枚，美国对苏联保持足够的武力优势，但到了1969年美苏的战略核力量开始出现均势，美国拥有陆基洲际导弹1054枚，苏联1050枚，到了1970年苏联的洲际导弹数量则开始超过美国，而且在常规军方面更是大幅超过美国。这种巨大的压力，让美国迫切需要寻找新的支撑点来实现对苏联的牵制，而此时与苏联关系日趋紧张的中国则是美国必然的选择。从某种意义上来说，中美俄大三角是在中国国力并不足以与美苏相提并论的时候，由美国人根据其战略需要而提出的。其主要目的就是通过在政治特别是外交上同中国接近来加强自己在与苏联对话上的灵活性与主动性。正如尼克松所说，在和苏联人谈判的时候，美国需要在中国问题上为自己找个可以依靠的有利地位。而此时的中国也正承受着苏联的巨大压力，这中美俄大三角的权力结构不仅可以有效改善对美关系，缓解来自苏联的压力，而且也能极大地提升中国的大国地位。因此中美关系的改善从来不是谁对谁的恩惠，而是中美双方的共赢，也正是因为双方都能够受益，所以双方才都有改善关系的意愿。美国尼克松总统自入主白宫，便多次组织跨部门会议研究对华政策，在当时美国政策界提出了三套方案：“维持现状”“强化威慑和孤立”与“接触和缓和”。其中“接触和缓和”策略得到了尼克松总统的认可，但必须指出的是，美国政府在当时仍然是犹豫不定的，一方面是担心中国方面对美方的新政策不予理睬，一方面则是担心与中国的接触与缓和会激怒苏联，从而影响美国与苏联的缓和。以毛泽东、周恩来为代表的中国老一辈国家领导人，及时把握住了历史机遇，对尼克松改善中美关系的小心思进行了积极的回应。经过不断地试探与磨合，1970 年 1 月 20 日，中美双方在华沙举行会谈，开启了中美关系改善的进程。1971—1972 年，中美双方进入了改善关系的快车道，在周恩来总理的亲自领导下，中美双方在一系列的高层会谈中，对几乎所有双方共同关心的问题进行了广泛而透彻的探讨，这些问题不仅包括中国台湾问题，还包括印支问题、中美苏关系问题、印度问题、日本问题等重要问题。这些问题远超中美双边关系问题，而是在大三角的思路下，对全球问题进行商谈。这一系列的会谈，意味着美国已经将中国视为一个足以影响世界格局，对美国有重要影响的大国。在中国台湾问题上，周恩来总理要求美方支持一个中国，并就阻止日军进入台湾做出明确承诺；在越南问题上，周恩来总理则有效地说服美国做了让步。应该说在中美双方共同的努力下，中美关系取得了巨大的进展，但是这一进程却因为尼克松的“水门事件”而受到了严重干扰。1972 年尼克松访华之后，中美关系的改善在长达数年内被美国搁置了，“水门事件”后继任的福特总统计划把中美建交作为其第二任期的重要政绩，但他没有获得第二任期。历史最终把这一责任留给了对于国际事务几乎一无所知的卡特。

在卡特政府内部，围绕美苏关系与中美关系的博弈产生了深刻的分歧。以国务卿万斯为代表的重苏派认为，与中国的关系改善是一个要放在美苏和解之后的次一级任务，在美苏达成和解之前，中美关系的改善会恶化美苏之间的信任。他们甚至主张，美国应该考虑先与越南关系正常化，再考虑中美关系正常化。而以布热津斯基为代表的重华派则认为，不能把苏联当作美国利益的焦点而牺牲其他的全球事务，中苏分裂是冷战时期最富有长远战略意义的事件。中国完全可以成为美国用以平衡苏联的重要力量，既然共产主义世界已经成为多中心的，美国也要实行多中心的政策，如果苏联多担心一点美国的对华政策，美国就可以少担心一点对苏政策。在最初，卡特在这两种截然不同的意见中左右摇摆，但是随着苏联干预埃塞俄比亚与索马里的非洲之角之战、悍然入侵阿富汗，卡特最终选择了布热津斯基。在卡特的支持下，布热津斯基多次秘密访问中国，与中国领导人邓小平以及包括耿飚在内的中国高级干部进行谈判，尤其是在中国台湾问题上，中美双方更是进行了艰苦的谈判。美方一直试图劝说中国放弃武力统一台湾，遭到了邓小平同志的坚决反对；中方则坚持要求美军撤出台湾，在中方的强烈要求下，美方最终选择撤出。1979 年中美建交前后，美国太平洋司令部领导“美国协防台湾司令部”实施了 506X 号撤军计划，在 120 天内从中国台湾地区撤出了包括“美国协防台湾司令部”在内的 27 个军事单位的全部军事力量（只有 3 人没有撤走，一人生病，两人坐牢），但必须强调的是，美国在全面撤军的同时，又为国防部文职人员重返中国台湾地区确立了程序安排，保持了双方的实质性军事人员交往。

第三十六章　1978年后的中美关系
从接触到遏制

1978年后的中美关系，大致上经历了一个从接触到遏制的过程，其中既有中国崛起、苏联解体改变了传统意义上中美俄大三角的原因，也有美国自奥巴马“再平衡”政策以来，对华日益敌对的原因。1979—1989年间，为了共同应对苏联的霸权扩张，中美双方都理智地回避了分歧，加强了合作。其中最为典型的是中美两军的合作，1980年美国国防部部长布朗访华，开启了中美的军事交流，同年中国国务院副总理兼中央军委秘书长耿飚率团访问美国，就战略问题和美国对华出售装备、技术的可能性及限度等问题进行了深度会谈，而在当年年底，美国批准了向中国出售包括防空雷达、运输直升机、车辆及电子检测设备等在内的辅助性军用装备。1989年后，虽然中美关系出现严重波动，但总的来说中美关系仍然保持稳定，这是因为一方面，冷战的胜利让美国仍然沉浸在历史终结论的自大当中，对和平演变中国抱有信心，并认为中国并不足以对美国构成威胁；另一方面，则是俄罗斯仍然被美国视为最主要的潜在威胁。对美国来说，与中国保持良好关系，而不是逼迫中国与俄罗斯走近，显然对自己更为有利。从1994年开始，屡屡遭到西方轻慢的俄罗斯开始从对西方的幼稚病中清醒过来，开始谋求重振大国地位，坚决反对北约东扩，这导致了俄美摩擦增多。俄罗斯总统叶利钦为了增加对西方博弈的筹码，如同当年的美国总统尼克松一样，开始有意识地推进与中国的关系。1994年中俄签署《中俄联合声明》，宣布建立面向21世纪的新型建设性伙伴关系，尤其是反对建立对立的政治、军事、经济集团。1996年中俄两国签署《中俄联合声明》，宣布发展平等信任的、面向21世纪的战略协作伙伴关系，并着重指出：霸权主义和强权政治仍然存在，集团政治有新的表现，世界的和平与发展仍面临严重挑战。1999年爆发的科索沃战争更是让中俄两国对西方霸权的反感达到了一个高点，而这几年的中俄走近也引起了美国的警惕，并推动了美国改善对俄关系以平衡中俄关系的发展。从某种意义上来说，如果没有“9·11”事件的发生，中美关系可能会在中国驻南联盟大使馆被炸事件、中美南海撞机事件后一直恶化下去，中美大国博弈甚至美国对华遏制的情况可能会早20年发生，但在“9·11”之后，反恐给中美关系带来了新的机遇，也给美俄合作提供了新的重点。从某种意义上来说，布什政府完全放弃了美国以大国为主要对手的传统国家安全观，而将非传统安全视为美国最主要的威胁，为了能够争取中国配合美国的反恐，美国放弃了自1989年以来十余年间对华的强硬政策，主动寻求加强国际合作，改善中俄与美俄关系。当时的中国领导人江泽民同志敏锐地把握了这一重要历史机遇。坦率来说在当时江泽民同志改善中美关系是有压力的，这是因为自我国南联盟大使馆被炸到南海撞机事件，中美关系是在持续紧张当中的。在“9·11”这一突发事件当中，中国民间有些人对美国遭遇恐怖主义袭击并没有强烈的同情。实事求是地说，江泽民同志在那个时候，顶住压力把握历史机遇，为中国创造良好的国际环境，争取了发展的十年，对中国今天的大国崛起起到了非常重要的作用。然而中美关系的这种平稳发展，在奥巴马政府第二任期之后开始出现了一些重要的变化。这些变化在特朗普政府时期则激化为与中国全方位的竞争。在政治上，美国要防范中国挑战美国主导的国际和地区秩序；经济上，美国要遏制中国在科技领域的进步，改变中美的贸易结构。美国政府开始放弃曾经的对华接触战略，而代之以破坏性的脱钩与遏制。即便是在2020年1月中美达成第一阶段贸易协议之后，美国政府也仍然继续推进着脱钩进程，包括对三分之二的中国产品征收高关税，加大限制中国公司在美投资、并购及上市，把300多家中国企业列入“出口管制清单”或“涉军企业清单”等在内的诸多恶劣手段，甚至还出现了关闭中国驻休斯敦总领馆、骚扰中国在美留学生及公民、恶意干涉中国内政、加强美台官方和军事关系、加大南海地区军事活动等没有底线的行为。其中的一些行为，虽然在拜登政府上台之后得到了一定程度的纠正，但中美关系的大局恐怕已经很难在短时间内改变。拜登政府虽然在行事方式上相比特朗普政府更加“温文尔雅”，但它实际上延续了特朗普政府对华政策的基本思路。这说明，中美关系目前的问题不是由一个总统、一个政党带来的，而是某种带有必然性的变化。

其原因在于，一方面，随着中国与美国之间实力差距的日益缩小，美国出现了明显的对华焦虑，越来越以快速崛起的中国为自身的主要对手，美国政府内部对于对华接触战略的批评开始增加；另一方面，随着俄罗斯与西方对抗性的增强，美国也放弃了在小布什政府时期曾经计划过的联俄遏中。对于美国来说，遏制中国是其主要目标，但遏制俄罗斯却有助于其控制欧洲诸国。所以，传统意义上的中美俄大三角，逐步演化为美国对中俄双遏制的局面。美国既要在亚太对中国进行遏制，又要在东欧对俄罗斯进行遏制。与中国改善关系则担心中国快速崛起超过美国，与俄罗斯改善关系，则担心欧洲盟国离心离德，这种与两个大国的对抗让美国陷入了明显的战略透支。也正是为了弥补这种战略透支，美国在拜登政府以来显著加强了对盟国的整合：在欧洲，拜登政府利用俄乌冲突，强化了英国—瑞典—芬兰—波罗的海三国—波兰—乌克兰的反俄前沿，并强化了北约对德法意等老欧洲国家的裹挟；在亚太，拜登政府则试图建立韩美日的“亚洲北约”—中国台湾—菲律宾—新加坡—澳大利亚—关岛甚至印度的对华包围圈。坦率来说，相比于特朗普的美国优先，这是美国在面临同时与中俄对抗的情况下，一种比较精巧的霸权策略。拜登政府试图在提升美国自身长期竞争力与强化美国对外战略布局之间寻找平衡，打造针对中国等对手的新的战略优势，借助价值观对抗的叙事模式，将意识形态因素与经济、技术、安全等领域的大国竞争紧密挂钩。

必须承认的是，在今天中美关系已经进入了一个战略竞争期，其中有权力之争、科技之争、制度之争、意识形态之争，甚至还隐含有文明之争。不管美国谁执政，他们都会把中国作为主要战略竞争对手。这种现实其实也为中国学界很多人所认知，以至于很多人悲观地认为中美之间可能难逃“修昔底德陷阱”，甚至有人更进一步地认为中美必有一战。因为，根据格林厄姆·艾利森提出的“修昔底德陷阱”理论，在霸权国和崛起国之间实力接近的时候，很容易发生大型战争。人类在1900年间发生的16次权力转移现象中，只有4次没有发生战争。但话说回来，对于同为足以毁灭对方的核大国，中美恐怕都难以承受在彼此之间发生毁灭性冲突的代价。所以，与其说中美必有一战，不如说中美将会进入长期的竞争阶段，而在这个竞争的过程当中，中美两国是会借助外在的压力让自己变得更好，还是会因为外部的刺激走入歧途，才是真正重要的问题。苏联冷战的失败，不是因为被美国击败了，而是因为在美国的刺激下，丧失了改革的勇气变得更加僵化；美国在冷战的成功，也不是因为美国天生具有成功的基因，而是因为在苏联的压力下，主动选择了改革与进步。冷战期间，美国废除了种族隔离、改革了教育制度、发展了高科技、撤出了越南，而苏联却在冷战期间进入了帝国坟墓阿富汗。大国之争，其成败不在于对手，而在于自身。中国社会的未来最终取决于我们能否将中美竞争的压力，变为我们进一步改革、进一步开放的推动力。基辛格最近哀叹，中美关系再也回不到过去了，这的确让人遗憾，但是邓小平也说过，中美关系好也好不到哪儿去，坏也坏不到哪儿去。中国人要对此保持淡定。总有一天，中美会在博弈、碰撞、竞争之后，形成新的平衡。中国人是现实的，美国人也是现实的，现实终究会让中美寻找到彼此共存的方法。

当然，在这场竞争中，如果我们想取得最后的胜利，那么我们首先要做的就是客观地去了解我们的对手，而不是根据我们的喜好、想象去简单地定义一个对手。这本书只是一个小小的开始，希望能够对有心人、有志者有所帮助。我非常清楚，这样一个结尾会让很多朋友觉得有些失望，但老实说在“中美关系”存在相当程度的不确定性的情况下，简单地为中美关系下一个结论是困难的。中美之间不同于美苏之间，双方不是平行世界的对抗者，而是在共存世界当中的竞争者与合作者。在美国的确有一些人试图用一场新的冷战来定义中美关系，所以他们要做的首先是推动中美的脱钩，进而将中美的竞争阵营化。这对中国提出了很大的挑战，因为一方面，我们要坚决斗争，一方面又要保持斗而不破，以免让美国反华派脱钩的企图得逞。相比于美苏的斗争，这场斗争将更加曲折与复杂。从当前的国际形势来看，这场中美之间的大国博弈可能还会受到俄乌冲突、南海问题、东北亚问题等许多存在不确定性的国际问题的影响，历史可能会用一个又一个的突发事件来考验我们的勇气与智慧。我们这一代人在这十年内的选择，可能会对未来的世界产生深远的影响。在中美关系的走向上，我更愿意做一个带着困惑去寻找答案的聆听者。相比于傅莹、阎学通、马晓霖、吴心伯这样的资深前辈，相比于达巍、冯玉军、刁大明、谢韬、赵明昊这样的业界翘楚，相比于王冲、黄日涵、于强、钟厚涛这样的精于专研的朋友，我的能力恐怕只适合做一些小小的基础准备工作。我只希望，我能够成为后来人前进路上的一块还算合格的垫脚石。能成为一条正确路上的垫脚石，本身也是何其幸运的事情。

参考文献

芭芭拉·W. 塔奇曼著：《史迪威与美国在中国的经验》，万里新译，新星出版社，2007。

陶文钊：《中美关系史》，上海人民出版社，2016。

谢国明等：《中美关系 50 年（1969—2019）》，人民日报出版社，2020。

吴心伯编：《中美关系战略报告》，世界知识出版社，2021。

马歇尔：《国共内战与中美关系：马歇尔使华秘密报告》，中国社科院近代史研究所翻译室译，华文出版社，2011。

赵明昊：《战略克制——新型中美关系的构建》，人民出版社，2016。

傅立民：《有趣的时代：美国应如何处理中美关系》，王柏松、王在亮译，社会科学文献出版社，2018。

沈大伟主编：《纠缠的大国：中美关系的未来》，丁超等译，新华出版社，2015。

李巍：《制度之战：战略竞争时代的中美关系》，社会科学文献出版社，2016。

达巍：《谁是中国人》，湖南人民出版社，2010。

傅莹：《傅莹作品合集》，中信出版社，2021。

亨利·基辛格：《论中国》，胡利平等译，中信出版社，2012。

郑永年：《有限全球化：世界新秩序的诞生》，东方出版社，2021。

郎朗：《1969 年中美关系解冻研究——基于美国解密档案的考察》，《华中师范大学学报（人文社会科学版）》2016 年第 2 期。

李丹慧：《打开中美关系进程中的周恩来——来自尼克松外交档案的新证据》，《冷战国际史研究》第 6 辑。

董莹：《抗战初期美国对中共武装力量的关注及政策调整》，《军事历史》2014 年第 2 期。

马建标：《“受难时刻”：巴黎和会山东问题的裁决与威尔逊的认同危机》，《近代史研究》2018 年第 3 期。

毕洪业：《“战略三角”还是“三边互动”：新时代的中美俄关系》，《国际观察》2022 年第 3 期。

房源晟：《从道义援助到军事联盟：美国援华关系探析》，硕士学位论文，苏州大学，2018。

牛军：《东亚冷战视野下的中美关系》，《华东师范大学学报（哲学社会科学版）》2017 年第 3 期。

何兢：《二战后初期美国对外援助政策的特点》，《边疆经济与文化》2009 年第 8 期。

姚波、郭凯：《二战期间飞越驼峰的美国空运队》，《军事历史研究》1996 年第 4 期。

李丽军：《二战期间美国对华援助初探》，《新西部》2016 年第 2 期。

杨值珍：《二战期间美国与中共有限合作之历史及启示》，《湖北经济学院学报》2006 年第 5 期。

全振华：《二战期间美国在华军事投入研究》，硕士学位论文，河北师范大学，2010。

徐飞：《二战期间美国政府对“飞虎队”态度的演变》，硕士学位论文，安徽大学，2014。

吴心伯：《竞争导向的美国对华政策与中美关系转型》，《国际问题研究》2019 年第 3 期。

蔡梓：《冷战中的“恐惧”臆想及其反应：美国在中国西沙群岛主权问题上的对策演变（1950—1974 年）》，《海南大学学报（人文社会科学版）》2020 年第 2 期。

徐海娜、楚树龙：《美国对华战略及中美关系的根本性变化》，《美国研究》2021 年第 6 期。

陈积敏：《美国对华战略认知的演变与中美关系》，《外交评论》2011 年第 4 期。

方慧：《晚清中美商约关系研究》，博士学位论文，湖南师范大学，2021。

王娜：《中美军事关系：历史、现实与未来》，《理论视野》2012 年第 4 期。

薛庆超：《毛泽东与中美关系的历史性突破》，《毛泽东思想研究》2022 年第 2 期。

秦亚青：《美国对华战略转变与中美关系走向》，《学术前沿》2021 年第 8 期。

仇朝兵：《中美关系新态势下的台湾问题：走向与评估》，《统一战线学研究》2021 年第 1 期。

Warren I. Cohen, *America's Response to China: a History of Sino-American Relations*, Columbia University Press, 2019.

Marianne Schneider-Petsinger, Jue Wang, Yu Jie, and James Crabtree, "US-China Strategic Competition," in *The Quest for Global Technological Leadership*, Chatham House, 2019.

Michael. Pillsbury, *The Hundred-Year Marathon: China's Secret Strategy to Replace America as the Global Superpower*, Henry Holt and Company, 2015.

James Gethyn Evans, "The Future of U.S.-China Relations: Competition, Coexistence, Cooperation," Fairbank Center for Chinese Studies, December 7, 2022, accessed July 21, 2003, https://fairbank.fas.harvard.edu/research/blog/the-future-of-us-china-relations-a-summary-of-coexistence-2-0/.

Hal Brands, and John Lewis Gaddis, "The New Cold War: America, China, And The Echoes of History," *Foreign Affairs* 100, Nov/Dec (2021): 10-21.

John J. Mearsheimer, "The Inevitable Rivalry: America, China, and The Tragedy of Great-Power Politics," *Foreign Affairs* 100, Nov/Dec (2021): 48-58.

图书在版编目（CIP）数据

权力之路：36 面透视美国政治 / 储殷著 . —北京：北京大学出版社，2024.5
ISBN 978-7-301-34881-9

Ⅰ.①权… Ⅱ.①储… Ⅲ.①政治制度－研究－美国 Ⅳ.① D771.221

中国国家版本馆 CIP 数据核字（2024）第 049054 号

书　　名	权力之路：36 面透视美国政治 QUANLI ZHI LU：36MIAN TOUSHI MEIGUO ZHENGZHI
著作责任者	储　殷　著
责任编辑	李　澍　王立刚　陈佳荣
标准书号	ISBN 978-7-301-34881-9
出版发行	北京大学出版社
地　　址	北京市海淀区成府路 205 号　100871
网　　址	http://www.pup.cn　　新浪微博：@ 北京大学出版社
电子邮箱	zpup@pup.cn
电　　话	邮购部 010-62752015　发行部 010-62750672 编辑部 010-62753154
印 刷 者	涿州市星河印刷有限公司
经 销 者	新华书店
	880 毫米 × 1230 毫米　16 开本　25.25 印张　403 千字
	2024 年 5 月第 1 版　2024 年 7 月第 2 次印刷
定　　价	98.00 元